इश्क एक शहर का

नरेन्द्र कोहली

वाणी प्रकाशन

वाणी प्रकाशन
4695, 21-ए, दरियागंज, नयी दिल्ली 110 002

शाखा

अशोक राजपथ, पटना 800 004

फ़ोन : +91 11 23273167 फैक्स: +91 11 23275710
www.vaniprakashan.in
vaniprakashan@gmail.com

ISHQ EK SHAHAR KA
by Narendra Kohli

ISBN : 81-7055-586-8
Satire

प्रथम संस्करण 1998
द्वितीय संस्करण 2015

मूल्य : ₹ 695.00

हर्ष प्रिंटर्स, दिल्ली-110 093 में मुद्रित

वाणी प्रकाशन का लोगो मक़बूल फ़िदा हुसेन की कूची से

तरुण विजय के लिए सस्नेह

अनुक्रम

शम्बूक की हत्या

रंगशाला में पूर्ण अन्धकार हो जाता है।

रंगशाला के पृष्ठ द्वार के पास प्रकाश उभरता है और मंच की ओर खिसकने लगता है। उस प्रकाश में घिरा हुआ एक ब्राह्मण जो जन्म, कर्म, आचार-विचार, आस्था और पहनने-ओढ़ने से पूरी तरह ब्राह्मण लगता है, आगे बढ़ रहा है। उसकी बाँहों में एक बड़ा बंडल है, जो पूरी तरह से एक सफेद कपड़े में लिपटा हुआ है।

उसके आस-पास से अनेक लोग पैदल तथा विभिन्न वाहनों पर जाने का अभिनय करते हुए निकल रहे हैं, जैसे किसी व्यस्त खुली सड़क पर यातायात आ-जा रहा हो। सब लोग उस ब्राह्मण को देखते अवश्य हैं, किन्तु उससे कहते कुछ नहीं। उससे बचकर, कतराकर निकल जाते हैं।

ब्राह्मण भी बिना किसी को पहचाने आगे बढ़ता जा रहा है। ब्राह्मण का चेहरा एकदम भावशून्य है—पत्थर के समान सपाट। वैसा सपाट, जैसा जबड़ों को भींच लेने से एक आम चेहरा हो जाता है। उसकी आँखें शून्य में घूर रही हैं। उसके लिए जैसे सब कुछ पारदर्शी हो गया है।

प्रकाश मंच के पास पहुँचता है, तो वहाँ चौराहे का दृश्य है। लकड़ी के एक ऊँचे स्टैंड पर एक ट्रैफिक कांस्टेबल खड़ा ट्रैफिक-संचालन कर रहा है। उसके साथ ही कुछ हटकर, बाँह पर तीन फीते चिपकाये, एक हेडकांस्टेबल खड़ा है, जो समय-असमय कांस्टेबल की कुछ सहायता कर देता है। उन दोनों की नजरें आगे बढ़ते आते ब्राह्मण कर पड़ती हैं।

कांस्टेबल ब्राह्मण की दिशा में चलनेवाले यातायात को रोककर, दूसरी दिशा को चलने का संकेत देता है।

ब्राह्मण अपनी आँखें शून्य में गड़ाये, जड़ बनाये, बिना रुके आगे बढ़ता जाता है। विपरीत दिशा से तेजी से आती हुई कार में आने का अभिनय करता हुआ एक व्यक्ति, उसे लगभग झटककर आगे बढ़ जाता है। ब्राह्मण उसकी झपट में आते-आते बच जाता है।

कांस्टेबल : **(ब्राह्मण पर उपेक्षा की दृष्टि डालता है।)** साला आदमी होकर अपने आपको बुलडोजर समझता है। सिगनल देखता नहीं है, और बाप की सड़क पर आगे बढ़ता जाता है। क्या है यह? राष्ट्रपति का जुलूस! समझता है बाकी ट्रैफिक रुक जायेगा। हाथ में तानपूरा लिये बढ़ता जा रहा है!

हेडकांस्टेबल : अबे अन्धे की औलाद! तेरी आँखें कि कौलडोडे! सड़क तुझे दहेज में मिली है कि हटेगा ही नहीं। अबे माँ के खसम! अभी तेरे बाप की कार तेरा कीमा बना जाती, तो उसे हम झटकेवाली दुकान पर भेजते या हलालवाली दुकान पर? बोल! अबे यहाँ मीट खाने में भी साम्प्रदायिकता है। समझा? तेरे एक्सिडेंट के पीछे शहर में साम्प्रदायिक दंगा हो जाता।

ब्राह्मण न उसकी आवाज सुनता है, न उसकी ओर देखता हैं। वह पुरानी गति से आगे बढ़ता जाता है।

हेडकांस्टेबल : **(बढ़कर, क्रोध से ब्राह्मण का हाथ पकड़ लेता है।)** सुन, बेटी के...।

ब्राह्मण : **(डाँटता है)** मुझे स्पर्श मत करो।

हेडकांस्टेबल : **(क्षणभर हत्प्रभ रहकर)** क्यों न छुएँ तुझे? तू किसी मिनिस्टर की रखैल है? सेठ का काला-धन है? संसद सदस्य के छिपे अन्न का गोदाम है? फिक्स्ड-डिपोजिट है? क्या है बे तू? ऐं...मुझे स्पर्श मत करो!

ब्राह्मण : मैं इनमें से कुछ भी नहीं हूँ। मैं एक साधारण, ईमानदार, धार्मिक ब्राह्मण हूँ। साधारण ईमानदार जनता से अड़ने पर रावण जैसा राक्षस भी नष्ट हो जाता है। इसलिए मुझसे अड़ो मत।...वैसे इस समय मेरी भुजाओं में मेरे एकमात्र बेटे का शव है। मुझे छुओ मत, जाने दो।

हेडकांस्टेबल उसकी बाँह कुछ इस ढंग से झटककर छोड़ता है, जैसे उसने ब्राह्मण की बाँह नहीं, छिपकली की पूँछ पकड़ रखी हो।

ब्राह्मण चपुचाप, उसी प्रकार स्थिर पगों से चलता हुआ आगे बढ़ जाता है।

ब्राह्मण के साथ चलता हुआ प्रकाश बुझ जाता है।

मंच का पहला पर्दा उठता है। मंच के अग्रिम भाग पर प्रकाश है। उस प्रकाश में पाँच सशस्त्र सैनिक की एक टोली पहरा दे रही है। चार सैनिक एक साथ खड़े हैं, पाँचवाँ उनसे अलग कुछ हटकर खड़ा है। ब्राह्मण सीढ़ियाँ चढ़कर मंच पर पहुँच

जाता है।

विशिष्ट सैनिक : **(आगे बढ़ते हुए ब्राह्मण के मार्ग में खड़ा होकर)** यह प्रेजेंट किसके लिए है?

ब्राह्मण : **(विशिष्ट सैनिक को कठोर, शुष्क रेगिस्तानी दृष्टि से घूरता है, और वाणी में भावशून्य, तटस्थ ठंडापनभरकर कहता है।)** यह मेरे एकमात्र बेटे का शव है।

विशिष्ट सैनिक : **(चौंक उठता है। पर फिर सँभल जाता है।)** तो बौड़म! इसे लेकर इधर क्यों आया है? हट यहाँ से!

ब्राह्मण : **(दृढ़ स्वर में)** नहीं हट सकता।

विशिष्ट सैनिक : क्यों नहीं हट सकता? तू क्या देश की गरीबी है कि हट नहीं सकता।

ब्राह्मण : नहीं। मैं वह नहीं हूँ। देश की गरीबी को पहले हटा लो, फिर मुझे हटाना।

विशिष्ट सैनिक : गरीबी को हटाने का सरकारी ऑर्डर हो चुका है। पर तुम जानते हो न कि अपने देश में, सरकारी ऑर्डर की कोई इम्पार्टेंस नहीं है। ऑर्डर आते रहते हैं, जाते रहते हैं। ऑर्डर मतलब कागज। भाषण मतलब शब्द। इनका कोई अर्थ नहीं है। अर्थ केवल दो चीजों में है : एक पैसे में और दूसरे चाकू, छुरी, बन्दूक में। बाकी सब बेकार। साली जनता में अब सरकारी ऑर्डर तो क्या, कानून, पुलिस, कचहरी—किसी का भी सम्मान नहीं रह गया है। नहीं तो प्रधानमन्त्री कह देतीं और लोग गरीबी नहीं हटाते तो उनकी चमड़ी उधेड़कर भुसभर दिया जाता।

ब्राह्मण : तो क्यों नहीं उधेड़ी चमड़ी?

विशिष्ट सैनिक : बात यह है, बड़े भाई! कि एक-दो होते सरकारी ऑर्डर न माननेवाले, तो उनकी चमड़ी उधेड़ ही ली जाती। पर इस देश में करोड़ों लोग गरीब हैं। वे सारे के सारे हरामजादे प्रधानमन्त्री की बात की उपेक्षा कर रहे हैं। अपनी गरीबी हटाते नहीं हैं। उन सबकी चमड़ी उधेड़ी जाये—यह बात हमारी प्रधानमन्त्री को पसन्द नहीं है। उनका हृदय बड़ा कोमल है। दया का भंडार है। पहले समय के महात्मा बुद्ध जैसा।...और गरीबी कोई झुग्गी-झोंपड़ी तो है नहीं कि पुलिस के सिपाही जाकर हटा आयें।...पर एक काम हमारी सरकार कर रही है।

ब्राह्मण : क्या?

विशिष्ट सैनिक : हमारी सरकार महँगाई बढ़ाती जा रही है।

ब्राह्मण : उससे क्या होगा?

विशिष्ट सैनिक : गरीब भूखे मरने लगेंगे, या इस देश को छोड़कर चले जायेंगे। गरीबी असल में उन जूँओं को कहते हैं, जो गरीबों के सिरों में पायी जाती हैं।

ब्राह्मण : तुम्हारी सरकार धनवानों को ही क्यों नहीं हटाती?

विशिष्ट सैनिक : **(हँसकर)** अबे, नहीं घनचक्कर! धनवानों को सरकार कैसे हटायेगी! तुम शायद यह नहीं जानते कि पैसे और सरकार में अवैध सम्बन्ध है। पैसा इस राजनीतिक वेश्या का यार है। पैसे ने सरकार बनायी है और सरकार ने धनवान बनाये हैं। फिर यार...धनवान लोग शरीफ आदमी हैं, साफ-सुथरे लोग हैं। रोज मन्दिर जाते हैं, घर में जुए का अड्डा चलाते हैं, अपने बच्चों को पब्लिक स्कूल में पढ़ाते हैं। और लड़कियों के क्रय-विक्रय का धन्धा चलाते हैं; गोदामों में चीजें छिपाकर देश की चीजों की बचत करते हैं। नहीं तो तुम्हारी भुक्खड़ जनता तो एक दिन में सब कुछ खा-पीकर बराबर कर दे। तुम ही बताओ, तब सरकारी बचत-योजनाओं का क्या होगा।

ब्राह्मण : तो तुम...!

विशिष्ट सैनिक : चुप रह। पूछता ही जा रहा है। अबे, तू क्या मेरा इंटरव्यू लेने आया है!

ब्राह्मण : नहीं।

विशिष्ट सैनिक : तो फिर प्रश्न पूछना बन्द कर, और बात का उत्तर दे।

ब्राह्मण : पूछो। मेरा तुमसे कोई झगड़ा नहीं है। तुम्हारे प्रश्न का उत्तर मैं दूँगा।

विशिष्ट सैनिक : **(अपने पद के पूरे रौब के साथ)** क्यों नहीं हटायें? बता, तुझे यहाँ से क्यों नहीं हटायें? अब तेरे-जैसे कूड़े-कर्कट का भी इतना साहस हो गया है कि कहता है, तुझे न हटायें।

ब्राह्मण : **(कुछ उग्र स्वर में)** हाँ। मैं कूड़ा-कर्कट हूँ, जड़ता हूँ, बेईमानी हूँ, चोर-बाजारी हूँ, देशद्रोह हूँ, एप्रोच हूँ...और भी बहुत कुछ हूँ। तुम्हारी सरकार ने कहा है—केवल गरीबी हटाओ। इन चीजों को हटाने के लिए तुम्हें किसने कहा है? उस देश में जहाँ आँखों के सामने हत्या हो जाने पर भी ऊपर से आदेश पाये बिना, पुलिस का सिपाही हत्यारे को नहीं पकड़ता, वहाँ तुम इतने साहसी हो कि बिना ऊपर के आदेश के काम करते हो। तुम ससुर! मुझे हटाने का साहस कैसे करते हो?

विशिष्ट सैनिक : **(बौखलाया-सा)** भाषा कैसी बोलता है बे तू? मेरी समझ में तेरी बात नहीं आयी।

ब्राह्मण : तू कोई शब्दकोश है या विश्वकोश कि तेरी समझ में सब कुछ आ जाये! या यह भारत के संविधान में लिखा है कि जो शब्द तेरी समझ में नहीं आये, वह इस देश में नहीं बोला जायेगा। तू क्या भारतमाता है?...मैं एक प्राचीन विचार हूँ, इसलिए मेरी भाषा ऐसी ही होगी। हटो—मार्ग दो!

विशिष्ट सैनिक : तुम मुर्दा लेकर इधर से नहीं जा सकते। श्मशान का रास्ता राष्ट्रपति भवन से होकर नहीं है।

ब्राह्मण : तुम कैसे जानते हो श्मशान का रास्ता इधर से होकर नहीं है। तुम भारत का सर्वेक्षण हो क्या? मैं कहता हूँ कि सारा देश इसी रास्ते से होकर श्मशान जा रहा है। बल्कि सारा देश श्मशान बनता जा रहा है। आदमी मर रहा है, भूत-पिशाच उसे खा रहे हैं, चुड़ैलें उसे नोंच रही हैं। कोई रक्त पी रहा है, कोई मांस नोंच रहा है, कोई हड्डियाँ चबा रहा है। और यह सब सरकार की अनुमति से हो रहा है—सरकारी लाइसेंस लेकर। समझे? सरकार विष फैलाने का परमिट देती है और विष फैलानेवालों से उसका टैक्स लेती है—शारीरिक विष, मानसिक विष, चारित्रिक विष...तुम यदि कुछ पढ़े-लिखे होते, तो मैं तुम्हें बताता कि तुम्हारी सरकार ने देश को वीभत्स रस का सुन्दर उदाहरण बना दिया है। अब रसवादी आचार्य काव्यशास्त्र में वीभत्स रस के लक्षण के पश्चात् कविता की पंक्तियाँ उदाहरण के रूप में उद्धृत नहीं करते। वे सीधे-सीधे लिख देते हैं—1973 ई. का भारत।...तुम्हें कुछ मालूम भी है राजस्थान में अकाल पड़ा है, महाराष्ट्र में अकाल पड़ा है, बिहार में अकाल पड़ा है अन्न का; और सारे देश में अकाल पड़ गया है बुद्धि और चरित्र का। तुम...

विशिष्ट सैनिक : **(तुनककर)** तुम साले या तो पार्लियामेंट के मेम्बर बन जाओ, या किसी स्कूल में टीचर हो जाओ। भाषण दे-देकर भेजा चाट गया। अबे, अब तू अकाल, सूखे, अन्न की उपज के आँकड़े भी देगा?

ब्राह्मण : आँकड़े देगी तुम्हारी सरकार। जो अन्न नहीं दे सकती, वह आँकड़े देती है। मैं तो केवल भीतर जाना चाहता हूँ।

विशिष्ट : किससे मिलना है?

ब्राह्मण : तुम्हारे राष्ट्रपति से, जो अब भगवान राम के स्थान पर भारतवर्ष पर शासन कर रहा है।

विशिष्ट सैनिक काफी देर तक अपना सिर खुजलाता है, फिर अपना सिर दबाना आरम्भ कर देता है। वह जगह-जगह से इतना पिलपिला लगता है, जैसे पका हुआ पपीता हो। उसके भीतर कर्त्तव्य से अधिक स्वार्थ जागता है। वह समझ जाता है कि ब्राह्मण से और अधिक बातचीत, उसके अपने स्वास्थ्य के लिए हितकर नहीं है।

विशिष्ट सैनिक : इतने में ही मेरा भेजा पिलपिला गया है, यदि बातचीत चलती रही तो मेरा सिर मोम के समान पिघलकर बह जायेगा; तब मैं कन्धों तकवाली, कुषाण सम्राट कनिष्क की मूर्ति बनकर रह जाऊँगा। इसलिए तुम भीरत जरूर जाओ, पर एक मिनट ठहरो। पहले मैं भीतर से पूछ आऊँ।

ब्राह्मण : पूछ आओ।

विशिष्ट सैनिक भीतर चला जाता है।

ब्राह्मण : भीतर से पूछ आऊँ अर्थात् पत्नी से पूछ आऊँ। यह सैनिक पता नहीं भीतर किससे पूछने गया है। उसकी पत्नी तो निश्चित रूप से भीतर नहीं होगी। ऐसा सम्भव नहीं है कि पत्नी भीतर राष्ट्रपति हो और पति बाहर सन्तरी। पर क्या कहा जा सकता है। यह देश बड़ा विचित्र है, यहाँ कुछ भी असम्भव नहीं।

प्रकाश बुझकर फिर से जल उठता है। इस बीच दूसरा पर्दा उठ जाता है। मंच पर जब प्रकाश होता है तो विशिष्ट सैनिक ब्राह्मण को एक कमरे में पहुँचाकर जा चुका है। वह कमरा न बहुत बड़ा है, न बहुत छोटा। सामने एक मेज और एक कुर्सी है, उस पर बैठा हुआ एक व्यक्ति ब्राह्मण को घूर रहा है। मेज पर कई प्रकार की चीजें पड़ी हुई हैं, जिनके पहचानने की चेष्टा ब्राह्मण नहीं करता। कमरे में दो-एक कुर्सियाँ इधर-उधर बिखरी हुई हैं।

ब्राह्मण चमत्कृत है। क्या भारत के सम्राट का दरबार इस कक्ष में लगता है। न राजसी अलंकरण हैं, न सभासद। निश्चय ही आज के भारत का शासक काफी सादा व्यक्ति है। ब्राह्मण का मन श्रद्धा-भक्ति से आप्लावित है।

ब्राह्मण : **(शव को भूमि पर रख देता है।)** भगवान्! यह मेरा बेटा है...।

व्यक्ति : **(उसे बात पूरी नहीं करने देता)** जमींदारी उन्मूलन, प्रिवी पर्स-समाप्ति तथा बैंकों के राष्ट्रीयकरण के पश्चात् भगवान को आजकल 'सर' कहते हैं, या चाहो तो 'योर हाइनेस' भी कह सकते हो।

ब्राह्मण : **(निस्तेज नहीं होता। अपनी दृढ़ आवाज में पहले से ही आत्मविश्वास के साथ)** कहते होंगे। मुझे इससे बहस नहीं है कि आजकल किसको क्या कहते हैं। वैसे मैंने सुन लिया है कि आजकल 'ईमानदारी', 'परिश्रम' तथा 'त्याग'—तीनों भावों के लिए एक ही शब्द प्रचलित है—'मूर्खता' और 'बेईमानी', 'आलस्य' तथा 'स्वार्थ' को आजकल 'समझदारी' कहा जाता है। पर मुझे उससे क्या, मुझे विभिन्न युगों का तुलनात्मक भाषा-विज्ञान नहीं लिखना है, न ही मेरा कोई शब्दकोश रचने का विचार है।... मैं जो कुछ कहने आया हूँ, मुझे वह कहने दो।

व्यक्ति : **(ब्राह्मण को अपनी इच्छानुसार सब कुछ कहने नहीं देता। अपनी सेंसरवादी प्रवृत्ति के अनुसार दूसरे को चुप कराने के लिए स्वयं बोलने लगता है।)** तुम्हारा एप्रोच मुझे बहुत ही 'उपयोगितावादी' लगता है, कला का रंचमात्र भी स्पर्श नहीं है तुम्हारे वक्तव्य में। सुनो, यह उपयोगितावादी दौर प्रेमचन्द के साथ ही मर गया था; और प्रेमचन्द की मृत्यु 1936 में हुई थी। तुम चाहो तो मैं उनके जन्म के विषय में भी कुछ कहूँ; पर तब मैं अपने विषय से शायद बहक जाऊँ। मुझे बहकने की बड़ी बीमारी है। यह दोष मुझमें हिन्दी एम.ए. करने के कारण आया है। खैर...। **(आँखभर ब्राह्मण को देखता है।)** अब यह फैशन नहीं है कि आदमी जो कुछ कहना चाहे, उसे वह कहने दिया जाये। जो आदमी ऐसा करने का प्रयत्न करता है, उसे 'प्रेमचन्द' टी.बी. या कैंसर के रोग का डॉक्टरी नाम हो। हमने प्रेमचन्द का अर्थ फैशन में पिछड़ा हुआ मान लिया है।...तो मैं यह कह रहा था कि आजकल फैशन यह है कि जिसके पास कहने को कुछ न हो उसे तो सब कुछ कहने दिया जाये। उसकी बकवास शब्द-विलास है। वह किसी को नहीं चुभती पर जिसके पास कहने को कुछ है, उस कहना माननेवाले व्यक्ति को एक ऐसी सुपरफीशियल कलावादी बहस में उलझा लिया जाये कि वह भूल जाये कि वह क्या कहना चाहता था।...और मैं यहाँ शासन के प्रतीक के रूप में बैठा हूँ। यह मैं जानता हूँ

कि जनता कहना चाहती है कि वह भूखी है। पर मेरा कर्त्तव्य है कि मैं उसे यह कहने का अवसर न दूँ, इसलिए मैं उसे कहने का अवसर नहीं देता। मैं उसे एक कलावादी बहस में उलझाये रखता हूँ। वह बहस अभी चल रही है। बहस का विषय है कि 'सुख'; क्या है। जनता कहती है सुख से तात्पर्य है कि साधारण आदमी को रोटी मिले, उसे कपड़े मिले, उसे मकान मिले, उसे बीमारी में दवा मिले, पढ़ने को पुस्तकें मिलें, बच्चों को शिक्षा मिले। उसे सुरक्षा मिले, उसके श्रम का सम्मान हो—और न जाने, ऐसी ही कितनी ऊल-जलूल बातें कहती है जनता। पर शासन जनता से सहमत नहीं होता। वह शासन ही क्या, जो जनता से सहमत हो जाये। शासन कहता है, सुख से तात्पर्य है देश में अधिक अन्न उपजाने के आँकड़े, उन्हें खाने के लिए फाइव-स्टार होटल, महँगे रेस्टराँ, डिस्काथेक, कैबरे डांस, बड़े-बड़े पिक्चर हॉल, नंगी फिल्म तारिकाएँ, भद्दे, अशिष्ट, ग्राम्य प्रेम-दृश्य, शराब के ठेके, मल्टीस्टोरी बिल्डिंगें, नेताओं की आलीशान समाधियाँ, विदेशी टूरिस्ट, गाँजा, नशा, व्यभिचार, चाकू और छुरे और वेश्यालय—और योगीराज योगेश्वर, बाल योगेश्वर, बड़े-छोटे, पतले-मोटे कई प्रकार के ईश्वर, साधु, महात्मा, सन्त, पीर, फकीर, चोर पुलिस, डाकू मन्त्री, काला बाजारिया, व्यापारी, जमाखोरी, नेशनल सेविंग स्कीम, आयी मीन राष्ट्रीय बचत योजना...

ब्राह्मण : पर इस बहस का लाभ क्या होगा?

व्यक्ति : इस बहस का बहुत लाभ है, ब्राह्मण! उसे तुम नहीं समझ पाओगे। शासन समझता है उस बहस का लाभ, इसलिए वह ऐसी बहसें चलाये रखता है।...तुम इसे इस प्रकार समझो कि जब तक यह निर्णय नहीं हो पायेगा कि 'सुख' क्या है, तब तक यह निर्णय भी नहीं हो पायेगा कि 'दुख' क्या है। जब तक यही निर्णय नहीं होगा कि 'दुख' क्या है, तब तक कोई कैसे कह सकता है कि वह दुखी है। इसीलिए हम इस बहस को अनन्तकाल तक चलाये रखना चाहते हैं। **(सहसा रुककर)** पर मैं अभी यह जान नहीं पाया कि तुम क्या कहने आये हो। इसलिए तुम्हें बहस में उलझा लेने की कोई सार्थकता अभी मेरी समझ में आयी नहीं है। कहो, क्या कहना चाहते हो?

ब्राह्मण : अब तो पहले मैं यह जानना चाहूँगा कि तुम कौन हो?

व्यक्ति : तुम अपने विषय में जानते हो कि तुम कौन हो?

ब्राह्मण : देखो! छिछली बहस में मत उलझाओ। हजारों वर्षों तक यह देश इसी प्रकार की बहसों में उलझा रहा, पर यह जान नहीं पाया कि वह कौन है। विदेशी जान गये कि तुम कौन हो। ऐसी बहसों का लाभ व्यापारी अधिक उठाता है, सन्त कम। मुझे बताओ, तुम कौन हो?

व्यक्ति : तुम किससे मिलने आये हो?

ब्राह्मण : मैं भगवान राम से मिलने आया हूँ।

व्यक्ति : कौन से राम? रामचन्द्र, परशुराम, बलराम, जगजीवनराम या माँगेराम?

ब्राह्मण : तुमने जितने नाम लिये हैं, उन्हें मैं नहीं जानता। मैं रघुकुलमणि अयोध्या-नरेश भगवान रामचन्द्र से मिलने आया हूँ।

व्यक्ति : अयोध्या-नरेश से मिलने तुम दिल्ली क्यों आये हो?

ब्राह्मण : मुझे लोगों ने बताया कि आजकल सारे नरेश दिल्ली में ही रहते हैं। और वैसे भी आजकल और कहीं जाने के लिए तो गाड़ी मिलती नहीं है। जिस गाड़ी को देखो, सिर झुकाये दिल्ली की ओर भागी जा रही है। तो मैं कहाँ जाता! फिर दिल्ली में प्रत्येक बस सचिवालय की ओर भागी जाती है जैसे वन्य-शूकर हो।

व्यक्ति : शुगर की जिस बीमारी का नाम तुमने लिया है, उससे मैं परिचित नहीं हूँ। खैर, तुम मुझसे मिल लो। मैं राष्ट्रपति के पी.ए. के पी.ए. के पर्सनल असिस्टेंट का रिसेप्शनिस्ट हूँ।

ब्राह्मण : वह क्या होता है?

व्यक्ति : अच्छी प्रजा को चाहिए कि वह 'क्या', 'क्यों', 'कौन' और 'कैसे' जैसे खतरनाक शब्दों से बचे। इन शब्दों से विद्रोह की गन्ध आती है। और हमें विद्रोह 1857 ई. के पहले-पहले ही अच्छा लगता था। भारत की राष्ट्रीय सरकार को आजकल केवल वह विद्रोह अच्छा लगता है, जो विद्रोह राजनीतिक दलों में हो। शासन के विरुद्ध विद्रोह किसी भी शासक को अच्छा नहीं लगता। तुम्हें जो कुछ कहा जाये, चुपचाप मान जाया करो। कहो, क्या कहना है?

ब्राह्मण : तुम भगवान राम नहीं हो?

व्यक्ति : हूँ भी और नहीं भी।

ब्राह्मण : अपनी बात की व्याख्या करो।

व्यक्ति : **(उसका मुख प्रकाश से चमक उठता है।)** मैं त्रेता में राम हूँ, द्वापर में कृष्ण हूँ, और आजकल एक क्लर्क हूँ।

ब्राह्मण : क्लर्क? वह क्या होता है।

व्यक्ति : क्लर्क! आजकल का वास्तविक शासक। हमारे देश में जो शासन-प्रणाली है, उसे लोग जनतन्त्र कहते हैं, पर भोले लोग यह नहीं जानते कि यह वास्तव में क्लर्क-तन्त्र है। सारा शासन मैं चलाता हूँ। पर मैं गरीब आदमी हूँ। **(उदास हो जाता है।)**

ब्राह्मण : तो अब शासन गरीब आदमियों के हाथ में है?

क्लर्क : है भी और नहीं भी।

ब्राह्मण : **(खीझकर)** हे महानुभाव! दार्शनिक सूत्र छोड़ो, और मुझसे सरल मनुष्य के समान वार्तालाप करो।

क्लर्क : ब्राह्मण! इसे समझने का प्रयत्न करो। शासन का सारा काम मैं करता हूँ। अतः शासन मैं चलाता हूँ। कागज को कागज समझकर रोक रखता हूँ, इसलिए बड़े-से-बड़ा आदमी भी मुझे सलाम करता है। मेरी न्यूसेंस वैल्यू बहुत अधिक है। बड़े-से-बड़ों की ऐसी-तैसी कर सकता हूँ।

ब्राह्मण : मैं किसी और युग से आया हुआ व्यक्ति हूँ, अतः तुम्हारी बात ठीक से समझ नहीं पाया, हे शासक क्लर्क! कृपया तुम अपनी बात का तनिक भाष्य करो।

क्लर्क : देखो, उदाहरण देता हूँ...

क्लर्क अपनी कुर्सी से उठकर चला जाता है। तीन अधिकारीनुमा व्यक्ति आकर उन कुर्सियों पर बैठ जाते हैं। एक प्रत्याशी आकर उनके सम्मुख बैठ जाता है। उनके होंठ कुछ इस प्रकार हिलते हैं जैसे वे उस प्रत्याशी से प्रश्न पूछ रहे हों और प्रत्याशी उत्तर दे रहा हो। पहला प्रत्याशी चला जाता है। दूसरा आता है। फिर तीसरा आता है और चला जाता है।

क्लर्क का स्वर : यहाँ कुछ सरकारी अफसरों की नियुक्तियाँ होनी थीं—बहुत ऊँचे अधिकारियों की। स्वयं प्रधानमन्त्री ने उन लोगों का इंटरव्यू करके उनमें से चुनाव किया था।

इंटरव्यू लेनेवाले अधिकारी भी चले जाते हैं। क्लर्क पुनः आकर वहाँ बैठ जाता है। दूसरा प्रत्याशी आकर क्लर्क से वार्तालाप का अभिनय करता है।

क्लर्क का स्वर : जब चुनाव करनेवाले चुनाव करके चले गये तो कागज मेरे हाथ में आ गये। मैं उस नियुक्त व्यक्ति से कुछ माँग कर बैठा, जो

उस व्यक्ति ने ठुकरा दी। मैंने उसे कह दिया कि उसे नियुक्त नहीं किया जायेगा। वह मेरा उपहास करता हुआ बहुत जोर से हँसा। बोला, "मेरी नियुक्ति प्रधानमन्त्री ने की है। तुम कैसे रोकेगे?"

दूसरा प्रत्याशी चला जाता है। क्लर्क टाइप करने का अभिनय करता है। टाइप कर एक कागज फाइल में लगाता है, दूसरा कागज फाड़कर फेंक देता है।

क्लर्क का स्वर : **(नेपथ्य से)** मैंने उसके नाम नियुक्ति-पत्र टाइप किया जिसमें लिखा कि यदि उसने एक सप्ताह के भीतर आकर अपना काम नहीं सँभाला तो हम योग्यता में द्वितीय व्यक्ति को नियुक्त कर देंगे। उस पत्र की एक प्रतिलिपि दफ्तर की फाइल में रख ली और नियुक्ति-पत्र फाड़कर फेंक दिया। सूचना के अभाव में वह व्यक्ति एक सप्ताह के भीतर नहीं आया और मैंने दूसरे व्यक्ति को पत्र भेजकर नियुक्त कर दिया। इस प्रकार शासन का कार्य मैं करता हूँ, अतः मैं शासक हूँ।

ब्राह्मण : और तुम शासक क्यों नहीं हो?

क्लर्क : मैं अपना पेट नहींभर पाता, क्योंकि मेरे पास कागज हैं, अन्न नहीं है। और पेट केवल अन्न सेभरता है।

ब्राह्मण : मैंने सुना था कि तुम उत्कोच से अपना पेटभर लेते हो।

क्लर्क : नहीं! यह चीज मैंने कभी नहीं खायी। मेरी पत्नी ज्यादा पढ़ी-लिखी नहीं है न, इसलिए पाकशास्त्र की पुस्तकें पढ़कर नये पकवान बनाना नहीं सीखती है। वैसे भी आलसी है। उसे न घर का काम पसन्द है, न नौकरी करना चाहती है। घर का काम करने को कहता हूँ तो बीमार हो जाती है, और नौकरी करने के नाम पर लड़ती है कि मैं मर्द नहीं हूँ; औरत की कमाई खाना चाहता हूँ। असल में वह पत्नी के समान नहीं रहती, रखैल के समान रहती है। पत्नी के समान रहती तो मेरे घर को अपना घर समझती और मेरा कुछ हाथ बँटाती। पर वह तो एक ही बात जानती है कि वह रात को तब मेरे पास आयेगी, जब मैं उसके खाने, कपड़े, गहने, सिनेमा, चाट-पकौड़ी इत्यादि का प्रबन्ध कर दूँ। **(रुक जाता है)** मैं शायद बहक गया हूँ। क्या बात चल रही थी?

ब्राह्मण : उत्कोच की।

क्लर्क : हाँ। मेरी पत्नी ने इसे कभी नहीं पकाया। किसी रेस्तराँ में भी

इसे मैंने नहीं खाया। यदि यह चीज विदेशी सहायता के रूप में हमारे देश को दी जाती है; और कस्टमवालों से बचकर देश के भीतर आ भी जाती है, तो अफसरों में ही खप जाती होगी। क्लर्कों तक कभी नहीं पहुँची। अपने देश में अफसरों की बहुत बड़ी मरुभूमि है—सहारा और गोबी की विराट मरुभूमियों से भी बड़ी। विदेशी सहायता की छिटपुट बूँदें वहीं सूख जाती हैं। तुम मुझे बता सकते हो वह चीज, जिसकी तुमने चर्चा की है, कैसी होती है? डबलरोटी जैसी या प्रॉन-करी जैसी?

ब्राह्मण : बकवास बन्द करो! तुम समझते हो, तुम अपनी ऊल-जलूल बातों से मुझे भ्रमित कर लोगे? तुम रिश्वत नहीं लेते?

क्लर्क : रिश्वत। हाँ, रिश्वत लेता हूँ। पर रिश्वत तो शराब है, जिससे प्यास बढ़ती है। तृप्ति उससे कभी नहीं होती।...अच्छा कहो, तुम्हें क्या कहना है? तुम भी मेरी तरह बहकते बहुत हो।

मंच का प्रकाश बुझकर, अथवा धीमा होकर, फिर से ज़ल उठता है। पुनः प्रकाश में ब्राह्मण अपने बेटे के शव के पास बहुत उदास मुद्रा में खड़ा दिखायी देता है। उसकी आँखें अपने बेटे के शव पर टिकी हुई हैं। उसकी आँखों में पानी की झलक है।

ब्राह्मण : यह मेरा इकलौता बेटा है।

क्लर्क : इकलौता क्यों है?

ब्राह्मण : इसलिए कि दूसरा हुआ नहीं।

क्लर्क : अच्छा! फैमिली प्लानिंग। हाँ, तो फिर?

ब्राह्मण : इसकी आयु बारह वर्ष की थी। मैं यह पूछता हूँ कि यह इस अल्पायु में मर गया और मैं इसका बाप होकर भी जीवित क्यों हूँ?

क्लर्क : क्योंकि तुम निर्लज्ज हो, तुम्हें लाज-शर्म नहीं है। तुममें थोड़ा-सा भी स्वाभिमान होता तो तुम भी मर गये होते। आजकल हमारे देश में जिन लोगों में लाज-शर्म जैसी चीज है, वे लोग या तो देश छोड़ जाते हैं, या संसार छोड़ जाते हैं। तुम जीवित हो और भारतवर्ष में हो, अतः यह स्वतः सिद्ध है कि तुम निर्लज्ज हो। हमारा सीधा प्रयत्न यह है कि जनता का या तो स्वाभिमान मर जाये या स्वाभिमानी जनता मर जाये। वैसे पौराणिक रूप में पूछोगे तो कहूँगा कि तुम दशरथ नहीं हो, जिन्होंने पुत्र के वियोग में प्राण त्याग दिये थे। आजकल लोग केवल कुर्सी के

वियोग में प्राण त्यागते सुने जाते हैं।

ब्राह्मण : तुमने ठीक उत्तर नहीं दिया। तुम्हें यह सब नहीं कहना हैं। ब्राह्मण उस अभिनेता के समान नाराज हो जाता है, जो दूसरे अभिनेता के गलत संवाद बोलने के कारण अपना संवाद न बोल पा रहा हो।

क्लर्क : तुमने प्रश्न ठीक ढंग से नहीं पूछा। एक कोटेशन तक तो ठीक से याद नहीं है और तुम कहते हो कि तुम प्राचीन युग से आये हो। कहाँ से आये हो तुम?

ब्राह्मणः मैं रामायण से आया हूँ।

क्लर्क : **(अविश्वास की दृष्टि से देखता हुआ)** आजकल बहुत सारे आ रहे हैं। क्या बात है, भगवान ने कोई नया पासपोर्ट काउंटर खोला है, या साला स्मगल्ड माल है।

ब्राह्मण : क्या?

क्लर्क : कुछ नहीं! कुछ नहीं! मैं अभी सारे फैक्ट्स वेरीफाई कर लेता हूँ। **(परीक्षण की मुद्रा में)** यदि तुम रामायण से आये हो, तो बताओ, जब विश्वामित्र दशरथ के दरबार में गये और उन्होंने दशरथ से राम और लक्ष्मण को माँगा तो दशरथ ने क्या कहा?

ब्राह्मण : मुझे क्या पता, दशरथ ने क्या कहा। मैं कोई दशरथ का सोने का दाँत हूँ कि उसके मुँह से निकली हर बात सुन सकूँ।

क्लर्क : नालायक! तुम्हारे समय में समाचारपत्र छपते नहीं थे या तुम पढ़ते नहीं थे?

ब्राह्मण : समाचारपत्रों की बात और है। जो उनके मन में आता है, लिखते रहते हैं। उनके आधार पर मैं तुम्हें साक्षात्कार देने लगा तो हो चुका। वे कल छाप देंगे कि आजवाला समाचार गलत था, और मैं साक्षात्कार में असफल हो जाऊँगा।

क्लर्क : ठीक है। अच्छा अनुमान से बताओ, दशरथ ने क्या कहा होगा?

ब्राह्मण : दशरथ ने कहा होगा कि राम और लक्ष्मण बच्चे हैं, अभी हायर सेकंडरी स्कूल में पढ़ते हैं। मैं अपनी चतुरंगिनी सेना लेकर साथ चलता हूँ।

क्लर्क : **(मुट्ठी अपनी ठोढ़ी के नीचे टिकाकर रस लेता हुआ)** तक विश्वामित्र ने क्या कहा?

मंच पर क्लर्क और ब्राह्मणवाले भाग का प्रकाश बुझ

जाता है। क्लर्क के पीछे का पर्दा उठ जाता है। परदे के पीछे दशरथ की राजसभा है। दशरथ आधुनिक राजनीतिक नेता का रूप धारण किये बैठे हैं। विश्वामित्र भूखा वोट-दाता है।

विश्वामित्र : रहने दे दशरथ! तू किसी काम का नहीं। तू केवल मीठी बातें करता है। वोट ले सकता है और नारे दे सकता है। कर्म तेरे वश का नहीं है। तू कोई नारा दे, 'आराम हराम है', 'जय जवान, जय किसान', 'गरीबी हटाओ'। राक्षसों से नहीं लड़ सकता। अयोध्या में किसी सभा का उद्घाटन कर और भाषण दे अगली पंचवर्षीय योजना में दशमलव शून्य-शून्य एक राक्षस अवश्य मार दिये जायेंगे। लोग आँकड़ों को देखते ही तेरा विश्वास कर लेंगे और लालकिले में तेरा अभिनन्दन करेंगे।

दशरथ : महाराज! नाराज न हों। वनस्पति घी अवश्य मिलेगा। आय'म सॉरी, मैं राक्षसों को अवश्य मार दूँगा।

विश्वामित्र : दशरथ! तू राक्षसों का मार देगा, तो अगले चुनाव में तुझे वोट कौन देगा! तेरे चुनाव-फंड में धन कहाँ से आयेगा? वे तेरे तकलीफ-फंड में धन दें। तू सरकार बनाकर उनकी रक्षा करे। वे तेरे संरक्षण में प्रजा को लूटें और उस लूट में से तेरे फंड में चंदा दें। यही तो सृष्टि का चक्र है, सम्राट।

पिछले भाग का प्रकाश बुझ जाता है। क्लर्कवाले भाग में प्रकाश होता है।

ब्राह्मण : दशरथ मान गये। उन्होंने सोचा, यह ऋषि तो कोई गूढ़ पुरुष है। सबके सारे भेद जानता है। उन्होंने राम और लक्ष्मण को विश्वामित्र के साथ भेज दिया...।

क्लर्क : बस कर, भई! तुझे तो छेड़कर गलती की। जरा-सा प्रश्न क्या पूछ लिया, रामायण ही बाँचने बैठ गया।

ब्राह्मण : थोड़ी-सी बात और सुनो। राम और लक्ष्मण विश्वामित्र के साथ गये तो विश्वामित्र ने उन्हें ताड़का दिखाकर कहा–

पुनः क्लर्क के भागवाला प्रकाश बुझ जाता है और पिछला भाग जल उठता है। इस बार वन में विश्वामित्र राम और लक्ष्मण के साथ खड़े हैं। उनके सम्मुख ताड़का खड़ी है।

विश्वामित्र : राम! इसे मारो। यह राजनीतिक भ्रष्टाचार है। ताड़का इसका उपनाम है। इसकी एप्रोच बड़ी ऊँची है। यह रावण के मामा

मारीच की माँ अर्थात् निक्सन की नानी है। इसके पास न धन की कमी है, न शक्ति की, न संरक्षण की। यह गरीब पिछड़े हुए एवं दुर्बल देशों को तंग करनेवाली अमेरिका की सेना, सॉरी, रावण की सेना है।

पिछला प्रकाश बुझ जाता है। क्लर्क और ब्राह्मण पर प्रकाश उभरता है।

ब्राह्मण : राम ने उसे मार दिया। आगे चलकर मारीच और सुबाहु मिले...

क्लर्क : मारीच और सुबाहु विश्वामित्र के यज्ञ के समय आये थे।

ब्राह्मण : रामायण से मैं आया हूँ या तुम? जैसे दूसरे देशों से घूमकर आये लोगों की बात प्रामाणिक होती है, वैसे ही रामायण से लौटे ब्राह्मण की बात प्रामाणिक होनी चाहिए। कम-से-कम रामायण के विषय में तो अवश्य। समझे?

क्लर्क : समझा। आगे चलो।

ब्राह्मण : तो आगे चलकर मारीच और सुबाहु मिले...

पुनः आगे का प्रकाश बुझ जाता है। पिछला प्रकाश जल उठता है।

विश्वामित्र : राम! इन्हें भी मारो। ये दो राक्षस हैं—गुंडा-गर्दी और काला-धन। तुम्हारे पिता ने इन्हें 'उचित मूल्य की दुकान' का लाइसेंस दिया हुआ है, पर ये लोग खुले बाजार में कुछ भी नहीं बेचते। राशन का कोटा भी झूठ बोलकर गायब कर देते हैं और काले बाजार में बेच देते हैं। जनता भूखी मर रही है और ये लोग कोई-न-कोई बहाना बना, बाजार से आवश्यक वस्तुएँ गायब कर उनके मूल्य बढ़ाते जा रहे हैं। मैं जब सहकारिता आन्दोलन चलाकर कृषकों से अन्न खरीदने का यज्ञ आरम्भ करता हूँ तो ये लोग अपने गुंडों और सत्ताधारी दल के सदस्यों की सहायता से मारपीट कर खून बरसा देते हैं। राम! इन्हें मारो और मेरा उपभोक्ता सहकारी आन्दोलन सफल बनाओ।...

पिछला प्रकाश बुझ जाता है। अगला प्रकाश जलता है।

ब्राह्मण : राम ने उन्हें भी मार दिया।

क्लर्क : **(ब्राह्मण की बात में रस लेता हुआ बड़ी रुचि से ब्राह्मण की ओर देखता रहता है।)** लगता है, हर युग में बेचारा विश्वामित्र एक ही बात कहता आया है। खैर, कथा तुम ढंग से सुना लेते हो, पर तुम्हारी कोटेशनों की परीक्षा मुझे करनी पड़ेगी।

ब्राह्मण : परीक्षा की छोड़ो। कोटेशन वाल्मीकि रामायण के किसी भी संस्करण से मिला लेना। मेरे प्रश्न पर भी ध्यान दो। मेरा प्रश्न है—मेरे पुत्र की अकाल मृत्यु क्यों हुई? इसमें मेरा कोई दोष नहीं है। यह अवश्य ही राजा के पाप के कारण अकाल मृत्यु को प्राप्त हुआ है।

क्लर्क : अकाल मृत्यु! ब्राह्मण! झूठ मत बोलो; उसके लिए और लोग हैं। किस अकाल में मृत्यु हुई है तुम्हारे बेटे की? हमें ऐसी कोई सूचना नहीं मिली है कि देश में कहीं अकाल पड़ा है, और उसमें लोगों की मृत्यु हुई है। हम ऐसे समाचार अखबरों में पढ़ते हैं और टाल जाते हैं। अखबारों में छपे समाचारों का कोई महत्त्व नहीं है। उन्हें कुछ-न-कुछ छापना होता है, इसलिए छाप देते हैं—जैसे हमें कुछ बोलना होता है, इसलिए हम आकाशवाणी पर बोल देते हैं। जब तक सीधे हमें सूचना नहीं मिलेगी, तब तक हम मानेंगे ही नहीं कि कहीं अकाल पड़ा है और यह मैं तुम्हें लिखकर दे सकता हूँ कि जब तक हम स्वयं नहीं चाहेंगे, तब तक हमें सूचना मिलेगी भी नहीं और ऐसा हम क्यों चाहेंगे? **(एक क्षण के लिए रुक जाता है और अपने फेफड़ो की मशक हवा से पूरी तरह फुलाकर कहता है।)** और यदि बहस के लिए मान ही लिया जाये कि अकाल पड़ा भी है, तो हम क्या करें। अकाल या इस प्रकार की सारी घटनाएँ सर्वथा व्यक्तिगत घटनाएँ हैं। देश अथवा शासन को उससे कोई लेना-देना नहीं है। एक ही देश में, एक ही समय में जिस प्रकार भिन्न-भिन्न आयु के, विचार के तथा सामाजिक स्तर के लोग रहते हैं, उसी प्रकार भिन्न आर्थिक स्थिति के लोग भी होते हैं। जिसके पास बिल देने के लिए पैसा न हो, उसके लिए तो अशोका होटल में भी अकाल भी पड़ा होगा। जिसके पास धन होता, उसके लिए बाड़मेर की मरुभूमि में भी मदिरा की धारा बहती है। अब तुम ही बताओ, अकाल क्या कोई सार्वदेशिक घटना है?

क्लर्क सिर उठाकर ब्राह्मण की प्रतिक्रिया जानने के लिए उसकी ओर देखता है। पर ब्राह्मण का ध्यान उसकी बात की ओर नहीं है। वह कहीं और अटका हुआ दिख रहा है।

क्लर्क : क्या सोच रहे हो?

ब्राह्मण : यह 'अशोका' क्या भारतीय शब्द है?

क्लर्क : भाषा-विज्ञान में तुम बहुत पिछड़े हुए लगते हो, ब्राह्मण! अशोका, लार्ड बुद्धा लार्ड कृष्णा, लार्ड शिवा—ये सब भारतीय शब्द हैं। पर तुम यह क्यों पूछा रहे हो?

ब्राह्मण : **(अब भी किसी और लोक में है। उसकी आँखों में स्वप्न तैर रहे हैं। जीभ से चटखारा लेता हुआ कहता है।)** यह अशोका होटल क्या है? क्या यह तुम्हारा नन्दन कानन है?

क्लर्क : हाँ! नन्दन कानन है। जिनके पास पैसा है, उनका।

ब्राह्मण : तुम लोगों में इतना पक्षपात क्यों है, कलियुग के जीवो! नन्दन कानन में तो सभी जा सकते हैं।

क्लर्क : झूठ मत बोलो। शास्त्राज मैंने भी पढ़े हैं, ब्राह्मण! नन्दन वन में केवल वही जा सकता है, जिसके पास पुण्य हो। पुण्य या पुण्याज—जो भी तुम कहना चाहो! मुझे मालूम नहीं है—और वैसे भी यह विषय शोध भी अपेक्षा रखता है कि यह किस देश की करेंसी है। क्या तुम बता सकते हो?

ब्राह्मण : बता तो सकता हूँ। पर क्यों बताऊँ?

क्लर्क : तुम मुझे बता दो, तो मैं उस बात को दो हजार बार घुमा-फिराकर टाइप करवा लूँगा। वह मेरी थीसिस हो जायेगा। पी-एच.डी. हो गया तो यह क्लर्की छोड़ आचार्य हो जाऊँगा। यह रिसर्च बड़ी बढ़िया चीज है। यह आधुनिक युग की पारसमणि है। इस मणि के छूते ही महान जड़बुद्धि लोग विश्वविद्यालयों के सिर पर चढ़कर नाचने लगते हैं। मैं उनके भ्रष्ट चरित्र का कैबरे देखता हूँ तो एकदम बौखला जाता हूँ।

ब्राह्मण : तुम बौखलाओ मत। मैं फिर से अपने बेटे की बात आरम्भ कर देता हूँ। मैंने अकाल-मृत्य कहा था—अर्थात् समय से पूर्व मर जाना। तुमने उसका अर्थ दुर्भिक्ष तो नहीं समझा?

क्लर्क : ब्राह्मण! तुम मुझे भाषा के चक्कर में मत डालो। भाषा से रोटी अधिक महत्त्वपूर्ण है।

ब्राह्मण : मैं जानता हूँ, महान् क्लर्क! लोगों की रोटी छीनने के लिए ही तुमने उनकी भाषा छीन ली है। तुम यह बात अच्छी तरह जानते हो कि जिन लोगों के पास अपनी भाषा नहीं होती, उनकी रोटी भी उनके पास नहीं रहती।

क्लर्क : तुमने भाषा-विज्ञान की कोई मार्क्सवादी धारा निकाली है क्या? तुम भाषा को भी वर्ग-संघर्ष में घसीट लाये हो।...

क्षणभर के लिए प्रकाश बुझकर फिर जल उठता है। क्लर्क अपनी जेबें टटोलता है। वह कुछ खोज रहा है। जब जेबों में उसे अभीष्ट वस्तु नहीं मिलती तो मेज की दराजें खोजने लगता है।

ब्राह्मण : क्या खोज रहे हो?

क्लर्क : बात यह है, मेरा पेट्रोल खत्म हो गया लगता है। तुम इतनी लम्बी बहस करोगे, ऐसी आशा मुझे नहीं थी। वैसे आदमी मजेदार लगते हो, इसलिए बहस छोड़ना भी नहीं चाहता, नहीं तो मेरे पास चपरासियों की पूरी फौज है। एक बार कह दूँ तो धक्के मारते-मारते तुम्हें वापस रामायण तक पहुँचा आयेंगे। इस काम का उन्हें बहुत शौक है।

ब्राह्मण : तो तुम खोज क्या रहे हो?

क्लर्क : बीड़ी! सरकार मेरी बीड़ी! दो घंटों से तुम मेरा भेजा चाट रहे हो। और मैंने एक बीड़ी भी नहीं पी। जिस बहस में एक आदमी दूसरे का भेजा चाटे, उसे मैं नॉनवेज बहस करता हूँ, मांसाहारी बहस।

क्लर्क को मेज की दराज में बीड़ी मिल जाती है। वह बीड़ी सुलगाकर कश खींचता है।

ब्राह्मण : तुम कार्यालय में बीड़ी क्यों पीते हो?

क्लर्क : क्योंकि हुक्का पी नहीं सकता। भारी होता है न! बीड़ी को मैं पोर्टेबल हुक्का कहता हूँ। जेब में डालकर जहाँ मर्जी ले जाओ।...पर इन बातों को छोड़ो—हम दफ्तर में चाय क्यों पीते हैं, बीड़ी क्यों पीते हैं, अपना खून क्यों पीते हैं...इन बातों को भूल जाओ। अपनी बात करो। कोई मजेदार बात।

ब्राह्मण : **(कुछ शान्त होकर)** मैं तुम्हारी राजधानी में आकर भी बहुत कुछ अतीत से जुड़ा हुआ हूँ, इसलिए मुझे तुम्हारी बहुत-सी बातें समझ में नहीं आती हैं। एक बात पूछूँ, बुरा तो नहीं मानोगे?

क्लर्क : मैं तुम्हारी प्रेमिका हूँ या पत्नी कि बुरा मान जाऊँगा। पूछने का हम बुरा नहीं मानते। संसद में भी हमने क्वेश्चन-ऑवर रखा हुआ है। हिन्दी में क्या कहेंगे—प्रश्न-घंटा?

ब्राह्मण : मुझे मालूम नहीं है। मैं अनुवाद निदेशालय नहीं हूँ। अपना प्रश्न पूछूँ?

क्लर्क : पूछो। तुम्हें कुछ भी पूछने का अधिकार है। पर उत्तर देने-न-देने

का अधिकार हमारा है।

ब्राह्मण : अच्छा। मत देना उत्तर। कह देना, इस प्रश्न का उत्तर लोकहित के विरुद्ध होगा।

क्लर्क : अबे, पूछ न। बैताल कहीं का! सस्पेंस कितना क्रियेट करता है।

ब्राह्मण : क्या तुम्हारे देश में नेताओं को अभी इतना भी ज्ञात नहीं हुआ कि भाषा और रोटी में सम्बन्ध है? क्या वे नहीं जानते कि रोटी जागृति से मिलती है और जागृति अपनी भाषा से आती है? क्या जनहित के बिना, जनजागृति आ जायेगी?

क्लर्क : मुझे ठीक मालूम नहीं है। मैं कभी इस चक्कर में नहीं पड़ा। सच्चाई तो यह है कि मुझे कभी भाषा की आवश्यकता ही नहीं पड़ी। मैं अपने दफ्तर में बैठा पत्र लिखने का काम करता हूँ। मुझे अपने वे पत्र रटे हुए हैं—डियर सर, प्लीज रेफर टू योर लेटर नम्बर सो एण्ड सो, डेटेड सच एण्ड सच...। इसमें भाषा की आवश्यकता ही क्या है, यार?

ब्राह्मण : मेरी बात का उत्तर दो।

क्लर्क : हाँ! तुम्हारी बात! मेरा विचार है कि ये नेता लोग भी रोटी और भाषा का सम्बन्ध जानते हैं। वे जानते हैं कि जनता की रोटी जनता की भाषा से जुड़ी हुई है। जनता की भाषा आयी, तो जनता को तो अपनी रोटी मिल जायेगी पर नेताओं की अपनी रोटी छिन जायेगी—क्योंकि वे लोग स्वयं अंग्रेजी की रोटी खा रहे हैं।

ब्राह्मण : वे लोग जन-भाषा से डरते क्यों हैं?

क्लर्क : वे कहते हैं, हिन्दी का मतलब है रामायण, महाभारत—अर्थात् संस्कृति। वे लोग संस्कृति से डरते हैं। वे लोग संस्कृतिहीन ऐसी भाषा चाहते हैं जैसी भाषा उनके अपने पास है—शब्द, केवल शब्द। खोखले। टीन के डिब्बे।...उनके अपने पास न तो विचार हैं, न सिद्धान्त, न चरित्र, न ज्ञान। उनके पास हैं शब्द एक पराई भाषा के। जनभाषा आ गयी तो उनका सारा नेतापन झाड़कर जनता उनको जाहिल कह देगी।...पर ऐ ब्राह्मण! तुम यहाँ रिसर्च करने तो नहीं आये? यदि रिसर्च के चक्कर में आये हो तो अच्छा है कि यहाँ से कोई डिप्लोमा लो और विदेश चले जाओ। देशी रिसर्च तो देशी घास के बराबर भी मूल्य नहीं रखती।

ब्राह्मण : क्यों?

क्लर्क : क्योंकि देशी घास पेट तोभर सकती है, देशी रिसर्च अपने देश में किसी का पेट नहींभरती। यार लोगों ने देशी भाषाओं के समान देशी रिसर्च को भी व्यर्थ करार दे दिया है।...पर पहले मेरी बात का उत्तर दो। क्या तुम रिसर्च करने आये हो?

ब्राह्मण : नहीं। मैं अपने बेटे की अकाल मृत्यु...।

क्लर्क : फिर अकाल मृत्यु?

ब्राह्मण : मेरा तात्पर्य है, असामयिक मृत्यु। मैं अपने बेटे की असामयिक मृत्यु के विषय में पूछने आया हूँ।

क्लर्क : मुझसे पूछने क्यों आये हो! **(अपनी बीड़ी फर्श पर बिछे टाट कर फेंककर पैर से कुचल देता है।)** यह तो तुम्हें कोई भी डॉक्टर बता देगा। उसकी हृदय-गति रुक गयी होगी, उसका रक्त-संचार बन्द हो गया होगा। यदि वह बुद्धिजीवी था, तो उसने हिन्दी की कोई फिल्म देख ली होगी।...क्या तुम्हें कोई डॉक्टर नहीं मिला?

ब्राह्मण का ध्यान उसकी बातों की ओर नहीं है। वह उस स्थान को देख रहा है, जहाँ क्लर्क ने अपनी बीड़ी फेंक, उसे अपने बूट से कुचला है। उस स्थान पर टाट थोड़ा-सा जल गया है, थोड़ी-सी राख है; और बीड़ी का टुकड़ा पड़ा हुआ बड़ी आपत्तिजनक चीज लग रहा है।

ब्राह्मण : **(क्लर्क को किंचित् नाराजगी से देखता हुआ)** तुमने टाट क्यों जलाया?

क्लर्क : देश की भलाई के लिए।

ब्राह्मण : अपनी बात की व्याख्या करो।

क्लर्क : यदि पुराना टाट जलेगा नहीं तो नया कैसे खरीदा जायेगा! नया खरीदा नहीं जायेगा तो टाट का कारखाना बन्द हो जायेगा और वहाँ काम करनेवाले लोग बेकार हो जायेंगे। मैंने पुराना टाट नहीं जलाया है, अनेक लोगों को नौकरी का एक्सटेंशन-लेटर दिया है।

ब्राह्मण : और यह गन्दगी क्यों फैलायी?

क्लर्क : यह भी सफाई कर्मचारी की नौकरी बनाये रखने के लिए। मेरे-जैसे लोग गन्दगी नहीं फैलायेंगे तो सफाई कर्मचारी बेकार हो जायेंगे। यह गन्दगी फैलाना नहीं, सफाई कर्मचारी-कल्याण-योजना है।

ब्राह्मण : तुम गन्दे, नीच और तर्क एवं ज्ञान का दुरुपयोग करनेवाले

जन्तु हो।

क्लर्क : **(थोड़ी देर तक ब्राह्मण की खीझ पर मुस्कराता है।)** मैंने तुमसे पूछा था, क्या तुम्हें कोई डॉक्टर नहीं मिला?

ब्राह्मण : डॉक्टर क्या होता है? त्रेता में ऐसा कोई शब्द मैंने नहीं सुना था।

क्लर्क : तुम बड़े विचित्र आदमी हो, यार! तुम डॉक्टर को नहीं जानते! डॉक्टर दो प्रकार के होते हैं : एक वे जो विश्वविद्यालयों में पाये जाते हैं। नाम के डॉक्टर होते हैं, पर समान्यतः आजीवन रोगी रहते हैं। वे लोग पी-एच.डी. होते हैं। यह मत पूछना कि पी-एच.डी. क्या है। पी-एच.डी. एक डिग्री है, जो नालायक लोगों के विश्वविद्यालय में घुसने का चोर दरवाजा है। जिस व्यक्ति की जीवनभर किसी भी परीक्षा में प्रथम श्रेणी नहीं आयी, वह पी-एच. डी. करके अपने आपको न केवल विद्वान् कहलाने लगता है, वरन् स्वयं को विद्वान मानने लगता है। वैसे एक दूसरी दृष्टि से देखा जाये तो पी-एच.डी. पढ़ाई-लिखाई का पूर्णविराम है। लोग पी-एच.डी. कर लेने के बाद और पढ़ने-लिखने की आवश्यकता नहीं समझते। इस प्रकार जिस व्यक्ति को पूर्ण अनपढ़ बनाना हो, उसे पी-एच.डी. की डिग्री दे दी जाती है...।

ब्राह्मण : तुम्हारा भाषण समाप्त हो गया?

क्लर्क : अभी तो भाषण की भूमिका भी पूरी नहीं हुई।

ब्राह्मण : शुरू हो जाओ।

ब्राह्मण माथे पर हाथ मारता है और क्लर्क के पाँवों के पास ऐसे बैठे जाता है, जैसे अपनी किस्मत का स्यापा कर रहा हो।

क्लर्क : ऐसे डॉक्टरों के रोग के लक्षण सुनो। ऐसा रोगी वास्तविक विद्वान् को देखकर वैसे ही चिढ़ उठता है, जैसे कुत्ता चाँद को देखकर भौंकने लगता है। वह बहुधा ईर्ष्यालु होता है। अपने-आपको ध्रुव पंडित मानता है और पैसे बटोरने पर उसका ध्यान वैसे ही केन्द्रित रहता है, जैसे सूअर का गन्दगी पर।... यह डॉक्टर जनता को धोखा भी देता है!

ब्राह्मण : कैसे?

मंच के अगले भाग का प्रकाश बुझ जाता है और पिछले भाग का प्रकाश जल उठता है। मूक दृश्य। एक रोगी

जमीन पर लेटा है और चार-पाँच देहाती वेशभूषा के लोग नाइट सूट में खड़े एक परेशान व्यक्ति से उलझ रहे हैं।

क्लर्क का स्वर : रामलुभाया भी ऐसा ही एक डॉक्टर है। उसके घर के बाहर नाम-पट्टिका लगी है—डॉक्टर रामलुभाया। एक रोज काफी रात गये कुछ देहाती लोग एक रोगी को लेकर उसके पास आये। रामलुभाया बहुत चीखा-चिल्लाया कि मैं डॉक्टर तो हूँ, पर वैसा डॉक्टर नहीं हूँ, इसलिए रोगी को दवा नहीं दे सकता। देहातियों ने पूछा, 'कैसे डॉक्टर हो?' तो वह उन्हें समझा नहीं पाया। बस यही कहता रहा कि वह ऐसा डॉक्टर नहीं है। अन्त में यह मानकर कि रामलुभाया जान-बूझकर उनके रोगी को दवा नहीं दे रहा, उसे पचासों गालियाँ और दस-पाँच थप्पड़ देकर लौट गये।...

क्लर्क के स्वर के अनुकूल मूक क्रियाओं से अभिनय के साथ पिछला बुझ जाता है। मंच के अगले भाग पर प्रकाश जल उठता है।

ब्राह्मण : **(अत्यन्त उकताये हुए स्वर में)** अब दूसरे प्रकार के डॉक्टरों की बात करो।

क्लर्क : दूसरा डॉक्टर वह है जो शारीरिक रोगों का निदान करता है। वह पाँच वर्षों तक मेडिकल कॉलेज में इस बात का कठिन अभ्यास करता है कि किस प्रकार अपनी बुद्धि पर विश्वास करना छोड़ यन्त्रों, औषध-निर्माता कम्पनियों तथा उनके मेडिकल रिप्रेजेंटेटिव लोगों की बातों पर विश्वास किया जाये। वह अपनी बुद्धि से न रोग को जान सकता है, न पहचान सकता है। यदि उसके यन्त्र रोग बताने में अफसल हो जायें, तो वह मान लेता है कि रोगी का दिमाग खराब है। यदि उसके यन्त्र किसी रोग के लक्षण बता दें, तो औषध-निर्माता फर्मों के प्रतिनिधियों द्वारा पढ़ाई पट्टी के अनुसार, उन फर्मों का लाभ कराने के लिए महँगी-से-महँगी दवा लिख देता है। रोगी यदि दवा न खाये तो रोग से मर जाता है और यदि दवा खा ले तो गरीबी से मर जाता है।

ब्राह्मण : **(दीन स्वर में)** है महान् क्लर्क! कदाचित् तुम वैद्यों के विषय में कुछ कह रहे हो; पर मैं तुम्हारे युग का आदमी नहीं हूँ। मैं तुम्हारी कई बातें समझ नहीं पाता।

क्लर्क : यह तुम्हारा सौभाग्य है। इस सौभाग्य के लिए तुम्हारा अभिनन्दन करने को मन चाहता है। इन बातों को न समझना ही अच्छा है। जो आदमी इन बातों को जानता है और समझना है, उसमें यदि तनिक-सी भी ईमानदारी हो, तो वह निराशा से पीड़ित हो, आत्महत्या कर मर जाता है।

ब्राह्मण : अच्छा! मुझे उलझाओ मत! मुझे बताओ, मेरा पुत्र बाल्यावस्था में मृत्यु को प्राप्त क्यों हुआ? उसके लिए उत्तरदायी कौन है?

क्लर्क : तो तुम्हारा मतलब है कि अब मैं पूर्णतः गम्भीर होने का अभिनय करूँ। अच्छा भई, तुम्हारी ही इच्छा पूरी हो।...क्या वह स्वाभाविक मृत्यु से मरा है—मेरा मतलब है, नेचुरल डेथ हुई है या किसी दुर्घटना में मरा है?

ब्राह्मण : नहीं। वह दुर्घटना में नहीं मरा। उसका मरना अपने-आप में दुर्घटना अवश्य है। रात को ठीक-ठाक सोया था। प्रातः हमने उसे मरा हुआ पाया।

क्लर्क : तो स्पष्टतः वह प्राकृतिक मृत्यु को प्राप्त हुआ है। उसके लिए दोषी भगवान है।

ब्राह्मण : यह झूठ है! **(आवेश में)** मेरा आरोप है कि मेरे बेटे की बाल-मृत्यु का कारण शासन का पाप है।

क्लर्क : शासन किसी के जन्म के लिए उत्तरदायी नहीं; अतः वह किसी की मृत्यु के लिए भी उत्तरदायी नहीं है। भगवान किसी को जन्म देते हुए हमें कंसल्ट नहीं करता, न किसी की मृत्यु भेजते हुए हमसे अनुमति लेता है। उसके तानाशाही निर्णयों से हम एकदम तंग आ चुके हैं। वह मनमाने ढंग से सुपर पॉवर बन गया है। हर बार धक्केशाही से काम लेता है। हमारी प्रभुसत्ता का उल्लंघन करता है। हमारे विरोधपत्रों का कोई नोटिस नहीं लेता। अब बताओ, हम क्या कर सकते हैं। तुमने कभी सोचा है कि कोई व्यक्ति पूरी आयु प्राप्त किये बिना क्यों मर जाता है? **(थोड़ा शरमाकर)** मरने से मेरा मतलब डेथ से है। किसी सुन्दर लड़की पर मरने की बात बीच में मत लाना। वैसे वह मरना भी शासन की प्रभुसत्ता की चिन्ता नहीं करता।

ब्राह्मण : **(गम्भीर मुद्रा में)** हाँ! मैंने खूब सोचा है कि कोई पूर्णायु प्राप्त किये बिना क्यों मर जाता है। जब शासन बेईमान हो जाता है, जनता के धन का जनकल्याण के लिए उचित प्रयोग न कर अपने विलास के लिए उसका व्यय किया जाता है, तो उत्पादन

का सन्तुलन बिगड़ जाता है। लोगों को आवश्यकतानुसार खाने को नहीं मिलता। उनके भीतर रोग के कीटाणु घर करने लगते हैं। रोगों का निदान नहीं होता। उस दुर्बलता की अवस्था में व्यक्ति जीवन का संघर्ष चला नहीं पाता तो मर जाता है। उसके मरने के लिए तुम दोषी हो, सरकार दोषी है।

क्लर्क : नहीं! यह झूठ है। तुम्हें किसी ने बहका दिया, ब्राह्मण! शासन के पास से कोई नहीं मरता। **(आध्यात्मिक मुद्रा में)** जो मरता है, वह अपने पिछले जन्मों के कर्मों के कारण मरता है। अपने दुर्भाग्य के कारण मरता है, या अपनी बदपरहेजी के कारण मरता है।

ब्राह्मण : देश में बाढ़ किसके अपराध से आती है?

क्लर्क : निश्चित रूप से नदियों के दोष से। यदि वे इतना पानी न पियें, जितना वे पचा नहीं पातीं, तो बाढ़ कभी न आये। पर वे लालच करती हैं, और अपनी इस बदपरहेजी में देश को भी ले डूबती हैं।

ब्राह्मण : और यदि शासन बाँध बाँध दे तो क्या बाढ़ रुक नहीं जायेगी?

क्लर्क : तुम सचमुच त्रेता के जन्तु लगते हो, ब्राह्मण! ये सब पुराने सिद्धान्त हैं। तुम जरा-से भी आधुनिक होते तो जानते कि अब प्रकृति के विरुद्ध कुछ भी करने को बुरा समझा जाता है। वह कृत्रिम होता है, और कृत्रिम चीजें अच्छी नहीं होतीं। अब हम यह मानते हैं कि प्रकृति का दमन मनुष्य में नये रोग उपजाता है। इसलिए उन रोगों से मुक्त हो स्वस्थ रहने की आड़ में मनुष्य समाज-विरोध का रोग पाल रहा है। मनुष्य प्रकृति की इच्छा के अनुसार नंगा रहना चाहता है। मैथुन एक प्राकृतिक क्रिया है, उसे छिपाया क्यों जाये? उन्नत देशों में यह कृत्य सामूहिक और सार्वजनिक रूप से किया जाता है।...और तुम पिछड़े हुए आदमी, आदिम युग के जीव यह चाहते हो कि उन्मुक्त नदियों को भी अनुशासन के बाँधों में बाँध दिया जाये। यह जनतन्त्र-विरोधी विचार हमें सर्वथा अमान्य है।

ब्राह्मण : महान् क्लर्क! तुम्हारी बातों में श्रोता को बहा ले जाने की, बहका ले जाने की अद्भुत प्राकृतिक क्षमता है। तुम शायद इसी की रोटी खाते हो। अधम व्यवसाय है तुम्हारा। अपनी वाणी को दूसरों को भ्रान्त करने के दुष्ट कार्य में लगाना, कितना

अनुचित है। **(ब्राह्मण दुखी प्रतीत होता है।)** सूखा, अकाल, महामारी—इन सबको भी तुम प्राकृतिक प्रकोप सिद्ध कर दोगे। इनके विरुद्ध भी शासन को कुछ नहीं करना चाहिए? इनकी रोकथाम के लिए प्रयत्न करना क्या शासन का कर्त्तव्य नहीं है?

क्लर्क : कदापि नहीं। बाढ़, सूखा, अकाल, महामारी इत्यादि में मरनेवाले लोग अपनी मूर्खता से मरते हैं। उन्हें मरना ही चाहिए। उनको उनकी मूर्खता का दंड मिलना ही चाहिए। वे लोग नदी के किनारे रहते ही क्यों हैं? उन्हें नहीं मालूम कि नदियाँ इसलिए बनी हैं कि उनमें बाढ़ आये? नदी के किनारे, घर बनाकर रहनेवाला आदमी यदि अपने घर के बह जाने की शिकायत करता है, तो यह वैसा ही है, जैसे कोई व्यक्ति नल के नीचे बैठकर गीले हो जाने की शिकायत करे।...और सूखा तो पड़ता है भैया राजस्थान में। वहाँ जाकर बसते ही क्यों हो...

ब्राह्मण : महान् क्लर्क! एक बात मेरी भी सुन लो। **(वह बिना क्लर्क को देखे बोलता जाता है।)** सूखाग्रस्त क्षेत्र भारत में कहाँ है, यह मैं आज तक नहीं जान पाया हूँ। मेरी दृष्टि में यह कोई विशिष्ट क्षेत्र है ही नहीं। यह सम्पूर्ण भारत की विशिष्टता है। कहीं जमीन सूखी है, कहीं मन का रस सूख गया है, कहीं बुद्धि सूख गयी है, कहीं कर्त्तव्य बेचारा सूखकर लकड़ी हो गया है; और ईमानदारी तो सब कहीं से सूखकर शून्य में विलीन हो गयी है। कुल मिलाकर सूखापन हमारी राष्ट्रीय विशिष्टता है। सरकार नहीं चाहती कि यह सूखा कभी समाप्त हो, इसलिए उसने ब्लॉक डेवलपमेंट अफसर, जिलाधिकारी, राशन अधिकारी, एम.एल.ए., एम.पी., मन्त्री, ठेकेदार और पता नहीं कैसे-कैसे ब्लाटिंग पेपर सारे देश में फैला रखे हैं। जब कभी कोई जलधारा किसी ओर चलने लगती है, ये ब्लाटिंग-पेपर अपनी राष्ट्रीय भावना के कारण उस धारा को सोख लेते हैं। अतः आज तक यह सूखापन किसी एक प्रदेश में स्थिर नहीं हो पाया है; और न ही बच्चों को भूगोल-सम्बन्धी ज्ञान ही ठीक हो पाया है।

क्लर्क : **(ब्राह्मण की बात से सर्वथा अप्रभावित भाषण देने की पद्धति में)** मैंने तुम्हारी कोई बात नहीं सुनी है और मैं अपनी पिछली बात की कंटिन्युएशन में बोल रहा हूँ।...महामारी फैलती है

गरीब-गन्दे-गलीज लोगों की बस्तियों में। तुम्हें कौन कहता है वहाँ जाओ। ठाट से दिल्ली में रहो। देखो, न यहाँ बाढ़ आती, न सूखा पड़ता है, न अकाल, न महामारी। यहाँ हमारे पास है—शराब, जुआ, चोरी हत्या, बलात्कार, डाका, भ्रष्टाचार...! क्या नहीं है हमारे पास! सूखा, बाढ़ इत्यदि तो इधर आने का साहस नहीं कर सकते। आने की मूर्खता करेंगे तो शाहदरा में पकड़ लिये जायेंगे।

ब्राह्मण : **(आवाज एकदम ऊँची हो जाती है, जैसे वह कोई प्रयाण-गीत गानेवाला हो)** हाँ! तुम ठीक कहते हो क्लर्क, लोग अपनी मूर्खता से ही मरते हैं, या अपने पिछले जन्मों के कर्म से। नहर बनाने पर खर्च होनेवाले पैसे यदि तुम्हारे रिश्तेदारों के पेट में चले जाते हैं, जो मन्त्री भी हैं, संसद सदस्य भी हैं, ठेकेदार भी हैं और ब्लॉक डेवलपमेंट अफसर भी; और तब सूखा पड़ जाता है, तो जनता अपने पिछले जन्म के कर्मों से ही मरती है क्या? अन्न के बोरे गोदामों में छिपाकर अन्न का अभाव पैदा किया जाता है, चीजों का मूल्य बढ़ाया जाता है, तो जनता अपनी ही मूर्खता के कारण मरती है कि वह मन्त्री की सन्तान बन पैदा क्यों न हुई। तुम लोग विदेशों में सैर-सपाटे के लिए, अपने विलास के लिए, अपनी अगली पीढ़ियों को लुंज-पुंज पराश्रित बनाने के लिए धन जोड़ने को हर चीज इतनी महँगी करते जा...

क्लर्क : अगली बातचीत महँगाई पर होगी क्या? **(उबासी लेता हुआ एक चुटकी बजाता है।)**

ब्राह्मण : जिस पर तुम चाहो।

प्रकाश बुझकर जल उठता है। ब्राह्मण और क्लर्क शास्त्रार्थ की मुद्रा में प्रस्तुत हैं।

क्लर्क : महँगाई का शास्त्रीय विश्लेषण कर लें क्या?

ब्राह्मण : यह क्या होता है?

क्लर्क : शास्त्रीय विश्लेषण का अर्थ है, कुछ ऐसा कहना जिसका सम्बन्ध मुर्दों से, मृतक पुस्तकों से, अनसुने-अनजाने नामों से हो। इसमें कोई नयी बात नहीं कही जाती। काम की बात भी नहीं की जाती। सुननेवाले को समझ में कुछ नहीं आता और बोलनेवाले की विद्वता का खासा रोब पड़ जाता है।

ब्राह्मण : समझ गया। अब तुम महँगाई का शास्त्रीय विवेचन करो।

क्लर्क : देखो! जब कोई अविकसित, पिछड़ा हुआ देश उन्नति करता है—तो वहाँ के लोगों का जीवन-स्तर ऊँचा उठता जाता है। जीवन-स्तर ऊँचा उठने का तात्पर्य है अधिक खर्च करने की क्षमता। जब लोगों की खर्च करने की क्षमता बढ़ती है तो खर्च बढ़ता है। खर्च बढ़ता है तो महँगाई बढ़ती है। इस प्रकार महँगाई बढ़ने का अर्थ है, देश का विकास! उन्नति! समृद्धि! जिस देश में महँगाई नहीं बढ़ रही, वहाँ विकास नहीं हो रहा है। यदि हम लोगों में राष्ट्रीयता का थोड़ा-सा भी तत्त्व है, हम अपने देश से थोड़ा-सा भी प्रेम करते हैं, तो हमें अपने देश के विकास में सहयोग देना चाहिए। और उसका एक ही रास्ता है—देश में महँगाई को अधिक-से-अधिक बढ़ाया जाये। इस प्रकार जमाखोरी करनेवाले, काला बाजारिये, मनमाना दाम बढ़ानेवाले व्यापारी—ये सब प्रथम श्रेणी के देशभक्त हैं। उन्हें 'भारत-रत्न' की उपाधि देकर योजना मन्त्रालय में स्थायी रूप से रख लेना चाहिए।

ब्राह्मण : पर मैंने तो दूसरी बात सुनी है।

क्लर्क : क्या?

ब्राह्मण : मैंने सुना है कि महँगाई हम उस स्थिति को कहते हैं, जब लोगों की आय नहीं बढ़ती और बाजार में चीजें कम होती जाती हैं। जो लोग बहुत अधिक खर्च कर सकते हैं, उन्हें भी चीजें बड़ी कठिनाई से उपलब्ध होती हैं। गरीब आदमी पैसे के अभाव में भूखा मरता है—इसे तुम क्या कहते हो?

क्लर्क : यह सब तुम्हारा सुनने का दोष है। देखो, बात बड़ी सीधी है। आय बढ़ने से जीवन-स्तर ऊँचा नहीं उठता। जीवन-स्तर ऊँचा उठता है खर्च बढ़ने से। अतः यदि आय बढ़ी थी तो जीवन-स्तर कैसे उठेगा? इसलिए आय का बढ़ना कल्याणकारी नहीं है। वह जनता के हित में नहीं है, महँगाई जनता के हित में होती है। अतः जो तुम कह रहे हो, वह महँगाई नहीं है।

ब्राह्मण : वह क्या है?

क्लर्क : अनपढ़ लोगों का प्रलाप।

ब्राह्मण : **(अत्यन्त आहत होकर)** यह बताओ कि तुम लोगों ने विद्या और ज्ञान को, झूठ बोलकर जनता को बहकाने के काम में क्यों बदल दिया है? आज जो व्यक्ति जितना विद्वान् है, वह उतना बड़ा शब्दाडम्बरी क्यों है?

क्लर्क : हम विश्वविद्यालयों पर हर वर्ष करोड़ों रुपये खर्च करते हैं। तुम स्वयं सोचो, वह सारा रुपया क्या इसलिए खर्च करते हैं कि विश्वविद्यालयों में सत्य की खोज हो और वे जनता को जगाने का कार्य करें? ऐसा नहीं हो सकता, हम इतने मूर्ख नहीं हैं। जाग्रत जनता खतरनाक होती है। हमने विश्वविद्यालय इसलिए खोले हैं कि जनता उनके भ्रमजाल में अटकी, मुक्त होने के लिए छटपटाती रहे। युवा पीढ़ी तीन या पाँच वर्ष उन दीवारों के साथ टक्करें मारती रहे। जो विद्वान् सत्य बोलने का प्रयत्न करता दीखता है, उसके लिए हम एक नयी कुर्सी किसी विश्वविद्यालय में रखवा देते हैं। वह बैठते ही चुप हो जाता है।

ब्राह्मण : वह बैठते ही चुप क्यों हो जाता है?

क्लर्क : प्रकृति की लीला है। बस हो, रेलगाड़ी हो, नौकरी की कुर्सी हो—कुछ भी हो, व्यक्ति बोलता तब ही तक है, जब तक खड़ा रहता है। बैठते ही उसकी जीभ इस भय से तालू से चिपक जाती है कि बोला तो फिर से उठाकर खड़ा कर दिया जायेगा।

ब्राह्मणः पर क्यों?

क्लर्क कुछ उदास-सा बैठा रहता है। ब्राह्मण की बात का उत्तर नहीं देता।

ब्राह्मण : बोलते क्यों नहीं?

क्लर्क : मुझे लगता है हम दोनों की बातचीत बहुत बोरिंग हो गयी है। पर दोष हमारा नहीं है। केवल वार्तालाप बोरिंग हो ही जाती हैं। कोई एक्शन होना चाहिए। किसी तीसरे आदमी को बीच में आना चाहिए। कोई घटना होनी चाहिए। केवल बातचीत से तो हम लोग इसे वाद-विवाद-समिति बना देंगे।

ब्राह्मण : तो किसी और को बुला लो। मैं भी तुम्हारी मनहूस सूरत देखते-देखते ऊब चुका हूँ। पर जल्दी करो, मेरे पास अधिक समय नहीं है। वैसे भी मेरा मन उदास है। तुम भूल गये हो कि मेरे पुत्र की मृत्यु हो चुकी है।

क्लर्क : चाहता तो मैं भी यही हूँ, पर मैं किसी को बुला नहीं सकता।

ब्राह्मण : क्यों?

क्लर्क : इस समय सब चपरासी चाय पीने गये हुए हैं।

ब्राह्मण : वे काम करने आते हैं या चाय पीने? यह कोई चाय पीने का समय है?

क्लर्क : उन्हें सरकार ने चाय और बीड़ी पीने के लिए ही नियुक्त किया है।

ब्राह्मण : तो तुम स्वयं जाकर किसी को बुला लाओ।

ब्राह्मण : मैं नहीं जा सकता। किसी को बुलाने जाना क्लर्क का काम नहीं है। यह उनके स्तर से नीचे का काम है। मैं क्लर्क हूँ। फिर आजकल यहाँ नियमानुसार काम करने का आन्दोलन भी चल रहा है।

ब्राह्मण : तो अब तुम क्या करना चाहते हो?

क्लर्क : चपरासी की प्रतीक्षा।

ब्राह्मण : चपरासी न हो गया, प्रेमिका हो गयी।

क्लर्क : तुम्हें क्या कष्ट है?

ब्राह्मण : कोई कष्ट नहीं है। तुम प्रतीक्षा करो।

क्लर्क : पर तब तक तुम अपनी चोंच बन्द रखना। मेरा मन बहुत उदास है।

ब्राह्मण : अच्छा!

ब्राह्मण की पीड़ित दृष्टि अपने पुत्र के शव पर अटक जाती है। परदा गिरता है। परदा उठता है तो लंच का समय समाप्त हुए एक घंटा बीत चुका है। ब्राह्मण फर्श पर सोया हुआ है तथा क्लर्क कुर्सी पर बैठे-बैठे मेज पर सिर टिकाकर सो गया हैं। चपरासी का प्रवेश। वह मंच के एकदम सिरे पर अपने स्टूल पर बैठ जाता है। चपरासी के आते ही क्लर्क किसी अन्तःप्रेरणा से जाग उठता है।

क्लर्क : **(प्रसन्नता से)** जागो! चपरासी आ गया है।

ब्राह्मण : **(उत्साह-शून्य भाव से)** चपरासी ही तो आया है, कौन-सी क्रान्ति आ गयी है। मुझे क्यों जगा रहे हो! तुम्हारी बात माने तो उसे किसी नये पात्र को बुलाने के लिए भेज दो, नहीं तो उसी को नया पात्र मान लो।

ब्राह्मण उठकर बैठ जाता है।

क्लर्क : यह पात्र क्या होता है? बहुत पहले महापात्र नाम का मेरा एक अफसर जरूर हुआ करता था।

ब्राह्मण : पात्र नहीं जानते तुम! पात्र का अर्थ है बर्तन। जो आदमी बुद्धि से शून्य हो, वह केवल शरीर होता है। उस मात्र शरीर को सन्तों ने 'घट' अथवा घड़ा और नाटककारों ने पात्र कहा है। समझे?

क्लर्क : ठीक है। पर चपरासी से बात करने का साहस नहीं हो रहा है, साहब के ही गाँव का है। बड़ा उद्दंड है। तुम साथ रहोगे तो मेरा साहस बना रहेगा।

ब्राह्मण : अच्छा! मैं बैठा हूँ। बुलाओ।

जोरदार अँगड़ाई लेकर अपने शरीर के कई कड़ाके बोल देता है। क्लर्क अपनी मेज पर पड़ी घंटी कई बार बजा देता है। दरवाजे के पास अपने स्टूल पर बैठे-बैठे चपरासी तिरछी नजरों से उसे देखता है और बीड़ी पीता रहता है। क्लर्क को क्रोध आ जाता है। क्रोध में उठता है और चपरासी के सिर पर सवार हो जाता है।

क्लर्क : मैं घंटी बजा रहा हूँ। तुम आते क्यों नहीं हो?

चपरासी : तुम्हें दिखायी नहीं देता, मैं बीड़ी पी रहा हूँ?

क्लर्क : तुम आधा घंटा देर से क्यों आये?

चपरासी : कौन देर से आया है। लंच के बाद आधा घंटा पानी पीने की छुट्टी होती है। खुद तो साले कुर्सी पर बैठे-बैठे सोते रहेंगे और गरीबों की पानी-छुट्टी भी बर्दाश्त नहीं कर सकते।

क्लर्क : **(सहम जाता है। उसे बात बढ़ाने का कोई लाभ नहीं दिखायी देता। समझौता करता-सा कहता है।)** अच्छा, आओ, क्रान्ति बाबू को बुला लाओ। कहना, मैंने बुलाया है।

चपरासी एक उपेक्षाभरी दृष्टि उस पर डालता है और बीड़ी पीने में जुट जाता है।

क्लर्क : जाते क्यों नहीं?

चपरासी : किसी को बुलाना मेरी ड्यूटी नहीं है। मैं केवल फाइलें इधर-उधर करता हूँ।

क्लर्क एकदम हताश हो जाता है। चुपचाप अपनी आरामकुर्सी पर लौट आता है।

ब्राह्मण : यह अभद्र एवं अशिष्ट व्यक्ति कौन है?

क्लर्क : इन्हें आजकल की भाषा में गजेटेड आफिसर कहते हैं।

क्लर्क अत्यन्त उदास हो जाता है।

ब्राह्मण : दुखी क्यों होते हो! अपनी आध्यात्मिक शक्ति से उस नये पात्र को बुला लो, थोड़ा पुण्य ही तो क्षय होगा।

क्लर्क : मेरी आध्यात्मिक शक्ति तो यह चपरासी ही था, वह हड़ताल कर गया।

ब्राह्मण : अच्छा तो मैं बुलाता हूँ। मेरे ही पुण्य का क्षय सही। समाधि लगाऊँ?

क्रान्ति बाबू का प्रवेश। जैसे रंगमंच पर फ्लड लाइट का प्रकाश प्रवेश करता है।

क्लर्क : तुम कष्ट मत करो। वे अपने-आप ही आ गये हैं। ये हैं क्रान्ति बाबू। बड़े पुराने क्रान्तिकारी हैं। अंग्रेजों के समय इन्होंने प्रेम-विवाह कर सामाजिक क्रान्ति की थी, निजी उद्योग चलाकर आर्थिक क्रान्ति की थी : और वायसराय की गाड़ी पर बम फेंककर राजनीतिक क्रान्ति की थी। अब इन्हें राष्ट्रीय सरकार से अभिनन्दन और ताम्रपत्र मिला है। असल में 'भारतरत्न' और 'पद्मश्री' तो दूसरे लोगों में ही समाप्त हो गये थे। वैसे हमारे समाज में इनका बहुत मान है।

ब्राह्मण : आजकल ये क्या कर रहे हैं?

क्लर्क : आजकल! आजकल ये नौकरी कर रहे हैं।

ब्राह्मण की आँखें श्रद्धा सेभर जाती हैं। हृदय गद्गद हो उठता है। वह तुरन्त लाठी के समान भूमि पर गिरता है और क्रान्ति बाबू को साष्टांग दंडवत् प्रणाम करता है।

क्रान्ति बाबू : ये! क्या कर रहे हो?

ब्राह्मण : परशुराम के अवतार को प्रणाम कर रहा हूँ।

क्रान्ति बाबू : क्या मतलब?

ब्राह्मण : बताता हूँ। **(कथा सुनाने की मुद्रा में)** प्राचीनकाल में एक अत्यन्त तेजस्वी महात्मा थे, जिनका नाम परशुराम था। परशुराम अत्यन्त क्रान्तिकारी व्यक्ति थे। उन्होंने जब क्रान्ति करने के लिए आँख उठायी तो पाया कि क्षत्रिय राजा लोग अत्याचारी थे। वे उन क्षत्रियों के विरुद्ध हो गये। उन्होंने सारे क्षत्रियों को मार दिया और जाकर समाधि लगा ली।

क्रान्ति बाबू के चेहरे पर बौखलाहट उभर आती है। वे समझ नहीं पाते कि वह बौड़म कौन है। और परशुराम की कहानी सुनाने से उसका क्या अभिप्राय है।

क्रान्ति बाबू : मैं परशुराम का अवतार कैसे हो गया?

ब्राह्मण : हुआ यह कि जिस समय धनुष यज्ञ में भगवान् राम ने धनुष तोड़ डाला और...

मंच के अगले भाग का प्रकाश बुझ जाता है और पिछले भाग का प्रकाश जल उठता है। परशुराम, राम, लक्ष्मण, जनक तथा कुछ अन्य खड़े हैं। मध्य में शिव का टूटा हुआ धनुष पड़ा है।

परशुराम : मैंने सदा क्षत्रियों का नाश किया है, तुम्हारा भी नाश करूँगा, क्योंकि तुम भी क्षत्रिय हो...

राम : **(डाँटकर)** तुम तो एकदम भारत के क्रान्तिकारी हो। क्षत्रियों के मरने के पश्चात् ऐसे चुप बैठ गये, जैसे संसार में अत्याचार रह ही नहीं गया। इन क्रान्तिकारियों ने भी अंग्रेजों के जाने के बाद यह समझ लिया कि भारत से शोषण और भ्रष्टाचार समाप्त हो गया। अब वे भी राष्ट्रीय सरकार से ताम्रपत्र स्वीकार कर रहे हैं। अरे, जो क्रान्तिकारी होते हैं, वे सदा क्रान्तिकारी होते हैं। हर देश-काल में, हर रूप-आकार में अत्याचार को पहचान कर, उसका विरोध करते हैं। परशुराम! तुमने राक्षसों के अत्याचार को अभी न पहचाना और भारतीय क्रान्तिकारियों ने कांग्रेस के अत्याचार को।

पिछला प्रकाश बुझ जाता है और अगला प्रकाश जल उठता है।

ब्राह्मण : इस प्रकार भगवान् राम ने परशुराम को बहुत झाड़ा था।

क्रान्ति बाबू : **(खिसिया जाते हैं)** तुम्हें कैसे मालूम है कि भगवान् राम ने ऐसा कहा था?

ब्राह्मण : मुझे मालूम है, क्योंकि मैं रामायण से आया हूँ।

क्रान्ति बाबू : **(जोर से हँसकर)** यार! तुम तो भगवान् राम का अन्तरंग परिचय लिखो। हिन्दी-साहित्य में यह विधा बहुत प्रचलित है। जिसके मन में आता है, जिस-तिस का अन्तरंग परिचय लिख देता है। प्रमाण के नाम पर उसके पास उत्तर है कि एकान्त में उन्होंने मुझे यह बात कही थी।

ब्राह्मण : मैं असत्य कथन नहीं करता। मैं त्रेता का व्यक्ति हूँ।

क्रान्ति बाबू : मैं जानता हूँ। तुम कहोगे कि तुम उस समय भी वहीं थे, जब विश्वामित्र राम तथा लक्ष्मण को लेकर अपने सिद्धाश्रम जा रहे थे। ताड़का वन में प्रवेश करने से पहले उन्होंने कहा था...

अगला प्रकाश बुझ जाता है और पिछला प्रकाश जल उठता है। विश्वामित्र, राम, लक्ष्मण तथा कुछ तपस्वी लोग खड़े हैं।

विश्वामित्र : राम, यह ताड़का वन है। पहले यहाँ मलद और करूश नाम के दो राज्य थे। उन्हें रावण की प्रतिनिधि ताड़का वैसे ही हजम कर गयी, जैसे तिब्बत को चीन हजम कर गया। दशरथ और जनक दोनों सम्राट खड़े तालियाँ बजाते रहे, जैसे जवाहरलाल नेहरू ने बजायी। अपनी सीमा पर के राज्यों की रक्षा का महत्त्व

इन तीनों में से किसी ने नहीं समझा।

पिछला प्रकाश बुझ जाता है और अगला प्रकाश जल उठता है।

ब्राह्मण : **(सम्मोहित-सा क्रान्ति बाबू को देखता हुआ)** भगवन्! आपको यह कैसे मालूम हो गया? सचमुच यही बात हुई थी।

क्रान्ति बाबू : अच्छा ब्राह्मण! वह झगड़ा छोड़ो! बताओ कि तुम क्या चाहते हो?

ब्राह्मण को अपनी स्थिति याद आ जाती है। वह अपने पुत्र-शोक को वैसे ही भुला बैठा था, जैसे भारत की जनता प्रातः राजनीतिक चर्चा में ग्वाले की दूध में पानी मिलाने की आदत को भूली रहती है। पुत्र की याद आते ही ब्राह्मण के चेहरे पर उदासी छा जाती है, शरीर तन जाता है और मन शिथिल हो जाता है।

ब्राह्मण : मैं अन्याय का नाश चाहता हूँ।

क्रान्ति बाबू : अन्यायी कौन है?

ब्राह्मण : आपने बड़ा जटिल प्रश्न किया है, क्रान्ति बाबू! किसे कहूँ अन्यायी! चपरासी बीड़ी के पैसे लिये बिना दफ्तर में घुसने नहीं देता; क्लर्क उपहार लिये बिन कागज नहीं खिसकाता; अधिकारी हस्ताक्षर करनेभर के लिए शराब की बोतल और अछूता नारी शरीर माँगता है; मन्त्री की भूख तो करोड़ों रुपयों और सारे देश को अपना हरम बनाकर भी नहीं मिटती; पुलिस का सिपाही काम नहीं करता; अफसर अफीम चाटकर पड़ा रहता है; व्यापारी चोरबाजारी करता है; दुकानदार ठगी करता है; उद्योपति काला धन्धा करता है; छात्र पढ़ता नहीं; अध्यापक पढ़ाता नहीं; प्रिंसिपल कॉलेज के भवन के स्थान पर अपना घर बनवा लेता है; बूढ़ा कुलपति अपनी पौत्रियों की आयु की कन्याओं पर पैशाचिक आक्रमण करनेवाले गुंडों को प्रश्रय देता है...

क्लर्क : **(डाँटकर)** भाषण मत कर, बे! साला त्रेता से आकर भी भाषण झाड़ने लगा। कितनी दूर तक फैली है यह बीमारी!...यह काम भी तुम करने लगे तो हमारे महामहिम मन्त्री लोग एकदम बेकार हो जायेंगे। तुम बताओ तुम चाहते क्या हो?

ब्राह्मण : मैं चाहता हूँ तुम शम्बूक का वध करो।

क्रान्ति बाबू : अच्छा! तो आप वह हैं। **(ताली बजाकर हँसते हैं।)** अब पहचाना

मैंने आपको।

ब्राह्मण : आज तक मैं तो अपने आपको पहचान नहीं पाया। तुमने पहचान लिया मुझे! क्या पहचाना? कौन हूँ मैं?

क्रान्ति बाबू : तुम साले प्रिविलेज्ड क्लास हो। त्रेता और द्वापर में ब्राह्मण थे। कलियुग में तुमने बहुत भेस बदले हैं। तुम कभी बौद्ध भिक्षु रहे हो, कभी जैन आचार्य, कभी तुम मुल्ला रहे हो। कभी पादरी, कभी तुम राजा-महाराजा, नवाब, जागीरदार-जमींदार; तुम आई.सी.एस. और आई.ए.एस. भी रहे हो। आजकल तुम गाँधी टोपीवाले हो, लाइसेंस होल्डर हो, एप्रोचवाले हो। तुम्हें पहचानने में मैं भूल नहीं कर सकता।

ब्राह्मण : ठीक पहचाना! (**तृप्ति की डकार लेता है।**) चलो, अब शम्बूक का वध करो।

क्लर्क : भूल जा, बे! भूल जा! तुमने रत्तीभर भी अक्ल नहीं सीखी। आदमी को आदमी नहीं समझते तुम। तुम्हें पता है बौद्ध धर्म क्यों फैला था इतना?

ब्राह्मण : क्यों फैला था?

क्लर्क : क्योंकि सारे शूद्र भिक्षु हो गये थे।

ब्राह्मण : तो मैं क्या करूँ?

क्लर्क : इतिहास पढ़ा करो।

ब्राह्मण : इतिहास से इसका क्या सम्बन्ध?

क्लर्क : सम्बन्ध को पहचानो। जब कभी तुम शम्बूक का वध करोगे, क्रान्ति जन्म लेगी—चाहे वह किसी भी रूप में आये।

ब्राह्मण : तो मैं क्या करूँ! आती है तो आने दो।

क्लर्क : आने दो! (**चेहरा विकृत कर ब्राह्मण को चिढ़ाता है।**) तुम समझते हो क्रान्ति कोई मक्खन की टिकिया है कि दुकान में आयी तो पूरियाँ तलने के लिए तुम्हें मिल जायेगी। क्रान्ति आयी तो तुम्हारे जैसे सब लोगों के विशेषाधिकार वैसे ही गायब हो जायेंगे, जैसे भारत में से नैतिकता गायब हो गयी है।

ब्राह्मण : (**कुछ भयभीत होकर**) तुम मुझे डराना क्यों चाहते हो?

क्लर्क : तुम शम्बूक को तपस्या करने का अधिकार दो।

ब्राह्मण : मैंने उसे रोका है क्या?

क्लर्क : तुम रोकते क्यों नहीं हो। (**वितृष्णा से मुस्कराता है।**) वध करते हो। तुम यहाँ से चले जाओ। अब तुम्हारी साम्प्रदायिकता नहीं चलेगी। भारत अब धर्म-निरपेक्ष राज्य है।

ब्राह्मण : धर्म-निरपेक्ष का क्या अर्थ है?

क्लर्क : धर्म-निरपेक्ष का अर्थ होता है, जहाँ सारे धर्म निरपेक्ष हो जायें, निस्तेज हो जायें, निरर्थक हो जायें। पैसा और सेक्स, चोरी-बेईमानी, बेशरमी और हठधर्मिता—ये सब हमारे देश के आर्ष सत्य हैं अब।

क्रान्ति बाबू : शम्बूक का दोष क्या है?

ब्राह्मण : क्यों पूछते हो? **(अत्यन्त दर्प के साथ)** अब तक तुमने जिन लोगों को मारा है, उनका दोष देखकर ही मारा है क्या?

क्लर्क : फिर भी आखिर तुम क्यों चाहते हो कि शम्बूक का वध किया जाये?

ब्राह्मण : हद कर दी क्लर्क तुमने! उसे छूत की बीमारी है। वह रोग फैला रहा है।

क्लर्क : कैसा रोग?

ब्राह्मण : वह आदमी बेईमानी तथा भ्रष्टाचार से अनासक्त हो गया है। वह तपस्या कर रहा है।

क्रान्ति बाबू : तो वह रामायण का रामलुभाया है।

ब्राह्मण : रामलुभाया को मैं नहीं जानता।

क्रान्ति बाबू : तुम कोलम्बस हो क्या कि तुम्हारे जाने बिना संसार अमेरिका को जान नहीं पायेगा।

ब्राह्मण : नहीं। मेरा तात्पर्य यह नहीं है। यह दृष्टिकोण केवल तुम्हारी सरकार का है कि यदि उसे भ्रष्टाचार की सूचना नहीं है तो भ्रष्टाचार है ही नहीं। मैं तुम्हारी सरकार नहीं हूँ। मैं तो केवल जानना चाहता हूँ कि रामलुभाया कौन है!

क्रान्ति बाबू : सुनो! रामलुभाया एक थाने में सब-इंस्पेक्टर था। वह भी भ्रष्टाचार, चोरी-बेईमानी, रिश्वत-उत्कोच से अनासक्त हो गया था। परिणाम यह हुआ कि वह पुलिस में एक बाहरी तत्त्व हो गया। सिपाही उत्कोच लेता था, हवलदार लेता था, थानेदार लेता था, डी.एस.पी., डी.आई.जी., आई.जी.—सब ही लेते थे, पर रामलुभाया उत्कोच नहीं लेता था। किसी को किसी से शरम नहीं थी, क्योंकि सब लेते थे। नहीं लेता था, तो एक रामलुभाया। शेष लोगों को रामलुभाया से छिपाकर उत्कोच लेना पड़ता तो असुविधा होती। उन्हें लगता, रामलुभाया देख रहा है। वह रिपोर्ट कर देगा। परिणामतः लोगों का उत्कोच लेना मुश्किल होता चला गया। वेतन में तो उनके सिगरेटों

का भी खर्च पूरा नहीं चलता था। उनके घरों में चूल्हा जलना बन्द हो गया। उसी भुखमरी में एक इंस्पेक्टर का बेटा मर गया...कहीं तुम वह इंस्पेक्टर तो नहीं हो! तुम चाहते हो कि रामलुभाया को मार दिया जाये, ताकि तुम्हें अपना उत्कोच लेने का विशेषाकार प्राप्त हो जाये?

ब्राह्मण : तुम्हें तो पुलिस में होना चाहिए था, क्रान्ति बाबू! झूठी कथाओं पर आधृत मुकदमे बनाने में सिद्धहस्त लगते हो।

क्रान्ति बाबू : झूठी कथा है, ब्राह्मण! यह इस देश का सत्य है। **(आवेश में)** तुमने कहा है, शम्बूक तपस्या कर रहा है। तपस्वी वही है, तो अपनी लोभमुक्त ईमानदारी से दूसरों को कष्ट पहुँचाये। शम्बूक ऐसा ही तपस्वी है। वह अपने त्याग से भ्रष्टाचारियों को पीड़ित कर रहा है।

ब्राह्मण : तुम शम्बूक को जानते भी हो! **(उनका तिरस्कार करता-सा)** या यूँ ही बातें बना रहे हो?

क्रान्ति बाबू : शम्बूक हेरा-फेरी किये बिना कार्य करनेवाला सरकारी क्लर्क है।

क्लर्क : शम्बूक कमीशन लिये बिना रेलवे रिजर्वेशन देनेवाला रेलवे कंडक्टर है।

क्रान्ति बाबू : शम्बूक दाम न बढ़ानेवाला, उचित मूल्य पर वस्तुएँ बेचनेवाला दुकानदार है।

क्लर्क : शम्बूक यूनिवर्सिटी का प्रोफेसर बनकर भी पढ़ने और पढ़ानेवाला अध्यापक है।

क्रान्ति बाबू : शम्बूक मन्त्री बनकर भी जनता को दिये गये वचन याद रखनेवाला प्रत्याशी है।

क्लर्क : हम शम्बूक को अच्छी तरह जानते हैं।

क्रान्ति बाबू : पर तुम्हारा बेटा...!

ब्राह्मण : मेरा बेटा शासन के पाप से मरा है।

सहसा उन तीनों की बातचीत बन्द हो जाती है। जैसे कोई रोड-इंजन किसी के बेडरूम में घुस जाता है, उतने ही अप्रत्याशित रूप से, बिना किसी पूर्व-सूचना के एक पुलिस पार्टी कमरे में घुस आती है। ब्राह्मण, क्लर्क तथा क्रान्ति बाबू बड़े आश्चर्य से उस पुलिस-पार्टी को देखते हैं। पुलिस-पार्टी में एक सब-इंसपेक्टर, दो हैडकांस्टेबल और आठ सिपाही हैं।

सब-इंस्पेक्टर की आँखें रात्रि-जगारण तथा क्रोध—दोनों की सम्मिलित शक्ति से चढ़ी हुई हैं। सम्भव है कि उसकी खोपड़ी में भी चढ़ी हुई है; पर बात आँखों की है। उसके हाथ में एक छड़ी है। वह घूर-घूर कर कभी इन तीनों को और कभी कपड़े में ढके हुए ब्राह्मण के बेटे के शव को देख रहा है।

घूर-घूरकर जब उसकी आँखें थक जाती हैं, तब सहसा वह कड़कदार आवाज में कहता है।

सब-इंस्पेक्टर : हमें सूचना मिली है कि किसी व्यक्ति की हत्या कर उसका शव यहाँ लाया गया है और तुम तीनों बदमाश उस शव को इधर-उधर कर देने के चक्कर में हो!

क्लर्क और क्रान्ति बाबू घूरकर ब्राह्मण को देखते हैं।

ब्राह्मण : मैं तो कब से कह रहा हूँ कि शासन के पाप ने मेरे पुत्र की हत्या की है। शासन शम्बूक का वध कर उसका प्रायश्चित करे।

सब-इंस्पेक्टर : तुम कौन हो?

ब्राह्मण : मैं रामायण का ब्राह्मण हूँ।

क्रान्ति बाबू : मैं क्रान्ति बाबू हूँ।

सब-इंस्पेक्टर : और तुम कौन हो?

क्लर्क : मैं क्लर्क हूँ। यह मेरा दफ्तर है।

सब-इंस्पेक्टर : तो यह तुम्हारा दफ्तर है!

क्लर्क : हाँ।

सब-इंस्पेक्टर : तो साले खड़े-खड़े बौड़म के समान मेरा मुँह क्या देख रहे हो। अपने चपरासी से कहो कि मेरे लिए एक कुर्सी लाये (**छड़ी से धमकाता है।**); नहीं तो बन्द कर दूँगा।

क्लर्क चपरासी के स्टूल की ओर देखता है, चपरासी वहाँ नहीं है।

क्लर्क : तुम चपरासी को बुला दो तो मैं उसे कुर्सी लाने के लिए कह दूँगा। या तुम मुझे बन्द ही कर दो। मैं भी इस चपरासी से काफी परेशान हो चुका हूँ।

सब-इंस्पेक्टर : देखो तो माँ का यार खुद ही जेल जाने को तैयार बैठा है। अबे, तू गाँधी बाबा के आन्दोलन के दिनों में पैदा हुआ होता। साले! लेट-लतीफ! अब कौन अपनी इच्छा से बन्द होता है। (**आगे बढ़कर क्लर्क को अपनी छड़ी से कोंचता है।**) चपरासी नहीं है,

तो तू तो है। जा, कुर्सी उठाकर ला। साला! हरामखोर!

क्लर्क अपनी ही कुर्सी सब-इंस्पेक्टर की ओर खिसका देता है।

सब-इंस्पेक्टर : **(अकड़कर कुर्सी पर बैठ जाता है।)** पीने के लिए कुछ रखा है? भागकर लाओ। प्यास लगी है।

क्लर्क अब तक सब-कुछ चुपचाप सहता आ रहा था, जैसा ठंडा इंजिन स्टार्टिंग किक सहता जाता है, पर इंस्पेक्टर की इस बात से उसका तेज जाग उठता है।

क्लर्क : अपने किसी सिपाही को कहो, सुराही से पानी डालकर तुम्हें दे देगा। मैं तुम्हारे बाप का नौकर नहीं हूँ।

सब-इंस्पेक्टर : **(चढ़ी हुई आँखें और भी चढ़ जाती हैं।)** अबे हरामी के पिल्ले क्लर्क! यह पुलिस इंक्वायरी है, तेरी फाइल नहीं। सोच-समझकर बात कर। और पानी मैं नहीं माँग रहा हूँ, नामर्द के पोते! कोई ह्विस्की-शिस्की पिला, गधे की सन्तान!

गालियाँ सुनकर क्लर्क का चेहरा क्रोध से तमतमा जाता है। पर सिपाहियों की ओर देखकर, बुरा-सा मुँह बनाते हुए, वह अपने क्रोध को ह्विस्की के घूँट के समान गटक जाता है।

क्लर्क : आई.जी. सा'ब! ह्विस्की डिप्टी सेक्रेटरी से नीचे के आदमी के पास नहीं मिलेगी। ह्विस्की पीनी तो तो डिप्टी सेक्रेटरी के कमरे में चले जाओ।

सब-इंस्पेक्टर : लाश तुम्हारे कमरे में हो और मैं डिप्टी सेक्रेटरी के कमरे में चला जाऊँ। क्यों बे चिलगोजे की औलाद! तू मुझे एकदम गधे का हरामी पिल्ला समझता है।

क्लर्क : आपके भले के लिए ही कह रहा हूँ, होम मिनिस्टर साहब! **(नम्रता का अभिनय करता-सा)** वहाँ ह्विस्की मिल जायेगी।... वैसे इस काम में यह लाश कोई बहुत बड़ी बाधा तो है नहीं। आप चाहें तो लाश भी साथ ही ले जायें।

सब-इंस्पेक्टर : और डिप्टी सेक्रेटरी के दफ्तर तक जाने का किराया तेरा बाप देगा? तू जानता नहीं है, सरकार ने हमें साइकिलें दे रखी हैं।

क्लर्क : दूर नहीं है। ऊपर की मंजिल पर है।

सब-इंस्पेक्टर : तब ठीक है। **(सन्तुष्ट होकर, अगले ही क्षण फिर नाराज हो जाता है।)** ठीक क्या है, बे! इतनी पास-पास दफ्तर क्यों बनाये हैं? इतनी पास दफ्तर होंगे तो लोगों से किराये के नाम पर पैसे ठगने में हमें शरम आ जायेगी। पुलिसवाले हैं तो क्या!

दो-चार पर्सेंट शरम तो हममें भी है। बोल, है या नहीं?

क्लर्क : माई-बाप! (**हाथ जोड़कर माथा टेक देता है**) यह प्रश्न तो संसद में पुछवाना। इस समय तो टलो। मेरा कलेजा मत खाओ।

सब-इंस्पेक्टर : नहीं खाते, बे! नहीं खाते! उसे अपनी बीवी के खाने के लिए सँभालकर रख। हम उसे नम्बर दो का माल समझते हैं। (**अपनी मूँछें ऐंठता है।**) क्लर्क का कलेजा खाकर क्या होगा! जरा भी स्वादिष्ट नहीं होगा साला। (**सिपाहियों की ओर घूमता है।**) बुलाओ बे! चपरासी को बुलाओ। वह इस लाश को उठाकर डिप्टी सेक्रेटरी के कमरे में ले चले। साले लाश भी कहाँ छिपाते हैं—क्लर्क के कमरे में। हरामी के तोते! छिपाने को कौन मना करता है; छिपाओ—जहाँ कुछ खाने-पीने को भी मिले। छिपा दिया टटपूँजिया क्लर्क के कमरे में। साला सुराही का पानी। ऊँह...!

सब-इंस्पेक्टर अत्यन्त क्रोध में उठता है और आक्रोश मेंभरे हुए एक ठोकर सुराही को जड़ देता है।

सब-इंस्पेक्टर : चपरासी को बुलाओ!

दो सिपाही बाहर निकलते हैं और सहसा चपरासियों की पूरी सेना भीतर घुस आती है। सारे दफ्तर के चपरासी पुलिस को देखकर उत्सुकतावश इसी कमरे के दरवाजे पर छिपे खड़े थे।

सिपाहियों ने उन सबको भेड़ों के समान कमरे में धकेल दिया था और वे कमरे में यूँ ढलते चले आ रहे थे, जैसे पेंदा टूट जाये तो पीपे में से गेहूँ गिरता है।

सब-इंस्पेक्टर : अबे माँ के यारो! हमने एक चपरासी को बुलाया था, यह सारा गन्दा नाला कहाँ से आ गया? अबे, ये चपरासी हैं सालो! कोठेवालियाँ नहीं, जिनका हरम बनाकर मैं नवाब बन जाऊँगा।

चपरासी अकस्मात् दड़बे में धकेल दी गयी घबरायी हुई मुर्गियों के समान पंख फड़फड़ा रहे हैं।

चपरासी-1 : हुजूर! यहाँ एक हत्या हुई है।

सारे चपरासी : हाँ, हुजूर! यहाँ एक लाश पड़ी है।

सब-इंस्पेक्टर : अबे, हुई है हत्या तो मैं क्या करूँ, बहन के यारो! ये साली हत्याएँ होती ही रहती हैं सुबह-शाम। मैं क्या अपनी जान दे दूँ? साली पब्लिक के साथ जरा भी को-ऑपरेट नहीं करती। यह नहीं कि जरा ठहर-ठहरकर मरे। क्यों ठहरकर मरेगी! यह

तो चाहेगी कि पुलिस का कचूमर ही निकल जाये। अब बोलो, मरती है पब्लिक तो मैं क्या करूँ? श्राद्ध करूँ?

चपरासी-1 : नहीं, हुजूर! आप खोज करें कि हत्या क्यों हुई है।

सब-इंस्पेक्टर : **(प्रसन्नता और आश्चर्य से मुँह फाड़कर)** अबे, तू साला इतना इंटेलिजेंट होकर भी यहाँ चपरासी ही है। यदि पुलिस में होता तो अफसर हो गया होता और कितना कर्त्तव्यपरायण है तू! असली मुर्गी जैसा। और कोई काम करे न करे, वह अंडा अवश्य देगी।...तूने मुझे ठीक याद कराया। मैं तो भूल ही गया था कि मैं यहाँ क्यों आया था।

ब्राह्मण : सब ही भूल जाते हैं कि वे यहाँ क्यों आये हैं।

सब-इंस्पेक्टर : कहाँ क्यों आये हैं?

ब्राह्मण : संसार में।

सब-इंस्पेक्टर : कोई नहीं भूलता बे! तू भी भूलता होगा। मैं तो कभी नहीं भूला कि मैं यहाँ पिक्चर देखने और चाट खाने आया हूँ। तू साला अवश्य भूलता होगा। तुझे देखते ही मुझे लगा था, तेरा दिमाग अवश्य ही कमजोर है। **(शेष लोगों की ओर घूमता है।)** तुम लोगों ने मुझे क्यों नहीं बताया था कि मैं यहाँ क्या करने आया था? बोलो!

क्लर्क : आपने हमसे पूछा ही नहीं था।

सब-इंस्पेक्टर : आपने पूछा ही नहीं। **(मुँह चिढ़ाया है।)** सब कुछ पूछने पर ही बताओगे, तो साले तुम्हारा फायदा ही क्या! तुम सरकारी नौकर हो या नहीं? बोलो!

क्लर्क : हूँ।

सब-इंस्पेक्टर : तो बिना पूछे बताना चाहिए कि नहीं? क्या सरकार से पूछना पड़ता है कि उसने क्या किया–बिना पूछे बताती रहती है सरकार। तुम जैसे नालायक लोग अवश्य ही सरकार का बेड़ा गर्क करेंगे।

क्लर्क : अब बता देता हूँ। आप यहाँ...यहाँ अर्थात् पृथ्वी पर धरती माता का कष्ट काटने आये हैं। आप जैसे लोग ही जब धरती का बोझ बन जाते हैं, जब आपका अत्याचार असह्य हो जाता है, तो जनता जाग उठती है, तब क्रान्ति होती है।

सब-इंस्पेक्टर : ठीक! हम संसार में क्रान्ति करने आये हैं। क्रान्ति करना अच्छी चीज है।...तुम बोलो बे **(ब्राह्मण की ओर संकेत करता है)** यहाँ क्यों आये हैं?

ब्राह्मण : आप यहाँ...यहाँ अर्थात् पृथ्वी पर चोरों, डाकुओं, बदमाशों,

हत्यारों तथा राजनीतिक नेताओं की रक्षा करने आये हैं।

सब-इंस्पेक्टर : ठीक! हम रक्षा करने आये हैं। **(क्रान्ति बाबू की ओर उन्मुख होकर)** तुम बताओ बे ! घोंसले के चचा! हम यहाँ क्यों आये हैं?

क्रान्ति बाबू : आप यहाँ जुलूसों पर लाठियाँ बरसाने आये हैं।

सब-इंस्पेक्टर : ठीक है! ठीक है! जिस देश में पानी नहीं बरसता, वहाँ लाठियाँ बरसनी ही चाहिए। आखिर हमारे कारण कुछ-न-कुछ बरसता तो है, नहीं तो एकदम सूखा पड़ जाता।...तुम लोग बताओ बे! **(चपरासी-सेना की ओर घूरता है।)** हम यहाँ क्यों आये हैं?

चपरासी-1 : सरकार, आप यहाँ हत्या का कारण खोजने आये हैं।

सब-इंस्पेक्टर के चेहरे पर ऐसे भाव उभरते हैं, जैसे वह अपने भूले हुए मिशन की बात याद दिलाने के लिए अभी चपरासी को अपना गुरु मानकर उससे दीक्षा ले लेगा और उसके चरणों पर गिर पड़ेगा। अपना कार्य करने के लिए वह गम्भीर हो जाता है और गम्भीर होते ही उदास हो जाता है।

सब-इंस्पेक्टर : **(कुर्सी पर बैठते हुए)** हाँ, बताओ, हत्या किस प्रकार हुई?

ब्राह्मण : हत्या तुम्हारे शासन के पाप ने की है।

सब-इंस्पेक्टर : तुम चुप करो बे, तम्बू के पोते! साला हर बार कोई ऐसा कारण बतायेगा, जिसकी डॉक्टरी रिपोर्ट से कभी पुष्टि न हो और जिसे समझने के लिए हिन्दी में पी-एच.डी. करना पड़े।... तुम बोलो बे! चपरासी!! कम-से-कम सीधी बात तो करोगे।

चपरासी के चेहरे पर चमक आकर बुझ जाती है, जैसे दिल्ली-विद्युत-प्रदाय की बिजली से जलनेवाला बल्ब हो। उसे अपनी स्थिति समझ में आ जाती है। वह पुलिस के सामने वक्तव्य दे रहा है।

चपरासी-1 : कैसे बताऊँ कैसे हुई। बाजार में चीजें या तो मिलती नहीं हैं, या काले बाजार के भाव मिलती हैं...

सब-इंस्पेक्टर : अबे, मैं हत्या के बारे में पूछा रहा हूँ। और तू साला मार्किट इंस्पेक्टर के समान बाजार के भाव ले बैठा।

चपरासी-1 : वही बता रहा हूँ, सरकार! चीजें जब मिलती नहीं, तो यही होता है। हर दुकान पर, हर स्थान, हर डिपो पर लाइन होती है, सरकार! लाइन दूध के लिए भी होती है, मिट्टी के तेल के लिए भी, कोयले के लिए भी, गैस के लिए भी, चीनी, मैदा, बेसन के लिए भी। सबसे बड़ी लाइन डालडा के लिए होती है, सरकार!...

सब-इंस्पेक्टर : उससे लम्बी लाइन श्मशान पर होती है बे! साले, इस हत्या की बात कर, नहीं तो तुझे भी उस लम्बी लाइन में लगवा दूँगा।

चपरासी-1 : हत्या की ही बात कर रहा हूँ, सरकार!

सब-इंस्पेक्टर : अबे, हत्या और डालडा एक चीज हैं क्या? बोल!

चपरासी-1 : कुछ-कुछ ऐसा ही है, सरकार! एक दुकान पर डालडा के दो हजार डिब्बे आये थे, उनमें से मन्त्रियों, संसद सदस्यों, मेट्रोपोलिटन कौंसिलरों, नगर निगम के सदस्यों, पुलिस अफसरों, थोक व्यापारियों, दुकानदारों और बड़े गुंडों के हिस्से के डिब्बे उन्हें देकर जनता के लिए बीस डिब्बे बचे थे। उन डिब्बों को राशनकार्ड पर लेनेवालों की लम्बी लाइन लगी थी। लाइन में कम-से-कम दो सौ आदमी रहे होंगे। पर जब लाइन होगी तो बिना लाइन के सामान लेनेवाले मुहल्ले के दादा लोग भी होंगे। वे लोग बिना लाइन के डालडा लेने लगे तो इस व्यक्ति ने आपत्ति की थी। झगड़ा बढ़ गया था। उन्होंने इसे छुरा मार दिया था। तभी यह मर गया। मैंने अपनी आँखों से देखा था, सरकार!...

सब-इंस्पेक्टर : साली गवाही है कि कलियुग का पौराणिक वर्णन! (**दूसरे चपरासी से**) तुम बताओ बे! (**फिर पहले चपरासी की ओर घूमता है।**) और तुम साले अब आओ, और जाकर डालडा की लाइन में खड़े हो जाओ। शाम तक डालडा का डिब्बा लाकर नहीं दोगे तो चमड़ी उधेड़ दूँगा। आखिर मेरी बीवी भी घर में घुसते ही मुझसे पूछती है—डालडा? सबका हिस्सा बँटता है, एक मेरा ही हिस्सा नहीं मिलता। इस उल्लू के पट्ठे दुकानदार को भी इस मर्डर केस में फँसा दूँगा।

चपरासी-2 आकर पहले चपरासी की जगह खड़ा हो जाता है।

चपरासी-2 : हुजूर! मुझे तो लगता है कि डालडा की लाइन की मार-पीट में यह नहीं मरा। यह तो पुलिस की गोली से मरा है। स्वयं पुलिसवालों ने इसे मारा है।

सब-इंस्पेक्टर : पुलिस ने इसे क्यों मारा? क्या यह किसी राजनीतिक प्रदर्शन में गया था?

चपरासी-2 : नहीं, सरकार!

सब-इंस्पेक्टर : तो किसी डकैती में गया होगा?

चपरासी : जी। बात डकैती की ही है। पर यह डाका मारने नहीं गया था, डाका रोकने गया था। भूल इससे केवल इतनी हुई कि

यह नहीं जानता था कि पुलिसवाले ही रात को वर्दी उतारकर डाका मारने आये हुए थे। इसने उन्हें रोकना चाहा, समझाना चाहा। उन्होंने इसे गोली मार दी और कह दिया कि डाकुओं के साथ भिड़न्त में यह मारा गया।

चपरासी-3 : हाँ, हुजूर! मैंने भी सुना है, कई पुलिसवाले रात को चोरी-चकारी, लूट-मार करते हैं। सवेरे स्वयं ही वर्दी पहनकर थाने में बैठे हुए रात की दुर्घटना की रिपोर्ट लिखते हुए नजर आते हैं।

सब-इंस्पेक्टर : चुप बे! जो हुआ ठीक हुआ। उन्होंने इसे गोली मार दी, अच्छा किया। यह सरकारी काम रोकने के लिए क्यों गया था? इसे गोली मारनी ही चाहिए थी। मैं होता तो इसे गोली मारने के बाद सरकारी काम में अड़चन डालने के आरोप में इस पर मुकदमा भी चलाता। (**इधर-उधर देखता है।**) हाँ बे, तुम बताओ!

चपरासी-3 : सरकार! यह चपरासी झूठ बोल रहा है। झूठ बोलना इसकी आदत है, सरकार! नीच जात का है न, सरकार! इसीलिए। यह जात का मोची है सरकार और मैं राजपूत हूँ। आप सोचिये, भला पुलिसवाले किसी को गोली क्यों मारेंगे! पुलिस का काम बचाना है या मारना...!

सब-इंस्पेक्टर : बक-बक मत करो। सच-झूठ तुम मुझ पर छोड़ दो। रात को जब मैं भी सादे कपड़ों में स्कूटर रिक्शा चलाता हूँ तो सवारी का माल-वाल देखकर उसे चाकू मार देता हूँ—जरूर पुलिस ने ही मारा होगा। हमारे रहते और कौन मार सकता है। उसकी जरूरत ही क्या है—मारने के लिए हम कम हैं क्या...तुम अपना बयान दो।

चपरासी सब-इंस्पेक्टर के रंग-ढंग से हताश हो जाता है। पर अब उसे बयान देना ही था।

चपरासी-3 : सरकार, इसे मैंने कई बार मना किया था। पर इसने मेरी बात कभी नहीं मानी। यह सरकारी को-ऑपरेटिव स्टोर से रसोई का सामान खरीदकर खाता था। भला उस आटे, दाल, चीनी, घी, तेल को खाकर कोई जीवित रह सकता है? यह मिलावटी भोजन-सामग्री खाने से मरा है, सरकार!

सब-इंस्पेक्टर : तुम साले झूठ भी उतनी निष्ठा से बोलते हो, जितनी निष्ठा से लोग शास्त्रीय संगीत गाते हैं। अबे, हम सब केवल मिलावटी खाद्य-सामग्री खाते हैं। जिस रोज बाजार में शुद्ध सामग्री आ गयी, सारा भारत श्मशान हो जायेगा। सदियों से मिलावटी चीजें खाने का अभ्यस्त हमारा पेट शुद्ध खाद्य-सामग्री के विष

को कभी नहीं पचा पायेगा। इससे सिद्ध होता है कि तुम झूठे हो। **(एक सिपाही को आवाज देता है।)** अबे ओ काजू परसाद! इस साले झूठे को जूते मारते हुए ले जाओ और सड़क पर छोड़ आओ। यह सत्यमेव जयते के देश में झूठ बोलता है।

चपरासी हक्का-बक्का खड़ा-का-खड़ा इस-इंस्पेक्टर को देखता रहा जाता है। उसे चापलूसी का ऐसा गलत परिणाम कभी नहीं भुगतना पड़ा था।

काजू परसाद : **(ठोकर मारता है)** चल बे लीद के ढेर!

चपरासी बाहर धकेल दिया जाता है।

सब-इंस्पेक्टर : **(चपरासी-4 से)** तू बता बे! इसकी हत्या कैसे हुई?

चपरासी-4 : साहब! मुझे तो सीधी बात लगती है। इसमें लफड़ा कोई नहीं है। झगड़ा राजनीतिक है। यह किसी विरोधी दल का सदस्य रहा होगा। इसे सत्ताधारी दल के सदस्यों से स्वयं मार दिया होगा या किसी से कहकर मरवा डाला होगा। साहब! इसमें खोज और छानबीन की क्या बात है। यह तो रोज ही होता है और यदि ठीक से देखा जाये, तो इसमें बुराई भी कोई नहीं है। अंग्रेजों के समय में राजनीतिक बन्दी होते थे, अब स्वतन्त्र भारत में राजनीतिक हत्याएँ होती हैं। देश और कुछ आगे ही बढ़ा है, सरकार! यह स्थिति शोचनीय है। यह बात यदि मैं देश के किसी मन्त्री को बता देता तो वह इसे देश की उपलब्धि के रूप में अपने भाषण में कोट करता फिरता।

सब-इंस्पेक्टर : तुम तो मुझे बड़े जागरूक किस्म के राजनीतिक कार्यकर्त्ता लगते हो भाई—एनलाइटेंड! ठीक शब्द है न! मैंने वैसे तो प्राइवेट कॉलेज से ओनली इंग्लिश पास कर ली है; पर फिर भी कभी-कभी गलती हो ही जाती है। गलत हो तो मुझे क्षमा करना, एनलाइटेंड चपरासी भाई! **(चपरासी-5 से)** तू बोल बे!

पाँचवाँ चपरासी अभी-अभी बी.ए. पास करके आया था। वह चपरासी की खाकी वर्दी भी नहीं पहचानता था। उसने कॉलेज के जमाने का बैलबॉटम और टैरिलीन की कमीज पहन रखी थी। उसके लम्बे-लम्बे घुँघराले बाल थे। वाद-विवाद-प्रतियोगिता में बोलने के ढंग से बोलता है।

चपरासी-5 : श्रीमन्! मैं पिछले वक्ता से सहमत नहीं हूँ। वस्तुतः यह झगड़ा कॉलेज यूनियन के चुनाव का झगड़ा था। देखिये, इसमें चौंकने की कोई बात नहीं है। किसी सीधे लड़के को तो यूनियन के

चुनाव में आना ही नहीं चाहिए। आयेगा तो यही होगा। यूनियन के चुनाव में पैसे के लिए झगड़ा हो सकता है, लड़कियों को लेकर झगड़ा हो सकता है। कैंटीन से मुफ्त खाने के लिए झगड़ा हो सकता है। ऐसे ही किसी झगड़े में किसी ने चाकू मार दिया होगा। इसमें इतनी इंक्वायरी की क्या बात है।

सब-इंस्पेक्टर : हाँ, बताओ तो, इंक्वायरी की क्या बात है! मैं ओनली इंग्लिश...(**कहता-कहता रुक जाता है**) तुम लोगों की कॉलेज यूनियन बड़ी वाहियात चीज है बे! तुम लोग चाकू चलाते हो और फिर किसी ऊपरवाले से टेलीफोन करवाकर बच जाते हो। हमारी जेब में धेला तक नहीं जाता। ऐसी नॉन-प्रॉफिटिंग चाकूबाजी मुझे पसन्द नहीं है—हाँ, तुम बोलो, अकड़ू मियाँ!

क्रान्ति बाबू : मैं कैसे बता सकता हूँ कि यह कैसे मरा। मैंने इसे मरते देखा नहीं है। मैंने तो इसका इसी प्रकार कपड़े में लिपटा हुआ शव पड़ा देखा है।

सब-इंस्पेक्टर : इसीलिए तो कहता हूँ अकड़ू! जब सब साले बता रहे हैं, तो तुम क्यों नहीं बताओगे। तुम इस देश में नहीं रहते या तुम अखबार नहीं पढ़ते? तुम नहीं जानते, इस देश में लोग कैसे मरते हैं?

क्रान्ति बाबू : जानता हूँ। अनुमान से बता सकता हूँ। इसे अवश्य गुंडों ने मारा होगा। आजकल हमारे देश में गुंडागर्दी बहुत बढ़ रही है।

सब-इंस्पेक्टर : अच्छी बात है, कुछ बढ़ तो रहा है। लोग दिन-रात चिल्लाते रहते हैं कि कुछ बढ़ता नहीं है। और क्या-क्या बढ़ रहा है बे अकड़ू मियाँ?

क्रान्ति बाबू : चोरी, बेईमानी, भ्रष्टाचार, भूख, गरीबी, हत्याएँ, अन्धविश्वास, हताशा, तस्करी, काला बाजार, आलस्य, हरामखोरी...।

सब-इंस्पेक्टर : शाबाश! शाबाश! अगले गणतन्त्र दिवस पर तुम्हें 'भारत-रत्न' से विभूषित किया जायेगा। तुमने तो वृद्धि-ही-वृद्धि दिखा दी। देश सम्पन्न हो गया। इतनी चीजें बढ़ेंगी तो देश में खपत के पश्चात् जो बचेंगी, उन्हें हमें विदेश भेजना पड़ेगा। क्या कहते हैं उसे...?

चपरासी-5 : निर्यात।

क्लर्क : एक्सपोर्ट!

सब-इंस्पेक्टर : ये ही दोनों शब्द, जिनका मैं उच्चारण नहीं कर पाता। बढ़िया काम है। इससे हम विदेशी मुद्रा कमायेंगे। वाह-वाह! हत्या की छानबीन करते हुए विदेशी मुद्रा कमाने के लिए देश में हत्याओं

की संख्या बढ़ाओ।

सहसा सब-इंस्पेक्टर थका-थका नजर आने लगता है। उसका धैर्य जैसे समाप्त हो रहा है।

सब-इंस्पेक्टर : बड़ी लम्बी इन्क्वायरी हो गयी। अच्छा बे! जल्दी बोलो। कोई और बच गया? इस देश में बोलने की बड़ी बीमारी है। जिसे बोलने का अवसर न मिले, वही चिंचिआने लगता है कि संविधान की स्वतन्त्रता होते हुए भी हमें बोलने नहीं दिया गया। बोले, जल्दी बोलो, कौन बच गया।...तू बोल बे!

क्लर्क : इसकी मृत्यु अकाल से हुई है। जब देश में कुछ खाने को है ही नहीं, तो कोई खाये क्या? किसी को खाने को नहीं मिल रहा है। इसे भी नहीं मिला होगा। इसलिए यह व्यक्ति मर गया। **(सिंह दृष्टि से एक सर्वेक्षण करता है।)** एक बात मैं यहाँ स्पष्ट कर दूँ। अकाल से मरने को प्राकृतिक मृत्यु भी कह सकते हैं। ऐसी मृत्य भी कह सकते हैं। ऐसी मृत्यु अपराध, अथवा पुलिस की जाँच-पड़ताल के क्षेत्र में नहीं आती, क्योंकि उसके लिए अपराधी कोई नहीं है।...यह सारा देश प्राकृतिक मृत्यु से मर रहा है, उसके लिए कोई दोषी नहीं है, कोई अपराधी नहीं है! बादलों को न बरसने के लिए दंड नहीं दिया जा सकता, धरती को बंजर होने के लिए जेल नहीं भेजा जा सकता, नदियों को बाढ़ लाने के लिए फाँसी नहीं दी जा सकती! तो एक व्यक्ति की मृत्यु पर इतना शोर क्यों मच रहा है? अपने देश की सभ्य और कर्त्तव्यपरायण पुलिस को क्यों इतना कष्ट दिया जा रहा है? माननीय इंस्पेक्टर साहब को क्यों थकाया जा रहा है? **(रुककर उपस्थित लोगों पर एक दृष्टि डालता है।)**

सब-इंस्पेक्टर : क्यों कष्ट दिया जा रहा है, यही तो मैं भी पूछ रहा हूँ। अच्छा बे! तुम भी बोल लो।

ब्राह्मण बहुत क्षुब्ध दिखायी पड़ रहा है। उसके नथुने फड़फड़ा रहे हैं और मुख क्रोध से आरक्त हो गया है। उसी क्रोध में सब-इंस्पेक्टर को घूरता है।

ब्राह्मण : मुझे लगता है कि इस देश की परिस्थितियाँ देखकर, इसके दिल को बहुत बड़ा धक्का लगा है, और यह लज्जा और ग्लानि के सम्मिलित प्रभाव से मर गया है।

सब-इंस्पेक्टर : यह भी ठीक हो सकता है। कई बार धक्के से भी मृत्यु हो जाती है, जैसे बस का धक्का, ट्रेन का धक्का। यदि यह सचमुच धक्के से मरा है तो इसे सड़क दुर्घटना के अन्तर्गत

आना चाहिए। सड़क पर से इसकी लाश किसने हटायी?

चपरासी-4 : यह ब्राह्मण इसे उठाकर लाया था। इसी ने लाश हटायी होगी।

क्लर्क : नहीं! यह धक्का बस या ट्रेन का धक्का नहीं है। यदि हो भी तो सड़क दुर्घटना को देखना ट्रैफिक पुलिस का काम होना चाहिए और रेल दुर्घटना को देखना रेलवे पुलिस का। आप क्यों चिन्ता करते हैं, होम मिनिस्टर साहब!

सब-इंस्पेक्टर : ठीक है! ठीक है! पर यह धक्का कैसा था? केवल जानने के लिए पूछ रहा हूँ। जनरल नॉलेज में मेरे बड़े अच्छे नम्बर थे।... बताओ, यह पुलिस इंक्वायरी नहीं है।

ब्राह्मण : यह धक्का बड़ा सूक्ष्म है, सब-इंस्पेक्टर साहब! न तो किसी को दिखता है, न किसी को दिखाया जा सकता है।

सब-इंस्पेक्टर : जैसे?

ब्राह्मण : जैसे एक शरीफ आदमी का बिना आपको उत्कोच दिये छूट जाने का धक्का।

सब-इंस्पेक्टर : ठीक है! यह धक्का मेरी समझ में नहीं आया। अच्छा, अब उठाओ लाश और दफा हो जाओ। यह सरकारी दफ्तर है, तुम्हारे बाप का मकबरा नहीं। उठाओ!

क्रान्ति बाबू : पर यह शव है किसका? किसकी हत्या हुई है? **(आगे बढ़ते हैं, जैसे कपड़ा हटाकर शव का चेहरा देखना चाहते हों।)**

सब-इंस्पेक्टर : **(बीच में ही रोककर)** यह देखने की नहीं, समझने की बात है। तुम अभी तक नहीं समझे, यह शव किसका है...यह देश का भविष्य है।

ब्राह्मण : नहीं, यह मेरा एकमात्र पुत्र है।

सब-इंस्पेक्टर : हाँ बे हाँ! तेरा ही पुत्र है। तू कौन-सा भारतमाता से कम है। चल, अब उठा लाश और रफूचक्कर हो जा। सब-इंस्पेक्टर ब्राह्मण को पीटने के लिए अपनी छड़ी उठा लेता है। ब्राह्मण चुपचाप आगे बढ़ता है, अपने पुत्र का शव उठाता है और फिर एक बार दिल्ली की सड़कों पर निकल पड़ता है।

ऋणी

मुझे आयकर अधिकारी ने बड़ा मधुर-सा पत्र लिखकर बुलाया था। मुझे विश्वास दिलाया गया था कि आजकल हमारे ये अधिकारी कानून पर चलनेवाले व्यक्ति को तनिक भी परेशान नहीं करते। मैं मान लेता हूँ कि मुझे सच ही बताया गया होगा। भला कोई झूठ क्यों बतायेगा; और मैं तो कानून से तनिक भी हटकर नहीं चलता। इसलिए नहीं कि कानून तोड़नेवाले को दंडित किया जाता है; बल्कि इसलिए कि कानून हमारी ही भलाई के लिए बने हैं। उन पर चलना अपना ही भला करना है। वैसे यह दूसरी बात है कि हमारे यहाँ कानून तोड़नेवाले को भी दंडित नहीं किया जाता। यहाँ तो स्थिति है कि जो दे उसका भी भला, जो न दे उसका भी भला।

मैंने उस दिन देखा था लालबत्ती की अवहेलना कर आगे बढ़ जानेवाले एक चालक को सिपाही ने रोका। चालक रुका और पचास रुपये देकर आगे बढ़ गया। सिपाही ने उसे कुछ नहीं कहा। दंडित करने की तो बात ही नहीं आयी। एक दूसरे चालक ने लालबत्ती पर गाड़ी दौड़ायी तो सिपाही ने उसे भी रुकने के लिए संकेत किया, किन्तु यह चालक सिपाही की भी उपेक्षा कर आगे बढ़ गया। सिपाही ने उसे कुछ नहीं कहा। दंडित करना तो दूर उससे वे पचास रुपये भी नहीं लिये, जो पहले चालक की परम्परा से उसके बनते थे। इसलिए मेरे मन में दृढ़बद्ध धारणा है कि अपनी सरकार का सिद्धान्त है कि जो माने उसका भी भला, जो न माने उसका भी भला।

फिर मैं तो माननेवालों में से हूँ। सिपाही को पचास की जगह सौ देकर भी प्रसन्न ही रहता हूँ कि उसने मुझे परेशान नहीं किया। वह यदि सौ रुपये लेकर भी न मानता, तो मैं उसका क्या बिगाड़ सकता था।

तो मैं सहज भाव से आयकर अधिकारी के पास जा पहुँचा। उसने हँसकर मुझसे हाथ मिलाया और बैठने के लिए कहा। मैं बैठ गया तो उसने पूछा, आपने नया मकान बनवाया है?"

मैं प्रसन्न हो गया। इन दिनों जो मेरे नये मकान की चर्चा करता था मुझे वह भला आदमी लगने लगता था। मेरी इच्छा होती थी कि मैं उसे अपने घर की एक-एक दीवार और एक-एक दरवाजा दिखाऊँ। फर्श और छतें दिखाऊँ। जब किसी को दिखाऊँगा नहीं, तो वह उसकी प्रशंसा कैसे करेगा? और प्रशंसा मुझे बहुत अच्छी लगती है। अपनी भी और अपने मकान की भी।

मैंने प्रसन्नतापूर्वक कहा, "जी हाँ, बनवाया तो है। आप देखना चाहेंगे क्या?"

वह हँसा, "अजी हमारे ऐसे भाग्य कहाँ! वह तो डी.डी.ए.वाले या नगरपालिकावाले देखेंगे। हमें तो आप यह बता दीजिये कि उसका खर्च क्या आया है। आपका कितना रुपया लग गया?"

मुझे वह अपने भाई-सा प्रिय लगने लगा। बेचारे को कितनी चिन्ता है कि कहीं मेरा सारा पैसा मकान में ही तो नहीं खप गया। कुछ तो बचाकर रखना ही चाहिए। आजकल तो ओपन हार्ट सर्जरी में ही डेढ़-दो लाख रुपया लग जाता है। शायद इसी को दिल खोलकर खर्च करना कहते हैं। जाने कब मेरा भी हृदय खुल जाये।

मैंने हँसकर कहा, "मैं जितना चाहता था उससे कुछ अधिक ही खर्च हो गया है। आप जानते हैं कि मकान और विवाह में मुट्ठी बन्द कर लेने से काम नहीं चलता।"

"मुझे भी ऐसा ही लगता है।" वह बोला, "फिर भी अन्दाजन कितना खर्च हो गया होगा?"

"मेरी इच्छा तो थी कि पाँच लाख में बन जाये पर उसमें आठ ही खर्च हो गये। अब देखिये न, मकान कौन-सा रोज-रोज बनता है। ऐसे में न मैं पत्नी की फरमाइश टाल सकता था, न बच्चों की जरूरत की उपेक्षा कर सकता था।"

"आप ठीक कहते हैं।" उसने बड़े घर-बारी तरीके से कहा, "पत्नी और बच्चे ही प्रसन्न न हों तो फिर मकान बनवाना ही किसके लिए है।"

"ठीक कहते हैं आप।" मैं उससे तत्काल सहमत हो गया।

"पर ये पैसा आया कहाँ से?" उसने मुझसे पूछा।

मैं सँभल गया। हमारे सारे मित्रों में यही बड़ा रोग है। टटोल-टटोलकर पूछेंगे कि घर का खर्च कहाँ से चलाता हूँ। वैसे मकान बनानेवालों की यह मजबूरी भी है। पैसे होते नहीं और मकान बनवाना होता है, तो कहीं-न-कहीं से तो उधार लेना ही पड़ता है। इसलिए एक-दूसरे से पूछते रहते हैं कि पैसा कहाँ से उधार लिया। भविष्यनिधि, बीमा कम्पनी इत्यादि-इत्यादि से लिया गया। ऋण बताने में कोई परेशानी नहीं है। किसी की कोई सहायता हो जाये तो क्या बुराई है; किन्तु मैंने तो बहुत सारा पैसा अपने ससुराल से लिया था। भला यह भी कोई किसी को बताने की बात है। आयकर अधिकारी की शिष्ट और विनीत मुद्रा भी मुझे पिघला नहीं सकी। मैंने अपनी ओर से बहुत कठोर होते हुए कहा, "यह मेरा अपना निजी मामला है। आप व्यक्तिगत अथवा सरकारी रूप में उसमें टाँग न ही अड़ायें तो अच्छा होगा।"

उसकी मुद्रा विकृत हो गयी। मेरी ओर देखकर बोला, "आप अपनी आय के साधन हमसे छिपा रहे हैं। कंसीलमेंट ऑफ फैक्ट्स। आपको जेल भी हो सकती है।"...

मैं चकरा गया। जाने क्या बात है कि जब भी मैं अपने कुछ सम्बन्धों को

बताता या छिपाता हूँ तो मेरे लिए कोई-न-कोई संकट खड़ा हो ही जाता है...

पहले भी एक बार भविष्यनिधि अधिकारी ने मुझसे एक फॉर्मभरवाते हुए पूछा था, "आपका नाम?"

मैंने अपना नाम बता दिया था; क्योंकि मैं यह मानता हूँ कि मेरे माता-पिता ने मेरा नाम इसीलिए रखा था कि मैं उसे लोगों को बताऊँ। अब उस नाम को छिपाकर मैं अपने माता-पिता से विश्वासघात तो नहीं कर सकता। उस अधिकारी ने पूछा, "आपके उत्तराधिकारी का नाम?" मैं थोड़ी देर चिन्ता में पड़ गया। सामान्यतः उत्तरा. धिकारी तो पुत्र ही होता है किन्तु मैं नहीं चाहता था कि मेरे बाद मेरे भविष्यनिधि की राशि मेरे पुत्र को मिले। मैं तब भी मानता था; और आज भी यही मानता हूँ कि इस पर पहले मेरी पत्नी का अधिकार है। मैं नारी-जाति की उपेक्षा सहन नहीं कर सकता। इसलिए उत्तराधिकारी के रूप में मैंने अपनी पत्नी का नाम बता दिया। भविष्यनिधि अधिकारी ने मेरी ओर देखा और पूछा, "सम्बन्ध? रिलेशनशिप?"

मुझे क्रोध आया। वह कौन होता है मेरी और मेरी पत्नी के सम्बन्धों पर सन्देह करनेवाला अथवा उन पर प्रश्न उठानेवाला। मैंने बलपूर्वक कहा, "वैरी कॉर्डियल। बहुत अच्छे सम्बन्ध हैं हमारे।" उसने भी तमककर मेरी ओर देखो और बोला, "मुझे इससे क्या लेना-देना है कि आपके सम्बन्ध अच्छे हैं या नहीं। मुझे तो यह बताइये कि वह आपकी लगती क्या है?"

इच्छा तो हुई कि उसे एक थप्पड़ लगा दूँ। भला आदमी मेरी पत्नी के विषय में मुझसे पूछ रहा है कि वह मेरी क्या लगती है। पर क्रोध को संयत करके ही उसे बता ही दिया कि वह मेरी पत्नी है। इसे इतनें पर ही सन्तोष नहीं हुआ। बोला, "किन परिस्थितियों में आप चाहेंगे कि आपका प्रोविडेंट फंड आपकी पत्नी को न दिया जाये।" मेरी कल्पना ने सहस्रों परिस्थितियों का भ्रमण किया; किन्तु ऐसी कोई परिस्थिति मैं खोज नहीं पाया, जिसमें भविष्यनिधि की राशि मेरी पत्नी को न मिलकर उस अधिकारी की पत्नी को मिल सके। हताश होकर मैंने उसी से प्रश्न किया है कि क्या कोई ऐसी परिस्थिति हो सकती है, जिसमें मैं अपनी भविष्यनिधि अपनी पत्नी को न देना चाहूँ?

उसने मुझे इस प्रकार देखा जैसे मैंने कोई बेहद मूर्खतापूर्ण प्रश्न किया हो और बोला, "यदि आपकी पत्नी दूसरा विवाह कर ले तो क्या आप अपनी भविष्यनिधि उसे देना चाहेंगे?"

वह एक विजेता के समान मुझे देख रहा था और मैं सोच रहा था कि क्या उसको यह कह दूँ कि ऐसा संकट उसे हो सकता है मुझे क्यों होगा। मुझे लगा कि उस अधिकारी की पत्नी किसी और के साथ भाग गयी है; इसलिए अब वह हर व्यक्ति से ऐसे प्रश्न करने लगा है।...किन्तु वह सरकारी अधिकारी था। मैं उसे सान्त्वना भी नहीं दे सकता था। सोचा : कहीं इस विषय में अधिक चर्चा हो गयी तो बेचारा कहीं रो ही न पड़े। मैं बात टाल गया। बोला, "यदि मेरे जीवनकाल में

मेरी पत्नी दूसरा विवाह करेगी, तो मैं उस समय उत्तराधिकारी का नाम बदलने के लिए जीवित बैठा होऊँगा। अभी से अपनी पत्नी पर ऐसा सन्देह क्यों करूँ।"

"और यदि वह आपकी मृत्यु के पश्चात् दूसरा विवाह कर ले तो?" उसने इस प्रकार मुस्कराकर पूछा, जैसे मुझे चारों खाने चित करने में पूर्णतः सफल हो गया हो।

मैं फिर खीझ उठा... यह मेरी पत्नी को इतना मूर्ख क्यों समझता है कि वह मेरी मृत्यु के पश्चात् भविष्यनिधि की राशि लिये बिना ही किसी और से विवाह कर लेगी; और यह भविष्यनिधि की राशि उसे देने से मना कर सकेगा। पर यह सब मैंने उससे कहा नहीं। बोला, "यदि मेरी मृत्यु के पश्चात् वह मेरी भविष्यनिधि ले ले, और उसके पश्चात् दूसरा विवाह कर ले, तो क्या आप उससे वह राशि लौटा ले सकते हैं?"

इस बार उसने भौचक होकर मुझे देखा और बोला, "नहीं, ऐसा तो कोई नियम नहीं है।"

अब तक मैं उपदेशक की मुद्रा में आ चुका था। बोला, "अब तुम मेरी नहीं, अपनी बात सोचो। कल जब तुम मर जाओगे और तुम्हारी पत्नी निश्चित रूप से दूसरा विवाह करना चाहेगी तो उसको दहेज की आवश्यकता होगी, जोकि उसके पिता के न रहने के कारण जुटाया नहीं जा सकेगा। ऐसे में वह तुम्हारी भविष्यनिधि से ही नहीं, जीवनबीमा की राशि से भी अपने दूसरे विवाह का दहेज बनायेगी। अतः इस प्रकार का प्रावधान होना चाहिए कि वह भविष्यनिधि उसको पति की ओर से दिया गया दहेज माना जाये, और वह राशि प्रत्येक अवस्था में पत्नी को ही मिले।"

मेरी इन उदार बातों से वह अधिकारी तनिक भी प्रसन्न नहीं हुआ। बोला, "तुम चाहो तो तुम्हारे इन तर्कों के कारण यहाँ मैं एक टिप्पणी लिख दूँ कि उस व्यक्ति का मानसिक सन्तुलन ठीक नहीं है। अतः इसे अपनी सम्पत्ति, भविष्यनिधि तथा पेंशन इत्यादि के सम्बन्ध में कोई निर्णय करने का अधिकार न दिया जाये।"

मुझे लगा, मैं उसकी पत्नी का भविष्य सुधारते-सुधारते अपना भविष्य बिगाड़ रहा था।... आज फिर कुछ वैसी ही स्थिति मेरे सामने आ गयी थी। मैं इस आयकर अधिकारी को शिष्टाचार के नियम सिखा रहा था कि इस स्वतन्त्र गणतन्त्र में प्रत्येक व्यक्ति को अपनी निजी बातों को गोपनीय रखने का पूरा अधिकार था; और वह मुझे कारावास के गुप्त जीवन की धमकी दे रहा था। अब में जेल तो जाने से रहा। मेरे ससुरालवालों को अच्छा लगे या बुरा मैं उनके और अपने मधुर सम्बन्धों को अब और गुप्त नहीं रख सकता। मुझे आयकर अधिकारी को बताना ही होगा कि मैं अपने ससुराल का कितना ऋणी हूँ।

[रचना : 7.10.94]

सात बजे का संकेत

रामलुभाया ने मुझे भोजन के लिए निमन्त्रित किया।

"अपने घर का रास्ता तो समझा दो।" मैंने कहा।

"घर का रास्ता क्या करोगे।" वह बोला, "पार्टी तो होटल में है।"

"क्यों तुम्हारे घर में स्थान नहीं है क्या?"

"स्थान क्यों नहीं है।" वह बोला, "पर घर में वैसा भोजन हो नहीं सकता, जैसा मैं खिलाना चाहता हूँ।"

"तुम्हारी पत्नी वैसा भोजन पका नहीं सकती तो होटल से मँगवा लो।" मैंने परामर्श दिया, "पार्टी तो घर में ही रखो। तुम्हारे परिवार से भेंट हो जायेगी।"

रामलुभाया की आँखों में क्षोभ झलका, "मैं पार्टी उन लोगों को नहीं दे रहा, जिनके बीच रहता हूँ, उन लोगों को दे रहा हूँ, जिनके मध्य रहना चाहता हूँ।"

"जिन लोगों के मध्य रहते हो, उनसे प्रेम नहीं है तुम्हें?" मैं चकित था।

"नहीं! जिनसे प्रेम करता हूँ, उनके मध्य रह नहीं सकता।" रामलुभाया ने बताया, "वे धनी लोग हैं और महँगे मुहल्लों में रहते हैं।"

मैं चुप रह गया। रामलुभाया कोई नयी बात तो कह नहीं रहा था। वही पुरानी बात थी।

"कुमुदिनी जल में बसै, चन्दा बसै अकास।
जो जाहि को भावता, सो ताहि के पास॥"

"ठीक है, होटल में ही आ जाऊँगा।" मैं बोला, "क्या समय रखा है?"

"सात बजे!"

"सात बजे!" मैं चकित था, "सात बजे कौन खाना खाता या खिलाता है?"

"खाना तो साढ़े नौ बजे खायेंगे।" वह बोला, "सात बजे तो बुलाने का समय है।"

"सात बजे कौन आयेगा।" मैं हताश हो रहा था।

"तो मैं ही कौन-सा आ जाऊँगा।" रामलुभाया ने कहा, "ब्यूटी पार्लर से आते-आते ही मेरी पत्नी आठ बजा देगी।"

"तो लोगों को सात बजे बुलाने का ही क्या शौक है तुम्हें?" मैंने कहा, "आठ बजे ही बुला लो।"

"नहीं! नहीं!" वह मुझ पर झपट पड़ा, "समझते हो नहीं और बोलते जाते हो। आठ बजे बुलाने से लोग मान लेंगे कि आठ बजे उन्हें खाना मिल जायेगा। उस बात को तो समझ ही नहीं पायेंगे।"

"किस बात को?"

"जो मैं सात बजे के माध्यम से समझाना चाहता हूँ।"

वह भोजन के लिए बुला रहा है, इतना तो मैं समझ ही गया था। तो फिर वह और क्या समझाना चाहता है?

"नहीं समझे?" उसने पूछा।

"नहीं।"

"अरे भोजन से पहले कुछ पेय पदार्थ। तुम कुछ शर्बत-वर्बत पी लेना।"

"सात से साढ़े नौ तक शर्बत पीऊँ और साढ़े नौ से दस बजे तक भोजन।" मैं बोला, "मैं पागल नहीं हूँ।"

"पागल तो नहीं हो; किन्तु मूर्ख हो।" वह बोला।

"इसमें मूर्खता की क्या बात है।" मैं कुछ रुष्ट हो गया था।

"मैं उस शर्बत की बात कह रहा हूँ, जो धीरे-धीरे पीया जाता है।" वह बोला, "ढाई घंटे में तो दो-तीन प्याले भी नहीं पी पाओगे।"

"तुम मदिरा की बात कर रहे हो?" मैं उखड़ गया, "मैं मदिरा नहीं पीता।"

"इसीलिए तो तुम हाई सोसायटी का अंग नहीं बन पाते।" वह हँसा, "सदा वही रहोगे—पोंगा-पन्थी। पिछड़े हुए, बैकवर्ड क्लास।"

क्रोध तो मुझे बहुत आया है कि वह मदिरा जैसी घटिया चीज को गौरवान्वित करने का प्रयत्न कर रहा है; किन्तु लड़ना उचित नहीं समझा। बोला, "चलो बैकवर्ड ही सही। मुझे पिछड़े वर्गों का आरक्षण दिला दो। कुछ तो लाभ हो।"

बात का रुख बदलने से वह कुछ हत्प्रभ हुआ; किन्तु तत्काल सँभल गया, "कल सात बजे आ जाना। यदि ऊँची सोसायटी का लाभ लेना हो तो अंग्रेजी पी लेना। यदि पिछड़ेपन का लाभ लेना हो तो देसी पी लेना। कोई लाभ न उठाने की मूर्खता करनी तो नैतिकता का झंडा लिये साढ़े नौ आना और खाना खाकर चुपचाप घर लौट जाना।"

[रचना : 26.12.94]

सैक्यूलर

लकड़ी सुन्दर थी, पढ़ी-लिखी थी, अच्छी नौकरी में लगी हुई थी; और रामलुभाया की मंगेतर थी। फिर भी रामलुभाया ने सम्बन्ध अस्वीकार कर दिया। सगाई तोड़ दी। मुझे रामलुभाया का यह निर्णय अच्छा नहीं लगा। मेरा उस पर ऐसा कोई अधिकार नहीं था, जिसमें मैं उस पर कोई दबाव डाल सकता। पर पूछ तो मैं सकता ही था। जिस देश में राह चलते व्यक्ति की पूरी जन्मकुंडली बाँच ली जाती है, उसमें एक परिचित भले मानस से यह क्यों नहीं पूछा जा सकता कि एक अच्छी-भली लड़की से विवाह करना अस्वीकार कर वह वह उसका तिरस्कार क्यों कर रहा था।

उसने मुझे कारण नहीं बताया। कहानी सुनायी। बोला, "हम दोनों, मैं और तुम्हारी वह भली लड़की—मेरी मंगेतर—अपनी गाड़ी में जा रहे थे। लालबत्ती पर मेरी गाड़ी रुके हुए भी दो-तीन मिनट हो चुके थे कि पीछे से किसी ने लाकर अपनी गाड़ी ठोंक दी। यद्यपि टक्कर बहुत जोर की नहीं हुई थी और कोई विशेष क्षति भी नहीं हुई थी; पर कोई खड़ी गाड़ी को इस प्रकार दे मारे, यह मुझे अच्छा नहीं लगा। और फिर वह भला मानस न नीचे उतरा, न उसने मुझसे अपने इस कृत्य के लिए क्षमा-याचना ही की। अपनी जगह बैठा सिगरेट पीकर धुआँ उड़ाता रहा और उस उड़ते हुए धुएँ पर मुग्ध होता रहा।

"जब मैं स्वयं को रोक नहीं सका, तो गाड़ी का दरवाजा खोलकर नीचे उतरा।..."

मैं भी अपने-आपको रोक नहीं सका तो उसकी बात काटकर बोला, "मैंने गाड़ी टकराने की कथा बाँचने के लिए नहीं कहा था। मैंने तो मात्र यह पूछा था कि तुम उस लड़की से विवाह क्यों नहीं कर रहे?"

"वही बता रहा हूँ।" रामलुभाया बोला, "मैं पिछली गाड़ी के पास पहुँचा तो उस ड्राइवर ने कुछ इस अन्दाज में मुझे देखा, जैसे उसका कोई दोष तो है ही नहीं, कोई बात भी नहीं हुई है। मैंने उससे पूछा, 'तुमने गाड़ी क्यों मारी?' 'ओह! वैरी सिम्पल।' वह बोला, 'दिल्ली की सड़कों पर हो ही जाता है। इतनी गाड़ियाँ हैं कहीं-न-कहीं रगड़ ही जाती हैं।' 'तुम्हारी गाड़ी की ब्रेक खराब है?' मैंने पूछा। 'ब्रेक खराब होगी तुम्हारी।' उसने भौंह चढ़ाकर कहा, 'और तुम्हारा तो दिमाग भी खराब है, जो इतनी-सी बात पर उठकर लड़ने चले आये। कभी गाड़ी चलायी नहीं क्या

दिल्ली की सड़कों पर।'" उसने धुआँ मेरे मुँह पर उछाल दिया।

मैं हक्का-बक्का रह गया। कोई इतना भी दुष्ट हो सकता है, मैं कल्पना नहीं कर सकता था। मेरे क्रोध ने मेरी चिन्तन और वाक्-शक्ति को एक प्रकार से लुप्त कर दिया। मैं सोच ही रहा था कि कोई सख्त बात कहूँ कि मेरी मंगेतर बोली, "चलो रामलुभाया! वह ठीक ही कह रहा है। दिल्ली की सड़कों पर तो यह हो ही जाता है।"

मैं जैसे आकाश से गिरा। वह मेरी वाग्दत्ता थी। मेरे साथ मेरी गाड़ी में थी। उसने देखा था कि मेरी खड़ी गाड़ी को पीछे से ठोंका गया था। उस पर वह ड्राइवर इतने अभद्र ढंग से बोल रहा था और वह उसका समर्थन कर रही थी। मैं चुपचाप अपनी गाड़ी में लौट आया। वह भी मेरे साथ आ गयी। गाड़ी चली और मैंने किसी प्रकार स्वयं को संयत कर, पूछा, "तुम मेरे उस विरोधी का समर्थन क्यों कर रही थी?" रामलुभाया चुप होकर मेरी ओर देखने लगा, "अब आप बताइये उसने क्या कहा होगा?"

"उसने कोई कारण बताया?" मैंने पूछा।

"हाँ! उसने कहा कि वह सैक्यूलर है। और सैक्यूलर वही होता है, जो न्याय-अन्याय नहीं देखता, अपने पक्ष का विरोध कर विरोधी का समर्थन करता है।"

मैं हँसा, "विनोद कर रही होगी। और यदि सैक्यूलर है भी तो उससे क्या। तुम तो विधर्मी लड़की से भी विवाह करने को प्रस्तुत थे।"

"विधर्मी लड़की से तो मैं अब भी विवाह कर लूँ।" रामलुभाया बोला, "उसके विषय में यह तो पता होगा कि वह क्या है। सैक्यूलर तो वह होगी, जो वह है नहीं; और जो वह है, वह होगी नहीं। अपने देश, अपनी संस्कृति, अपने धर्म, अपने इतिहास—सबका अपमान करेगी; क्योंकि अपना विरोध करना ही सैक्यूलरिज्म है। हर क्षण अपने घर को आग लगायेगी और स्वयं को संसार का सबसे बुद्धिमान जीव समझकर इतराती रहेगी।"

[रचना : 2.1.95]

गिलास में आधुनिकता

गिलास तो मेरे हाथ में भी था; किन्तु उन्होंने अपना गिलास पेपर-नैपकिन से ढँक रखा था, जैसे छोटे बच्चे को बोतल से दूध पिलाते समय वहमी माताएँ उसे कपड़े से ढाँप लेती हैं। उनकी आँखों में थोड़ी लज्जा भी थी, किन्तु उस पर भी उन्होंने आक्रामकता का झीना आवरण डाल रखा था।

"दो-एक पेग लेने में कोई बुराई नहीं है।" उन्होंने बात आरम्भ की।

तब मेरी समझ में आया कि उनके गिलास में ऐसा क्या था, जिसे छिपाने का वे प्रयत्न कर रहे थे।

"तो फिर खुलकर क्यों नहीं पीते?" मैंने पूछा।

"छिपकर कौन पी रहा है।" वे बोले, "जब तक लोग खुलकर नहीं पियेंगे, भारत एक आधुनिक देश नहीं बन सकता।"

मैं समझ गया कि गिलास में उनकी आधुनिकता थी, जिसे वे गटकने का प्रयत्न कर रहे थे; किन्तु प्रत्येक घूँट उनके गले में अटक रहा था। स्पष्ट है कि जब कोई देश आधुनिकता को गिलास मेंभरकर इस प्रकार गटकने का प्रयत्न करेगा तो उसके गले को कष्ट तो होगा ही। सम्भव है कि उसका यकृत तभी विद्रोह करने लगे और उस देश को लिवर कैंसर हो जाये।

"तो गिलास में आपकी आधुनिकता है।" बोला, "यह पेपर-नैपकिन क्या है?"

"यह हमारी परम्परा है।" उन्होंने निर्लज्ज होकर मुस्कराने का प्रयत्न किया, "इस पार्टी में मेरे पिता जी भी हैं न।"

"आधुनिक होने का आपको क्या सुख होगा।" मैंने कहा, "यदि परम्परा से उसे ढाँपना ही पड़ा।"

"तुम नहीं समझोगे"। वे बोले, "ये सब बिजनेस की बातें हैं।"

मैं तो ख्याति-प्राप्त नासमझ हूँ। कई बार इच्छा भी हुई कि अपना तखल्लुम 'नासमझ' रख लूँ; किन्तु कविता ही नहीं हुई तो, तखल्लुस का क्या करता। फिर भी उस दिन एक मित्र की पुत्री ने भी कह दिया, "अंकल। आप यह सब नहीं समझेंगे।"

हमारे यहाँ एक प्रचलन है, 'माइयाँ पड़ने' का! वह भी अपने विवाह के दो

दिन पहले से मैले कपड़े पहने घर में बैठी थी। मेहन्दी लगी हुई थी। कलाइयों में कलीरे बँधे हुए थे।...और ठीक विवाह के दिन वह 'वधू-शृंगार' कराने के लिए एक ब्यूटी-पार्लर तक पहुँचने के लिए, कनॉट प्लेस की सड़कों पर भागती-दौड़ती दिखायी दे रही थी।

"इस स्थिति में तुम्हें घर में रहना चाहिए था।" मैंने उसे टोक दिया, "ऐसे में बाहर सड़कों पर भागना-दौड़ना अच्छा नहीं लगता।"

"'ब्राइडल मेक-अप' तो कराना ही पड़ता है न!" वह बोली, "घर में बैठी रहती तो वह कैसे होता?"

होने को तो होता ही। नाईन घर पर आ जाती। पर शायद उसे कनॉट प्लेस की किसी ब्यूटीशियन के पास ही जाना था। न जाती, तो उसकी आधुनिकता खतरे में पड़ जाती। "तो बेटी। फिर इन कलीरों से ही मुक्ति पा लेतीं।" मैं अपना मत व्यक्त किये बिना नहीं रह सका।

"यह तो हमारा इंडियननेस है, हमारी आइडेंटिटी।" उसने मुझे समझाया, "आप यह नहीं समझेंगे।"

[रचना : 4.1.95]

गढ़े

सारे शहर में सड़कों को खोदकर तोरण बनाये गये तो पता चला कि पुलिस का 'जनसम्पर्क-अभियान-सप्ताह' चालू हो गया है। और जब तोरणों की वे बल्लियाँ उखाड़ी जाने लगीं तो मालूम हुआ कि सप्ताह समाप्त हो गया है।

मैं कुछ विचित्र-सी उलझन में था : क्या अब पुलिस का जनता से कोई सम्पर्क नहीं रहेगा! मेरी उलझन सुनकर इंस्पेक्टर रामलुभाया मुस्कराया। बोला, "जनसम्पर्क क्यों नहीं रहेगा। जन से सम्पर्क ही नहीं रहा तो हम खायेंगे किसे और बचायेंगे किसे?"

मुझे उसकी बात में खाने पर अधिक बल दिखायी दिया, बचाने पर नहीं। पर इस मुद्दे को मैं टाल गया और बोला, "तो फिर समाप्त क्या हुआ?"

"समाप्त तो अभियान हुआ है।"

"तो क्या इसका अर्थ यह है कि अब पुलिस किसी से सम्पर्क नहीं करेगी?"

"हाँ।" रामलुभाया ने बताया, "पर जनता पर किसी प्रकार का कोई बन्धन नहीं है। वह चाहे तो हमसे अब भी सम्पर्क कर सकती है।"

"तो जब पुलिस ने यह अभियान चलाया तो सम्पर्क के लिए क्या-क्या किया गया?" मैंने इंटरव्यू लेने के से अन्दाज में पूछा।

"हमने तोरण बनवाये।" उन्होंने उत्तर दिया।

"पर इससे जन-सम्पर्क कैसे हुआ?"

"क्यों?" रामलुभाया ने कहा, "सड़क खोदनेवाले मजदूर से हमारा सम्पर्क हुआ, बल्लियाँ किराये पर देनेवाले दुकानदार से हमारा सम्पर्क हुआ, सजावट करनेवाले ठेकेदार से हमारा सम्पर्क हुआ...।"

"वे इस सम्पर्क से प्रसन्न हुए?" मैंने पूछा।

"उनकी प्रसन्नता से हमें क्या लेना-देना?" उसने मेरी ओर देखा, "हम जो कुछ करते हैं, अपनी प्रसन्नता के लिए करते हैं।" किन्तु तभी शायद उसे याद आ गया कि उसकी बात उद्धृत हो सकती है। बोला, "पर यह सब मत लिखना! अपनी प्रसन्नता के विषय में तो जनता ही बतायेगी।" अपने सोचने की प्रक्रिया में वह कुछ और आगे बढ़ा और बोला, "और यदि वे कहें कि वे हमसे प्रसन्न नहीं हैं तो मुझे बताना जरा।"

मैं कुछ सहम-सा गया।

मेरी प्रतिक्रिया से रामलुभाया उत्साहित ही हुआ। बोला, "हाँ! हाँ!! मुझे बताना। हम तो उनसे सम्पर्क करें और उन सालों की इतनी हिम्मत कि वे हमसे प्रसन्न भी न हों। जरा मुझे बताना कि कौन-कौन प्रसन्न नहीं हुआ हमारे सम्पर्क से।"

"अच्छा यह बताओ कि उन मजदूरों, बल्लीवालों और सजावट करनेवालों को उनके पैसे दिये गये क्या?"

रामलुभाया ने माथे पर त्योरियाँ चढ़ाकर मेरी ओर देखा और बोला, "उन्होंने पैसा न मिलने की शिकायत की है क्या?"

"नहीं! नहीं! उनमें से किसी ने कोई शिकायत नहीं की है।" रामलुभाया के हावभाव देखकर मैं स्वयं ही डर गया था, "उनकी मज़ाल कि वे आपके विरुद्ध शिकायत करें। मैंने तो यूँ ही भाईचारे में पूछ लिया था।"

"पूछने में कोई हानि नहीं।" रामलुभाया तनिक भी चिन्तिन नहीं था, "बात तो है शिकायत करने की। किसी और की शिकायत की एफ.आई.आर. तो दर्ज नहीं करते हम, अपनी शिकायत कैसे सहन कर लेंगे।"

"नहीं! नहीं! शिकायत किसी ने नहीं की है।" मैं बोला, "अच्छा यह बताओ कि तोरण बनाते समय सड़क के बीचोंबीच जो गड्ढे खोदे गये थे, उनको अबभरवायेगा कौन?"

"उनकोभरवाने की आवश्यकता ही क्या है?" रामलुभाया ने मेरी ओर देखा, 'अब तुम यह चाहते हो कि जिन ठेकेदारों को गड्ढे खुदवाने के पैसे पुलिस ने नहीं दिये उनसे अब वे गड्ढेभरने को भी कहा जाये?"

"मैं उन ठेकेदारों के लिए चिन्तित नहीं हूँ।" मैंने कहा, "मेरी चिन्ता तो उस जनता के लिए है, जो इन गड्ढों के कारण गिरेगी, जिनकी सवारियाँ भिड़ेंगी, दुर्घटनाएँ बढ़ेंगी...।"

"ओह...हो...हो...।" रामलुभाया ताली बजाकर हँसा, "यह तो मैंने सोचा ही नहीं था कि इन गड्ढों का जनसम्पर्क अभियान में इतना महत्त्वपूर्ण स्थान है।" उसने मेरी ओर देखा, "गड्ढ़ों में लोग गिरेंगे, सवारियाँ भिड़ेंगी, लोग एक-दूसरे से लड़ेंगे, सिर-फुटव्वल होगी और वे सब लोग पुलिस के सम्पर्क में आयेंगे।" वह परम प्रसन्न था, "यह बात पहले समझ में आ गयी होती तो हम तोरण क्यों बनवाते, सड़क के बीचोंबीच कुछ गड्ढे खुदवाकर छोड़ देते।"

मैं रामलुभाया की यह स्थिति देखकर डर गया। मुझे लगा कि यदि कहीं रामलुभाया ने अपना यह विचार अपने अधिकारियों को भिजवा दिया तो वे लोग उसे पुलिस का जनसम्पर्क अधिकारी ही न बना दें!

[रचना : 9.1.95]

हाथ और आवाज

"टीचर्स ट्रेनिंग कॉलेज किधर है?" मैंने पूछा।

"आप हिन्दू हैं या मुसलमान?" उसने मुझसे पूछा।

"इससे आपको क्या?" मैं कुछ रुष्ट हुआ।

"यदि आप हिन्दू हैं, तो टीचर्स ट्रेनिंग कॉलेज 'क' मार्ग पर है; और यदि आप मुसलमान हैं, तो टीचर्स ट्रेनिंग कॉलेज 'ख' मार्ग पर है।"

मैं उजबक-सा उसकी ओर देखता रहा। उसकी समझ में भी आ गया कि या तो मैं उसकी बात समझा नहीं, या मुझे उसका विश्वास नहीं हो रहा।

"'क' मार्ग पर वह टीचर्स ट्रेनिंग कॉलेज है, जिसमें हिन्दी में पढ़ाई होती है। आप हिन्दू हैं, तो वहीं जाना चाहेंगे। 'ख' मार्गवाले कॉलेज में उर्दू में पढ़ाई होती है। आप मुसलमान हैं, तो वहीं जायेंगे।"

"भाषा का धर्म से क्या सम्बन्ध?" मैं एकदम उखड़ गया। उसकी यह भाषाई साम्प्रदायिकता मुझे पसन्द नहीं आयी थी। "भाषा किसी एक भौगोलिक क्षेत्र की होती है, धर्म की नहीं।" मैंने कहा।

वह न तो विचलित हुआ, न मुझ-सा क्रुद्ध। शान्त और सहज भाव से बोला, "यदि ऐसा है, तो कश्मीर का मुसलमान कश्मीरी छोड़कर उर्दू क्यों पढ़ रहा है? हैदराबाद का मुसलमान तेलुगु में काम क्यों नहीं करता, उर्दू में क्यों करता है? उत्तर प्रदेश और बिहार में भी वह हिन्दी को नहीं, उर्दू को अपनी भाषा मानता है।...और उदाहरण दूँ?"

मेरे पास उसके तर्क का कोई उत्तर नहीं था, इसलिए बात को टाल गया, "यदि ऐसा है भी तो हमें उसका प्रचार तो नहीं करना चाहिए न! उस पर मिट्टी डालो।"

"डाल देता।" वह बोला, "पर तुम डालने दो, तब न।"

"मैं! मैंने क्या किया?" मैं बहुत घबरा गया था।

"तुमसे मेरा अभिप्राय है—समर्थ लोग, नेता लोग, बुद्धिमान लोग!"

"उन्होंने क्या किया?"

"पहले रेलवे स्टेशन पर 'हिन्दू पानी' और 'मुसलिम पानी' होता था।" वह बोला, "तुमने उन दोनों बाल्टियों पर तो मिट्टी डाली; किन्तु भारत की नदियों को भारत और पाकिस्तान की नदियों में बाँट दिया है?"

"वह तो हो गया! वह तो इतिहास की घटना हो गयी। अब तो देश सैक्यूलर है, अखंड है, एक है।" मैंने कहा।

"हाँ! देश तो सैक्यूलर ही है।" वह हँसा, "अब 'हिन्दू पानी' और 'मुसलिम पानी' नहीं है; किन्तु संविधान' और 'मुसलिम संविधान' है। 'हिन्दू कानून' और 'मुसलिम कानून' है। बहुत सम्भव है, कुछ ही दिनों में 'हिन्दू कचहरियाँ' और 'मुसलिम कचहरियाँ' बन जायें।"

"ऐसा कभी नहीं होगा। हम देश के टुकड़े नहीं होने देंगे।" मैं सचमुच आवेश में आ गया था, "हमारे देश में कोई भेदभाव नहीं होगा। सारे नागरिकों को समान अधिकार होंगे। सब साथ रहेंगे।"

आवेश में मेरी भुजा ऊपर उठ गयी थी और मुट्ठी भिंच गयी थी। इसका ध्यान मुझे तब आया, जब उसने मेरी उठी हुई भुजा पकड़कर, नीची कर दी।

"हवा में मत उड़ो। भूमि पर रहो।" वह बोला, "जहाँ विशेषाधिकार होंगे, वहाँ भेदभाव होगा ही। जहाँ धर्म और जाति के नाम पर सुविधाएँ मिलेंगी और छिनेंगी, वहाँ विभाजन होता ही। है किसी भी राजनीतिक दल में साहस कि इसका विरोध करे?"

"क्यों! हमारे सारे राजनीतिक दल, देश और समाज को खंडित करने के विरोध में आवाज उठा रहे हैं।" मैंने उसे डाँटने का प्रयत्न किया।

"वे लोग जनता में खड़े होकर, देश और समाज को खंडित करने के विरोध में आवाज उठाते हैं," वह बोला, "क्योंकि संसद और विधानसभाओं में वे उसे खंडित करने के पक्ष में हाथ उठाते हैं।"

मैं डर गया। यह व्यक्ति अवश्य पिटेगा। इसे सच बोलने का रोग है; और सच हमारे देश में कोई सुनना नहीं चाहता!

[रचना : 9.1.95]

मैनेजिंग डायरेक्टर का उपस्थितोत्सव

मैंने उसे बहुत समझाया, किन्तु वह नहीं समझा; और मैं समझ गया कि वह मेरी बात न समझने के लिए मजबूर था, उसके घर पुत्र का जन्म हुआ था। फिर भी स्थिति बहुत अच्छी नहीं थी। पत्नी अस्वस्थ थी; और पुत्र के पालन-पोषण की व्यवस्था भी ढंग से नहीं हो पा रही थी। परिवार में क्लेश भी बहुत था।...किन्तु, वह पुत्र का जन्मोत्सव बहुत धूमधाम से मनाना चाहता था।

"तुम अभी ही जन्मोत्सव मनाने पर क्यों तुले हुए हो?" मैंने हारकर पूछा, "पत्नी स्वस्थ हो ले, घर की व्यवस्था सँभल जाये, कभी कोई उपयुक्त अवसर देखकर जन्मोत्सव मना डालना।"

"उपयुक्त अवसर तो इसी सप्ताह है।" वह बोला, "फिर जाने जीवनभर अवसर मिले या न मिले।"

"क्यों? कोई मुहूर्त का चक्कर है क्या?" मैंने पूछा।

"नहीं। मैनेजिंग डायरेक्टर का चक्कर है।" वह बोला।

"क्या मतलब?"

"वे इस सप्ताह दिल्ली में उपलब्ध होंगे।"

"तुम पुत्र का जन्मोत्सव मनाना चाहते हो या मैनेजिंग डायरेक्टर का उपस्थितोत्सव?" मैंने चकित होकर पूछा।

"तुम मूर्ख हो!" उत्तर मिला, "जमाने को जरा भी नहीं समझते। यह अवसर बार-बार मिलता है क्या?"

"उनकी अनुपस्थित में क्या तुम्हारे पुत्र का जन्मोत्सव नहीं हो सकता? उनका तुम्हारे पुत्र के जन्म से कोई विशेष सम्बन्ध है?"

"मारूँगा एक झापड़," उसने मुझे धमकाया, "उनका मेरी प्रमोशन से सम्बन्ध है।"

"क्या तुम्हारे यहाँ पुत्र के जन्म पर प्रमोशन होने का नियम है?"

"नहीं।"

"तो फिर यह क्यों आवश्यक है कि तुम्हारे मैनेजिंग डायरेक्टर तुम्हारी प्रमोशन से पहले स्वयं आकर प्रमाणित करें कि तुम्हारे यहाँ वस्तुतः पुत्र का जन्म हुआ है?"

"ईडियट!" उसने मुझे घुड़का, "इसमें प्रमाणित करने की क्या बात है! मैं

कम्पनी का इतना तुच्छ कर्मचारी हूँ कि वे मुझसे कभी कोई उपहार नहीं लेंगे। इस बहाने मैं उन्हें एक समय का भोजन करवा पाऊँगा। उस भोजन के प्रतिदान के रूप में मुझे प्रमोशन मिलेगी।"

"तो तुम उन्हें उत्कोच देना चाहते हो? रिश्वत?"

लगा, इस बार वह मुझे मार ही बैठेगा, "इसे रिश्वत कहते हैं? पुत्र का जन्मोत्सव रिश्वत होता है? तुम्हें अपने पुत्र के जन्म पर खुशी नहीं हुई थी क्या?"

"क्यों नहीं हुई थी!" मैंने कहा, "किन्तु मेरी उस खुशी का सम्बन्ध किसी मैनेजिंग डायरेक्टर से नहीं जुड़ा था, इसलिए तुम्हारी बात समझ नहीं पा रहा हूँ।" मैं बात को फिर पटरी पर ले आया, "तो तुम्हारे पुत्र का जन्मोत्सव तुम्हारे मैनेजिंग डायरेक्टर की उपस्थिति के बिना नहीं हो सकता?"

"हो तो सकता है; किन्तु उसका फल नहीं मिलेगा।"

मैं उसकी मजबूरी समझ गया। बोला, "क्या बिना पुत्र-जन्म के पार्टी नहीं हो सकती?"

"पार्टी तो हो सकती है; किन्तु मैं एक साधारण पार्टी में खुशी से पागल नहीं हो सकता; और मैं अपने मैनेजिंग डायरेक्टर की उपस्थिति में खुशी से पागल हो जाना चाहता हूँ।"

"क्यों पागल होना चाहते हो तुम?"

'पागल नहीं होना चाहता; खुशी से पागल होने का अभिनय करना चाहता हूँ।" वह बोला।

"उससे क्या होगा?"

"उससे? उससे मैं उनके सामने ड्रिंक करूँगा। उनको ड्रिंक ऑफर करूँगा।"

"तुम मदिरा पियोगे, पिलाओगे?"

"गधे हो तुम!" वह बोला, "मदिरा कौन उल्लू का पट्ठा पियेगा-पिलायेगा। कॉकटेल रखेंगे। ड्रिंक लेंगे और देंगे।"

"तो तुम रिश्वत नहीं दे रहे। अपने मैनेजिंग डायरेक्टर को मदिरा पिलाकर, उन्मत्त कर, उनसे बेहोशी में अपनी पदोन्नति के कागजों पर हस्ताक्षर करवाना चाहते हो? अपनी योग्यता से नहीं, मदिरा के सहारे से आगे बढ़ना चाहते हो।"

"अरे नहीं!" इस बार वह कुछ मुस्कराया; "तुम्हें तो फालतू बातें करने की आदत है। मैं तो केवल आजकल के अपेक्षित शिष्टाचार का पालन कर रहा हूँ। मिनिमम कर्टसी! यू नो?"

[रचना : 9.1.95]

पवित्रता के रक्षक

“यह निबन्ध आपने पढ़ा है?” उन्होंने पूछा।

“नहीं।”

“इसे पढ़िये।” वे अत्यन्त आशंकित दिख रहे थे, “यह तो बड़ा साम्प्रदायिक लेखन है, इससे देश में बड़ा भयंकर साम्प्रदायिक दंगा भड़केगा। हजारों लोग मारे जायेंगे। शहरों के शहर जल जायेंगे।...”

जैसे-जैसे उनकी बात आगे बढ़ रही थी, उनके स्वर में आशंका क्षीण होती जा रही थी और सुख का अंश बढ़ता जा रहा था। मुझे लगा, वे किसी अत्यन्त सुन्दर कल्पना का मन-ही-मन रस ले रहे थे। उनकी आँखों में एक प्रकार की चमक आ गयी थी...

मुझे वह चमक बहुत भयावह लगी। दंगे के नाम पर मेरी आत्मा काँप उठी थी।...व्यर्थ ही अनेक निर्दोष लोग मारे जायेंगे।

मैंने उन्हें समझाने के बहाने स्वयं को सान्त्वना दी, “निबन्ध छपे काफी समय हो चुका है। जिन लोगों को उसे पढ़ना था, उन्होंने उसे पढ़ लिया था। दंगा भड़कना होता तो अब तक भड़क चुका होता। नहीं भड़का तो अच्छा ही हुआ। निबन्ध का लेखक तो नासमझ था; किन्तु पढ़नेवालों ने समझदारी दिखायी।”

लगा, उन्हें मेरी बात नहीं भायी। दंगा न होने की सम्भावना से उनकी कोई भारी क्षति हो गयी थी। मैं क्या जानता था कि दंगे की सम्भावना किसी की पूँजी भी हो सकती है। उस पूँजी को बढ़ाने का प्रयत्न भी किया जाता है; और उसके कम होने से किसी को हार्दिक कष्ट भी हो सकता है। उनको देखकर लग रहा था कि वे जैसे अपने व्यापार की डूबती नाव को बचाने के प्रयत्न में अपनी पूर्ण क्षमता से हाथ-पाँव मार रहे थे...

“यह तो पढ़नेवालों की समझदारी के कारण हुआ। लिखनेवाले ने तो अपनी ओर से कोई कसर नहीं छोड़ी न।”

मुझ नासमझ की समझ में नहीं आया कि आखिर वे चाहते क्या हैं। पूछ बैठा, “तो?”

"पढ़नेवालों ने अपनी समझदारी दिखायी, तो इसका अर्थ यह तो नहीं है कि समझदार लोगों का इस प्रकार अपमान होने दिया जाये।" वे अत्यन्त क्षुब्ध दिखायी दे रहे थे, "उनका ध्यान इस ओर आकृष्ट किया जाना चाहिए कि उनका अपमान किया गया है। उनकी सहिष्णुता के कारण उनका अपमान होता रहे, यह तो मैं सहन नहीं करूँगा।"

मुझे लगा कि यदि कोई व्यक्ति किसी ऊँचे भवन से गिर पड़े और मार्ग में किसी चीज से अटककर नीचे गिरकर मरने से बच जाये, तो ये सज्जन उसको वहाँ अटका नहीं रहने देंगे। वे अवश्य ही नीचे धक्का दे देंगे।...यदि किसी ड्राइवर की सावधानी से समय पर ब्रेक लग जाये और दुर्घटना होते-होते बच जाये, तो ये न केवल ब्रेक से उसका पैर हटाकर एक्सिलरेटर दबा देंगे; सम्भव है ड्राइवर का लाइसेंस ही रद्द कर दें।...

मुझे लगा कि मेरे सामने एक दंगई खड़ा है। उसके हाथ तो खाली थे; किन्तु उसके मस्तिष्क में नरक की भट्ठी धधक रही थी और उसकी जिह्वा लुकाठी के समान जल रही थी। वह किसी का मकान अथवा मुहल्ले को नहीं, सारे-के-सारे शहर को जला सकती थी।

"आप जानते हैं, हमारे देश में यह मामला कितना संवेदनशील है। किसी की मूर्खता से मन्दिर अथवा मसजिद में एक प्रकार के अथवा दूसरे प्रकार के मांस की एक बोटी भी पहुँच जाये तो सारा देश जल उठता है। कभी-कभी तो हमारे पड़ोसी देश भी उस आग में झुलसने लगते हैं।" मैंने कहा।

"जानता हूँ।" वे बोले, "किन्तु इसका अर्थ यह तो नहीं है कि कोई दुष्ट मांस का वह टुकड़ा वहाँ फेंक आये और धर्मस्थलवालों की दृष्टि उस पर न पड़े, तो उसे बताया ही न जाये कि उनके धर्मस्थल को अपवित्र किया गया।..." वे क्रोध से धधक रहे थे।

"कल्पना कीजिये।" मैंने उन्हें समझाने का प्रयत्न किया, "किसी समाजद्रोही ने अपनी राक्षसी बुद्धि से प्रेरित होकर ऐसा ही मांस का एक टुकड़ा किसी धर्मस्थल में पहुँचा दिया। किसी का ध्यान उस ओर नहीं गया किन्तु आपकी दृष्टि उस पर पड़ गयी, तो क्या आप उसे चुपके से उठाकर बाहर फेंक नहीं देंगे?"

"नहीं।" वे बोले, "मैं तो उसी क्षण धर्मस्थलवालों का ध्यान उस ओर आकृष्ट करूँगा। उन्हें मालूम होना चाहिए कि उनके धर्मस्थल को अपवित्र किया गया है।"

"चाहे वह मन्दिर हो, चाहे मसजिद?" मैंने उनका पक्ष जानने का प्रयत्न किया।

"कुछ भी क्यों न हो।" वे बोले, "हम तो न्याय के पुजारी हैं। हम किसी को भी अपवित्र नहीं होने देंगे।"

मेरी इच्छा हुई कि उनसे पूछूँ कि उनके विचारानुसार यदि कोई धर्मस्थल इस प्रकार उपवित्र हो जाये, तो सैकड़ों जले हुए घरों की राख तथा दंगे में मरनेवाले हजारों लोगों के शवों से वे धर्मस्थल पवित्र हो जायेंगे? किन्तु मैंने पूछा नहीं। जानता था, यदि पूछ बैठा तो उनका उत्तर होगा कि वे दंगे के भय से सत्य को छिपा तो नहीं सकते। वे न्याय के पुजारी थे, लोगों के सम्मान और उनके धर्मस्थलों की पवित्रता के रक्षक थे, इसलिए कौए की चोंच से गिर गयी मांस की उस बोटी को पैर की ठोकर मारकर बाहर फेंकने के स्थान पर, न्याय के नाम पर वे शान्ति और सौहार्द के कच्चे घड़े को ठोकर मारना अधिक पसन्द करेंगे।

[रचना : 10.1.95]

तुरन्ता भोजन

वे आये तो मैं नाश्ता कर रहा था।

"क्या खा रहे हो?" उन्होंने पूछा।

"आलू का पराँठा।" मैंने कहा, "आओ, तुम भी खाओ। इस जाड़े में आलू के पराँठे का स्वाद अद्भुत होता है।"

"आलू का पराँठा नहीं खा रहे हो, धोखा खा रहे हो। मूर्ख हो तुम!" उन्होंने मुझे डपट दिया, "सुबह-सुबह खाने बैठ गये गरिष्ठ भोजन। सुबह खायी गेहूँ की रोटी तक तो किसी को पचती नहीं। आप सुबह-सुबह ही पराँठा खाने लगे। वह भी आलू का। दिल का दौरा पड़ेगा तो पता चलेगा। मरोगे तुम। मेरा विचार है कि तुम्हारे परिवार केभरण-पोषण के लिए अभी से कुछ प्रबन्ध करना आरम्भ कर देना चाहिए।"

मैं डर गया। वे सच ही कह रहे होंगे। पढ़े-लिखे थे। देश-विदेश घूम आये थे। मैं मूर्ख पराँठे के स्वाद में ही, स्वयं अपने-आपको और अपने परिवार को नष्ट करने पर तुला हुआ था। मैं तो सोच भी नहीं सकता था कि मैं पराँठा नहीं खा रहा था, अस्पताल अथवा श्मशान जाने की तैयारी कर रहा था।

"तो क्या खाया करूँ?" मैंने पूछा।

"अरे थोड़ा-सा सीरियल ठंडा दूध डालके ले लिया करो।" वे बोले, "अमरीका में इतने प्रकार के सीरियल मिलते हैं। फास्ट फूड। प्लेट में दो मुट्ठी डालो। ऊपर से थोड़ा ठंडा दूध डालो। बस नाश्ता तैयार। हमारी तरह थोड़ी कि तवे पर घी डालकर घंटों तले जा रहे हैं। घर में धुआँभरे जा रहे हैं। ईंधन नष्ट किये जा रहे हैं। यह तो देश ही है जाहिलों का। ढंग की कोई चीज मिलती ही नहीं। मैं तुम्हें एक पैकेट ला दूँगा।"

उन्होंने सचमुच ही अतिकृपापूर्वक एक पैकेट भिजवा दिया। मैंने खाकर देखा। शायद जुआर जैसे किसी अन्न को चॉकलेट और चीनी में लपेटकर डब्बा-बन्द किया गया था। स्वादिष्ट तो था; किन्तु कोई ऐसी अद्भुत चीज तो नहीं थी।

अगली बार भी वे मेरे नाश्ते के समय ही आये।

"क्या खा रहे हो?" उन्होंने पूछा।

"नाश्ता कर रहा हूँ।" मैंने कहा।

"कर तो नाश्ता रहे हो; किन्तु खा क्या रहे हो?" उन्होंने मुझे डाँटने के अन्दाज में पूछा, "एंजाइना पैक्टोरस की तैयारी तो नहीं कर रहे?"

"क्या?" मैंने पूछा।

"तुम नहीं समझोगे। हिन्दी में समझा भी कैसे जा सकता है। तुमको सिखाऊँगा तो एंजाइना पैक्टोरस को अंजनी प्रसाद बोलने लगेगो।"

मैं कुछ नहीं बोला। जाने मैं क्या कहूँ, और वे उसे क्या समझें।

"क्या खा रहे हो?" उन्होंने डॉक्टरी शैली में पूछा।

"तुरन्ता भोजन।"

"वह क्या होता है?"

"फास्ट फूड।" आज मेरा आत्मविश्वास तनिक भी नहीं डोला था।

"आखिर यह फास्ट फूड है कौन-सा?" उन्होंने दूरबीन जैसे अपनी ऐनक सीधी कर देखा और झपटकर बोले, "दूध में खीलें डालकर खा रहे हो और उसे फास्ट फूड कह रहे हो। लानत है तुम पर।"

"क्यों तुमने वह जुआर जैसा कुछ भेज दिया था, तो वह सीरियल था, फास्ट फूड था...और यह खील...।"

"कल को मुरमुरे खाना और उसे भी फास्ट फूड कहना।" उन्होंने मुझे डाँटने का प्रयत्न किया।

"तो मुरमुरे में ही क्या बुराई है?" मैं अपने अज्ञान में दुस्साहस कर बैठा, "है तो वह भी फास्ट फूट ही। और मुरमुरे ही क्यों, भुने चने हैं, चने का सत्तू है, मकई के फुल्ले हैं, मूँगफली की गिरियाँ हैं, सब फास्ट फूड ही तो हैं। दूध भी अनिवार्य नहीं है। चाहो तो सूखे चबाओ, चाहो तो दूध में भिगोकर खाओ, चाहो तो पका लो...।"

"मूर्खों से कोई क्या बहस करे।" वे बोले, "भड़भूँजे ने भट्ठी में भून दिया तो सब फास्ट फूड हो गया।"

"तो अमरीका में भी कोई भूनता-तलता ही होगा; तब ही तो डब्बा बन्द होता होगा।" मैं बोला, "उसे भड़भूँजा न कहते होंगे, कुछ और कहते होंगे।"

"ओह-हो!" उन्होंने अपने माथे पर हाथ मारा, "कल को तुम कह दोगे कि तुम्हारे पराँठे और पीजा में कोई अन्तर नहीं है?"

"अन्तर क्यों नहीं है।" मैं बोला, "पराँठा अधिक स्वादिष्ट है। पीजा में नीचे मैदा है, शेष सब उसके ऊपर रखा गया है; और पराँठे में नीचे आटा, मध्य में भराई और ऊपर फिर आटा। तुम अपने देश की चीजों से इतना चिढ़ते क्यों हो?"

मैंने पहले कभी उनको इतने क्रोध में नहीं देखा था। उनकी आँखें लाल हो गयीं, होंठ सूख गये और आवाज फट गयी, "मैं देश की चीजों से नहीं चिढ़ता, तुम जैसे जाहिलों से चिढ़ता हूँ। तुम बैकवर्ड लोग, एडवांस्ड कंट्रीज से मुकाबला करना चाहते हो...।"

उनसे आगे बोला नहीं गया। मुझे लगा कि उनका रक्तचाप बहुत बढ़ गया है। यदि मैंने अपने देश के पक्ष में कुछ कहा, तो उन्हें दिल का दौरा पड़ जायेगा। मैं अपने देश के सम्मान की रक्षा के प्रयत्न में उनके प्राण नहीं लेना चाहता था; किन्तु एक प्रश्न अवश्य करना चाहता था कि जब भी मैं अपने देश, देश के लोगों और देश की चीजों से अपना लगाव प्रकट करता था, तो उनका अपमान और अमरीका का अनादर क्यों हो जाता था?

[रचना : 10.1.95]

साम्प्रदायिकता

“यह क्या अभिवादन हुआ, ‘राम-राम’।” वे घृणा से बोले, “यह तो साम्प्रदायिक अभिवादन है।”

वे जब किसी को साम्प्रदायिक कहते हैं, तो वह उनकी सबसे बड़ी गाली होती है। उनके विचार से वह एक प्रकार का कोढ़ है। उससे मानवता की रक्षा की जानी चाहिए।

“भगवान् राम साम्प्रदायिक थे क्या?” मैंने उनसे पूछा।

लगा वे एकदम अपनी सहमति प्रकट कर देंगे और मुक्त-कंठ से प्रसन्नतापूर्वक घोषणा कर देंगे कि श्रीराम साम्प्रदायिक थे। किन्तु मैं साम्प्रदायिक यह भी देख रहा था कि वे भयभीत थे। वे ऐसा वक्तव्य मेरे सामने नहीं देना चाहते थे। बहुत सम्भव है कि वे मुझे भी साम्प्रदायिक और कट्टरतावादी मानते हों।

“सोच-समझकर बोलियेगा।” मैंने भी उन्हें चेताया, “इसके पश्चात् मैं संसार के विभिन्न देशों और धर्मों के पूज्य पुरुषों का नाम लेकर पूछूँगा कि क्या वे साम्प्रदायिक थे।”

वे मेरी चेतावनी से एकदम हिल गये और अपनी कट्टरता को कुछ झाड़कर विनीत स्वर में बोले, “नहीं! नहीं!! धर्म और सम्प्रदाय में अन्तर होता है।”

“ठीक है।” मैंने कहा, “किन्तु कितने ही धार्मिक महापुरुषों ने अपने धर्मों का संगठन किया, संघ बनाया। लोगों को इस संघ में दीक्षित किया, उन्हें पवित्र घोषित किया। क्या आप उन्हें साम्प्रदायिक कहेंगे? वैसे भगवान् राम ने ऐसा कोई काम नहीं किया था।”

मुझे लगा कि वे एकदम डर गये हैं। संसार के विभिन्न धर्मों के प्रणेताओं को ‘साम्प्रदायिक’ कहने का साहस वे नहीं कर पा रहे थे।

“नहीं! नहीं!! मैं संसार के महापुरुषों को साम्प्रदायिक कैसे कह सकता हूँ।” उन्होंने अपना बचाव किया, “वस्तुतः संगठन करनेवाला साम्प्रदायिक नहीं होता। उसके अनुगामी और अनुचर बाद में साम्प्रदायिक हो जाते हैं।”

“पर आपने ‘राम’ नाम को साम्प्रदायिक घोषित किया है। उनके अनुगामियों को नहीं।” मैंने कहा।

“ओह-हो! तुम तो व्यर्थ की बाल की खाल निकाल रहे हो।” वे झल्लाये, “मैं

किसी महापुरुष का अपमान नहीं करना चाहता; किन्तु जब संगठन बन जाते हैं तो वे अपने तक सीमित हो जाते हैं। वे पृथकतावादी होते हैं। संकीर्ण होते हैं। आत्मकेन्द्रित होते हैं। वे केवल अपना स्वार्थ देखते हैं। दूसरों को समान दृष्टि से नहीं देखते। ऐसे में उन महान् पुरुषों का नाम साम्प्रदायिकता को बल देने लगता है।"

"तो संगठन तो महात्मा गाँधी ने भी किया था।" मैंने कहा, "उनके अनुयायी और अनुचर भी थे। आज भी नरसिम्हा राव किसी गैर-कांग्रेसी के हित की बात नहीं सोच सकते। पता नहीं वे कांग्रेस का हित भी सोच सकते हैं या नहीं। पर आप उनके समाचार भी दूरदर्शन पर देते हैं, उनका नाम भी लेते हैं, उनके चित्र भी दिखाते हैं। क्या ये सारे काम साम्प्रदायिकता को प्रोत्साहित करते हैं?"

"ये प्रसारण कैसे साम्प्रदायिक हो सकते हैं?" वे बोले, "हम तो सारी पार्टियों के नेताओं के विषय में समाचार देते हैं। और कांग्रेस को हम साम्प्रदायिक दल नहीं मानते।"

"किसे मानते हैं?"

वह अवाक् बैठे मुझे देखते रहे। फिर बोले, "नहीं बोलूँगा। मैं जानता हूँ, तुम मुझे फाँसना चाहते हो। पर मैं तुम्हें बताऊँ, नरसिम्हा राव का नाम लेना साम्प्रदायिक नहीं है।..." और सहसा उन्हें एक तर्क सूझ गया, "हम भगवान् राम का भी साम्प्रदायिकता से कोई सम्बन्ध नहीं मानते। हम रामनवमी का समाचार देते हैं कि नहीं? हमभक्तों को मन्दिर में जाते दिखाते हैं कि नहीं? हम कलात्मक रामलीला को प्रसारित करते हैं कि नहीं? हमने दूरदर्शन पर पूरी रामायण दिखायी है या नहीं?" वे अपनी समझ से मेरी सारी आपत्तियों को समाप्त कर मुझे धराशायी कर चुके थे।

"तो राम-जन्म के समाचार, राम की पूजा के समाचार और रामलीला साम्प्रदायिक नहीं है। साम्प्रदायिक है तो बस 'राम-राम' अभिवादन?" मैंने पूछा।

"हाँ!" वे बोले, "मैं भी तब से यही सोच रहा हूँ कि जो नाम अपने-आपमें साम्प्रदायिक नहीं है, वह अभिवादन में आते ही साम्प्रदायिक कैसे हो गया।"

"सोचिये। और जब समझ में आ जाये तो मुझे बता दीजियेगा।" मैंने कहा, "यह भी सोचियेगा कि 'राम' नाम केवल अभिवादन में आकर साम्प्रदायिक हो जाता है, या आपके अपने नाम का अंग बनकर भी, रामप्रसादजी!"

वे चौंके। किन्तु अपने-आपको साम्प्रदायिक कैसे मान लेते। बोले, "नाम में राम आने से कोई साम्प्रदायिक कैसे हो जायेगा? इतने हिन्दुओं के नाम अपने देवी-देवताओं के नाम पर हैं। मुसलमानों, ईसाइयों और यहूदियों के नाम अपने पैगम्बरों के नाम पर हैं। वे सब लोग साम्प्रदायिक तो नहीं हो सकते।"

"मैंने कब कहा कि वे सब साम्प्रदायिक हैं।" मैं बोला, "आपकी ही दृष्टि प्रत्येक पवित्र प्रसंग में साम्प्रदायिकता ढूँढ़ती है। आप मानते हैं कि दीवाली साम्प्रदायिक

त्यौहार है?"

'और क्या?" वे बोले, "वह केवल एक धर्म का त्यौहार है, इसलिए साम्प्रदायिक तो है ही।"

"क्रिसमस के विषय में क्या विचार है?" मैंने पूछा, "और ईद को क्या मानते हैं आप? क्रिसमस मनानेवाले संसार के सारे ईसाई और ईद मनानेवाले सारे मुसलमान साम्प्रदायिक हैं?"

मैं स्पष्ट देख रहा था कि वे 'हाँ' कहने से डर रहे थे।

"आप इसी राह चलते रहे, तो सारा संसार साम्प्रदायिक होगा। बस। एक अकेले अपने-आपको ही असाम्प्रदायिक मानेंगे आप! अपना जन्मदिन मनाइयेगा तो आप भी साम्प्रदायिक हो जायेंगे।" मैं बोला, "वैसे मैं जानता हूँ अपने राजनीतिक दल के नेता का जन्मदिन मनाने आप उसके घर जाते हैं। जितना यश आप उसका गाते हैं, भगवान् का गाया होता तो भगवान् आपको कुछ बुद्धि देता, आपकी यह संकीर्णता हर लेता, तो शायद आप समझ पाते कि साम्प्रदायिकता बाहर नहीं, आपकी खोपड़ी के भीतर धँसी है...।"

[रचना : 18.1.95]

न्याय और रोजी-रोटी

"मेरी कोठरी पर उन्होंने अपना ताला जड़ दिया है।" रामलुभाया ने थानेदार से गुहार की।

"तो क्या चाहते हैं आप?" थानेदार ने पूछा।

"उसका ताला तोड़कर, मेरी कोठरी का कब्जा मुझे दिला दिया जाये।"

थानेदार की मुद्रा बदल गयी, "बाप का राज समझ रखा है! किसी का ताला तोड़ना इतना आसान है?"

"उसने भी तो मेरा ताला तोड़ा है।"

"तोड़ा होगा। तब पुलिस वहाँ नहीं थी। अब पुलिस ने देख लिया है कि ताला उसका है।"

"ठीक है, ताला उसका है।" रामलुभाया बोला, "पर कोठरी तो मेरी है।"

"कोठरी तुम्हारी कैसे हो गयी।" थानेदार ने रोष जताया, "वह विवादास्पद स्थान है।"

"किसी की कोठरी पर कोई जबर्दस्ती ताला लगा दे, तो वह विवादास्पद स्थान हो जाता है?"

"हाँ! हो जाता है। तुम एक कोठरी को रो रहे हो।" थानेदार बोला, "यहाँ तो अगलों ने पूरी-की-पूरी पुलिस लाइन पर बस एक दावा ठोंक दिया और सारी-की-सारी जायदाद विवादास्पद हो गयी। तुम्हारी कोठरी पर उसने कम-से-एक ठोस ताला तो ठोंका है।..."

"पर आप तो जानते हैं दारोगा बाबू।" रामलुभाया रो पड़ा, "कि कोठरी मेरी है। मेरी कोई दस-पाँच कोठरियाँ तो हैं नहीं। मैं कहाँ जाऊँगा?"

"जानता तो मैं हूँ।" थानेदार धीरे से बोला, "किन्तु विवादास्पद सम्पत्ति के मामले में हम किसी का पक्ष नहीं ले सकते। हमें निष्पक्ष रहना पड़ता है। निष्पक्ष, जिसे राजनीति में सैक्यूलर कहते हैं।"

"आप सैक्यूलर कहलवाने के चक्कर में न्याय की अनदेखी कर देंगे?"

"नहीं! न्याय की अनदेखी क्यों करेंगे।" थानेदार ने उत्तर दिया, "हम समझौता कराने का प्रयत्न करेंगे। आखिर समझौता तो न्याय से ऊँची चीज है न!"

"कैसा समझौता?" रामलुभाया चौंका।

"तुम दोनों मिलकर उस कोठरी में रह लो। इतनी क्या समस्या है! दंगा-फसाद मत करो!"

रामलुभाया आसमान से गिरा, "तो आपकी दृष्टि में वह और मैं बराबर हो गये। एक वह, जिसकी कोठरी है; और दूसरा वह, जिसने गुंडागर्दी की हद कर दी—मेरी कोठरी पर अपना ताला ठोंक दिया। दोनों बराबर हैं, आपकी दृष्टि में? और फिर दंगा-फसाद न करने की शिक्षा भी मुझे ही दी जा रही है!"

"देखो, न तो हमारी दृष्टि की चर्चा करो, और न यहाँ दंगा करो।" दारोगाजी ने अपना बेंत उठाकर उसे धमकाया।

"दंगा कौन कर रहा है?" रामलुभाया ने पूछा।

"तुम।" दारोगाजी बोले, "कोठरी तुमको दिलवा दें, तो वह शान्त होकर बैठ जायेगा क्या? वह दंगा नहीं करेगा? करेगा न! तो उस दंगे के लिए जिम्मेदार कौन हुआ? तुम ही तो! न तुम अपनी कोठरी माँगो, न वह दंगा करे। तुम्हारी यह माँग शान्ति के लिए खतरा है।"

"अपना अधिकार माँगना, दंगा करना हो गया?"

"हाँ! हो गया! जिसे दबा सकेंगे, उसे ही तो दबायेंगे।" दारोगाजी बोले, "इसलिए, यदि वह मान जाये, तो चुपचाप समझौता कर लो।"

"न करूँ तो?"

"तो पंचायत कर लो।" दारोगाजी बोले, "सारे मुहल्ले के भले लोगों को इकट्ठा करो; और जो वे कहें, चुपचाप मान जाओ। पर कोठरी तो तुमको तब भी नहीं मिलेगी!"

"क्यों?"

"क्योंकि पंचायत कहेगी तो किसी एक पक्ष को कोठरी का कब्जा देने से पक्षपात भी होगा, और दूसरा पक्ष रुष्ट भी होगा। इसलिए कोठरी का कब्जा किसी को भी न दिया जाये। उसमें कोई मानव-कल्याणकारी संस्था खोल दी जाये, जैसे कोई अस्पताल, कोई पाठशाला, कोई राशन की दुकान..."

"अस्पताल या पाठशाला खोल देने से दंगा नहीं होगा?" रामलुभाया पीड़ित स्वर में बोला, "उससे तो न उसे शान्ति मिलेगी, न मुझे!"

"इसीलिए तो कह रहा हूँ कि विश्व-शान्ति के नाम पर समझौता कर लो।"

"तो आप कोठरी उसे ही दे दीजिये।" रामलुभाया बोला, "मैं कचहरी में मुकदमा लड़ लूँगा।"

"उसे हम देंगे नहीं, क्योंकि वह उसकी है नहीं।" दारोगाजी मुस्कराये, "और

तुम्हें मिल नहीं सकती, क्योंकि तब वह दंगा करेगा।"

"तो क्या करेंगे, आप उसका?"

"कोठरी को विवादास्पद बनायें रखेंगे; और तुम दोनों से रिश्वत खाते रहेंगे।" दारोगाजी मुस्कराये।

"यह कोई न्याय है?" रामलुभाया चीखा।

"मूर्ख हो।" दारोगाजी शान्त स्वर में बोले, "न्याय से कहीं बड़ी चीज है, रोजी-रोटी! तुम्हें न्याय दिलवाने के चक्कर में हम अपने पेट पर लात तो नहीं मार सकते न!"

[रचना : 3.2.95]

साख की रक्षा

रामलुभाया छुट्टियाँ बिताकर घर लौटा तो पाया कि उसके फ्लैट का ताला टूट चुका है और उस पर किसी और का कब्जा हो गया है। घंटी बजायी तो भीतर से जो व्यक्ति बाहर आया, उसे वह अच्छी तरह पहचानता था; वह भूरा था। शहर का बहुत बड़ा आदमी। बड़े आदमी से अभिप्राय था : बहुत पैसेवाला, राजनीतिक नेताओं के साथ उठने-बैठनेवाला, थानेदार को शराब पिलानेवाला और पुलिस कमिश्नर के साथ बैठकर पीनेवाला।

"आप यहाँ?" रामलुभाया ने कुछ इस प्रकार भयभीत होकर कहा जैसे भूरा उसके घर से न निकला हो, रामभरोसे भूल से भूरे के घर में घुस आया हो।

"क्यों?" मैं अपने घर में नहीं रहूँगा, तो कहाँ रहूँगा।" भूरा दुष्टापूर्वक मुस्करा रहा था।

"आपका घर?" रामलुभाया बड़ी कठिनाई से बोल पाया, "यह घर तो मेरा है।"

"टोटल बकवास।" भूरा बोला, "अब यह घर मेरा है।"

"आप जानते तो हैं कि यह घर मेरा है।" रामलुभाया का साहस ही नहीं हो रहा था कि भूरा की गर्दन पकड़, वह उसे अपने घर से बाहर निकाल दे।

"जानता तो हूँ।" भूरा मुस्कराया, "पर यह भी जानता हूँ कि अब यह घर मेरा है।"

"अन्धेरगर्दी है क्या?" रामलुभाया बोला।

"नहीं।" भूरा बोला, "धर्मनिरपेक्ष समाजवादी भारत का लोक-कल्याणकारी गणतन्त्र है।"

"मैं पुलिस में जाऊँगा।"

"फौज में जाओ।" भूरा बोला, "पर पिटाई तुम्हारी ही होगी कि तुम एक भले आदमी की स्वच्छ छवि बिगाड़ने का प्रयत्न कर रहे हो।"

रामलुभाया जानता था कि भूरा ठीक ही कह रहा है। तड़ककर बोला, "मैं न्यायलय में जाऊँगा।"

"वहाँ प्रमाण क्या दोगे?" भूरा मुस्करा रहा था।

"मेरे पास कानूनी दस्तावेज हैं'।'

"वे हम छीन लेंगे। छीन नहीं पाये तो न्यायालय में मेरा वकील उन्हें जाली प्रमाणित कर देगा और तुम पर जालसाजी का मुकदमा चलायेगा।"

"कोई बात नहीं है।" रामलुभाया ने अपना संघर्ष जारी रखा, "नगर निगम में

तो रिकॉर्ड है कि यह मकान मेरा है।"

"नगर निगम में तुम्हारे फ्लैट की फाइल कभी नहीं मिलेगा।" भूरा बोला, "क्लर्क चाहेगा तो भी नहीं मिलेगी। वैसे वह चाहेगा भी क्यों?"

"मुहल्लेवाले इस बात की गवाही देंगे कि यहाँ मैं रहता था। यह मेरा घर है।" रामलुभाया हार मानने को तैयार नहीं था।

इस बार भूरा अट्टहास कर हँसा, "तुम समझते हो कि तुम्हारे पड़ोसियों में से किसी में इतना साहस है कि कचहरी में वह खुलेआम मेरे विरुद्ध गवाही दे।"

"क्यों? इसमें साहस की क्या बात है।" रामलुभाया चिल्लाकर बोला, "यह तो सत्य है कि और सत्य कहने में क्या संकोच।"

"संकोच का क्या प्रश्न।" भूरा बोला, "सत्य बोलने के लिए साहस की आवश्यकता होती है। है किसी में साहस कि वह ऐसा सच बोले जो भूरा पसन्द न करे।"

रामलुभाया ने देखा : आस-पास के फ्लैटों की खिड़कियाँ तो नहीं खुली थीं किन्तु उनके पर्दे सरक गये थे और भयभीत उत्सुकता लिये कई जोड़ी आँखें बाहर घटित होता यह नाटक देख रही थीं...पर नहीं! शर्माजी साहस कर बाहर निकल आये थे। रामलुभाया को कुछ आशा बँधी। शर्माजी के आ जाने से उसे बल मिलेगा।

शर्माजी ने पहले खींसें निपोरकर भूरा को नमस्कार किया और फिर धीरे से फुसफुसाकर रामलुभाया के कान में कहा, "क्यों अपनी जान के पीछे पड़े हो।"

"क्या मतलब?" रामलुभाया भी धीरे से बोला, "उसने मेरे फ्लैट पर कब्जा कर लिया है। और मैं विरोध भी न करूँ?"

"विरोध करके तुम्हें फ्लैट मिल जायेगा?"

"नहीं मिलेगा क्या?"

"तुम उसे जानते नहीं हो क्या?" शर्माजी बोले, "अभी तो मकान ही छिना है। इसके साथ लड़ाई-झगड़ा करोगे, तो अपनी नाबालिग बेटी के साथ हुए बलात्कार की रपट लिखवाने के लिए थाने-थाने घूमोगे, और कोई रपट भी नहीं लिखेगा।"

रामलुभाया का साहस जवाब दे गया। उसने रोकर भूरा के पैर पकड़ लिये, "तुम्हारे पास अनेक कोठियाँ हैं, प्लॉट हैं, मकान हैं, फ्लैट हैं। मुझ अभागे के पास एक यही फ्लैट है। तुम इसे छोड़ दोगे तो तुम्हारा कुछ नहीं बिगड़ेगा, किन्तु मुझे यह न मिला, तो मैं कहीं का नहीं रहूँगा।"

"ठीक है।" भूरा कुछ सोचता हुआ बोला, "मुझे भी यहाँ कोई मजा नहीं आ रहा। इसे छोड़ना ही है। या तो अपने किसी चेले-चाँटे को दे दूँगा, या अपना ताला ठोंक दूँगा। पर तुम्हें नहीं दूँगा।"

"क्यों? मुझे क्यों नहीं दोगे? मैंने तुम्हारा क्या बिगाड़ा है?" रामलुभाया रो पड़ा।

"एक बार कब्जा कर तुम्हारा फ्लैट तुम्हें लौटा दिया, तो फिर इस शहर में मेरा आतंक कौन मानेगा।" भूरा बोला, "मुझे अपनी साख की रक्षा तो करनी ही पड़ेगी।"

रचना : 3.2.95,

बारात

सहसा हमारी गाड़ी ही नहीं आगे की सारी गाड़ियाँ रुक गयीं। पीछे आनेवाले सवारियों को भी अकस्मात् ही ब्रेक लगानी पड़ी। यातायात थम गया, जैसे नगर के हृदय का स्पन्दन थम गया हो। चारों ओर से भोंपू बजने लगे, जैसे हृदयगति रुकने से रोगी पीड़ा से चिल्लाया हो। कुछ लोग सवारियों से उतरकर सड़क पर आ गये। पुलिस के सिपाही भी घबराहट में आगे लपकते हुए दिखायी दिये। जाने क्या हो गया था।

मैंने पूछा, "आगे कोई दुर्घटना है?"

"हाँ साहब! बारात है।" उत्तर मिला।

मैं अपने घर से बाहर निकला तो पाया कि ऐन मेरे फाटक के सामने एक गाड़ी इस प्रकार खड़ी कर दी गयी है कि मेरे जैसा अनाड़ी ड्राइवर तो दूर, कोई दक्ष ड्राइवर भी प्रयत्न करता तो हमारी गाड़ी बाहर नहीं निकल सकती थी। इस नाकेबन्दी का अर्थ समझने के लिए मैं बाहर निकला तो लगा कि थोड़ी देर पहले ही जैसे कोई झंझावात आया था, वर्षा हुई थी और भयंकर रूप से ओले पड़े थे। अन्तर केवल इतना था कि आकाश से ओलों के स्थान पर गाड़ियाँ बरसी थीं। सड़क के बीचोंबीच की एक पट्टी छोड़कर चारों ओर गाड़ियों के ढेर लग गये थे। भयंकर चिल्ल-पों मची हुई थी, जैसे किसी भयंकर भूकम्प के थम जाने के पश्चात् अपने नष्ट हो गये मकानों के मलबे से निकलकर लोग अपने सगे-सम्बन्धियों को खोजने के लिए, विदीर्ण हृदय की सम्पूर्ण पीड़ा से चिल्ला रहे हों।

छोटी-छोटी बच्चियाँ, आधे-आधे मन के भारी लहंगों के बोझ को न सँभाल सकने के कारण लड़खड़ा रही थीं। महिलाएँ अपनी कोमलता और सौन्दर्यबोध भूलकर कुछ इस प्रकार गहनों से लदी हुई थीं, जैसे विदेशों से आनेवाली सम्पन्न भारतीय नारियाँ सीमाशुल्क अधिकारियों को धोखा देने के लिए ढेर सारा सोना अपने शरीर पर लाद लेती हैं।

अनेक पुरुष अपने चेहरों पर राक्षसी हँसी चिपकाये, अपनी पत्नियों, भाभियों, सालियों, बहनों तथा मामियों-मासियों को पकड़ दायें-बायें, आगे-पीछे इस प्रकार धकिया-घसीट रहे थे कि मैं समझ नहीं पाया कि वे अपनी पसलियाँ चटखाना चाहते हैं या हड्डियाँ तोड़ना चाहते हैं। उन्हें पकड़ना चाहते हैं या छोड़ना चाहते हैं...

मैं घबराकर पूछा, “यह कोई प्राकृतिक विपदा है?”

“हाँ साहब! बारात है।” उत्तर मिला।

सड़क के बीचोंबीच एक गाड़ी रुकी हुई थी। उनके बॉनेट पर शराब की चार-छह बोतलें खुली हुई थीं। आस-पास खड़ी पुरुषों की भीड़ के हाथों में गिलास थे। वे उन बोतलों से ढाल-ढालकर पी रहे थे। न लड़ रहे थे, न चिल्ला रहे थे। बड़े सभ्य ढंग से पी रहे थे। बस, सड़क पर से हट नहीं रहे थे।

सड़क के किनारे पर खड़ी गाड़ियों की खुली डिक्की से शराब की बोतलों के क्रेट झाँक रहे थे। उनके निकट भूमि पर बैठा एक आदमी उल्टी कर रहा था। उसके दोनों ओर खड़े दो व्यक्तियों की सड़क की ओर पीठ थी। लगता था कि वे शायद उसके सुरक्षाकर्मी हैं। वे उससे लगभग सटे खड़े थे। पर निकट जाकर गौर से देखने पर पता चला कि वे उसके लिए चिन्तित नहीं थे, वे तो अपने प्रति न्याय करने के लिए लघु-शंका-निवारण कर रहे थे।

“देश की उदारीकरण की नीति के अन्तर्गत क्या सड़क पर बार खुली है?” मैंने पूछा।

“हाँ साहब! बारात आयी है।” उत्तर मिला।

[रचना : 7.2.95]

देश के शुभचिन्तक

"यह वाटिका हमारे मुहल्ले के लोगों के लिए है?" मैंने नगर निगम के अधिकारी से पूछा।

"जी हाँ!" वह बड़ी वक्रता से मुस्कराया, "वाटिका मेरे मुहल्लेवालों के लिए होती तो मेरे मुहल्ले में होती।"

"तो फिर ये फूल-पौधों के नाम और सैर करनेवालों के लिए ये सारे निर्देश आपने अंग्रेजी में क्यों लगवा दिये हैं?" मैंने पूछा, "मेरे मुहल्लेवाले तो अपनी भाषा भी ढंग से लिख-पढ़ नहीं सकते। अंग्रेजी कैसे पढ़ेंगे?"

"ये निर्देश आपके मुहल्लेवालों के लिए नहीं हैं।" वे बोले।

"तो क्या ये निर्देश उन लोगों के लिए हैं, जो यहाँ कभी नहीं आयेंगे?" मैंने पूछा, "क्योंकि आयेंगे तो हमारे ही मुहल्लेवाले।"

वे हँसे, "यदि मैं आपको सच्चाई बता दूँ तो आपको बुरा लगेगा।"

"नहीं! सच का क्या बुरा मानना।" मैं बोला, "आप बतायें तो!"

"आपके मुहल्लेवाले तो कोई निर्देश मानने से रहे।" वे बोले, "न वे घास पर चलने से रुकेंगे, न वे फूल न तोड़ने के आदेश का पालन करेंगे, न वे बाड़ को सुरक्षित रहने देंगे। तो फिर उनके लिए निर्देश लिखवाने का क्या लाभ?"

उनके उत्तर से मैं चमत्कृत हो गया। मैंने कभी कल्पना भी नहीं की थी कि हमारे नगर निगम में इस उत्कृष्ट बुद्धि-मेधा के लोग भी हैं। एक भयंकर द्वन्द्व मन में लिये मैं किंकर्तव्यविमूढ़ खड़ा रह गया। निर्णय ही नहीं कर पाया कि अपनी कृतज्ञता दिखाने के लिए उनका मुख, हाथ या माथा चूम लूँ, उनके कंठ अथवा वक्ष से लग जाऊँ; अथवा उनके चरणों पर लोट जाऊँ। फिल्मी संस्कृति में चुम्बन की प्रधानता है, लोक व्यवहार में आलिंगनबद्ध होने की और हमारी परम्परा में चरणों पर लोटना ही अधिक दिखायी देता है।

अपने अनिर्णय ने मुझे 'कर्म' के स्थान पर 'शब्द' का सहारा लेने को प्रेरित किया। बोला, "यह आपकी ही कूटनीतिक बुद्धि का प्रताप है कि आपने नगर निगम की कर्त्तव्यपरायणता को भी बचा लिया और हमारे मुहल्लेवालों के चरित्र को भी।"

इस बार चकित होने की बारी उनकी थी। बोले, "मैं कुछ समझा नहीं।"

"क्यों, इसमें ऐसा समझने को क्या है?" बोला, "आप ये निर्देश-पट्ट न लगाते

तो यह आरोप लगाया जाता कि नगर निगमवालों ने अपने कर्त्तव्य का पालन नहीं किया; और आप हिन्दी में निर्देश लिखवा देते तो मेरे मुहल्लेवालों पर आरोप लगाया जाता कि वे नियमों और निर्देशों का पालन नहीं करते। अब ऐसे में तो दोनों ही आरोपमुक्त हैं। आपने निर्देश लिखवा भी दिये, और उन्हें यह भाषा पढ़नी ही नहीं आती। ऐसे में वाटिका उजड़ भी जाये तो किसी को दोष नहीं दिया जा सकता।"

"व्यर्थ बात का बतंगड़ मत बनाओ। हमने उनके लिए तो निर्देश लिखवाये ही नहीं।" वे खीझकर बोले, "हमने तो अपने उन विदेशी मेहमानों के लिए निर्देश अंग्रेजी में लिखवाये हैं, जो निकट भविष्य में यहाँ आनेवाले हैं। अब सोचो तो, वे आयें और हिन्दी में लिखे निर्देश न पढ़ पायें तो उन्हें कितना बुरा लगेगा। वे जान ही नहीं पायेंगे कि उन्हें यहाँ अपने कुत्तों को टहलना है या नहीं, घास पर जूते पहनकर चलना है या जूते उतारकर, फूल तोड़ने हैं या..."

"पर यहाँ कौन-से विदेशी आनेवाले हैं?" मैं बेहद डर गया था, जिस मुहल्ले में दो-चार विदेशी परिवार भी आ जाते थे, वहाँ मकानों का किराया दोगुना-तीन गुना हो जाता था। मैं अभी किराये पर था। वे विदेशी कुछ देर रुक नहीं सकते कि मैं भी अपना मकान बनवा लूँ, ताकि एक-आध खंड अच्छे किराये पर उन्हें दे सकूँ।

"कौन आयेगा, कहना मुश्किल है।" वे बोले, "जब देश के द्वार खोल ही दिये हैं तो कोई आये।"

मैं सँभला, "यदि आपका संकेत विदेशी कम्पनियों की ओर है, तो मैं आपको बता दूँ कि वे लोग हमारे मुहल्ले में रहने नहीं आयेंगे।"

"यहाँ रहने के लिए तो अंग्रेज भी नहीं आये थे, पर सारा देश तो उनकी मुट्ठी में सिमट ही आया था।" वे बोले, "अब आज हम हिन्दी में निर्देश लिखवायें, कल वे आकर अंग्रेजी में लिखवायें। पैसा तो हमारे ही देश का खर्च होनेवाला है। इसलिए हमने पहले ही निर्देश अंग्रेजी में लिखवा दिये हैं, ताकि जब वे हमारा सारा देश खरीद लें तो न उन्हें किसी प्रकार की कोई परेशानी हो; और न हमारे देश को दो-दो बार धन खर्च करना पड़े। कुछ आगे की भी सोच लेनी चाहिए।" उन्होंने रुककर मुझे देखा, "आखिर लांग-टर्म-प्लैनिंग किसे कहते हैं।..."

[रचना : 17.2.95]

अति प्रज्वलनशील

मेरे घर में चिड़िया भी चहकती है, तो उनके मस्तिष्क का फ्यूज उड़ जाता है। अब क्या करें। पड़ोसी-सम्बन्ध ही ऐसा होता है। मेरे दुख में सान्त्वना देने सबसे पहले वे ही आते हैं। भागकर आते हैं और गले लग जाते हैं। मैं उनका चेहरा देख नहीं पाता हूँ, इसलिए कह नहीं सकता कि उनकी आँखों में अश्रु होते हैं अथवा अधरों पर मुस्कान। सान्त्वना के बहाने उन्होंने मेरी गर्दन जो पकड़ रखी होती है। किसी सुख के अवसर पर, बधाई का सबसे पहला फोन भी उन्हीं का आता है। उनके शब्द बड़े मीठे और उत्साहवर्धक होते हैं। शब्द नहीं होते, फूल झड़ रहे होते हैं। वे दीवार के इस पार नहीं आये; दीवार के उस पार से फोन का सहारा लेते हैं, तो कोई तो बात होगी। मैं उनके चेहरे की कल्पना करता हूँ, तो मेरे सम्मुख, एक अत्यन्त पीड़ित चेहरा ही उभरता है, जिसकी आँखों में चिंगारियाँ हैं और होंठ परेशानी से काले पड़ गये हैं।

झाग ऊपर जाकर पपड़ी में बदल गयी है।...यह इसलिए क्योंकि मैं जानता हूँ कि वसन्त-ऋतु के आगमन पर मेरे घर में एक नन्हा-सा फूल भी खिलता है, तो उन्हें जुकाम हो जाता है।

संयोग से बाजार में मिल गये तो बोले, "सारा बाजार ही खरीद लोगे क्या? कहीं से कोई गड़ा हुआ खजाना मिल गया है?" और सहसा उनकी भंगिमा कुछ बदली, "अपनी आवश्यकता की चीजें तो सब लोग खरीदते हैं। हम भी खरीदते हैं।...पर बाजार का सारा कबाड़ अपने घर में जमा करने का हमको कोई शौक नहीं है। आख़िर आदमी को अपनी हैसियत देखकर चलना पड़ता है।"

एक बार मन में आया कि उनकी बाँह पकड़ एक किनारे कहीं बैठ जाऊँ, और सारा सामान उन्हें दिखा दूँ। मैंने ऐसा कुछ भी नहीं खरीदा था, जिसकी हमें तत्काल आवश्यकता नहीं था। पर फिर मैं सँभल गया। वे मेरे पड़ोसी थे। मेरी पत्नी तो थे नहीं, जिसे अपने हर काम का स्पष्टीकरण देना पड़े।... मैं क्या खरीदता हूँ, क्यों खरीदता हूँ—इन बातों के लिए, वे जब चाहें मुझे 'कारण बताओ नोटिस' जारी करते रहेंगे, तो क्या मैं उनके उत्तर देता रहूँगा।

मैंने उनकी बात का उत्तर नहीं दिया, तो उन्होंने अपना रोष जताया, "अब हमारी बात का उत्तर भी नहीं दोगे? भई, हम तो कभी इतने अशिष्ट नहीं हो सकते

कि मित्र लोग कोई प्रश्न पूछें, तो हम उसका उत्तर ही न दें।"

तो उन्होंने अपने आत्मविश्लेषण में पहले मुझे बाजार का कबाड़ खरीदनेवाला नासमझ और लोभी कहा, फिर अपनी हैसियत से बाहर खर्चवाला; और अब मुझे अशिष्ट बता रहे थे। मैं जानता था कि मैं तनिक भी प्रतिवाद करूँगा, तो वे बड़ी सुविधा से कह देंगे कि उन्होंने जो कुछ कहा, अपने विषय में कहा। मेरे विषय में तो उन्होंने कुछ कहा ही नहीं।

अगली बार मिले तो बोले, "सुना है, बेटे को तुमने यहीं शहर के सड़े-से कॉलेज में भर्ती करा दिया है।"

"अब जहाँ स्थान मिला, भर्ती करवा दिया।" मैंने अपराध-बोध से पीड़ित स्वर में अपनी सफाई दी।

"पैसा जमा करके ताजमहल बनवाओगे।" उन्होंने मुझे डाँटा, "आखिर माता-पिता का पैसा होता किसलिए है? सन्तान के लिए ही तो। तो क्यों नहीं उसे बाहर के किसी अच्छे कॉलेज में भर्ती कराते? भई! हम तो बच्चों की शिक्षा में रुपये का मुँह नहीं देखते। शिक्षा से बड़ा कोई धन नहीं।"

मैं उनकी बात का कोई उत्तर नहीं दे सका। उनके सिद्धान्त से तो मैं सहमत था; किन्तु उनको कैसे समझाता कि मैंने पैसे बचाने के लिए बेटे को स्थानीय कॉलेज में नहीं भेजा था। जहाँ वह पढ़ना चाहता था, वहाँ उसे स्थान नहीं मिला; और जहाँ उसे स्थान मिला, वहाँ वह पढ़ना नहीं चाहता था।

संयोग से, जब उनसे अगली भेंट हुई, तो बेटा पढ़ने के लिए विदेश जा चुका था; और यह सब जानते थे कि यह पढ़ाई बेहद महँगी थी। सामना होते ही बोले, "भेज दिया बेटे को विदेश। पता नहीं लोग महत्त्वाकांक्षा की दौड़ में इतने निर्मोही क्यों हो जाते हैं। बेटा न हुआ, शत्रु हो गया। उठाकर काले पानी भेज दिया। भई! हम तो अपने बच्चों को अपनी छाती से लगाकर रखते हैं। चार पैसे कम कमा लेगा, तो रूखी-सूखी में ही गुजारा कर लेंगे।"

अकस्मात् ही मुझे बुद्धत्व की प्राप्ति हुई। यह ज्ञान मुझे पहले क्यों नहीं मिला? वे मेरे पड़ोसी नहीं थे, न वे मुझसे कुछ कह रहे थे। वे तो किसी अति प्रज्वलनशील रासायनिक का ढेर थे, जिसे पड़ोसी के घर बहनेवाला बयार का एक हल्का-सा ठंडा झोंका भी सुलगा जाता था; और वे देर तक कड़वा धुआँ उगलते हुए, परिवेश को प्रदूषित करते रहते थे।

[रचना : 17.2.95]

सुनहले कल का आश्वासन

रामलुभाया ने मुझे अपने नगर में देखा तो अपनी हार्दिक प्रसन्नता व्यक्त करते हुए लपककर गले से लग गया।

"अरे, कब आये आप?"

"आज ही आया हूँ।"

"कहाँ ठहरे हैं?"

"होटल राजप्रासाद में।"

"अच्छा होटल है। पर घर के रहते आप होटल में क्यों ठहरे भाईसाहब।" उसने शिकायत की, "अच्छा! अगली बार आइयेगा, तो मेरे घर पर ठहरियेगा।"

मैंने बहुत बार रामलुभाया के बारे में सोचा है। यह जब भी मिलता है, मेरे होटल में ठहरने की शिकायत करता है, और अगली बार अपने घर में ठहरने का निमन्त्रण देता है; किन्तु उसी समय अपने साथ चलने का आग्रह कभी नहीं करता। हिन्दी फिल्मों की मित्रता तो पर्दे तक ही रह गयी। हसरत ही रह गयी कि वह मेरे साथ झगड़ा न भी करे, होटल न भी आये, आग्रहपूर्वक मेरा सामान लाद मुझे अपने घर न भी ले जाये; किन्तु ईमानदारी से एक बार अपने घर पर आमन्त्रित तो करे। पर वह तो भविष्यकर्मी है, अपनी सरकार के समान, जो कभी इक्कीसवीं शताब्दी की ओर देख रही हैं कभी बाईसवीं शताब्दी की ओर। बीसवीं शताब्दी की ओर देखने का उसे अवकाश ही नहीं है।...

उस दिन मैं एक सरकारी कार्यालय में गया, तो चकित रह गया : वहाँ एक बहुत शिष्ट और सभ्य व्यक्ति कुर्सी पर बैठा था।

"मेरा काम हुआ?" मैंने पूछा।

"आज तो डीलिंग क्लर्क छुट्टी पर है।" वह मुस्कराया, "आप अगले हफ्ते आयें। आपको अपनी फाइल तैयार मिलेगी।"

मैंने उसकी दक्षता की प्रशंसा कर, उससे हाथ मिला, मीठी मुस्कान का आदान-प्रदान कर लौट आया।

अगले सप्ताह पहुँचा तो उसकी मुस्कान और भी माधुर्यपूरित थी, "आजकल हमारा स्टाफ कुछ कम है। आप अगले सप्ताह आयें, मैं दरवाजे पर ही आपकी फाइल आपको सौंप दूँगा।"

मैं समझ गया कि यह भी एक और रामलुभाया ही है। यह इस सप्ताह कभी काम नहीं करता, अगले सप्ताह करता है। आज नकद, कल उधारवाला कल, जाने कब आयेगा।

उस दिन वे मेरे घर आये तो उन्होंने बड़ी प्रसन्नतापूर्वक सूचना दी कि वे अपनी संस्था की ओर से मेरा सम्मान करना चाहते हैं।

मैं सम्मान के नाम से ही प्रसन्न हो जाता हूँ। यह भी नहीं पूछता कि सम्मान का 'अर्थ' क्या है? कुछ लोग सम्मान के नाम पर लाखों रुपये की थैली भेंट कर देते हैं, और कुछ एक पुष्पहार पहनाकर ही हाथ जोड़ देते हैं। पर मैं भावना का महत्त्व समझता हूँ, इसलिए 'सम्मान' के नाम से ही प्रसन्न हो जाता हूँ, कुछ लोग सम्मान और धन का गठबन्धन मानते हैं, इसलिए धन के अभाव में सम्मान स्वीकार नहीं करते। मेरे साथ ऐसी कोई कठिनाई नहीं है। मैं धन और सम्मान में कोई अनिवार्य सम्बन्ध नहीं मानता। कारण? अपने आसपास देखता हूँ कि अधिकांश लोग धन में सम्पन्न तो हैं, किन्तु उनका सम्मान नहीं होता। मैंने उनको तत्काल अपनी सहमति दे दी। अब किसी के द्वारा सम्मान प्रदर्शन का क्या तिरस्कार करना।

"पर बात यह है कि", वे बोले, "सोचा था इस वर्ष आपका सम्मान करेंगे और अगले वर्ष पापीजी का, किन्तु पापीजी आपसे पहले दिवंगत हो गये। अब सोचता हूँ इस वर्ष दिवंगत आत्मा का सम्मान कर लें, अगले वर्ष आपका करेंगे।"

मैं समझ गया कि ये साहित्य के क्षेत्र के रामलुभाया हैं। ये मुझे स्थायी रूप से युवराज की पदवी दिये रहेंगे, राजा बनने का अवसर नहीं आयेगा। मैं सिंहासन के सामने अपने सुनहले भविष्य की आशा लिये, सदा हाथ जोड़े याचक रूप में खड़ा रहूँगा और रामलुभाया मुझे देख-देखकर अपनी चतुराई का सुख उठाते रहेंगे।

[रचना : 21.2.95]

ऋण और राजनीति

मैंने दूर से रामलुभाया को अपने घर की ओर आते देखा, तो प्रसन्न हो गया। गर्मियों में पहाड़ पर जाने के लिए उसने मुझसे कुछ रुपये उधार लिये थे। उसने वचन दिया था कि वह आज के दिन मेरे रुपये लौटा देगा। वह अपने वचन का पक्का निकला था।

मैं घर के भीतर आकर बैठ गया। जब वह आ ही रहा है, तो द्वार पर खड़े होकर उसकी प्रतीक्षा करने की क्या आवश्यकता थी।

मैं बैठा प्रतीक्षा करता रहा; किन्तु वह नहीं आया। मुझे चिन्ता हुई। कहीं मेरे घर के सामने ही तो सड़क पर कोई दुर्घटना नहीं हो गयी? सड़क पर यातायात भी तो ऐसे चलता है जैसे खेतों पर टिड्डी का आक्रमण होता है।

मैं बाहर निकला तो देखकर चकित रह गया कि रामलुभाया एक दरी बिछाकर मेरे द्वार पर बैठा है। उसने मुझे देख लिया था, किन्तु कुछ कहना-सुनना तो दूर, उसने नमस्कार करना भी आवश्यक नहीं समझा।

"अरे, यह क्या कर रहे हो भाई?" मैंने चिन्तित स्वर में पूछा, "यहाँ क्यों बैठे हो? भीतर क्यों नहीं आते?"

"धरना दे रहा हूँ।" वह बोला, "इसलिए भीतर नहीं आ सकता।"

"धरना? क्यों?"

"आन्दोलन कर रहा हूँ।" वह निश्चित भाव से बोला।

"काहे का आन्दोलन?"

"मैंने तुमसे जो ऋण लिया था, उसे माफ करो।" वह बोला, "मुझे सार्वजनिक रूप से वचन दो कि तुम दिया हुआ धन वापस नहीं मागोगे। मेरी ओर अब तुम्हारा कोई धन नहीं निकलता। और ऋण लेते समय जिन-जिन कागजों पर तुमने मेरे हस्ताक्षर लिये थे। वे सारे कागज मेरे हवाले करो।"

"क्यों, ऐसा क्यों करूँ?" मैं अचकचाकर बोला, "तुम मेरे मित्र हो, तुम कठिनाई में थे, अतः मैंने तुम्हारी सहायता करने के लिए तुम्हें ऋण दिया। अब तुम यह तमाशा कर रहे हो।"

"यह तमाशा नहीं है।" वह बोला, "राजनीतिक जागरूकता है। ठीक है, ऋण माफ करना नहीं चाहते, तो मत करो। उसे अनुदान में बदल दो।"

"कहीं ऋण भी अनुदान में बदला जाता है?" मैं कुछ समझ ही नहीं पा रहा था।

"क्यों नहीं बदला जाता?" वह तमककर बोला, "सरकार प्रतिवर्ष यही करती है, तुमको भी करना होगा। अब तुम्हारा अत्याचार और नहीं चलेगा। गरीबों के साथ अपना व्यवहार सुधारो, नहीं तो नष्ट कर दिये जाओगे।"

मैं घबरा गया, कहीं वह उठकर अभी पारसी थियेटरवालों के समान शेर ही न पढ़ने लगे।

"मुझे, गरीबों के साथ पूरी सहानुभूति है।" मैं बोला, "किन्तु मुझे गरीबी से सहानुभूति नहीं है।"

"क्या मतलब?" उसने पूछा।

"सरकार गरीबों की गरीबी हटाने का प्रयत्न नहीं करती। वह उन्हें गरीब बनायें रखना चाहती है, ताकि वे सदा याचक रहें, और सरकार उनकी ओर टुकड़ा फेंककर उन्हें बहलाती रहे। मैं सरकार नहीं हूँ, न सरकार से सहमत हूँ।"

वह न केवल उठकर खड़ा हो गया, वरन् जोर-जोर से चिल्लाने भी लगा, "तुम संविधान का विरोध कर रहे हो।"

अपनी राजनीतिक समझ पर मुझे कभी भीभरोसा नहीं रहा; किन्तु मैं रामलुभाया की इस चतुराई को पचा नहीं पाया। बोला, "इसमें संविधान कहाँ से आ गया?"

"क्यों! संविधान में लिखा है कि गरीबों की सहायता करो।" उसमें दीनता कहीं लेश भी नहीं था।

"यह तो हमारे सारे नीतिग्रन्थों में, धर्मग्रन्थों में लिखा है, पर...।"

उसने मुझे आगे नहीं बोलने दिया। चिल्लाकर बोला, "तुम हमारे संविधान की तुलना धर्मग्रन्थों से कर रहे हो। वे तो साम्प्रदायिक ग्रन्थ हैं। उनसे तुलना कर तुम हमारे संविधान का अपमान कर रहे हो। तुम अपराधी हो, सरकार तुम्हें कभी नहीं छोड़ेगी। सरकार छोड़ भी दे, तो जनता नहीं छोड़ेगी।"

मैं भी क्रोध में अपना तर्क छोड़, भावना में बह गया। बोला, "तुम्हारी सरकार रोज देश का अपमान कर रही है और करवा रही है।"

"वह कर सकती है।" वह बोला।

"हम राष्ट्र का अपमान कर सकते हैं? राष्ट्र-ध्वज का अपमान कर सकते हैं? राष्ट्र-गीत का अपमान कर सकते हैं?..." मेरे स्वर में पीड़ा थी।

"हाँ! सबका अपमान कर सकते हैं।" वह मेरे कष्ट का सुख उठा रहा था, "बस, संविधान का अपमान नहीं होना चाहिए। और हमारा संविधान कहता है कि ऋण देकर उसे अनुदान में बदल दिया जाना चाहिए; विदेशी नागरिकों को लाकर अपनी धरती पर बसाना चाहिए, आतंकवादियों के मानवाधिकारों की रक्षा करनी चाहिए...।"

क्यों? क्यों?" न चाहते हुए भी मैं पूछे बिना नहीं रह सका। "ताकि सरकार को वोट मिलते रहें, और सरकार विदेशों से ऋण लेकर उसे अनुदान में बदलने की याचना करती रहे...।"

[रचना : 21.2.95]

इंसैंटिव

मेरे धन्यवाद से रामलुभाया को तनिक भी प्रसन्नता नहीं हुई। वह बेचारा और भी संकुचित हो गया। बोला, "इसमें धन्यवाद की क्या बात है, यह तो मेरा कर्त्तव्य था।"

"इसीलिए तो तुम्हारा धन्यवाद कर रहा हूँ कि तुमने अपना कर्त्तव्य पहचाना। नहीं, तो सोचो कि अपने देश में कितने लोग अपना कर्त्तव्य पहचानते हैं?"

वह कुछ और संकुचित हो गया : कैसे देश का नागरिक है वह, जहाँ के लोग अपना कर्त्तव्य तक नहीं पहचानते।

"संकुचित मत होओ रामलुभाया। हमारा देश कुछ असामान्य परिस्थितियों में से गुजर रहा है। यहाँ जिस व्यक्ति को वेतन देकर जिस काम के लिए नियुक्त किया जाता है, उस व्यक्ति का वह काम न करना सामान्य बात है। उसी वेतन में वह अपना काम करने लगे तो यह असामान्य बात है। इसलिए तुमने अपने वेतन में ही अपना काम किया, यह असामान्य स्थिति है। अतः मैं तुम्हारा धन्यवाद कर रहा हूँ।"

"जो लोग वेतन लेकर भी अपना काम नहीं करते, उन्हें काम करने के लिए और क्या चाहिए होता है?" रामलुभाया ने बड़ी निर्दोष जिज्ञासा की।

"इंसैंटिव।" मैंने बताया, "जानते हो, यह क्या होता है?"

"नहीं।" वह बोला, "यह क्या होता है?"

उसके प्रश्न से मेरे मन में अनेक बातें कुकुरमुत्तों के समान सिर उठाकर खड़ी हो गयीं। कुकुरमुत्तों की उपमा कुछ पुरानी हो गयी है। उसे तो लोग तरकारी के रूप में पकाकर खा लेते हैं। मुझे कहना चाहिए कि अनेक बातें छाताधारी सैनिकों के समान मेरे मन में टपक पड़ीं। क्योंकि बातें ऐसी हैं, जिनसे मैं बहुत आशंकित हो उठा था। कुकुरमुत्तों से कोई व्यक्ति आशंकित क्यों होगा।

मेरे आशंकित हो उठने के कारण थे। मुझे लगा कि चूँकि वह 'इंसैंटिव' के विषय में नहीं जानता है, इसीलिए अपने वेतन में काम कर रहा है। यदि इसे 'इंसैंटिव' का ज्ञान हो गया तो यह भी अपने वेतन में काम करना बन्द कर देगा। इच्छा हुई कि बात टाल जाऊँ, उसे इंसैंटिव के विषय में कुछ न बताऊँ। पर जागृति का युग है। ज्ञान तो नहीं, किन्तु सूचना और सम्पर्क अब विज्ञान ही नहीं, टेक्नोलोजी भी बन गये हैं। मैं कोई गुरु द्रोण तो था नहीं कि उसके ज्ञान के मार्ग में आता। फिर यह कोई ब्रह्म ज्ञान भी नहीं था कि गुरु के माध्यम से ही प्राप्त होता। यह सूचना तो

उसे किसी केबल टी.वी. से भी मिल जाती। इसलिए किसी की जागृति का दमन करने का अपराधी मैं क्यों बनता।

"'इंसैंटिव' अंग्रेजी भाषा का शब्द है।" मैंने उसे बताया, "और अंग्रेजी शब्दों का चमत्कार यह होता है कि हजार भावों और रिश्तों के लिए एक ही शब्द होता है। जैसे—चाचा, ताया, मामा, मौसा, फूफा सब 'अंकल' ही होते हैं, वैसे ही रिश्वत, बख्शीश, भत्ता, अनुदान, पारिश्रमिक, दिहाड़ी इत्यादि अनेक चीजों को 'इंसैंटिव' कहा जाता है। इनमें से किसी एक भी नाम पर यदि कुछ नकद नारायण कर्मचारी की हथेली पर रख दिया जाये, तो वह अंग्रेजी का इंसैंटिव होता है। उसके पश्चात् वह कर्मचारी स्वेच्छा से काम करता है, प्रसन्न दिखायी देता है, उसका व्यवहार शिष्ट और शालीन हो जाता है, अपने युग के प्रति उसके मन में पलती सारी शिकायतें दूर हो जाती हैं , जैसे हमारे काव्य में नायक के विदेश से लौट आने पर विरहिणी नायिका के सारे दुख दूर हो जाते हैं।"

इस ज्ञान से मेरी अपेक्षा के अनुकूल उसके चेहरे पर कोई चमक नहीं आयी। मेरी बात सुनकर तो वह कुछ और उदास हो गया था, "जो लोग वेतन लेकर भी अपना काम नहीं करते, हमारी सरकार उन्हें नौकरी से निकाल क्यों नहीं देती?"

यह एक बड़ा ही मौलिक संवैधानिक प्रश्न था, जिसके विषय में मैं वर्षों से विचार कर रहा था। मैं अपनी शालीनता में इसे विचार करना कर रहा हूँ, कोई और होता तो 'शोध' अथवा 'रिसर्च' से कम में तो बात ही नहीं करता। तो चूँकि मैं विचार करता हूँ, इसलिए कुछ निष्कर्षों पर पहुँचा भी हूँ। मैंने रामलुभाया को बताया, "वस्तुतः सरकार अपने कर्मचारियों को वेतन इसलिए देती है, ताकि वे सरकारी नौकरी में बने रहें। सरकार को छोड़कर न जायें।"

"क्यों? छोड़ जायेंगे, तो सरकार का क्या बिगड़ेगा?" उसने बहुत अबोध ढंग से पूछा।

"तुम समाचारपत्र नहीं पढ़ते क्या?" मैंने पूछा।

"पढ़ता हूँ।" वह बोला।

"तो जानते नहीं हो कि जब सांसद और विधायक सरकार का साथ छोड़ जाते हैं, तो सरकार गिर जाती है?" मैंने पूछा।

"हाँ! हाँ!!" रामलुभाया की आँखों में पहली बार ज्ञान की ज्योति उभरी, "वे भी तो कोई काम नहीं करते। यदि उन्हें अपने साथ बनाये रखने के लिए सरकार देश का इतना धन लुटा सकती है, तो कर्मचारियों को बिना काम कराये थोड़ा-सा वेतन देने में क्या हानि है।"

[रचना : 21.2.95]

किसकी गलती

वे मुझे देखकर तनिक भी प्रसन्न नहीं हुए। बोले, “आपसे यह उम्मीद नहीं थी।”

मैं हक्का-बक्का खड़ा उनका चेहरा देखता रह गया। साहस करके बोला, “क्यों सर, क्या हो गया?”

“क्या हो गया!” वे रोषपूर्ण स्वर में बोले, “आपको इस प्रकार छुट्टी नहीं लेनी चाहिए थी।”

मैं कुछ समझ नहीं पाया। मैंने उनसे बात कर, उसकी अनुमति के अनुसार छुट्टी के लिए आवेदन-पत्र दिया था। उन्होंने स्वयं मेरी छुट्टी की स्वीकृति दी थी। आज जब मैं छुट्टी पूरी कर काम पर लौटा था तो वे मुझे आँखें दिखा रहे थे।

“पर मैंने ऐसा क्या कर दिया, सर?” मैंने साहस कर पूछा। उन्होंने एक क्षण मुझे देखा और बोले, “कोई ऐसे भी छुट्टी लेता है?”

“क्यों सर सब लेते हैं। कौन छुट्टी नहीं लेता” मैं बोला।

“पर ऐसे कोई नहीं लेता।” वे पुनः बोले, “आपको मालूम है, आपके छुट्टी पर चले जाने के कारण यहाँ कोई काम ही नहीं हुआ। चिट्ठियों पर चिट्ठियाँ आती रहीं। नोट्स पर नोट्स आते रहे पर आप थे ही नहीं। कोई काम नहीं हुआ।”

मैं देख रहा था उनका रोष दूर नहीं हो रहा था, “पर सर, मैं छुट्टी पर था।” मैं कुछ खीझकर बोला।

“वही तो कह रहा हूँ।” वे बोले, “लोग छुट्टी लेते हैं, तो ऐसा तो कभी नहीं हुआ कि काम ही रुक जाये।”

मैं उनकी पीड़ा समझ रहा था। वे एक प्रकार से सच बोल रहे थे। जब दफ्तर के अधिकांश लोग छुट्टी पर न रहते हुए भी काम नहीं करते थे, तो उनके छुट्टी पर जाने से काम रुकता तो नहीं था। जब वे कोई काम करते ही नहीं थे तो उनके न रहने से रुकना क्या था। इसलिए वे चाहते थे कि मैं छुट्टी पर रहकर भी काम करता रहूँ।

मैंने समझौते का हाथ बढ़ाया, “सर, आप मुझे इस प्रकार अपराध-बोध से तो पीड़ित न करें। मैंने कुछ भी गलत नहीं किया है।”

मैंने सोचा था, वे मुस्करा देंगे और कहेंगे, अच्छा छोड़िये जो हुआ। अब जल्दी-जल्दी काम निबटाइये। किन्तु उन्होंने अपनी मुद्रा तनिक भी नहीं बदली।

बोले, “वह तो है ही। आपको अपराध-बोध न दूँ तो क्या दूँ। आपके छुट्टी पर चले जाने के कारण हमें कैसी-कैसी कठिनाइयाँ हुई हैं।”

“आपकी असली कठिनाई तो यह है सर,” मैं स्वयं को रोक नहीं पाया, “कि दफ्तर में आपका किसी पर कोई नियन्त्रण नहीं है। आप किसी से काम करवा नहीं पाते हैं...”

“मेरी आलोचना करते हो।” उन्होंने मुझे डाँटा, “मैं यहाँ का बॉस हूँ। काम करवा पाऊँ तो भी बॉस हूँ, न करवा पाऊँ तो भी बॉस हूँ। मेरी आलोचना करोगे तो अनुशासनात्मक कार्रवाई होगी। मैं तुम्हें सस्पैंड कर सकता हूँ। डिसमिस कर सकता हूँ।”

अब मैं स्वयं को किसी भी प्रकार संयत नहीं कर पाया। बोला, “सर, आप बहुत अनुचित कह रहे हैं जब आप बिना छुट्टी लिये महीनों दफ्तर नहीं आते थे तो हमने आपकी तब भी शिकायत नहीं की। मैं तो छुट्टी लेकर दफ्तर से अनुपस्थित रहा हूँ।”

उनका क्रोध अब भी कम नहीं हुआ। बोले, “मैं महीनों दफ्तर न आऊँ तो भी किसी की कोई हानि नहीं होती। दफ्तर अपने ढर्रे पर चलता रहता है। कोई काम रुकता नहीं है। आपकी समस्या यह है कि आप दफ्तर में आते हैं तो काम करते हैं। आप छुट्टी पर रहते हैं तो वह काम रुक जाता है। जिससे दफ्तर को, और दफ्तर में काम करनेवाले प्रत्येक व्यक्ति को असुविधा होती है। आप अपनी गलती समझ पाये या नहीं?”

मैं अपनी गलती पूर्णतः समझ चुका था। सचमुच दोष मेरा ही था कि उस दफ्तर में होते-हुए भी मैं काम करता था।

[रचना : 28.2.95]

पुरस्कार और द्वन्द्व

मेरे पुरस्कार की सूचना मुझसे पहले उन लोगों को मिल गयी, जो स्वयं को मीडिया कहते ही नहीं मानते भी हैं। वे अपना माइक लेकर आ गये, "आपको इस पुरस्कार का मिलना कैसा लग रहा है?" मैं उनकी आँखों में कुछ पढ़ रहा था। वे चाहते थे कि मैं कह दूँ कि मैं तो स्वयं को इस सम्मान के योग्य नहीं समझता, यह तो निर्णायकों की ही कृपा है कि उन्होंने मुझे चुन लिया।

मैं उनके परामर्श पर नहीं चलना चाहता था। यदि मैं उनके बहकावे में आकर ऐसा कुछ कह देता, तो उन्हें उन निर्णायकों को अयोग्य तथा पक्षपाती कहने काभरपूर अवसर मिल जाता, जिन्होंने मेरा उपकार किया था। अपने उपकारकों का सम्मान बचाने के लिए मैंने स्वयं को उस भारतीय शालीनता से दूर रखा, जिसके अनुसार मुझे स्वयं को उस पुरस्कार क्या, किसी भी पुरस्कार के लिए अयोग्य घोषित कर देना चाहिए था। यदि मैंने कभी इस प्रकार की कोई घोषणा कर दी, तो शत-प्रतिशत साहित्यकार प्रसन्न हो जायेंगे। इसलिए नहीं कि वे मेरे विरोधी हैं, बल्कि इसलिए कि जो पुरस्कृत हो चुके हैं, वे स्वयं को सदा मुझसे श्रेष्ठ मानते रह सकेंगे, और जो पुरस्कृत नहीं हुए हैं, उनके पुरस्कृत होने की सम्भावनाएँ बहुत बढ़ जायेंगी।

खैर, मैंने स्वयं को पुरस्कार के अयोग्य घोषित तो नहीं किया, किन्तु इस विषय में विचार अवश्य किया। मैंने जितना ही विचार किया, मैं उतने ही द्वन्द्व में फँसता चला गया। इसलिए कि अपने देश में योग्यता से स्वतः तो कुछ मिलता नहीं है। कोई देता है, तो ही मिलता है। तो मुझे पुरस्कार किसने दिया?...द्वन्द्व, उस व्यक्ति के नाम को लेकर नहीं है, जिसने मेरे नाम की घोषणा की, या जिसने मेरे हाथ में चेक पकड़ाया। द्वन्द्व तो मनुष्य के मनोविज्ञान को लेकर है।

परीक्षार्थी जब परीक्षा में प्रथम आता है तो यह मानता है कि उसने श्रम किया था, इसलिए वह प्रथम आया। वही परीक्षार्थी जब परीक्षा में अनुत्तीर्ण रह जाता है, तो मानता है कि उसका भाग्य ही खोटा था, तो वह क्या करता। तब श्रम करने या न करने की चर्चा नहीं होती। जब पुत्र कोई उपलब्धि का काम करता है तो पिता को वह अपना पुत्र लगता है; और जब वही पुत्र अयोग्य सिद्ध होता है तो पिता को वह अपना नहीं, अपनी पत्नी का पुत्र दिखायी देने लगता है। लेखक को भी जब पुरस्कार मिलता है, तो उसे लगता है कि देनेवाला भगवान् है। नहीं मिलता, तो वह

मान लेता है कि चयन-समिति बेईमान और पक्षपाती है। उसने उसका पुरस्कार रोक लिया। देनेवाला भगवान् और रोकनेवाली चयन-समिति। नहीं! नहीं!! ऐसा नहीं हो सकता। चयन-समिति इतनी शक्तिशाली नहीं हो सकती कि भगवान् का मार्ग अवरुद्ध कर सके। भगवान् और चयन-समिति की शक्ति बराबर नहीं हो सकती। मेरा आस्तिक मन यह मानता है कि भगवान् ही देता है, भगवान् ही रोकता है। मेरे निर्णय से वे चयन-समितियाँ तो प्रसन्न हो जायेंगी, जिन्होंने मुझे पुरस्कार नहीं दिये। इस निष्कर्ष के अनुसार तो वे मुझे पुरस्कृत न करने के दोष से तत्काल मुक्त हो जायेंगी।...किन्तु उनका क्या होगा, जिन्होंने मुझे पुरस्कृत किया है?...परसाईजी ने लिखा है न, 'नेताजी सुभाषचन्द्र बोस ने कहा था कि तुम मुझे खून दो, मैं तुम्हें स्वतन्त्रता दूँगा।' हमने उन्हें खून दिया, किन्तु वे स्वतन्त्रता न जाने किसे दे गये। वैसे ही मुझे पुरस्कृत करनेवाली चयन-समितियाँ कहेंगी कि पुरस्कार तो इसे हमने दिया, और यह उसका श्रेय न जाने किसे दे रहा है। मुझसे अप्रसन्न होकर वे पुस्कार देनेवाली अन्य सारी संस्थाओं से कह देंगी कि वह नरेन्द्र कोहली पहले दर्जे का कृतघ्न है। यह पुरस्कार ग्रहण भी करता है और पुरस्कार देनेवाली संस्था का उपकार भी नहीं मानता।

नहीं! नहीं!! इतना जोखिम उठाना बुद्धिमत्ता नहीं है। पुरस्कार देनेवालों को तो प्रसन्न रखना ही पड़ेगा। कहना ही पड़ेगा, मुझे पुरस्कार चयन-समिति ने ही दिया है। तो भगवान् ने कुछ नहीं दिया क्या? वह, जो सबको देनेवाला है, उसने ही कुछ नहीं दिया?...दिया न! भगवान् ने चयन-समिति को सद्बुद्धि ही। (ऐसी सद्बुद्धि वह अन्य चयन-समितियों को भी दे)।...

मेरे इस विचार से भी चयन-समिति अप्रसन्न हो तो मैं क्या करूँ। चयन-समिति कहेगी कि भगवान् ने अब सद्बुद्धि दी, तो पहले तुम्हें पुरस्कृत न करने की दुर्बुद्धि किसने दी? अब मैं भगवान् को दुर्बुद्धि देनेवाली सत्ता के रूप में कैसे स्वीकार कर सकता हूँ? इसलिए यही मान लेता हूँ कि जो कुछ किया, चयन-समिति ने ही किया। भगवान् का इसमें कोई योगदान नहीं है।...और बीच में जो मैं संस्था का श्रेय छीनकर भगवान् को दे रहा था, वह तो होली की मानसिकता में था। इतना विनोद-परिहास तो चलता ही है।...पर यह विनोद-परिहास भगवान् के सम्मुख कैसे चलेगा। उन्हें भी तो एकान्त में चरण पकड़कर मनाना पड़ेगा कि प्रभु! वह सब तो मंच-प्रदर्शन था। वास्तविकता दाता तो आप ही हैं।

[रचना : 14.2.95]

सम्मान

समाचारपत्रों में पढ़ा कि रामलुभाया दिल्ली में सम्मानित हुए हैं। मेरी परेशानी कुछ बढ़ गयी। सम्मानित व्यक्ति से कोई दुर्व्यवहार कर दे, तो उसका अपमानित होना मेरी समझ में आता है। किन्तु जिस व्यक्ति के प्रति लोगों के मन में तनिक भी सम्मान न हो, उसे कोई हार पहना दे तो वह सम्मानित कैसे हो सकता है? एक बार माला पहना देनेभर से ही कोई सम्मानित हो जाता, तो हमारे राजनेता लोग रोज-रोज मालाएँ पहनकर भी सम्मान के क्षेत्र में इतने कंगाल क्यों रहते?

समाचारपत्र में यह भी छपा था कि किसी संस्था ने रामलुभाया को सम्मानित किया था। अर्थात् रामलुभाया ने स्वयं सम्मान अर्जित करनेवाला कोई काम नहीं किया था। यह तो संस्था ही थी जो उसे सम्मानित कर रही थी। मेरा मन टूट गया। तो अब ऐसा युग आ गया है कि व्यक्ति को अपने आचरण को सम्मानयोग्य नहीं बनाना होगा, कोई संस्था ही उसे सम्मानयोग्य बनायेंगी। जैसे, पहले व्यक्ति स्वयं पढ़-लिखकर, चिन्तन-मनन करके, गुरु के चरणों में बैठकर ज्ञान अर्जित करता था; किन्तु अब विश्वविद्यालय नाम की एक संस्था लिखकर उसके हाथ में एक काग़ज थमा देती है कि वह ज्ञानी हो गया है। जानते दोनों ही हैं—विद्यार्थी भी और विश्वविद्यालय भी, कि न ज्ञान अर्जित किया गया, न ज्ञान विकसित किया गया। बस 'ज्ञानी' घोषित किया गया। वैसे ही न रामलुभाया ने सम्मान अर्जित किया, न उस संस्था ने रामलुभाया के लिए सम्मान विकसित किया। उसने तो सम्मानित घोषित कर दिया।

सम्मान का एक अर्थशास्त्र भी होता है। उस सम्मान का मूल्य क्या आँका गया? कितनी राशि दी गयी सम्मान को मान्यता दिलाने के लिए? पर रामलुभाया से मैंने यह सब नहीं पूछा। क्योंकि वह संस्था की श्रद्धा पर नहीं; उसके आर्थिक सामर्थ्य तथा सरकारी अनुदान की सीमा पर निर्भर करता है।

"यह जो कुछ हुआ है, उससे तुम सम्मानित हुए या वह संस्था अपमानित हुई?" मैंने रामलुभाया से पूछा।

उसने इधर-उधर देखा, जैसे रहस्य की कोई बात कहने से पहले सतर्कता बरत रहा हो। आसपास कोई नहीं था। वह धीरे से बोला, "भाईसाहब! मुझे सम्मानित करके संस्था क्यों अपमानित होगी। संस्था तो प्रत्येक वर्ष अपने निर्णयों से अपमानित होती है।"

"क्या मतलब?" मैंने पूछा।

"प्रतिवर्ष सम्मानरहित लोगों को सम्मानित करने का निर्णय तो संस्था स्वयं लेती है, मैं तो नहीं लेता।" रामलुभाया पूरी ईमानदारी से बोला, "मैं तो इसी वर्ष किसी प्रकार बीच में आ गया हूँ, अन्यथा संस्था तो प्रतिवर्ष यही करती है।"

"क्या मोल दिया तुमने सम्मानित होने का," मैंने पूछा।

"चौबीस हजार खर्च कर पच्चीस हजार लिये हैं।" वह बोला, "एक हजार के लाभ में ही रहा। वैसे स्थिति बहुत खराब होती जा रही है भाईसाहब! महँगाई इतनी बढ़ रही है। सम्मान की राशि तो बढ़ेगी नहीं, उसको प्राप्त करने का खर्च बढ़ता जायेगा। बहुत सम्भव है कि अगले कुछ वर्षों में खर्च अधिक हो और सम्मान-राशि कम।"

"चलो अच्छा है। तुमने ठीक समय में सम्मान खरीद लिया।" मैंने उसे सान्त्वना दी, "नहीं तो भविष्य में आर्थिक सामर्थ्य के साथ, प्रशासकीय सामर्थ्य भी अनिवार्य होनेवाला है।"

"हाँ! आपने ठीक चेताया।" वह बोला, "अभी तक तो ये संस्थाएँ, जैसी भी हैं, बाहर के लोगों को सम्मानित करती हैं। कल को वे अपने कर्मचारियों को ही सम्मानित करने लगें तो? हम स्टाफ के कोटे का निषेध तो नहीं कर सकते।"

"अच्छा! तुम दिल्ली में सम्मानित हुए हो?" मैंने पूछा।

"जी!"

"तो मुम्बई में तुम अब भी अपमानित ही रहोगे?"

वह कुछ झेंप गया, "मैंने उनसे पूछा नहीं है कि इस सम्मान का भूगोल क्या है और इसका क्षेत्रफल कितना है।"

"तो?"

"पूछ लूँगा," वह बोला, "किन्तु भयभीत इस बात से हूँ जो हजार रुपये बचाये हैं, कहीं वे भी खर्च करने न पड़ जायें।"

उसका चेहरा एकदम उतर गया।

[रचना : 16.3.95]

सरकार और रोजगार

(1)

स्वतन्त्र भारत की सरकार ने स्वतन्त्र होते ही पहला महत्त्वपूर्ण निर्णय यह किया कि इस देश में कहीं भी, कोई भी काम भारतीय भाषाओं में न हो, ताकि बेकार बैठे लोगों को अंग्रेजी सीखने का महान् काम मिले। इस योजना का सुखद परिणाम यह है कि भारत में माताएँ अपने बच्चों को दूध नहीं पिलातीं, अंग्रेजी पिलाने का काम करती हैं। प्रातः नींद से जागते हुए, मुँह धुलाते हुए, दाँत साफ कराते हुए, नाश्ता देते हुए, वे उन्हें भ्रष्ट अंग्रेजी रटाने का काम करती रहती हैं—आईज खोल, नोजी पोंछ, स्पून से खा, बोतल से फीड ले...। लगता है कि सरकार की सुयोजनाओं के कारण प्रत्येक भारतीय माता को अपनी अयोग्य सन्तानों की पूर्णकालिक अंग्रेजी अध्यापिका का काम मिल गया है। अब इस देश में कोई माँ बेकार नहीं है।

जिन्हें हिन्दी भी ढंग से नहीं आती, उन्हें अंग्रेजी के कोचिंग सेंटर चलाने का काम मिल गया है। गली-गली, मुहल्ले-मुहल्ले अंग्रेजी स्कूल खुल गये हैं—कुकुरमुत्तों के समान। कोई कवि चाहे, तो मजे में उपमा दे सकता है कि 'अंग्रेजी स्कूलों के समान, घूरे पर कुकुरमुत्ते उग आये हैं।' लोगों को कहा गया है कि वे अपने बच्चों को सामान्य पब्लिक द्वारा, सामान्य पब्लिक के लिए खोले गये, उन पब्लिक स्कूलों में भेजें और अपने बच्चों के आई.ए.एस. अधिकारी अथवा संयुक्त राष्ट्रसंघ में लाखों डॉलर प्रतिमास कमानेवाले प्रभारी बनने के स्वप्न देखने का काम करें।

स्वप्न देखना हमारा राष्ट्रीय उद्योग है। यह उद्योग निजी क्षेत्र में भी स्थापित किया गया है और सार्वजनिक क्षेत्र में भी। करोड़ों भारतीय इस उद्योग में लगे हुए हैं। कुछ दिन की पाली में काम करते हैं, कुछ रात की पाली में। पर चूँकि स्वप्न अंग्रेजी में होते हैं; और अंग्रेजी उन्हें आती नहीं, इसलिए वे उन स्वप्नों को समझते नहीं हैं। अब स्वप्न का समझना-ना समझना क्या अर्थ रखता है। स्वप्न तो देखने की चीज है जैसे दूरदर्शन। अतः देखते जाओ! यह काम उनके लिए ऐसा काम है, जिसका वेतन उन्हें नहीं मिलता।...परन्तु इसमें कोई नयी बात नहीं है। हमारे यहाँ बेगार-प्रथा प्राचीनकाल से चली आ रही है न। बिहार में आज भी अध्यापकों को घोषित रूप से वेतन नहीं मिला। पर आदमी बेकार तो नहीं है न! वह काम तो कर

रहा है। यही बड़ा सन्तोष है। काम से लगा है, इसलिए उसका विवाह हो जाता है। उसके वंश का सम्मान भी सुरक्षित रहता है; और वंश आगे भी चलता रहता है। आखिर, वेतन किसके लिए चाहिए? वंश चलाने के लिए ही तो। वंश तो वैसे ही चल रहा है।

अंग्रेजी भाषा और नेकटाई में बहुत गम्भीर सांस्कृतिक सम्बन्ध है। टाई के बिना अंग्रेजी नहीं चलती। जो व्यक्ति टाई बाँधने लगे, उससे पूछे बिना ही समझ जाइये कि वह अंग्रेजी बोलने का प्रयत्न भी अवश्य करेगा; और जो व्यक्ति अंग्रेजी बोलने लगे, समझ लीजिये कि वह टाई खरीद तो लाया है, पर अभी उसकी गाँठ लगानी सीख नहीं पाया है। सीख जायेगा तो टाई अवश्य बाँधेगा।

जब इतने बच्चे अंग्रेजी स्कूलों में जायेंगे तो टाई बनानेवालों को भी काम मिलेगा ही। टाइयाँ बनाने के सैकड़ों कारखानों में काम करनेवाले श्रमिक, उन्हें बेचनेवाले दुकानदार, तथा इस उद्योग और व्यापार के स्वामी—ये सब लोग स्वतन्त्र भारत की परम स्वतन्त्र सरकार के अत्यन्त ऋणी हैं, जिनके लिए उसने इतना काम मुहैया कर दिया है अन्यथा महात्मा गाँधी की तो कभी कल्पना में भी नहीं आया होगा कि उनका देश इतना टाईवान होगा।

उन टाइयों ने जो बच्चों के कंठ में बँधी हुई हैं, भारत के भविष्य को गर्दन से थाम रखा है। भविष्य बँधा हो तो वर्तमान अपने-आप बन्दी हो जाता है। वर्तमान रूपी पिता, भविष्य रूपी पुत्र के विरुद्ध तो नहीं जा सकता न! पिता, पुत्र का; और उसके माध्यम से अपना समर्थन कर रहा है। परिणाम यह है कि भारत के प्रत्येक सभ्य नागरिक को अपने देश, अपनी भाषा, अपने इतिहास, अपनी संस्कृति, अपने धर्म तथा अपने दर्शन को गालियाँ देने का इतना सुदीर्घ-व्यापी काम मिल गया है, जो जन्म-जन्मान्तरों में भी पूरा नहीं होगा। अपने पूर्वजों को गालियाँ नहीं देगा तो अपने बच्चे को हिन्दी के स्थान पर अंग्रेजी पढ़ाने का औचित्य कैसे सिद्ध करेगा!

अंग्रेजी भाषा में एक बहुत बड़ा गुण है। जो व्यक्ति अंग्रेजी पढ़ लेता है, उसकी खोपड़ी में एक अंग्रेज प्रेत बसने लगता है। उसे न अपना इतिहास याद रहता है, न भूगोल। न ही उसे अपनी त्वचा का रंग दिखायी देता है। इंग्लैंड का गोरा, चाहे उसे अपने जूते की नोक से भी न पूछे; किन्तु वह स्वयं को अंग्रेज और अंग्रेजी का सबसे बड़ा शुभचिन्तक मानने लगता है। भारत सरकार ने अपनी भाषा-सम्बन्धी नीति से, इन भारतीय अंग्रेजों को सारे भारत से निरन्तर घृणा करते रहने का महान् काम उपलब्ध करा दिया है। वे चाहें तो जितना मर्जी ओवरटाइम भी कर सकते हैं।

अंग्रेजी का अख़बार, भारत सरकार की इस नीति को पूरी निष्ठा से कार्यान्वित कर रहा है। वह हिन्दी की पुस्तकों की समीक्षा नहीं करता, हिन्दी के साहित्यकारों की चर्चा नहीं करता, सम्मेलनों में हिन्दी में किये गये भाषणों की रपट नहीं छापता।

वह अपने स्वामियों से इस देश में हिन्दी की उपेक्षा करने का महान् काम करने का वेतन जो पाता है। जाने हिन्दी फिल्मों, हिन्दी नाटकों और भारतीय संगीत की चर्चा वह कैसे कर लेता है।

(2)

स्वतन्त्र भारत की देश-(वि)भक्त महान् सरकार ने एक महान् निर्णय कश्मीर के विषय में किया। उसका विचार है कि भारत को कश्मीर में मिलाया जाये या कश्मीर को भारत में मिलाया जाये—बात एक ही है। जैसे, पानी को दूध में मिलाया जाये, या दूध को पानी में मिलाया जाये—बात एक ही है। घालमेल और मिलावट का अनुभव हमारी सरकार को है, इसमें कोई सन्देह नहीं। किन्तु उसे देश को दूध का व्यापार नहीं समझना चाहिए। वह तो पानी के बँटवारे में ही रक्त बहाती आयी है, देश के बँटवारे का तो कहना ही क्या! उसने कश्मीर को भारत में मिला तो लिया, किन्तु कश्मीर को भारत में मिलने नहीं दिया। ऐसा इसलिए किया गया ताकि भारत के बेकार लोगों को कश्मीर के विषय में सोचने और चर्चा करने का काम मिले। भारतीय जनता पिछले पैंतालीस बर्षों से यह काम बड़ी निष्ठा से करती आ रही है।

उस निर्णय के अनुसार स्वतन्त्र भारत की परम स्वतन्त्र सरकार ने कश्मीरियों को भारत में आने, रहने और काम करने की स्वतन्त्रता दी है; किन्तु भारतीयों को कश्मीर में बसने, व्यापार करने, पढ़ने अथवा नौकरी करने की मनाही कर दी है। काश्मीरी किसी भी रूप में भारत आ सकता है। विद्या, आजीविका तथा सम्पत्ति प्राप्त कर सकता है, किन्तु, भारतीय नागरिक केवल दो रूपों में कश्मीर में प्रवेश कर सकता है। एक, सैलानी बनकर, ताकि अपना धन खर्च कर सके। दूसरे, सैनिक बनकर; ताकि अपने प्राण दे सके। कश्मीर हमारी दान-भूमि है। हम जो चाहें, दे सकते हैं—धन सम्पत्ति, मान-सम्मान और अपने प्राण।

इसका शुद्ध लाभ यह हुआ कि कश्मीर तो भारत का अंग बना नहीं, भारत अवश्य कश्मीर का अंग बन गया। भारत को इससे जो उपलब्धि हुई, सो हुई; हमारे परम हितैषी, मित्र तथा निकटतम पड़ोसी देश पाकिस्तान को बहुत सारा काम मिल गया है। आखिर, काम ही तो दिलाना था। भारतीयों को मिला, तो क्या; और पाकिस्तानियों को मिला, तो क्या! किसी महान् सरकार को इतना क्षुद्र और संकीर्ण नहीं होना चाहिए कि केवल अपने ही देश के विषय में सोचे। मैंने सुना है कि ईसा मसीह ने कहा है कि अपने पड़ोसी से प्रेम करो। हमारी सरकार ने इस सिद्धान्त को नीति के रूप में अपनाया है, और इसे अपने आचरण से सिद्ध कर दिखाया है। महान् सरकार तो वही है जो पहले मसजिद में दीया जलाये और फिर तेल बचे तो अपने आँगन में। हमारी सरकार उससे भी कुछ आगे बढ़ गयी। उसने अपने

आँगन में दीया नहीं जलाया। बचा हुआ तेल सहेजकर रख दिया है ताकि भविष्य में मसजिद में दीया जलाने के काम आये। स्वतन्त्र भारत की महान् सरकार ने अपने देश से भी पहले, अपने पड़ोसी देश के कष्ट दूर करने का प्रयत्न किया है।

पाकिस्तान के राष्ट्र-भक्त लोगों को भारत को बदनाम करने का आध्यात्मिक काम मिला है। उन्हें कश्मीरी हिन्दुओं को, कश्मीर से निकालकर दिल्ली के फुटपाथों तक पहुँचाने का काम भी बड़े पैमाने पर मिला है, जिसे उन्होंने अपने परम पवित्र कर्त्तव्य के रूप में स्वीकार किया है। कितने ही लोगों को स्वतन्त्र भारत की परम स्वतन्त्र सरकार की इस नीति से तृप्त होकर अपनी प्रसन्नता जताने के लिए, निरीह कश्मीरियों की हत्याएँ करने, उनकी स्त्रियों को अपमानित करने तथा उनसे छीने हुए धन से मुर्ग-मुसल्लम खाने का कार्य मिल गया है, जो अगले कई वर्षों तक चलने की सम्भावना है। उनकी आत्माएँ, भारत की महान् सरकार को उसकी इस उदारता के लिए पूर्ण निष्ठा से दुआएँ दे रही हैं।

हमारी सरकार की कृपा से कश्मीरी मुसलमानों को बहकानेवालों के लिए भी बहुत सारा काम उपलब्ध है। हमारे महान् पड़ोसी ने इन पदों पर हजारों की संख्या में अपने लोगों को काम पर लगाया है। पर, ये सब तो बड़े छोटे-छोटे काम हैं। भारत सरकार की इस नीति से पाकिस्तान को जो स्थायी काम मिला है, वह भारत के प्रत्यक्ष अथवा अप्रत्यक्ष अनवरत युद्ध का है। इसका परिणाम है कि पाकिस्तान से हुए तीन-तीन युद्धों में अनेक वीर भारतीय सैनिक युद्ध में काम आये और उनकी विधवाओं को अपनी आजीविका के लिए देश की सेवा करने का अवसर उपलब्ध हुआ।

भारतीय नीति का विरोध करनेवाले आज तक यह समझ नहीं पाये कि हमारी सरकार तुरन्त लाभ नहीं देखती। उसकी दृष्टि सदा ही दूरगामी परिणामों पर रहती है। यदि सरकार की नीतियाँ ऐसी परिस्थितियाँ उत्पन्न न करतीं, जिनसे पाकिस्तान, भारत से युद्ध कर सकता, हमारे वीर सैनिक युद्ध में शहीद न होते, तो उनकी बेकार विधवाओं और अवयस्क पुत्रों को काम कैसे मिलता? यह तो उन पिछड़ी हुई महिलाओं के विकास की योजना थी। नारी उद्धार की। न उनके पतियों की मृत्यु होती, न वे पर्दे से निकलतीं, न नौकरी करतीं और न उनका विकास होता। भारत सरकार बहुत साफ-साफ देख रही है कि हमारे उन रण-बाँकुरों ने सरकार की नीतियों के कारण प्राण नहीं दिये, उन्होंने अपनी पत्नियों के विकास के लिए अपनी बलि दी है!

अपनी इसी नीति के बल पर हमारी सरकार ने अमरीका जैसे शक्तिशाली देश को भी भारत के आन्तरिक मामलों में टाँग अड़ाने का काम उपलब्ध करा दिया है। अमरीका की टाँग इतनी खाली रहती है कि उसे कहीं-न-कहीं अड़ाने के लिए, उसका मन अकुलाता रहता है। तो भारत ही क्या बुरा है! यह भारत में अमरीका

का पूँजी-निवेश माना जाता है। संयुक्त राज्य अमरीका और संयुक्त राष्ट्रसंघ—दोनों ही हमारी सरकार की इस उदार नीति के कारण हमारे कृतज्ञ हैं। वे भी समझते हैं कि रोजगार उत्पन्न करना, खालाजी का घर नहीं है; और सारा संसार जानता है कि भारत सरकार इस क्षेत्र में परम दक्ष है।

(3)

आपमें से जो पढ़े-लिखे लोग हैं, वे जानते हैं कि प्राचीन काल में प्रत्येक देशों में एक अथवा अनेक राजा हुआ करते थे। उनका काम था एक-दूसरे से युद्ध करना और युद्ध जीतने के पश्चात् अपनी विजय का कोई स्मारक बनवाना। मुझे लगता है कि उन्हें स्मारक बनवाने के लिए ही, परस्पर लड़ना पड़ता था। यदि बिना युद्ध के स्मारक बन सकते, तो वे अपने सैनिक युद्ध में क्यों कटवाते। अशोक ने अपनी लाट (यह लाट, लाट साहब से भिन्न पदार्थ है) बनवायी थी। यह लाट थी तो ठोस, पर छोटी थी। ऐसा इतिहास ने बाद में सिद्ध किया। यदि इतिहास समय से यह सिद्ध कर देता, तो अशोक और बड़ी लाट बनवाता। यदि वह हठ पकड़ लेता तो देश में उपलब्ध सारा लोहा अपनी लाट में ही लगा देता। इसी डर से इतिहास ने उसे समय यह सिद्ध नहीं किया कि अशोक की लाट छोटी थी।

यह सिद्ध किया कुतबुद्दीन ऐबक ने। कुतबुद्दीन ऐबक ने अपनी विजय का उत्सव मनाने के लिए कुतुबमीनार बनवायी, जो अशोक की लाट से बहुत बड़ी थी। यह मीनार ऊँची तो थी; किन्तु भीतर से खोखली थी। खोखली विजय की स्मृति में खोखली मीनार ही बनवायी जानी चाहिए थी।...पर वह खोखली अन्य कारणों से बनवायी गयी थी। वह शायद इसलिए कि आत्महत्या के इच्छुक उसके ऊपर चढ़कर आत्महत्या कर सकें। यदि कुतुबमीनार, अशोक की लाट के समान ठोस होती तो उसकी यह उपयोगिता नष्ट हो जाती।

1947 ई. में हमारा देश स्वतन्त्र हो गया। स्वतन्त्र भारत की एक प्रधानमन्त्री ने अपनी विजय का उत्सव मनाने के लिए, दिल्ली के पीतमपुरा में एक टी.वी. टावर (है तो यह मीनार ही, बस कहते टावर हैं) बनवा दी। स्वतन्त्र भारत में न स्वतम्भ बन सकता है, न मीनार। अब तो टावर ही बन सकती है। बिना अंग्रेजी के कुछ बनना अब शोभा नहीं देता। टी.वी. टावर का अर्थ यह नहीं है कि कोई टेलीविजन सेट टावर के आकार का है। यह तो टेलीविजन की विजय का उत्सव मनानेवाली टावर है। यह टावर कुतुबमीनार से भी बहुत ऊँची है। किन्तु उसके ठोस अथवा खोखले होने के विषय में कुछ नहीं कहा जा सकता। वह ठोस है भी, और नहीं भी है। ठोस इसलिए है, क्योंकि लोहे की बनी हुई है (और लोहा ठोस होता है, तरल नहीं)। खोखली वह इसलिए है क्योंकि वस्तुतः वह खोखली है। यदि आप उस पर

चढ़ सकें तो आत्महत्या भी कर सकते हैं; और किसी को अपने साथ चढ़ा ले जा सकें तो उसे धक्का देकर नीचे फेंक, उसकी हत्या भी कर सकते हैं। इस प्रकार यह टी.वी. टावर भारत सरकार के चरित्र से बहुत मेल खाती है।

पर हमारी सरकार ने वह मीनार हत्या अथवा आत्महत्या करने के लिए नहीं, एक अन्य लक्ष्य से बनवायी थी। अपने देश में सब कुछ ऐसा ही होता है। जो चीज जिस काम के लिए बनवायी जाती है, वह उसके लिए होती नहीं; और जिसके लिए वह होती है, उसके लिए वह बनवायी नहीं जाती। जैसे, सड़कें लोगों के चलने के लिए और पुल नदी पार करने के लिए नहीं बनवाये जाते। वे एक अन्य काम के लिए बनवाये जाते हैं। वे बनवाये जाते हैं, ठेकेदारों, इंजीनियरों, अधिकारियों तथा मन्त्रियों के आर्थिक उत्थान के लिए। ताकि वे लोग गरीबी की रेखा के ऊपर जी सकें। यदि मैं ठेकेदारों, मन्त्रियों आदि की नीति ठीक-ठीक समझ पाया हूँ, तो कह सकता हूँ कि वस्तुतः वे गरीबी की रेखा के ऊपर नहीं, गरीबों के वक्ष के ऊपर बैठकर जीना चाहते हैं।

टी.वी. टावर बनवाने के पीछे छिपा जो अन्य लक्ष्य है, वह बहुत महत्त्वपूर्ण है। वह लक्ष्य है, भारत की जनता को प्रेरित करना। उसका उद्‌बोधन करना। इस देश के लोग फिल्में नहीं देखते थे। सिनेमाघरों में नयी से नयी फिल्म लग जाती थी, और ये मूर्खों के समान घर में बैठे रहते थे। उससे उनका तो कोई नुकसान नहीं था; किन्तु हमारे फिल्म उद्योग की बहुत हानि हो रही थी। अभिनेताओं और फिल्म निर्माताओं की आर्थिक हानि को देखते हुए सरकार ने निश्चय किया कि वह टी.वी. टावर के माध्यम से लोगों के घरों में घुसकर उनकी बैठकों और शयनागारों में फिल्में दिखायेगी। यदि लोग सिनेमाघरों में नहीं घुसेंगे तो सिनेमाघर उनके घरों में घुस जायेंगे। प्यासा कुएँ के पास नहीं जायेगा, तो कुआँ ही प्यासे के पास आ जायेगा। हमारे देश के लोग भी विचित्र हैं। जिन फिल्मों को वे सिनेमा के घर में भी देखना पसन्द नहीं करते, वे फिल्में उनके घर में घुस आती हैं, तो उन्हें देखने लगते हैं। खैर, कोई बात नहीं! घर में चोर घुस आये, तो देखना तो उसे भी पड़ता ही है।

वस्तुतः यह टी.वी. टावर जनतन्त्र और समता की भी प्रतीक है। वह अमीरों और गरीबों के घरों में, प्रासादों और झुग्गियों में—समान रूप से प्रवेश कर, समान भाव से उनके मन और मस्तिष्क भ्रष्ट और विकृत कर सकती है। सरकार ने कहा तो यह था कि इस टी.वी. टावर के माध्यम से देश के कोने-कोने में बसे घरों में सरस्वती प्रवेश करेगी; पर लगता है कि माँ सरस्वती ने आने में कुछ विलम्ब कर दिया है। अवसर देखकर उनके स्थान पर फिल्म इंडस्ट्री बैठ गयी है।

दूल्हा-दुल्हन के मंडप में आने से पहले उनके बैठने के लिए बनाये गये मंच पर शरारती बच्चे बैठ ही जाते हैं। अब फिल्म इंडस्ट्री से अधिक शरारती एवं बचकाना

मस्तिष्क और किसका हो सकता है। या फिर सरकार ही उसकी समकक्षता कर सकती है। पंडाल भी उनका, मंडप भी उनका, मंच भी उनके। जो चाहे बैठ जाये, या दूसरे को बैठा दे। सरकार फिल्मों को स्थापित कर रही है, फिल्म सरकार को, जैसे मन्त्री डाकू को स्थापित कर रहा है, और डाकू मन्त्री को।

पर एक बात है। इस टी.वी. टावर के माध्यम से देश के कोने-कोने में बसे करोड़ों बेकार लोगों को, उनका मन-भावन काम दिलाने में सरकार पूर्णतः सफल रही है। इस टावर के बनने से पहले विद्यार्थी अपना मन मारकर, कक्षा में पढ़ाई करता था। अब इस टावर की कृपा से, अपने घर में बैठकर क्रिकेट का मैच देखता है। पहले अध्यापक को प्रिंसिपल के डर से कक्षा में जाकर विद्यार्थियों से सिर मारना पड़ता था। अब उसे प्रिंसिपल के कमरे में बैठकर प्रिंसिपल के साथ चाय पीते हुए, टी.वी. पर क्रिकेट का मैच देखने का काम मिल गया है। नाई से किसी ग्राहक की आधी मूँछ कट जाये और ग्राहक नाराज होने की मुद्रा में आ जाये, तो नाई टी.वी. की ओर संकेत कर देता है, 'साहब! देखिये कैसा छक्का लगा है।' साहब अपनी मूँछ पर कैंची द्वारा लगाया गया चौका भूल जाते हैं। और टी.वी. पर लगनेवाला छक्का देखने लगते हैं। पानवाले से पान बनाने में चूने-कत्थे की गड़बड़ हो जाये, ग्राहक की जीभ कट जाये, वह जीभ-जला बकने झकने पर आ जाये, तो पानवाला उसे क्रिकेट का स्कोर बताकर चलता कर देता है। सरकारी कार्यालयों में फाइलों का घटिया कार्य-व्यापार बन्द हो जाता है और आकाशवाणी, दूरदर्शन तथा आँखों देखा हाल सुनानेवालों की कृपा से सरकारी कार्यालय भी इंडिया गेट जैसी सैरगाह बन जाते हैं। लाखों-करोड़ों बेकार लोगों को इतना महत्त्वपूर्ण काम दिलाने की यह सरकारी योजना सरकार की सफलतम योजना है। इस योजना की परिकल्पना जिसने भी की हो, उसे इस वर्ष गणतन्त्र दिवस पर 'भारत-रत्न' उपाधि अवश्य प्रदान की जानी चाहिए। वह व्यक्ति न मिल सके तो मेरा प्रस्ताव है कि टी.वी. टावर को ही 'भारत-रत्न' घोषित कर दिया जाये। उसे इस घोषणा की अनुमति मात्र दे दी जाये; घोषणा तो वह स्वयं ही हजार बार कर लेगी।

इस टी.वी. टावर ने जहाँ करोड़ों लोगों को राजनीतिज्ञों की रैलियाँ, फिल्म-अभिनेताओं का लुच्चापन और खिलाड़ियों द्वारा बार-बार हारकर, देश को कलंकित करने का अनथक प्रयत्न—देखने का भारीभरकम काम दे दिया है, वहीं राजनेताओं, अभिनेताओं तथा खिलाड़ियों को टी.वी. के पर्दे पर जमे रहने का महत्त्वपूर्ण काम भी उपलब्ध करा दिया है। मुझे तो लगता है कि इस टी.वी. टावर का नाम अंग्रेजी में नेशनल एम्प्लायमेंट एक्सचेंज तथा हिन्दी में कार्य दिलानेवाली सिद्धपीठ रख दिया जाना चाहिए।

(4)

देश के बेरोजगार लोगों को काम दिलाने की योजना के अधीन, भारत की योजना विलासी सरकार ने एक सेंसर बोर्ड भी बनाया था। कहा तो यही गया था कि उसके सदस्य भारतीय सिनेमा को मर्यादा के भीतर रखने का काम करेंगे।...पर आधुनिक शोध ने यह प्रमाणित किया है कि बोर्ड के सदस्यों को अपनी आँखें बन्द कर बैठे रहने का काम दिया गया है। इसके लिए उन्हें भारी श्रम करना पड़ता है। अतः उनको उसी के अनुरूप भारीभरकम पारिश्रमिक भी दिया जाता है। कुछ सरकार की ओर से, और कुछ सरकार की सरकार की ओर से। (जिसके पास भी भारी थैली होती है—जैसे तस्कर, डाकू, जमाखोर इत्यादि, वे सरकार की भी सरकार होते हैं)।

मैं यह तो मानता हूँ कि जिन भी लोगों को आँखें खुली रखने का वेतन मिलता है, उन्हें आँखें बन्द रखने पर वेतन से भी कहीं अधिक धन मिलता है। इसलिए आँखें बन्द करने में ही सुख है, किन्तु घोषणा यही करनी चाहिए कि मैं आँखें कैसे बन्द कर सकता हूँ। मेरी पलकें तो झपकती ही नहीं हैं। यह सब जानते हुए भी मैं यह सोच-सोचकर वर्षों परेशान रहा हूँ कि सेंसर बोर्ड के सदस्यों को आँखें बन्द करके ही बैठना था, तो सेंसर बोर्ड की आवश्यकता ही क्या थी? मेरी परेशानी का समाधान अन्ततः रामलुभाया ने किया। उसने बताया कि ऐसा करना सरकार की मजबूरी है। यदि सेंसर बोर्ड न होता, तो जनता मानती कि फिल्मों को सेंसर करना उसका काम है। ऐसी स्थिति में वह अपने सात्विक आक्रोश का कहा मानती है। परिणाम यह होता कि हीरो-हीरोइन कहलाकर वेश्या-भड़ुओं का काम करनेवाले लोग अस्पताल में अपने हाथ-पैरों का पलस्तर करवा रहे होते। प्रोड्यूसर, डायरेक्टर अपनी जमीन-जायदाद बेचकर फुटपाथ पर आ गये होते और सिनेमाघरों में लंका-दहन का दृश्य चल रहा होता! सरकार ने सेंसर बोर्ड बना दिया ताकि फिल्मकार जनता पर यह धौंस जमा सकें कि उनके पार नंगई प्रदर्शित करने का सरकारी अनुमति-पत्र है। वस्तुतः सेंसर बोर्ड का प्रमाणपत्र देश की संस्कृति के साथ बलात्कार करने का ही अनुमति पत्र होता है। इस प्रकार फिल्मकारों को जनता पर धौंस जमाने का, और जनता को अपना रक्त पीने का अत्यन्त लाभदायक काम मिल गया है।

सेंसर बोर्ड के चार सदस्यों के आँखें बन्द कर लेने से फिल्म सम्बन्धी अनेक लोगों को नंगा होने का काम मिल गया है। जब भारत में फिल्म-निर्माण आरम्भ हुआ था, तो वेश्याएँ उसमें अभिनय करने आयी थीं, ताकि वे भली औरतें बन सकें। अब सेंसर बोर्ड की कृपा से भले घरों की लड़कियाँ फिल्मों में अभिनय के नाम पर आ रही हैं, ताकि वे वेश्याएँ बन सकें। वे धन कमाने के लिए जिस प्रकार अपने शरीर का दुरुपयोग कर रही हैं, उससे वेश्याएँ भी लज्जित हैं; किन्तु सरकार उन पर संविधान की वेश्यावृत्ति सम्बन्धी धाराएँ लगाकर उन्हें सलाखों के पीछे नहीं पहुँचाती। उनका अभिनन्दन करती है। जो अभिनेता और फिल्म-निर्माता सांस्कृतिक

मर्यादाओं की हत्या करते हैं, वे सरकार द्वारा उपाधियों से अलंकृत किये जाते हैं।

खैर, हम तो सरकार की रोजगार उपलब्ध करानेवाली नीतियों की चर्चा कर रहे थे, सरकार के नग्नता-प्रेम की नहीं। सरकार चाहती है कि वह शरम करे न करे, देश के अन्य लोग श्रम अवश्य करें। वह मानती है कि श्रम तो शरीर से ही होगा (बुद्धि और बौद्धिक श्रम से उसका परिचय अभी नहीं हुआ है)। शरीर प्रत्येक व्यक्ति के पास है (बुद्धि के विषय में तो निर्विवाद रूप से ऐसा नहीं कहा जा सकता)। इसलिए सरकार ने एक बहुत विराट् 'शरीर बाजार' खोल दिया है। जिसको अपना मुखड़ा कुछ कमनीय और शरीर कुछ पुष्ट लगता है, वह चल देता है 'मॉडल' बनने। लगता है कि हमारी अगली पीढ़ी का कैरियर मॉडल बनने में ही है। पढ़-लिखकर, करना ही क्या है। प्रत्येक क्षेत्र के धुरन्धर, अन्ततः 'मॉडल' बनकर ही यश पाते हैं। यश पाकर अभिनेता बनते हैं। जिनके भाग्य में होता है, वे नेता भी बन जाते हैं। पर रहते हैं मॉडल-के-मॉडल ही। अपना मुखड़ा झलकाते हैं, शरीर लचकते हैं, अन्तरात्मा की हत्या करते हैं, और जितना सम्भव हो सकता है, उतना झूठ बोलकर, विभिन्न व्यापारियों के साबुन-तेल बेचकर जनता को ठगने का पुण्य कमाते हैं। इस आध्यात्मिक देश में जन्म लेकर भी न उनका अपनी आत्मा से परिचय है, न उन्हें उसकी चिन्ता है।

जो लोग न नेता बन पाते हैं, न अभिनेता, न मॉडल—उन्हें 'प्रजा' कहा जाता है। सरकार चाहती है कि सारी जनता 'प्रजा' बनने का काम करे। प्रजा के लिए अपने देश में रोजगार के असंख्य अवसर उपलब्ध हैं। वह चाहे तो नेताओं की रैलियों में जाने का काम कर सकती है। प्रजा को यह काम दिलाने के लिए ही नेता लोग प्रतिदिन कोई-न-कोई रैली आयोजित करते रहते हैं। करोड़ों रुपये खर्च करते हैं। अमीरों के लिए कोई रैली नहीं होती। जो भी होती है, गरीबों के लिए ही होती है। इसलिए प्रत्येक रैली गरीब रैली ही होती है। उसमें अमीरों का धन गरीबों के लिए खर्च किया जाता है। आप आपत्ति कर सकते हैं, कि धन अमीरों का कैसे है? देश का धन तो गरीबों का ही धन है। मैं आपसे इसलिए सहमत नहीं हो पा रहा कि 'गरीब' और 'धन' दोनों शब्द एक साथ नहीं चल सकते। विचार की म्यान में ये दोनों तलवारें एक साथ नहीं समा सकतीं। 'गरीब' के साथ 'धन' जुड़ जाये तो वह गरीब नहीं रहता!

पर बात तो प्रजा के रैली में चलने की थी। बेचारे हमारे नेता अपना खून बहा देते है। पसीने के रूप में, ताकि गरीबों के लिए रैली आयोजित हो सके। वे लोग प्रजा-हित में सभाएँ भी करते हैं, जिससे प्रजा को सभा में आने और बैठकर नेताओं की प्रतीक्षा करने का काम मिले। महान् नेताओं की सभा में बैठकर उनकी प्रतीक्षा करना, अपने-आपमें ही बहुत महान् काम है। देश की प्रजा को पिछले चार दशकों से इसी काम का प्रशिक्षण दिया गया है और प्रजा अब इसमें दक्ष की खूब हो गयी है।

प्रजा के लिए उससे भी बड़ा काम है, नेताओं के आ जाने पर उनका भाषण सुनना। अल्प बुद्धि के लोग इसे साधारण काम समझते हैं; किन्तु यह साधारण काम नहीं है। जब बोलनेवाला भी जानता हो कि वह झूठ बोल रहा है, और सुननेवाले को भी पूर्ण विश्वास हो कि वक्ता झूठ बोल रहा है, तो भी पूरी निष्ठा से उसे सुनते रहना साधारण दिल-गुर्दे का काम नहीं है। यह हमारे देश की ही जनता है, जो इतने जीवट का काम कर सकती है।

काम दिलाने की इन्हीं योजनाओं में से, जो महत्त्वपूर्ण योजना, स्वतन्त्रता के साथ ही पूरे देश पर लागू हो गयी थी, सबसे अधिक व्यापक और विराट् है। उसमें देश के एक-एक व्यक्ति को काम दिलाने का प्रावधान है। देश के हर छोटे-बड़े, खोटे-खरे व्यक्ति को नेताओं और सरकार से निरन्तर धोखा खाते रहने का काम उपलब्ध कराया गया है। धोखा खाते रहने से न किसी का पेटभरता है, न अजीर्ण होता है, न भूख कम होती है। इसलिए इस काम के पूरे हो जाने अथवा समाप्त हो जाने का भी कोई संकट नहीं है। अतः यह अनन्त है। जो अनन्त है, वही तो ब्रह्म है। राम नाम की लूट है, लूट सके तो लूट! दोनों हाथों से लूटो। सरकार वही कर रही है। आप जितना चाहें, धोखा खायें। सरकार को कभी कोई आपत्ति नहीं होगी! कैसा ऐतिहासिक क्षण है कि राजा और प्रजा, अनपढ़ और विद्वान्, मूढ़ और ज्ञानी, प्रजा और मन्त्री एक ही निष्कर्ष पर पहुँच रहे हैं कि धोखा ही सत्य है; और सत्य ही ईश्वर है।

(5)

भारत के नागरिकों को रोजगार उपलब्ध कराने की इतनी महान् योजनाओं के बा. वजूद यदि किसी भारतीय को काम नहीं मिलता, तो सरकार ने उसके लिए भारत से बाहर चले जाने का काम उपलब्ध करा रखा है। जितने भारतीय विदेश चले जायेंगे, यहाँ उससे पाँच गुना बांगलादेशियों को स्थान मिल जायेगा (भारतीयों को अकेले ही पाँच-पाँच व्यक्तियों की जगह घेरने की बुरी आदत है)। भारत सरकार की आत्मा को शान्ति मिलेगी और आँखों को तरावट! सरकार को सोना बहुत पसन्द है—बिस्कुटों के रूप में भी, और खाट पर लेटकर खर्राटेभरने के रूप में भी। बिस्कुटोंवाले सोने की सहायता से वह सत्ता में आती है, और खर्राटेभरनेवाले सोने से उसके पंचवर्षीय दायित्व की पूर्ति होती है। चुनाव में वह जनता को यही वचन देती है कि चुन लिये जाने पर वह जनता के हित में पाँच वर्ष सोयेगी। जागेगी तो अगले चुनाव के लिए नोट बाँटेगी, शराब की बोतलें उपलब्ध करायेगी, कहीं-कहीं कम्बल भी बँटेंगे; और आवश्यकता के अनुसार गुंडों को जनता की सेवा में नियुक्त करेगी।

सोने के प्रति इसी प्रेम के कारण, हमारी सरकार को 'आमार सोनार बांगलादेश' जैसे गीत पर विश्वास आ गया है। वह मानती है कि बांगलादेश से जो भी भारत

में घुस-पैठ करता है, वह अपनी पीठ पर सोने की गठरी लादकर चलता है। यदि पीठ पर सोने की गठरी न भी हो, तो पैरों के साथ लगी धूल तो स्वर्ण-चूर्ण ही होगा, जो सरकार के अपने आँगन में ही झरेगा। वह यह देखना ही नहीं चाहती कि एक कंगाल देश से कोई भूख के मारे पलायन करता है, तो उसकी पीठ पर रोग और अपराध की गठरी होती है।

हमारी सरकार चाहती है कि भारतीय नागरिक तो परिवार-नियोजन करता रहे और बांगलादेशी बच्चे पैदा करने का काम करता रहे। परिवार-नियोजन तो काम न करना है, और बच्चे पैदा करना वास्तविक काम है, श्रम है। तो काम तो उसी को मिलेगा, जो काम करेगा। सरकार चाहती है कि वह अवैध विदेशी घुसपैठिया, पाँच वर्ष में एक वोट सरकार को दे दिया करे (जिसका उसे कोई अधिकार भी नहीं है) और शेष समय भारत का सामाजिक, धार्मिक और राजनीतिक अपराधीकरण करत रहे। हमारी सरकार को काम बहुत प्यारा है न। अगली पीढ़ी तक उन घुसपैठियं की जनसंख्या इतनी हो ही जायेगी कि वे अपनी सरकार स्वयं बना लेंगे। तब हमारं सरकार को न उनसे वोट माँगने का कष्ट करना पड़ेगा, न उनकी रक्षा के लिए अपनी सरकार बनानी पड़ेगी।

तो इस बीच भारत के नागरिकों को विदेश चले जाने का काम दिया गया है। तो बेचारा अनपढ़ है और सिवाय मजदूरी के और कुछ नहीं कर सकता, पर घर-बार बेचकर, उधार लेकर (न हो तो बीवी-बच्चे बेचकर) रुपया दलालों को दे; और पश्चिमी एशिया के किसी देश में जाकर अपना रक्त-मांस बेचे। यदि कारागार जाने से बच जाये तो अपने मालिकों का काम करे और उनके जूते खुशी से खाये। भाग्य अच्छा हो और कोई सम्बन्धी इंग्लैंड में हो, तो तिकड़म भिड़ाकर वहीं चला जाये। हिथ्रो हवाई अड्डे पर झाड़ू लगाता दिखायी दे, अपनी आत्मा के लिए पुण्य संचित करे और अपने पुरखों को तारे!

पढ़े-लिखे भारतीयों को हमारी सरकार ने दूसरे काम में नियुक्त किया है। वे अमरीका में अमरीकियों के विज्ञान और उद्योग के विकास के काम में पूरी निष्ठा से लग जाये, इसी में उनकी भलाई है। भारत सरकार अपने देश में उन्हें इसीलिए कोई नौकरी नहीं देती ताकि अमरीका पिछड़ा न रहे। पिछड़ने के लिए और पिछड़ों के लिए भारत है ही तो वे क्यों यहाँ झक मारें। योग्यता का भारत में ठहरना किसी के हित में नहीं है। यहाँ नौकरी मिल गयी, तो वे यहीं रह जायेंगे। कूपमंडूक हो जायेंगे, और सारा जीवन सड़ते रहेंगे। इसलिए अच्छा है कि अमरीका के आँगन में जाकर ही सड़ें। कम-से-कम सड़ने के लिए खुली हवा तो मिलेगी!

रूस की वर्तमान स्थिति से भी भारत सरकार बहुत आश्वस्त है। अमरीका की अन्तर्राष्ट्रीय कम्पनियाँ जिस प्रकार गिद्ध बनकर रूस की जनता को नोंच रही हैं, उससे भारत सरकार की गिद्धदृष्टि भी सचेत हो गयी है। वह चाहती है कि जिस

भारतीय के पास रूसी सम्पर्क हो, अथवा आर्थिक सामर्थ्य हो, वह अपना पढ़ना-लिखना और काम-धन्धा छोड़कर, गिद्धों की सहायता के लिए अथवा गिद्ध बनने के लिए रूस चला जाये। बस, भारत में कुछ स्थान खाली कर जाये, ताकि एक बांगलादेशी घुसपैठिये, पाकिस्तानी आतंकवादी अथवा अफगान भाड़े के हत्यारे को इस देश में एक सुविधापूर्ण स्थान मिल सके।

हमारा देश बहुत महान् है, यह आसानी से टूटेगा नहीं, यह हमारी सरकार भी जानती है। इसलिए बहुत आवश्यक है कि हम सब मिलकर इसको तोड़ें, खंडित करें। जाने क्यों एक भी ऐसा कवि पैदा नहीं हुआ, जिसने इस देश को खंडित करने का उद्‌बोधन-गीत लिखा हो, भारत सरकार के दस्तावेजों में यह स्थान अभी तक खाली है। जो कवि चाहे, देश को खंडित और विभाजित करने का नारा लगाकर देश का 'राज-कवि' बन सकता है। आखिर, यह काम पहले भी एक महान् कवि कर चुका है। इस सुनहरे अवसर को हाथ से न जाने दें। भारत सरकार इस समय देश को ध्वस्त करनेवालों को अपना मित्र मानने को अत्यन्त व्याकुल है, और उन्हें देश में उच्चतम पद देने का संकल्प किये बैठी है।...किन्तु काम कुछ ठोस होना चाहिए।

वैसे तो हमारे राष्ट्र-विधाता चाहते हैं कि देश को तोड़ने और विभाजित करने का काम कोई और करे; किन्तु जब इतना योग्य व्यक्ति नहीं मिलता तो वे स्वयं ही कर्म-क्षेत्र में उतर आते हैं। पहले देश का धर्मों, सम्प्रदायों, जातियों और वर्गों में वर्गीकरण करते हैं और फिर अपने भाषणों से देश को उन्हीं वर्गों में विभाजित कर देते हैं। मोर हैं न! ऊँची उड़ान नहीं ले सकते, तो आकाश को ही नीचा कर देना चाहते हैं। जब वे जनता को बाँटने का प्रयत्न करते हैं, तो रोजगार की असंख्य सम्भावनाएँ जन्म लेती हैं। लोगों को माल लूटने का काम, स्त्रियों को अपमानित करने का काम, सजीव लोगों को निर्जीव करने का काम, मकानों में आग लगाने का काम! इतना काम! इतना रोजगार!

अभागा है हमारा देश जो इन अवसरों को पहचान नहीं पाता। हमारी सरकार ने तो अपनी ओर से कोई कसर नहीं उठा रखी।

[रचना : 22.3.95]

जनतन्त्र के सिद्धान्त

मैं रामलुभाया की बात सुनकर अवाक् रह गया।

वह बड़े गर्व से कह रहा था, "हमारी जनतन्त्र में गहरी आस्था न होती तो किसकी मजाल थी कि पाकिस्तान बनवा लेता।"

"तो पकिस्तान बनने का कारण कुछ नेताओं की निजी महत्त्वाकांक्षा और साम्प्रदायिक चिन्तन नहीं था?" मैंने अन्ततः पूछा।

"नहीं! जनतन्त्र में हमारी आस्था ने पाकिस्तान बनाया।" वह पुनः बोला।

"मैं समझा नहीं।" मैं थूक गटककर बोला।

"जनतन्त्र का सिद्धान्त है कि बहुमत की इच्छा का सम्मान होना चाहिए।" रामलुभाया ने बताया, "उन प्रदेशों में मुस्लिम लीग का बहुमत था। इसलिए हमने उनकी इच्छा का सम्मान किया।"

"लेकिन सम्पूर्ण देश का बहुमत तो देश का विभाजन नहीं चाहता था, वह तो मुस्लिम लीग की साम्प्रदायिकता के विरुद्ध था।" मैंने तर्क किया, "तुमने उस बहुमत का सम्मान क्यों नहीं किया?"

"क्योंकि हम तुम्हारे समान कट्टरतावादी नहीं हैं। फंडामेंटलिस्ट कहीं के।" रामलुभाया ने मुझे डाँट दिया, "सब जगह एक ही सिद्धान्त थोप देते हो। आदमी को कुछ तो लचीला होना चाहिए। संसार में इतने सारे सिद्धान्त हैं। आखिर सबका कुछ-न-कुछ लाभ उठाना चाहिए। कहीं कोई सिद्धान्त, कहीं कोई सिद्धान्त।"

"यह तो पक्षपात है। अन्याय है।" मैंने विरोध किया, "तुम तो कसौटी बदल रहे हो। सिद्धान्त तो सबके लिए एक ही होना चाहिए।"

"हाँ! हाँ!! सिद्धान्त तो एक ही होना चाहिए। जनतन्त्र का सिद्धान्त।" रामलुभाया ने बताया, "जनतन्त्र का दूसरा सिद्धान्त है, अल्पमत की उपेक्षा नहीं होनी चाहिए। इसलिए जब सारे देश की बात आयी तो हमने यह सिद्धान्त लागू कर दिया। अल्पमत चाहता था कि पाकिस्तान बने, तो हमने पाकिस्तान बना दिया।"

"तुमने बात तो मुस्लिम लीग की ही मानी न।" मैंने बलपूर्वक कहा, "जहाँ उसका बहुमत था, वहाँ भी उसकी इच्छा मानी और जहाँ उसका बहुमत नहीं था, वहाँ भी उसी की मानी। इसका अर्थ है कि मुस्लिम लीग जो चाहे कर ले और किसी को कोई अधिकार ही नहीं है।"

“हमने तो जनतन्त्र की मानी।” रामलुभाया बोला, “जाने तुम क्या बक रहे हो।”

“तुम कहना क्या चाहते हो, जनतन्त्र का अर्थ है मुस्लिम लीग, जो मुस्लिम लीग चाहे, वही जनतन्त्र का सिद्धान्त हो जाता है?” मैंने पूछा।

“कैसे?” उसने प्रतिप्रश्न किया।

“उत्तर प्रदेश में अल्पमत की उपेक्षा नहीं हो रही और कश्मीर में बहुमत का सम्मान हो रहा है।” मैंने कहा।

“इस बार ठीक समझे।” रामलुभाया प्रसन्न हो गया, “देखो! इसी को कहते हैं सत्य के अनेक रूप। प्रकृति कितनी वैविध्यमयी है। सहस्रों प्रकार के फूल खिलते हैं संसार में। यह जानते हुए भी कि सबसे सुन्दर फूल कमल का है, हम यह तो नहीं कह सकते न कि शेष हर प्रकार का फूल नष्ट कर दिया जाये। कहीं कोई फूल, कहीं कोई फूल। आखिर फूल तो सब प्रभु के ही खिलाये हुए हैं न। उसी प्रकार कहीं कोई सिद्धान्त, कहीं कोई सिद्धान्त। आखिर सिद्धान्त तो सब जनतन्त्र के ही हैं न! रावी के उस पार जनतन्त्र का सिद्धान्त है ‘बहुमत का सम्मान’। इसलिए वहाँ अल्पमत की घोर उपेक्षा होती है; और कोई कुछ नहीं कहता। रावी के इस पार जनतन्त्र का सिद्धान्त है ‘अल्पमत की उपेक्षा न हो।’ इसलिए हम अल्पमत की उपेक्षा नहीं होने देते, बहुमत का सम्मान चाहे हो या न हो। रावी के उधर भी जनतन्त्र है और इधर भी। इसमें मुस्लिम लीग कहाँ से आ गयी?”

“हाँ! हाँ!!” मैंने कहा, “उस पार बहुमत का सम्मान होता है, इस ओर अल्पमत की उपेक्षा नहीं होती। दोनों को मिला दिया जाये तो संयुक्त भारत में जनतन्त्र के दोनों सिद्धान्त लागू हैं।”

“इस बार तुम ठीक समझे।” रामलुभाया ने ताली बजा दी।

“तुमने कहा था न कि सत्य के अनेक पक्ष हैं। दूसरा पक्ष भी देखो।” मैंने कहा, “रावी के इस पार बहुमत का सम्मान नहीं होता और उस पार अल्पमत की उपेक्षा होती है। इसलिए जनतन्त्र न इस ओर है, न उस ओर।”

“तुम्हें तो बातों को गलत मोड़ देने की आदत है।” रामलुभाया पीठ मोड़कर चल दिया।

[रचना : 17.4.95]

वंड खा खंड खा

हमारी देश-(वि)भक्त सरकार ने मुस्लिम लीग के साथ मिलकर देश को बाँटा; क्योंकि बाँटकर खाना ही अच्छा रहता है। वैसे तो काटकर खाना भी अच्छा रहता है; और डॉक्टरों का तो यहाँ तक कहना है कि चबाकर खाना भी अच्छा है...पर बुद्धिमान बुजुर्गों ने कभी यह भी कह दिया था कि 'वंड खाओ, खंड खाओ।' अर्थात् बाँटकर खाओ, तो खाना शर्करा के समान मीठा होता है। पता नहीं यह बुजुर्गों की सीख थी या कुछ और...क्योंकि चोरों के लिए भी लूट का बाँटना अनिवार्य होता है।

बाँटने के बहुत सारे लाभ हैं। देखो तो कितनी वृद्धि हुई है देश की! एक से दो हुए; और दो से हमारे दो होने के स्थान पर, तीन देश हो गये। यदि यह बँटवारा न हुआ होता तो अभी तक यहाँ एक का एक ही देश रह गया होता। न संयुक्त राष्ट्रसंघ में तीन वोट होते और न संयुक्त राज्य अमरीका से शस्त्रों के तीन खरीदार!

बाँटने की यह कला रूस ने हमसे ही सीखी; और देखिये, हमसे कितना आगे बढ़ गया। एक से अनेक हो गया, जैसे कोई देश न हो परम ब्रह्म हो! 'एक हूँ, बहुत हो जाऊँ! 'एक हूँ, बहुत हो जाऊँ'! अब तो स्थिति यह है कि उनकी गली-गली में एक देश है। हर हाथ फैला हुआ है, पर मुँह खुला हुआ है!

हमारी सरकार ईर्ष्या के मारे जल रही है : रूस ने अपने इतने देश बना लिये, और हम वहीं के वहीं बैठे हैं। हम भी तो कुछ ऐसा करें कि एक से अनेक देश बन सकें। हम अपने अज्ञानवश अनेकता में एकता की बात करते रहे। एकता में अनेकता की शक्ति तो हमने अब पहचानती है। हमारी सरकार के प्रत्येक मन्त्रालय में विभाजन की अनेक योजनाएँ विचाराधीन हैं, जिन पर बहुत जल्दी निर्णय लिया जायेगा। इन योजनाओं के श्रीगणेश के रूप में, फिलहाल सरकार ने अपनी पार्टी में विभाजन का कार्यक्रम आरम्भ कर दिया है। कुछ को निकाल दिया है, कुछ स्वयं निकल जायेंगे। यह कार्यक्रम व्यवस्थित और क्रमिक आधार पर लागू किया जायेगा। पहले केन्द्र में विभाजन होगा, और उसे आदर्श मानकर प्रदेशों और जिलों में बँटवारा होगा। इस कार्यक्रम को पार्टी और देश के शीर्षस्थ नेताओं का आशीर्वाद प्राप्त है।

यह आशीर्वाद तो दूसरे प्रकार के बँटवारे को भी प्राप्त है। भारतीय रिजर्व

बैंक में जो कुछ जमा है, वह भी तो देश की ही सम्पत्ति है। उसे देश के प्रतिनिधि यदि आपस में बाँट लेते हैं तो क्या बुरा है। पर बँटवारा न्याय के आधार पर होना चाहिए। इसलिए यह निश्चय किया गया कि सबको एक-एक करोड़ दिया जाये। आप चाहें तो गोपनीयता की दृष्टि से उसे एक-एक पेटी भी कर सकते हैं। बँटवारा आरम्भ तो हो गया है, किन्तु अन्य विकास-योजनाओं के समान ही, गति नहीं पकड़ रहा है। देश के प्रतिनिधि चिन्तित हैं कि इसकी मन्थर गति को देखते हुए कहीं इस योजना को स्थगित ही न कर दिया जाये। मान लीजिये कि स्थगित न भी किया गया, किन्तु मुद्रा-स्फीति के कारण एक पेटी का मूल्य एक बटुए बराबर रह गया, तो वे बेचारे तो देश को लूट-बाँटकर भी कहीं के नहीं रहेंगे।

वैसे भी इतिहास साक्षी है कि भारतीय रिजर्व बैंक के स्वास्थ्य की स्थिति के अनुसार विदेश से भी कुछ लोग उसे बाँटने में सहायता करने के लिए आ जाया करते हैं। गौरी हो, गजनवी हो, ईस्ट इंडिया कम्पनी हो! इसलिए हमारी सरकार ने निश्चय किया है कि इससे पहले कि कोई बाहरी आदमी बँटवारा करने आ जाये, हम स्वयं ही आपस में सब कुछ बाँट लें। देश का क्या है। उसे तो भूखे मरने की आदत है। नहीं मरना चाहेगा तो कटोरा उठा लेगा; पर बाहरी लोग इसका धन बाँट तो नहीं पायेंगे न!

[रचना : 17.4.95]

जनतन्त्र की रीढ़

"जनतन्त्र की रीढ़ होती है, देश की जनता।" रामलुभाया ने मुझे समझाया, "इसलिए जनतन्त्र में कोई काम जनता की इच्छा के विरुद्ध नहीं होता। सब कुछ इससे पूछकर ही किया जाता है।"

"डाकुओं को ये ऊँचे-ऊँचे पद क्या जनता से पूछकर, जनता की इच्छा से दिये गये हैं?" मैंने अबोध जिज्ञासा की।

"मूर्खों की-सी बात मत करो।" रामलुभाया ने मुझे डाँटा, "जनता की इच्छा का प्रतिनिधि होता है, देश का संविधान! हमारी सरकार अपने संविधान की निष्ठावान प्रहरी है। यदि संविधान में लिखा है कि न्यायालय द्वारा दंडित अपराधी मन्त्री नहीं बन सकता तो सरकार न्यायालय को दंडित कर देती है और अपराधी को दंडित नहीं होने देती। यदि कोई न्यायालय भूल से उसे दंडित कर ही दे, तो उसे मन्त्री बनाने के पहले, सरकार उसके अपराधों के सारे प्रमाण नष्ट कर देती है। हमारी सरकार संविधान के विरुद्ध नहीं होने देती।"

मैं रामलुभाया के तर्कों से आतंकित हो उठा था। सहमत होने के सिवाय और कोई चारा नहीं था। पर तभी एक बात मेरे मन में खटक गयी।

"देश की जनता की इच्छा का सम्मान करते हुए संविधान ने कहा है कि जनतन्त्र में प्रत्येक नागरिक समान है।" मैं बोला, "धर्म, जाति, प्रदेश, भाषा अथवा लिंग के आधार पर न तो किसी को कोई विशेषाधिकार दिया जायेगा, न किसी की उपेक्षा और अवमानना की जायेगी।"

"हाँ! कहा तो है।"

"तो तुम लोग समाज में भेदभाव को इतना प्रोत्साहन क्यों दे रहे हो?" मैंने शिकायत की।

"कहाँ है भेदभाव? इस पवित्र भूमि पर अब तो पापी और पुण्यात्मा में भी भेद नहीं किया जाता।" वह नेताओं के स्वभाव के अनुकूल सामने खड़े सत्य को झुठलाने का प्रयत्न कर रहा था।

"क्यों? भारत में जाति-भेद कितना बढ़ गया है। जिसे देखो, वह अपनी जाति के लिए अधिक-से-अधिक विशेषाधिकार माँग रहा है।" मैंने कहा।

"हाँ!" वह निश्चित भाव से बोला, "संविधान के अनुसार देश के नागरिक तो

सब समान ही हैं, किन्तु जातियाँ कुछ ऊँची-नीची हो गयी हैं।"

"क्यों?" मैंने आपत्ति की, "जब सब नागरिक बराबर हैं, तो जातियों की आवश्यकता ही क्या है?"

"एकता में अनेकता पैदा करने के लिए।" रामलुभाया ने बताया, "समाज को एकता के सूत्र में बाँधने के लिए उसे जातियों में बाँटना पड़ता है, जैसे सेना को अनुशासित रखने के लिए टुकड़ियों में बाँटना आवश्यक है। टुकड़ियों में न बँटी हो, तो सेना अनुशासित नहीं रह पायेगी। टुकड़ों और अनुशासन में चोली-दामन का सम्बन्ध है।"

"पर जनता को क्यों बाँटना पड़ता है?" मैं अपनी हठ पर अड़ा रहा।

"न बाँटो तो कमबख्त वोट नहीं मिलते।" वह बोला।

"अब तुम ही सोचो रामलुभाया।" मैंने उसे समझाने का प्रयत्न किया "जिस देश का संविधान, प्रत्येक नगारिक की समानता में विश्वास करता हो, वहाँ देश को इस प्रकार धर्म और जाति के आधार पर बाँटना तो उचित नहीं है न! विशेषाधिकार और आरक्षण इत्यादि तो संविधान के विरुद्ध हैं।"

"हाँ! हैं तो।" उसने स्वीकार किया।

"तो इनका अस्तित्व क्यों है?"

"इसलिए कि स्वतन्त्रता के बाद के इन वर्षों में बहुत कुछ उलट-पलट गया है। संविधान भी थक गया है न! इसलिए शीर्षासन कर रहा है।"

"मैं समझा नहीं।" मैंने कहा।

"कैसे समझोगे। समझाने के लिए राजनीति का सोमरस पीना अनिवार्य है।" उसने मेरी ओर देखा, "पहले संविधान का अर्थ था, सम + विधान, अर्थात्, सम्यक विधान! अब संविधान उलटकर, विधान + सम् हो गया है। दोनों का जोड़ तो बराबर है, किन्तु क्रम उलट गया है।"

"यह विधान + सम् क्या होता है?" मैं चकित था।

"विधान सम् नहीं," वह बोला, "विधान सभा! पहले संविधान की इच्छा पर विधान सभा चलती थी। अब विधान सभा की इच्छा, पर संविधान चलता है। शायद तुम जानते होगे कि विधान सभा में अब कौन लोग बैठे हैं।"

"कौन लोग बैठे हैं?" मैंने अपनी जानकारी बढ़ाने के लिए पूछा।

"जो बाँट भी सकते हैं, और काट भी सकते हैं।" उसने व्याख्या की, "इसका अर्थ है, वे अपने साथियों में बाँटते हैं और विरोधियों को काटते हैं। उनकी इच्छा है कि देश की जनता को वे इस प्रकार बाँट दें कि वह अनन्त काल तक एक-दूसरे को काटती रहे।"

[रचना : 18.4.94]

भारत का मुकुट

(1)

"हमारी सरकार इतनी परेशान क्यों है?"

"परेशानी की बात ही है। कश्मीर में एक पूरा कस्बा जल गया है।"

"कस्बे में क्या आग लग गयी?"

"और नहीं तो क्या! ईर्ष्या से तो कस्बे के मकान जलते नहीं!"

"जलने को तो ईर्ष्या से पूरा-का-पूरा देश भी जला है। राष्ट्रों के भाग्य तक जले हैं। पर छोड़ो...कस्बे में आग कैसे लगी?"

"कुछ पाकिस्तानी आतंकवादी वहाँ रह रहे थे। उन्होंने आग लगा दी।"

"वह कस्बा क्या पाकिस्तान में है?"

"नहीं! कस्बा तो कश्मीर में है। वे लोग कश्मीर को भारत में नहीं मानते। मानते तो वहाँ घुसते क्यों! पाकिस्तान में भी नहीं मानते, मानते तो अपने ही देश में आग क्यों लगाते! कश्मीर को तो स्वतन्त्र भूमि मानते हैं, जहाँ किसी को भी आग लगाने की स्वतन्त्रता है। भारत सरकार कश्मीर को भारत का अंग मानती है। हमारी सेना भी है वहाँ! पर जो लोग घुस आते हैं, उन्हें हम कुछ नहीं कहते। उन्हें आदेश देने का अधिकार केवल आई.एस.आई. को है।"

"यह आई.एस.आई. क्या 'इंडियन स्टैंडर्ड्स इंस्टिट्यूट' है?"

"नहीं! यह 'इंटर सर्विसेस इंटैलिजेंस' है—यह अन्तर्राष्ट्रीय तोड़-फोड़ की ठेकेदार एजेंसी है और पाकिस्तान में स्थित है!"

"ओह! तो वे पाकिस्तान उस कस्बे में क्या कर रहे थे?"

"वे कहते हैं कि वे उस कस्बे के लोगों की स्वतन्त्रता की लड़ाई लड़ रहे थे।"

"आग लगा देने से कस्बेवाले स्वतन्त्र हो गये?"

"पता नहीं पाकिस्तान में स्वतन्त्रता का अर्थ क्या होता है। मुझे तो लगता है कि कस्बेवाले बेघर हो गये। सम्भव है, पाकिस्तान में बेघर होने को ही स्वतन्त्र होना कहते हों। 1947 ई. में पाकिस्तान स्वतन्त्र हुआ था, तो भी बहुत-से लोग बेघर हो गये थे।"

"क्या कश्मीरियों ने उन्हें बुलाया था कि वे स्वतन्त्र नहीं हैं, इसलिए पाकिस्तानी

आकर उन्हें स्वतन्त्र करायें।"

"नहीं कश्मीरियों ने नहीं बुलाया था। पाकिस्तानियों को ही लगा था कि कश्मीरी स्वतन्त्र नहीं हैं, इसलिए उन्हें स्वतन्त्र कराया जाना चाहिए।"

"पाकिस्तानियों को यह क्यों समझ में नहीं आता कि वे अपने स्वतन्त्रता के अड़तालीस वर्ष पश्चात् भी स्वतन्त्र नहीं हैं, इसलिए वे अपनी स्वतन्त्रता की लड़ाई लड़ें?"

"वे लोग सारी दुनिया के लोगों की स्वतन्त्रता की लड़ाई इसीलिए तो लड़ रहे हैं कि कहीं उन्हें अपनी स्वतन्त्रता की लड़ाई न लड़नी पड़ जाये।"

"क्या वे स्वयं स्वतन्त्र होना नहीं चाहते?"

"नहीं! ऐसी बात नहीं है। पर शायद वे समझते हैं कि उनकी स्वतन्त्रता की लड़ाई अमरीका लड़ेगा।"

"अच्छा! यह पाकिस्तान के लोग हमारे विरुद्ध लड़ रहे हैं, या पाकिस्तान की सरकार? बात कुछ स्पष्ट नहीं हो रही!"

"हाँ! वहाँ का मामला कुछ ऐसा ही है। जहाँ की सरकार अपनी जनता के विरुद्ध लड़ रही हो, जनता अपनी सेना के विरुद्ध लड़ रही हो, सेना अपनी सरकार के विरुद्ध लड़ रही हो—वहाँ की स्थिति स्पष्ट कैसे हो सकती है।"

"तो हमारी सरकार क्यों नहीं कुछ लोगों को पाकिस्तान भेजती, कि वे लोग वहाँ जाकर पाकिस्तान की जनता की स्वतन्त्रता की लड़ाई लड़ें?"

"हमारी सरकार को फुर्सत नहीं है। वह व्यस्त है।"

"कहाँ व्यस्त है?"

"वह भी लड़ाई लड़ रही है?"

"कहाँ? हमारा देश तो किसी अन्य देश से नहीं लड़ रहा।"

"नहीं! नहीं!! हमारा देश नहीं लड़ रहा। हमारी सरकार लड़ रही है—अपनी पार्टी से, अध्यक्ष की स्वतन्त्रता के लिए। शेष समय में वह इस देश में विदेशी कम्पनियों की स्वतन्त्रता के लिए युद्ध करती है। युद्ध तो युद्ध ही है भाई।"

(2)

"एक पूरा कस्बा जल गया है।"

"कोई दुर्घटना हो गयी थी क्या?"

"नहीं! हुआ तो अपराध है।..."

"तो सरकार अपराध की रोक-थाम क्यों नहीं करती?"

"रोक-थाम कैसे हो सकती है?"

"क्यों! सरकार अपराधियों को अपराध करने से पहले पकड़ लेती।"

"उसके लिए तो सेना को भीतर घुसना पड़ता। पर वहाँ सेना का प्रवेश मना था।"

"सेना का प्रवेश मना था और अपराधी प्रवेश कर सकते थे?"

"सैनिक प्रवेश नहीं कर सकते, क्योंकि वे भारतीय हैं। अपराधी प्रवेश कर सकते हैं, क्योंकि वे पाकिस्तानी हैं।"

"पाकिस्तानी तो विदेशी हैं। उन्हें घेरकर पकड़ लेना चाहिए था।"

"नहीं! कस्बेवाले नहीं चाहते थे कि अपराधियों को घेरा या पकड़ा जाये।"

"कोई प्रमाण है?"

"मेरा अनुमान है। क्योंकि जब अपराधी घुसते हैं, तो कहीं पत्ता भी नहीं हिलता। सेना घुसती है तो सारे देश में आन्दोलन होने लगते हैं। लोग सड़कों पर आ जाते हैं?"

"पर यदि अपराधियों को घेरा और पकड़ा नहीं जायेगा तो अपराध की रोक-थाम कैसे होगी?"

"यह सोचना सरकार का काम है। कस्बेवालों का नहीं।"

"तो कस्बेवालों का क्या काम है?"

"पहले अपराधियों को बचाना; और अपराध हो जाये तो देश और सरकार से लड़ना, दंगा करना, आग लगाना।"

"बड़ा विचित्र कस्बा है यह! अच्छा यह कस्बा है कहाँ?"

"कश्मीर में।"

"अच्छा! अच्छा! मैंने कुछ कश्मीरियों को दिल्ली में विस्थापितों की स्थिति में देखा है। क्या उनके ही घर जल गये हैं?"

"नहीं! उनके तो भाग्य ही जल गये हैं!"

"वह कैसे?"

"जिनके घर जले हैं, उनके लिए तो सरकार घर बनवा देगी; किन्तु जिनके भाग्य जल गये हैं—उन्हें सहायता तो क्या, कोई सहानुभूति भी नहीं देता।"

"पर क्यों? ऐसा भेदभाव क्यों?"

"चुप! इसे भेदभाव कहोगे, तो बाँध लिये जाओगे।"

"अच्छा! न सही भेदभाव। पर ऐसा क्यों है?"

"भारत सरकार मानती है कि वे कश्मीरी हैं; इसलिए उन्हें वापस कश्मीर चले जाना चाहिए।"

"तो चले जायें।"

"पर कश्मीरी मानते हैं कि वे भारतीय हैं, इसलिए उन्हें भारत में रहना चाहिए। भारतीय उनकी सहायता करेंगे, जब वे कश्मीर में रहेंगे; और कश्मीरी उन्हें कश्मीर में रहने नहीं देंगे।"

"तो क्या कश्मीर भारत में नहीं है?"

"कश्मीर तो भारत में ही है; किन्तु भारतीय कश्मीर में रह नहीं सकते न!"

"ऐसा क्यों?"

"प्रत्येक बात का कोई कारण होता है क्या! बस! हमारे संविधान में ऐसी ही व्यवस्था है!"

"अच्छा! पर संविधान में ऐसी व्यवस्था की ही क्यों गयी, जो देश-हित में नहीं है?"

"देश-हित! यह क्या होता है? हमारे यहाँ तो केवल राजनीति होती है।"

"वह क्या होती है?"

"नहीं जानते? राजनीति का अर्थ है, वोट पाने के लिए देश को बाँटना, देश को बेचना।"

'कोई उदाहरण।"

"राजनीति में एक मैदान में भाषण करते हुए कहना होता है, 'हम सब भाई हैं। हममें कोई भेद नहीं है।' दूसरे मैदान में जाकर कहना होता है, 'भाइयो! दूसरे दलवाले कहते हैं कि हम सब एक हैं। पर हम एक हैं नहीं। वस्तुतः वे लोग आपको अपने में मिला लेना चाहते हैं। आपका अस्तित्व समाप्त कर देना चाहते हैं। आपको खा जाना चाहते हैं। हम तो केवल पृथक्-पृथक् ही नहीं हैं, एक-दूसरे के शत्रु भी हैं।"

"कोई समझदार आदमी ऐसी बात नहीं कह सकता।"

"हाँ! मन्त्री लोग कहते हैं। केन्द्रीय मन्त्री तक!"

'उन्हें कोई रोकता नहीं?"

"कौन रोकेगा। उन्होंने तो रोकनेवालों को ही रोक रखा है।"

(3)

दंगाइयों की भीड़ बुरी तरह चिल्ला रही थी। वे लोग कुछ मकानों को आग लगा रहे थे, कुछ को लूट रहे थे। सैनिक अपनी राइफल कन्धे पर रखे, शान्त मुद्रा में उन लोगों को देख रहा था।

"तुम इन दंगाइयों को रोकते क्यों नहीं?" मैंने क्षुब्ध स्वर में पूछा।

"मुझे मेरे कमांडर ने बाँध रखा है; और मेरे कमांडर को नेताजी ने रोक रखा है।" वह बोला।

"नेताजी! आप इन दंगाइयों को रोकते क्यों नहीं?"

नेताजी सहसा ही करुणा-सागर हो उठे। उनकी आँखों में अश्रु थे और उनकी वाणी टूटे हुए हृदय के रुदन का चीत्कार लिये हुए थी, "वे लोग दुखी हैं। इसलिए

अपने होश में नहीं हैं। बेचारे अपना क्रोध प्रकट कर रहे हैं। क्रोध प्रकट कर, अपने-आप शान्त हो जायेंगे।"

मुझे नेताजी न केवल बहुत सुलझे हुए व्यक्ति लगे, वरन् उनकी दीन-बन्धुता ने भी मुझे बहुत प्रभावित किया। कितने उदात्त व्यक्तित्व के स्वामी हैं कि दूसरे के दुख और क्रोध का कारण समझते है। और क्षोभ में की गयी उद्दंडता को तो प्रेम की दृष्टि से देखकर, क्षमा कर देते हैं।

"ये लोग इतने दुखी क्यों हैं?" मैंने पूछा।

"आतंकवादियों ने इनके घर जला दिये हैं।" नेताजी ने बताया।

"ओह! तो ये लोग प्रतिशोध की भावना से आतंकवादियों के घर जला रहे हैं?" मैंने पूछा।

"नहीं! घर तो ये उन विस्थापितों के हैं, जो आतंकवादियों से पीड़ित होकर, कहीं और चले गये हैं।" नेताजी ने बताया।

"तो ये आतंकवादियों से न लड़कर उन लोगों को और पीड़ित क्यों कर रहे हैं, जो इन्हीं के समान आतंकवाद से पीड़ित हैं। वे लोग अपने घर छोड़कर गये हैं, शायद कभी लौट सकें। ये लोग तो उनके लौटने का सहारा ही समाप्त किये दे रहे हैं।"

"कोई बात नहीं!" नेताजी करुणा-विगलित ही रहे, "इन्हें अपना क्रोध निकाल लेने दो। अपने-आप शान्त हो जायेंगे।"

"इनके घर जल गये हैं, इसलिए आप इन्हें यह अधिकार दे रहे हैं कि ये अपना क्रोध प्रकट करने के लिए उन विस्थापितों के घर जलायें, जिन्होंने इनका कोई अपराध नहीं किया?"

"भई इनके घरों की रक्षा करना सरकार का दायित्व था। अब किन्हीं कारणों से सरकार यदि अपना दायित्व पूरा नहीं कर पायी तो इन्हें क्रुद्ध होने का अधिकार है।"

नेताजी बोले, "हमें थोड़ा सहनशील होना चाहिए।"

"और उन विस्थापितों तथा उनके घरों की रक्षा करने का दायित्व किसका है?" मैंने पूछा।

पहली बार नेताजी के चेहरे पर करुणा के स्थान पर कुटिलता प्रकट हुई, "दायित्व तो वह भी सरकार का ही है; किन्तु यदि हम उनकी अथवा उनके घरों की रक्षा नहीं करते, तो वे क्रुद्ध होकर क्या कर लेंगे हमारा? दंगा वे नहीं कर सकते, किसी का घर वे नहीं जला सकते, आतंक वे नहीं फैला सकते। और तो और, वे तो किसी और को वोट भी नहीं दे सकते। इन लोगों को रोका, तो हमारे वोट तो गये।"

"तो आपके लिए बस वोटों का ही महत्त्व है।" मैं कुछ क्रुद्ध होकर बोला, "आपके लिए न मानवता है, न न्याय; न राष्ट्रभक्ति, न देश की शान्ति, न अखंडता,

न एकता! जो कुछ है, बस वोट ही है?"

"तो सीमा के पार ही क्या महत्त्वपूर्ण है। उधर से भी तो यह बस वोटों के लिए ही हो रहा है।" नेताजी मुस्कराये।

"वे वोटों के लिए अपना विनाश तो नहीं कर रहे। अपने लोग तो नहीं मरवा रहे। वे आपके देश को तोड़ रहे हैं। आप उनका देश को नहीं ही तोड़ रहे; अपने जिन हितों की रक्षा करनी चाहिए, उनकी रक्षा भी नहीं कर रहे हैं।" मैंने कहा।

उन पर मेरे क्षोभ का कोई प्रभाव नहीं पड़ा। बहुत शान्त भाव से बोले, "ऊपर से जो चाहे दिखे, किन्तु भीतर से हम वह कर रहे हैं, जो हमें करना चाहिए। हम अपने वोटों की रक्षा कर रहे हैं।"

"और शेष सब कुछ?" मैंने चकित भाव से पूछा।

"शेष सब कुछ भगवान् का है। वह अपने-आप उसकी रक्षा कर लेगा, जिसकी रक्षा उसे करनी है।"

(4)

"मेरे मेहमान मेरा घर जला गये हैं, चलो हम थाना फूँक आयें।"

मैंने आश्चर्य से रामलुभाया की ओर देखा, "क्यों थाने को क्यों फूँकना चाहते हो?"

"मेरा घर जल गया है। उसके लिए जिम्मेदार कौन है? पुलिस ने मेरे घर की रक्षा क्यों नहीं की?" वह बहुत क्षुब्ध था।

"तुमने पुलिस को सूचना दी थी कि तुम्हारे घर में कुछ ऐसे मेहमान हैं, तो तुम्हारा घर जला सकते हैं?" मैंने पूछा।

"नहीं! पुलिस ने मुझे सूचना दी थी कि मेहमान के रूप में मेरे घर में जो लोग ठहरे हुए हैं, वे अपराधी हैं और मेरा घर जला सकते हैं।" उसने बताया।

"तो फिर पुलिस का क्या दोष?" मैंने कहा, "पुलिस ने तो तुम्हें चेतावनी दी ही थी।"

"पुलिस का काम चेतावनी देना नहीं, रक्षा करना है।" रामलुभाया बोला, "उसने वह काम किया, जो उसे नहीं करना चाहिए था, अर्थात् मुझे चेतावनी दी; और वह नहीं किया, जो उसे करना चाहिए था, अर्थात् मेरे घर की रक्षा नहीं की।"

मुझे लगा, मामला गम्भीर है। इसकी पूरी छानबीन होनी चाहिए।

"जब पुलिस ने तुम्हें चेतवानी दी, तो तुमने अपने उन मेहमानों को घर से निकाला क्यों नहीं?" मैंने पूछा।

"वे मेरे मेहमान थे। मेहमानों को भी कोई घर से निकालता है?" रामलुभाया तड़पकर बोला, "और फिर उनके पास बन्दूकें-पिस्तौलें थीं। अभी तो घर ही जलाया

है। मैं कुछ कहता तो वे मेरे प्राण भी ले लेते।"

"ओह!" मैं रामलुभाया के भय को समझ गया, "तो तुमने पुलिस की सहायता क्यों नहीं माँगी?"

"अरे मेहमानों को अपने घर से निकालने के लिए भी पुलिस की मदद लेता है?" उसने झींखकर कहा, "और फिर वे मेरे मित्र थे। मेरा मतलब है कि मैं उनको अपना मित्र मानता हूँ।"

"तुम उन्हें अपना मित्र मानते हो रामलुभाया! किन्तु वे तुम्हारे मित्र हैं नहीं।" मैं बोला, "अब तो प्रमाणित हो चुका।"

"क्या प्रमाणित हो चुका?"

"कि वे तुम्हारे मित्र नहीं हैं।"

"बकवास! वे मेरे मित्र ही हैं।" वह बोला, "वह तो पुलिस उन्हें अपराधी मानती है। पुलिस ने उन्हें पकड़ने के लिए मुहल्ले को घेर रखा था, इसलिए उन्होंने मेरे घर को आग लगा दी।"

"अच्छा तो जो आग लगाते हैं, वे तुम्हारे मित्र हैं; और जो तुम्हें चेतावनी देते हैं तथा आग लगानेवालों को पकड़ने का प्रयत्न करते हैं, वे तुम्हारे शत्रु हैं?" मैंने पूछा।

"पकड़ने की कोशिश करते हैं, पकड़ते तो नहीं?" उसका क्रोध कम नहीं हो रहा था, "पुलिस ने मुहल्ला न घेरा होता तो वे मेरे घर को आग लगाते?"

उसका क्षोभ मेरी समझ से बाहर था; और मेरा तर्क उसकी समझ से। फिर भी मैंने पूछा, "जब वे तुम्हारे घर में टिके हुए थे, तो पुलिस मुहल्ले को घेरे खड़ी रही, तुम्हारी घर में घुसकर, उन्हें पकड़ा क्यों नहीं?"

"मैं पुलिस को अपने घर में घुसने देता, तब न!" वह बोला, "मैं देश का एक सम्मानित नागरिक हूँ। मेरे घर में पुलिस घुसती, तो मेरा अपमान नहीं होता? हमारे यहाँ ऐसी परम्परा नहीं है कि पुलिस भले लोगों के घर में प्रवेश करे!"

"मेहमान के रूप में आये उन अपराधियों को तुम स्वयं पकड़ नहीं सकते थे; उन्हें घर से बाहर तुम निकालना नहीं चाहते थे; और पुलिस को अपने घर में तुम प्रवेश करने नहीं दे रहे थे। यही बात है न?"

"हाँ!" वह बोला।

"तो पुलिस तुम्हारे उन मेहमानों को कैसे पकड़ सकती थी?" मैंने भी कुछ उत्तेजित स्वर में पूछा, "तुम्हारे घर की रक्षा कैसे कर सकती थी?"

"यह सोचना पुलिस का काम है।" वह बोला, "उसे मेरे घर की रक्षा करनी चाहिए थी।"

"हाँ! एक रास्ता हो सकता था।" मेरा मस्तिष्क दूर की कौड़ी लाया, "उन्हें चाहिए कि वे नगर-द्वार पर ही, नगर में प्रवेश करनेवाले प्रत्येक व्यक्ति की तलाशी

लें, ताकि कोई अपराधी नगर के भीतर आ ही न सके।"

मेरा विचार था कि रामलुभाया मुझसे सहमत हो जायेगा; और हम दोनों इस सिद्धान्त पर सहमत हो जायेंगे कि सावधानी उपचार से श्रेष्ठतर है।...किन्तु वह सहमत होने के स्थान पर और भी बिगड़ उठा, "तुम चाहते हो कि पुलिस हमसे मिलने आनेवाले प्रत्येक मेहमान को रोककर उसकी तलाशी ले। हम जिन्हें इतने सम्मान से अपने घर बुलाते हैं, हमारे उन मेहमानों को पुलिस अपमानित करे...और उन मेहमानों के अपमान के माध्यम से अन्ततः हम अपमानित हों।"

"जब तुम्हें मालूम है कि अपराधी लोग मेहमानों के वेश में नगर में आ जाते हैं, तो उन्हें रोकने के लिए इतना तो करना पड़ेगा।"

"कोई जरूरत नहीं!" वह बोला, "पुलिस के हाथों इस प्रकार अपमानित होने से तो अच्छा है कि हमारा सारा मुहल्ला ही जल जाये।"

उसके इस अड़ियल रवैये के कारण मुझे इस समस्या का कोई समाधान नहीं सूझ रहा था। मैंने मात्र उसे सान्त्वना देने के लिए कहा, "चलो, कोई बात नहीं। जो हुआ, सो हुआ। अब पुलिस उन अपराधियों को कहीं-न-कहीं पकड़ ही लेगी। उन्हें उनके अपराध का उपयुक्त दंड दिया जायेगा।"

"क्या?" वह उछलकर खड़ा हो गया, "पुलिस उन्हें पकड़ेगी? तुम क्या समझते हो कि मैं अपने मेहमानों को इस प्रकार बन्दी होने दूँगा।"

मेरा सिर चकरा गया। किसी प्रकार स्वयं को संयत कर बड़े प्रयत्नपूर्वक पूछा, "तो आखिर तुम चाहते क्या हो?"

"मैं तो बस थाने को फूँकना चाहता हूँ।" वह परम शान्ति की मुद्रा में बोल. ा।

[रचना : 19.5.95]

आश्रयदाता

मैं अस्पताल पहुँचा तो देखा, रामलुभाया अपनी मेज पर सिर टिकाये, विरही प्रेमी के समान उदास बैठा था।

"क्या हुआ?" मैंने पूछा, "लगता है कि अभी मजनूँ के समान अपने कपड़े फाड़, पत्थर खाने के लिए सड़क पर निकल पड़ोगे।"

"जब से अस्पताल का डायरेक्टर बना हूँ, सचमुच यही स्थिति है।" वह बोला, "इस बार तो पत्थर ही पड़ेंगे—सड़क में पड़ें, घर में पड़ें या अस्पताल में पड़ें।"

"क्यों? क्या हो गया?" मैंने आग्रहपूर्वक पूछा।

"एक स्त्री ने एक बच्ची का प्रसव किया; और बच्ची को यहीं छोड़, बिना अपना कोई पता-ठिकाना दिये कहीं लुप्त हो गयी।" वह बोला।

"अरे तो भर्ती होते समय तो कोई पता लिखाया होगा।"

"वह मिथ्या है। उस संख्या का कोई मकान उस गली में नहीं है।"

"लड़का चाहती होगी; लड़की हो गयी, तो छोड़ भागी!" मैंने कहा, "पुलिस को सूचना दी।"

"पुलिस उस स्त्री की खोज में लुप्त हो गयी।" रामलुभाया रो पड़ा, "बच्ची तो मेरी गोद में पड़ी है न!"

"अरे तो अपनी गोद से उठाकर भाभी की गोद में डाल दो!" मैं हँसकर बोला, "उनकी भी सन्तान की इच्छा पूरी हो जायेगी; और बच्ची को भी इतना अच्छा घर और प्यार करनेवाले माता-पिता मिल जायेंगे।" मुझे जैसे कोई अलौकिक ज्ञान प्राप्त हो गया था, "मुझे तो लगता है कि भगवान् की यही इच्छा है। तभी तो वह स्त्री प्रसव के लिए तुम्हारे ही अस्पताल में आयी और अपना पता-ठिकाना बताये बिना भाग गयी।"

"भगवान् की इच्छा तो है; किन्तु सरकार की इच्छा नहीं है।" वह झल्लाया हुआ बोला।

"अरे, बीच में यह सरकार कहाँ से टपक पड़ी?" मैंने चकित होकर पूछा, "एक नवजात शिशु को उठाकर हृदय से लगा लेने के लिए भी सरकार से पूछना पड़ता है क्या?"

"पूछना पड़ता है।" वह बोला।

"पर क्यों?"

"उस स्त्री के पति ने अपना नाम ए. मलिक लिखाया था, और स्त्री का गुलाबो।"

"तो?"

"इन नामों से उनका हिन्दू या मुसलमान होना तय नहीं है। पुरुष का नाम आकाश मलिक भी हो सकता है और अब्दुल मलिक भी! स्त्री के नाम से भी पता नहीं चलता कि वह हिन्दू है या मुसलमान।"

"तुम्हें एक अनाथ बच्ची को गोद लेना है, या उसके उस भगोड़े माता-पिता की जन्मकुंडली तैयार करनी है?" मैंने उसे डाँटा, "तुम मुसलमान माता-पिता के कारण उस बच्ची को पालना नहीं चाहते! डॉक्टर होकर भी नहीं जानते कि बच्ची के शरीर का रक्त न हिन्दू है, न मुसलमान।"

"तुम समझते नहीं हो।" इस बार रामलुभाया ने मुझे डाँट दिया, "अस्पताल मेरी निजी सम्पत्ति नहीं है कि जो चाहूँ, निर्णय कर डालूँ!"

"मैं कब कह रहा हूँ कि अस्पताल को बेच डालो।" मैं बोला, "एक अनाथ बच्ची को गोद लेनेभर को ही तो कह रहा हूँ।"

"यदि बच्ची के भगोड़े माता-पिता मुसलमान हैं, तो इस सैक्यूलर देश में वह बच्ची मुसलमान है। मैं हिन्दू होकर उसे गोद नहीं ले सकता। उससे उसका धर्मान्तरण हो जायेगा; इसलिए देश में दंगा हो जायेगा।"

"ओह! तो मामला साम्प्रदायिक है।" मैं बोला, "तो क्या उसे गोद लेनेवाले कोई मुसलमान माता-पिता नहीं मिल सकते?"

"क्यों नहीं!" वह बोला, "कई लोग तैयार हैं।"

"तो उन्हें दे दो। अपनी छोड़ो, बच्ची की भलाई सोचो।"

"वह भी नहीं हो सकता।" रामलुभाया बोला, "हमारी सैक्यूलर सरकार को उसकी धार्मिक मामलों की सलाहकार समिति ने बताया है कि मुस्लिम जीवन-पद्धति में किसी और के बच्चे को गोद लेने की अनुमति नहीं है। यदि हमने वह बच्ची किसी मुसलमान दम्पत्ति को दे दी, तो सरकार और उस दम्पती के विरुद्ध आन्दोलन खड़ा हो जायेगा। सारे देश में दंगा हो जायेगा।"

"तो उस बच्ची का क्या होगा?" मैंने पूछा।

"किसी अनाथालय में जायेगी।...किन्तु जब तक यह निश्चित नहीं हो जाता है कि उस बच्ची का धर्म क्या है, शायद उसे किसी अनाथालय में भेजना भी सम्भव नहीं है।"

"मैं चकित रह गया। अनायास ही मेरे मुँह से निकला, "लगता है धर्म ने तो बस दंगाइयों को ही आश्रय दे रखा है।"

इस बार रामलुभाया मुस्कराया, "धर्म ने तो सदा मानवता को आश्रय दिया है। इन दंगाइयों को आश्रय देनेवाली तो हमारी सरकार है।..." **[रचना : 14.6.95]**

परमार्थ

सुबह से ही फ्लैटों के पीछे से किसी बड़ी हलचल की ध्वनियाँ आ रही थीं। अपनी व्यक्तिवादिता में सोचा, होगा कुछ! हमें क्या! किन्तु थोड़ी देर में ही, जब वहाँ से एक हुजूम निकला और हमारे फ्लैटों के सामनेवाली मुख्य सड़क पर पसर गया, तो मैं उतना तटस्थ नहीं रह सका। मुझे कुछ न भी हो; यदि उन्हें कुछ हुआ तो? इधर मेरी उत्सुकता बढ़ी और उधर रामलुभाया के चरण सीढ़ियाँ चढ़, मेरी ओर बढ़े। "रामलुभाया! यह जुलूस किसका है?" मैंने पूछा।

"साथवाली बस्ती के लोग हैं।" उसने बताया, "बिजली के दफ्तर तक जा रहे हैं। धरना देंगे। भूख-हड़ताल करेंगे।"

"इनकी बिजली खराब हो गयी है क्या?" मैंने पूछा।

"नहीं! उनकी माँग है कि फ्लैटवालों को बिजली की सरकारी तारों से अवैध कनैक्शन खींचने की अनुमति दी जाये।"

मैं चकित रह गया! ऐसा भाईचारा तो मैंने पहले कभी नहीं देखा था। वैसे भी फ्लैटवालों की इन बस्तीवालों से कोई मित्रता नहीं थी। दोनों की सभाएँ मिलती थीं; इसलिए उनमें कौन-न-कोई झगड़ा होता ही रहता था। कई बार तो सिर-फुटव्वल की भी नौबत आ जाती थी।...पर यह तो सतयुगवाली बात थी। आवश्यकता फ्लैटवालों की और जुलूस निकाल रहे हैं, बस्तीवाले!...'परमारथ के कारने, साधुन धरा शरीर...'

"पर फ्लैटों में तो बिजली है।" मैंने कहा।

"बिजली है। बिजली के मीटर हैं। वे उसका नियमित बिल देते हैं।" रामलुभाया मुस्करा रहा था।

"तो बस्तीवालों को क्या कष्ट है; जो वे इस प्रकार की माँगों को लेकर जुलूस निकाल रहे हैं? अपना काम-धन्धा छोड़ यहाँ धूप में सड़क पर खड़े, अपना पसीना बहा रहे हैं। अभी कुछ गड़बड़ हो जाये तो पुलिसवाले इन पर पिल पड़ेंगे। सिर फूटेंगे, हड्डियाँ टूटेंगी। जाने किसको कितने दिन अस्पताल में रहना पड़े, उतने दिन उनका काम-धन्धा बन्द रहेगा। कौन जानता है, पीछे घर में चूल्हा भी जल पायेगा या नहीं।..." मेरा मन करुणा-विगलित होता जा रहा था।

"हाँ! वह तो है।" रामलुभाया बोला, "पर वे चाहते हैं कि किसी भी स्थिति में

फ्लैटवालों को बिजली के पैसे न देने पड़ें।"

"पर क्यों? उन्हें फ्लैटवालों में इतनी सहानुभूति क्यों है? फ्लैटोंवाले जितनी बिजली खर्च करते हैं, उतने पैसेभरते हैं। पर बस्तीवाले...।" मेरी समझ में कुछ नहीं आ रहा था।

"भई! यदि फ्लैटवालों को सरकार से बिजली के अवैध कनैक्शन की अनुमति मिल गयी, तो एक प्रकार से नगर के सारे अवैध कनैक्शन वैध हो जायेंगे। और यदि ऐसा हो गया तो बस्तीवालों की उन सारी बिजली की तारों को कोई नहीं हटायेगा, जो उन्होंने सड़क के खम्भों और तारों से खींच रखी हैं।"

मेरा मुख आश्चर्य से खुल गया। वाह! कितनी चतुराई से काम हो रहा है। अपने लिए कुछ नहीं माँग रहे। निःस्वार्थ भाव से, दूसरे के लिए कष्ट पा रहे हैं। स्वार्थ का स्वार्थ और पुण्य का पुण्य! अपने अनुचित कृत्यों की रक्षा के लिए, दूसरों को अनुचित अधिकार देने की माँग! वाह! भई वाह!...

"पर उन्हें यह बात सूझी कैसे? ऐसा तो आज तक किसी ने नहीं किया!" मैंने कहा।

रामलुभाया खुलकर हँसा, "इन्होंने समाचारपत्रों में पढ़ लिया है कि समता पार्टी के एक सांसद सैयद शहाबुद्दीन ने लोकसभा में एक विधेयक प्रस्तुत किया है, जिसमें बहुसंख्यकों को भी अपनी शैक्षणिक संस्थाएँ खोलकर उनमें मनमानी शिक्षा देने तथा मनमानी सीटें आरक्षित करने का अधिकार देने की माँग की गयी है।"

[रचना : 14.6.95]

अवैध कब्जे का औचित्य

भोलाराम अपने गाँव से एक भैंस ले आया था। घर में तो भैंस बाँधने का कोई स्थान था नहीं, इसलिए पिछवाड़े की गली में खूँटा गाड़कर भैंस बाँध दी। भैंस वहाँ बाँधी थी तो कटरा भी वहीं बँधना था। इसलिए बाध्य होकर एक खूँटा उसके लिए भी गाड़ना पड़ा। दिनभर भैंस और उसका कटरा धूप में जलते रहे और उन्हें कष्ट में देख-देखकर भोलाराम का मन फुँकता रहा। अँधेरा होते ही उसने चुपके से चार बल्लियाँ गाड़कर उन पर टीन की छत डाल दी। उसने देखा कि दूर-दूर से लोग चाहे आँखें तरेरते रहे; किन्तु किसी ने निकट आकर बल्लियाँ उखाड़ फेंकने का साहस नहीं किया। भोलाराम का साहस बढ़ गया। उसने पड़ोसी के मकान की दीवार के साथ एक खुर्ली भी बना ली और उसमें भैंस के लिए सानी कर दी।

दिनभर पड़ोसी ने कुछ नहीं कहा, किन्तु शाम को बाहर निकल उसने भोलाराम से अपना विरोध जताया, "भोलाराम! यहाँ भैंस मत बाँधो!"

"तो कहाँ बाँधूँ? घर के भीतर तो कोई जगह है नहीं।"

"जगह नहीं है तो भैंस रखनी बहुत जरूरी है।" पड़ोसी ने क्रुद्ध स्वर में कहा, "मत रखो भैंस। और किसी ने रखी है क्या?"

"हमारे घर में शुद्ध दूध पीने की आदत है।" भोलाराम बोला, "हम तुम्हारे समान मदर डेरी की उस लोहे की भैंस का दूध नहीं पी सकते, इसलिए हमें तो भैंस रखनी ही पड़ेगी।"

"रखो, पर तुम उसे गली में नहीं बाँध सकते।"

"गली तुम्हारे बाप की है।" भोलाराम गुर्राया, "मैं भी इसी गली में रहता हूँ। गली पर मेरा भी उतना ही अधिकार है, जितना तुम्हारा है। देखता हूँ, कौन मुझे गली में भैंस बाँधने से रोकता है।"

"पर खुर्ली तो तुमने मेरी दीवार के साथ बनायी है।" पड़ोसी ने कहा, "उससे मेरी दीवार खराब हो रही है।"

"मैंने खुर्ली गली में बनायी है।" भोलाराम बोला, "यदि तुम्हारी दीवार खुर्ली से जुड़ रही है, तो इसका अर्थ है कि तुमने भी दीवार गली में बनायी है। तुम अपनी दीवार वहाँ से हटा लो।"

पड़ोसी बुरा-सा मुँह बनाकर हट गया। समझ गया कि वह भोलाराम की बराबरी

नहीं कर पायेगा। यदि इस गली में रहना है; तो उसकी ज्यादातियाँ सहन करनी ही पड़ेंगी।

रामलुभाया यह सब देखता रहा और तड़पता रहा। जानता था कि भोलाराम ज्यादती कर रहा है। पर जब मुहल्ला-पंचायतवाले ही चुपचाप बैठे हुए थे, तो वह क्या कर सकता था...। तब उसका ध्यान दूसरी ओर चला गया। यदि मुहल्ला-पंचायत ने भोलाराम को जानवर पालने के बहाने गली पर कब्जा करने का अधिकार दे दिया था, तो वह भी ऐसा ही अधिकार प्राप्त करेगा।

वह मेरे पास आया, "सोच रहा हूँ, कुछ मुर्गियाँ पाल लूँ।"

"घर गन्दा करना है क्या?"

"नहीं! मकान और सड़क के बीच जो दो फुट चौड़ी जगह है, उसे घेर लूँगा।" वह बोला, "आखिर भोलाराम ने भी तो पिछली गली ही घेरी है। जब उसे यह अधिकार है, तो मुझे भी मिलना चाहिए। मेरे घर के साथ इतनी जगह तो है नहीं कि भैंस पाल सकूँ। तो मुर्गियाँ ही सही। कुछ तो लाभ होगा।"

मैं उसके मन की स्थिति समझ रहा था। उसे भोलाराम की हरकत अनुचित लग रही थी; किन्तु उसे निरस्त करने के लिए वह कुछ कर नहीं पा रहा था। इसलिए उसने भी उसी प्रकार का अनुचित अधिकार अपने लिए भी चाहा था।

मुझे चुप देखकर, उसे लगा कि मैं उससे सहमत नहीं हूँ। मुझे सहमत करने के लिए उसने दाना फेंका, "मेरी मानो तुम भी कोई भेड़-बकरी पाल लो। इसी बहाने थोड़ी-सी जगह घेर सकोगे।..."

"नहीं।" मैंने कहा, "तुम भी ऐसा कुछ मत करो।"

"क्यों, जो लाभ मिल सकता है, वह भी न लूँ?"

"क्या लाभ होगा तुम्हें? तुम्हारे मुर्गी के दड़बेमात्र से उसके तबेले का औचित्य प्रतिष्ठित हो जायेगा।" मैंने कहा, "जैसे सरकार अरब जाने के लिए हज का खर्च देती है; और तुम उसी के तौल पर तीर्थ-यात्रा के लिए दिल्ली से मथुरा तक का किराया माँगो। तुम्हारे मथुरा तक के किराये से सरकार हज का खर्च उचित ठहरा देगी।...और कल को कोई रोमन कैथोलिक यह माँग ले बैठा कि उसे तीर्थ-यात्रा के लिए रोम जाना है, अतः सरकार उसे इस यात्रा के लिए अनुदान दे, तो सरकार उसकी इस माँग को भी उचित ठहरा देगी।" मैंने उसे समझाया, "अवैध कब्जा अवैध ही है। एक और अवैध कब्जे से उसका औचित्य सिद्ध मत करो। गली को मुहल्ला-पंचायत की गली ही बनाये रखने का संघर्ष करो। उसे छोटे-बड़े अवैध कब्जों का क्षेत्र मत बनने दो।"

[रचना : 24.6.95]

छज्जे में खड़े-खड़े

सड़क पर बेहद शोर था। लोग नारे लगा रहे थे। किसी का जिन्दाबाद और किसी का मुर्दाबाद हो रहा था। मैं अपने घर के छज्जे में खड़ा हुआ था वह दृश्य देख रहा था; किन्तु मामला कुछ समझ में नहीं आ रहा था। मैं नीचे जाने की तैयारी कर ही रहा था कि रामलुभाया ने पड़ोसी-धर्म का निर्वाह करते हुए, मुझे रोक दिया, "नीचे मत जाइये। व्यर्थ ही पिट जाइयेगा।"

"क्यों? पिट क्यों जाऊँगा? यह कोई बारात तो है नहीं कि लोग होश में न हों; और किसी से भी भिड़ जायें।" मैंने आपत्ति की।

"बारात नहीं है तो क्या हुआ? भीड़ तो है। बारात को होश उड़ाने के लिए, मदिरा की आवश्यकता होती है; क्योंकि उनकी संख्या कम होती है। यह तो जुलूस है। ये लोग बिना पिये ही भिड़ने के लिए तैयार होते हैं।" रामलुभाया बोला, "आपको अपने विरोधी दल का समझकर लोग भड़क सकते हैं।"

मैं रामलुभाया से तत्काल सहमत नहीं हो सका। आपत्ति कर बैठा, "पर वे मुझे अपने दल का भी तो मान सकते हैं।"

"ऐसे में जुलसू निकालने के अपराध में पुलिस आपको पीट देगी।" रामलुभाया बोला, "आप जानते तो हैं नहीं कि पीटने का भी कोटा होता है। कुछ को जुलूसवाले पीटते हैं, कुछ को पुलिसवाले। युद्ध होता है तो दोनों पक्षों के कुछ लोग खेत रहते हैं। कुछ दल के पक्षवाले पिटते हैं, कुछ विपक्षवाले। पक्षवालों को पुलिस पीटती है, विपक्षवालों को भीड़। और आपका क्या है..." रामलुभाया कुछ कहते-कहते रुक गया। इस बार बोला, तो उसका रुख, एकदम बदला हुआ था, "पिटने को तो हम छज्जे में खड़े-खड़े भी पिट सकते हैं। चलिये, भीतर चलिये। अपने ही घर में, अपने मुहल्लेवालों के सामने पिटना कोई अच्छी बात तो है नहीं।"

"क्यों? मुझे अपने घर के छज्जे में खड़े होने पर कोई क्यों पीटेगा?" मैंने अबोध भाव से पूछा।

"कमाल है। इतनी-सी भी नहीं समझते।" रामलुभाया मुझे धकेलकर भीतर ले आया, "जुलूसवाले आपको इस रोष में पीट सकते हैं कि साला ऊपर खड़ा तमाशा देख रहा है। नीचे उतरकर जुलूस में सम्मिलित क्यों नहीं होता। और...।"

"और?"

"और पुलिसवाले इस क्रोध में पीट सकते हैं कि छज्जे में प्रकट होकर जुलूसवालों को नैतिक समर्थन दे रहा है। उनका आत्मबल बढ़ा रहा है।"

"ऐसे तटस्थ भाव से भी कहीं समर्थन दिया जाता है?" मैंने विरोध किया।

"हाँ! राजनीति में किया जाता है।" वह बोला, "दूर से समर्थन, या बाहर से समर्थन, इसी को कहते हैं।"

"पर मैं कोई राजनीति नहीं कर रहा।"

"पुलिस तो कर रही है न! जुलूसवाले तो कर रहे हैं न!" वह बोला, "और आप तो ऐसे चमत्कारी जीव हैं कि आपके दोनों ही ओर से पिटकर आने की सम्भावनाओं से इंकार नहीं किया जा सकता।"

मुझे उसका यह वक्तव्य सर्वथा आपत्तिजनक लगा। मैंने जोरदार विरोध किया, "यह क्या बकवास है?"

"यह बकवास नहीं, तथ्य है।" रामलुभाया ने रौबदार आवाज में कहा, "पुलिसवाले आपको जुलूस के साथ समझकर पीट देंगे; और जुलूसवाले, पुलिस का भेदिया समझकर। आप तो न अपना पक्ष सिद्ध कर पायेंगे, न विपक्ष!"

मैं रामलुभाया के इस अनर्गल प्रलाप में उलझना नहीं चाहता; किन्तु वह मुझे ऐसा भकुआ प्रमाणित करता जा रहा था, जो मुझे सर्वथा असह्य था।

"पर ऐसा क्यों होगा भाई?" मैंने पूछा, "मैं कुछ करूँगा, कुछ कहूँगा तब न!"

"कुछ करना या कहना, जरा भी आवश्यक नहीं है भाई साहब!" रामलुभाया ने समझाया, "अब आप किसी धार्मिक अनुष्ठान में घुस जाइये, तो पिटेंगे ही न! अनुष्ठान चाहे हिन्दुओं का हो, चाहे मुसलमानों का।"

"क्यों? हिन्दुओं के अनुष्ठान में जाऊँगा तो वे क्यों पीटेंगे?"

"वे आपको मुसलमान समझकर पीट देंगे।"

"पर क्यों समझ लेंगे मुझे मुसलमान?"

"आपने मुसलमानों जैसी दाढ़ी रख छोड़ी है।"

"पर मैं प्रमाणित कर दूँगा कि मैं यह दाढ़ीमात्र नहीं हूँ। मैं एक पूरा शरीर हूँ। उसमें स्थित आत्मा हूँ। मैं एक सम्पूर्ण अस्तित्व हूँ। मैं शरीर, मन और आत्मा सबसे हिन्दू हूँ।" मैंने कहा।

"तो वे आपको और जोर से पीटेंगे कि हिन्दू शरीर, मन और आत्मा पर मुसलमानों की दाढ़ी क्यों उगायी। यह मामला तो बहुत गम्भीर है। हिन्दू मन्दिर के चारों ओर मसजिद की-सी मीनारें बनवा देंगे। तो दंगा होगा या नहीं?"

मुझे रामलुभाया की तर्क-पद्धति में रस आने लगा था। पूछा, "और यदि

मुसलमानों के अनुष्ठान में पहुँच जाऊँ तो?"

"तो वे भी पीटेंगे।"

"क्यों?"

"कहेंगे, हिन्दू होकर मुसलमान जैसी दाढ़ी रखता है, ताकि हम धोखा खा जायें और इसे मुसलमान समझ लें। यह तो वैसे ही है कि भीतर से जो मन्दिर हो, उसे बाहर से मसजिद का रूप दे दिया जाये!"

मैं कुछ बोला नहीं! बस सोचता ही रहा : सीढ़ियाँ उतर नीचे सड़क पर जाकर, मैं जुलूस तो नहीं देख सकता; किन्तु क्या अपनी इच्छा से, किसी को दाढ़ी रखने, न रखने की भी स्वतन्त्रता नहीं है? इस समाज में तो व्यक्ति बहुत स्वतन्त्र है!..

[रचना : 26.6.95]

निरपराधिक होने का प्रमाणपत्र

मैं थाने में पहुँचा तो वहाँ थानेदार भोलाराम बैठे थे। मैंने उनसे कहा, "मुझे अपने लिए निरपराधिक चरित्र प्रमाणपत्र चाहिए।"

उन्होंने अच्छी तरह मेरा निरीक्षण किया और पूछा, "वह क्या होता है?"

"उसे आप शायद श्छव ब्तपउपदंस त्मबवतकए कहते हैं।" मैंने कहा, "मुझे पुलिस से एक प्रमाणपत्र चाहिए कि मैंने कभी कोई अपराध नहीं किया है।"

उन्होंने कुछ सोचने की मुद्रा बनायी; किन्तु वे कुछ भी सोच नहीं रहे थे। मैं जानता था कि वे निश्चय कर चुके थे कि वे मुझे क्या कहेंगे।

सोचने का पर्याप्त अभिनय कर लेने के पश्चात् वे बोले, "जब मैं आपको जानता ही नहीं, तो मैं आपको यह प्रमाणपत्र कैसे दे सकता हूँ कि आपने कभी कोई अपराध नहीं किया है?"

मैं प्रसन्न हो गया, "पुलिस मुझे नहीं जानती, यही अपने-आप में सबसे बड़ा प्रमाण है कि मैं अपराधी नहीं हूँ। यदि मैंने कोई अपराध किया होता तो मुझसे आपका परिचय अवश्य हुआ होता।"

"आप ठीक कह रहे हैं।" भोलाराम हँसे, "लिखकर दे दूँ कि हम आपको नहीं जानते?"

"नहीं! उससे तो काम नहीं चलेगा।" मैं हकलाया।

"तुम्हीं इतरा रहे थे कि यही सबसे बड़ा प्रमाण है। अब उसी प्रमाण को वहाँ प्रस्तुत क्यों नहीं करते?" उसने मुझे डाँटा, "अब तुम्हारी समझ में आया कि तुम्हें जाने बिना हम तुम्हें प्रमाणपत्र नहीं दे सकते। और पुलिस तुम्हें जाने इसके लिए आवश्यक है कि तुम कोई अपराध करो और यदि तुम अपराध करोगे तो तुम्हारा आपराधिक रिकॉर्ड होगा। यदि तुम्हारा आपराधिक रिकॉर्ड होगा, तो हम तुम्हें निरपराधी घोषित नहीं करेंगे। ऐसे में बिना हमसे जान-पहचान किये, अर्थात् बिना कोई अपराध किये तुम्हें प्रमाणपत्र चाहिए ही। इसलिए तुम प्रमाणपत्र पाने के लिए हमें उत्कोच दोगे। उत्कोच समझते हो न—रिश्वत! तुम हमको रिश्वत दोगे। रिश्वत देना अपने-आप में अपराध है। हम तुमको रिश्वत देने के अपराध में धर लेंगे। तुम्हारा आपराधिक रिकॉर्ड लम्बा होता जायेगा...।"

"तो मुझे पुलिस की ओर से निरपाधिक प्रमाणपत्र कैसे मिल सकता है?"

"यह असम्भव है। पुलिस कोई ऐसा प्रमाणपत्र नहीं दे सकती।" भोलाराम बोले,

"हमसे तो यह प्रमाणपत्र माँगो कि किसने कितने अपराध किये हैं।"

मैं निराश हो गया। किन्तु निराशा बड़ी अच्छी चीज है। वह अधिक देर टिकती ही नहीं। उसमें से थोड़ी देर में ही आशा की किरण फूटने लगती है। मुझे भी भोलाराम में रामलुभाया दिखायी देने लग गया। भोलाराम तो मात्र थानेदार था। रामलुभाया आजकल डी.एस.पी. था। वह बड़ा अफसर था। वह भोलाराम को ऐसी निराशाजनक बातें करने के लिए डाँट भी सकता था और मुझे प्रमाणपत्र भी दे सकता था। मैं रामलुभाया के दफ्तर में जा पहुँचा।

रामलुभाया ने मेरी बात सुनी और अपना माथा ठोंक लिया, "हम सप्ताहभर से अभियान चला रहे हैं कि जनता अपने देश की पुलिस को निरपराधिक घोषित करे। जनता स्वीकार करे कि भारत की पुलिस जनता की मित्र है, अपराधियों की नहीं।"

"तो?" मैंने पूछा।

"तो क्या?" रामलुभाया बोला, "यह तो उल्टी बात हो गयी। चरित्रहीन यदि किसी दूसरे व्यक्ति को चरित्रवान होने का प्रमाणपत्र दे भी दे, तो उसका महत्त्व ही क्या है?"

मैं उजबक-सा रामलुभाया की ओर देखता रहा।

"ऐसे क्या देख रहे हो।" उसने मुझे डाँटा, "ज्ञान की परख ज्ञानी करता है, चरित्र की परख चरित्रवान करता है, हम तो आकंठ अपराध में डूबे हैं, यदि तुम्हें प्रमाणपत्र दे भी दें कि तुम निरपराधिक हो, तो उसका कोई महत्त्व है?"

"नहीं।" मैंने कहा और उठकर खड़ा हो गया।

"कहाँ जा रहे हो?" उसने पूछा।

"घर।"

"अच्छा! हमारा एक काम करते जाओ।"

"क्या?" मैं हैरान रह गया, "मुझसे तुम्हें क्या काम है?"

"तुम सत्यवादी हो। समाज में तुम्हारे चरित्र का सम्मान है। तुम हमें एक प्रमाणपत्र दे जाओ कि हमारे देश की पुलिस अपराधी नहीं है।"

"पर ऐसा प्रमाणपत्र मैं तुम्हें कैसे दे सकता हूँ कि तुम निरपराधी हो।" मैंने कहा, "दुनिया जानती है कि प्रायः अपराध पुलिस के सहयोग से होते हैं। हमारी पुलिस अपराधियों के विरुद्ध कार्रवाई नहीं करती। हमारी पुलिस रिश्वत लेकर अपराधियों को छोड़ देती है। अनेक स्थानों पर तो पुलिस अपराधियों के साथ सहयोग भी करती है।"

इस बार रामलुभाया बिगड़ गया, "यदि तुम निरपराधिक होने का प्रमाणपत्र दे नहीं सकते, तो हमसे ऐसा प्रमाणपत्र माँगते ही क्यों हो। भागो यहाँ से।"

और उसने अपने सिपाहियों के माध्यम से मुझे दफ्तर से बाहर फिंकवा दिया।

[रचना : 5.7.95]

भविष्य

रामलुभाया जब अपेक्षा कर रहा था कि उसकी पत्नी खाने के लिए चिकनी मिट्टी तथा चाट-पकौड़ी माँगेगी, उसकी पत्नी ने पूछा, "सबसे जल्दी अंग्रेजी सीखने का क्या उपाय है?"

रामलुभाया को इस प्रकार की प्रासंगिकता समझ में नहीं आयी, किन्तु उसके अचेतन मन में कहीं बसा हुआ था कि उसे प्रत्येक प्रश्न का उत्तर देना ही है। उसकी प्रासंगिकता, अप्रासंगिकता, सार्थकता, निरर्थकता—किसी के विषय में जानने की क्या आवश्यकता? प्रश्न तो प्रश्न था, उसका उत्तर तो दिया ही जाना चाहिए। शायद राजनेताओं के प्रभाव में ऐसा सोचता था। अध्यापक होता तो परीक्षा-पद्धति को ध्यान में रख, अपनी शैली बनाता—दस में से किन्हीं पाँच प्रश्नों के उत्तर दो। बोला, "इंग्लैंड में जन्म लेना!" फिर उसने संशोधन किया, "इंग्लैंड में जन्म लेने से अंग्रेजी बोलनी तो आ जाती है। मेरा तात्पर्य है कि व्यक्ति अंग्रेजी में बातचीत तो कर सकता है; किन्तु उसे अच्छी अंग्रेजी का ज्ञान हो जाता है, यह कहना कठिन है!"

"यह सम्भव नहीं है।" उसकी पत्नी ने कहा।

"क्या?"

"इंग्लैंड में जन्म लेना। जन्म तो भारत में ही होगा।" वह बोली, "पर भारत में जन्म लेकर जल्दी-से-जल्दी अंग्रेजी सीखने का आसान तरीका क्या है?"

"पढ़ाई!" रामलुभाया बोला, "पढ़कर भी कोई भाषा सीखी जा सकती है।"

"पर पढ़ेगा तो वह, जो पढ़ना जानता होगा।" पत्नी ने उत्तर दिया, "जो पढ़ना-लिखना न जानता हो, वह पढ़कर अंग्रेजी कैसे सीख लेगा?"

"तो वह पहले हिन्दी पढ़ना सीख ले।" रामलुभाया ने कहा, "भली प्रकार हिन्दी सीख लेगा, तो अंग्रेजी सीखने में अधिक कठिनाई नहीं होगी।"

"नहीं! तब तक तो बहुत देर हो जायेगी।" पत्नी ने कहा, "तब तक भारत की जनसंख्या बहुत बढ़ जायेगी। सारी नियुक्तियाँ हो जायेंगी। उसके लिए कोई नौकरी नहीं बचेगी।"

रामलुभाया कुछ-कुछ समझ गया। उसकी पत्नी किसी ऐसे व्यक्ति की चर्चा कर रही थी, जिसे नौकरी की आवश्यकता थी; और शायद इस समय कोई नौकरी उपलब्ध भी थी।...पर वह तो कह रही थी कि उसे अभी लिखना-पढ़ना ही नहीं

आता, और दूसरी ओर वह उसे कोई ऐसी नौकरी दिलाना चाहती है, जिसमें अंग्रेजी के ज्ञान की भी आवश्यकता है।...

"तुम किसकी बात कर रही हो?" रामलुभाया ने पूछा, "किसे अंग्रेजी सीखनी है? किसे नौकरी चाहिए?"

पत्नी ने उसके प्रश्न का उत्तर न देकर पत्नी के विशिष्ट अधिकार का प्रयोग किया और उसे डाँटना आरम्भ कर दिया, "तुम न कुछ समझते हो और न कुछ सोचते हो। घर की ओर घरवालों की तुम्हें कोई चिन्ता ही नहीं है। दुनिया में जिसकी इच्छा हो, वह तुमसे बेगार करा ले; किन्तु घर का कोई काम...।"

रामलुभाया अपने मन में संगोष्ठी-कक्ष में अन्तर्धान हो गया। संगोष्ठी का विषय था कि 'व्यवहार में देखा जाता कि प्रत्येक पत्नी अपनी इच्छा और सुविधा के अनुसार अपने पति को डाँट ही नहीं लेती उसे लांछित कर उसके साथ गाली-गलौज भी कर लेती है; फिर क्यों माना जाता है कि यह पुरुष-प्रधान समाज है और इसमें स्त्री पुरुष द्वारा प्रताड़ित है?' उसके सामने उसकी प्रश्नमयी पत्नी खड़ी थी, इसलिए वह अधिक देर तक अपने मन के संगोष्ठी-कक्ष में छिपे रहने का जोखिम मोल नहीं ले सकता था। तत्काल अध्यक्षीय भाषण के रूप में निष्कर्ष दे डाला, 'दोनों की बातें सत्य हैं। पत्नी अपनी रुचि के अनुसार अपने पति को अकारण डाँटती है, इसलिए पति उस डाँट का न बुरा मानता है, न उस डाँट को सामाजिक विवाद का मुद्दा बनाता है। दूसरी ओर, पति किसी कारणवश पत्नी को डाँटता है। इसलिए पत्नी उस डाँट का बुरा मानती है और उसे सामाजिक बहस का मुद्दा बनाती है।' वह मन के संगोष्ठी-कक्षा से बाहर आ, पत्नी के सम्मुख उपस्थित हो गया।

"किसे अंग्रेजी सीखनी है?"

"हमारे मुन्ने को।" पत्नी ने कहा।

"किन्तु हमारे मुन्ने या मुन्नी ने तो अभी जन्म भी नहीं लिया...।" रामलुभाया चकित था।

"यही तो भगवान् का अन्याय है।" पत्नी बोली, "हमारा बच्चा जन्म लेने के पश्चात् ही अंग्रेजी सीख सकता है। क्या फ्यूचर है उसका? यदि कहीं हमारा मुन्ना अष्टाव्रक तथा अभिमन्यु के समान मेरे गर्भ में ही अंग्रेजी सीख लेता; और अंग्रेजी सीखकर जन्म लेता, तो इस देश पर राज करता।"

[रचना : 24.7.95]

नारे की परिणति

नेताजी ने अपने दल के कार्यकर्त्ताओं का एक सम्मेलन किया और उन्हें चुनाव के पहले का एक सशक्त नारा दिया, "हर हाथ को काम चाहिए।" उनका विचार था कि उनके इस मौलिक नारे को सुनकर कार्यकर्ता उनके प्रति श्रद्धा से आप्लावित हो उठेंगे और तालियों की ऐसी गड़गड़ाहट होगी कि आकाश के सारे मेघों की सम्मिलित गड़गड़ाहट भी उसके सम्मुख लज्जित हो जायेगी।...किन्तु ऐसा कुछ नहीं हुआ। कुछ समय तक तो एक अनिश्चित-सा सन्नाटा छाया रहा। फिर एक कोने में एक अत्यन्त दीन-हीन कार्यकर्ता उठकर खड़ा हो गया। उसका चेहरा सूजा हुआ था और मुट्ठियाँ भिंची हुई थीं। उसने जोर का नारा लगाया, "नेताजी मुर्दाबाद।" और सारा पंडाल नेताजी मुर्दाबाद के नारों से खचाखचभर गया। लगा, कुर्सियों पर 'मुर्दाबाद' बैठ गया है और कार्यकर्ता लोग उछल-उछलकर वायुमंडल में लट्टू के समान घूम रहे हैं।

नेताजी इस भावात्मक विस्फोट से चकित रह गये। कहीं कुछ भूल हो गयी थी। उन्होंने नीति की सड़क पर कोई गलत मोड़ ले लिया था, इसलिए उनके सारे जिन्दाबाद, मुर्दाबाद की ओर मुड़ गये थे।...

उन्होंने हाथ जोड़ दिये, "मुझसे क्या भूल हो गयी?"

'काम दो' का नायक पुनः उठ खड़ा हुआ, "आप हर हाथ में काम दे रहे हैं और वेतन की चर्चा भी नहीं कर रहे हैं। यहाँ किस मूर्ख हाथ को काम चाहिए। यहाँ तो प्रत्येक जेब को वेतन चाहिए। अपना काम आप रखिये अपने पास!"

"नेताजी को अपनी भूल समझ में आ गयी। उन्होंने अत्यन्त विनीत भाव से पुनः अपने हाथ जोड़ दिये, "महानुभावो! मेरी बात समझने की चेष्टा करो।"

"समझें तो तब, जब आप कुछ समझायें।" वही नायक कार्यकर्ता बोला।

"जब प्रत्येक हाथ को काम देने की बात कही जाती है, उसे उसी में यह अर्थ निहित होता है कि उस हाथ द्वारा पहनी गयी आस्तीन की कमीज की ज़ेब में वेतन भी जायेगा। अपने देश में जब जेब में वेतन जाना एक बार आरम्भ हो जाता है, तो वह बीच में रुकता नहीं, चाहे हाथ अपना काम करना रोक दे! कोई पलटकर नहीं देखता कि हाथ काम कर रहा है या नहीं। अपने देश में पेट पर लात मारने की परम्परा नहीं है।"

इस बार कार्यकर्ता-समाज हक्का-बक्का रह गया। उसके नेता ने उनके लिए वह स्वर्णिम भविष्य का नारा दिया था और वे लोग अपनी नासमझी में, उसी नेता के लिए, 'मुर्दाबाद' पुकार रहे थे!...

पर वह नायक कार्यकर्ता इतनी जल्दी माननेवाला नहीं था। उसने अब भिंची हुई मुट्ठीवाली भुजा फिर उठायी, "नेताजी मुर्दाबाद!"

कार्यकर्ताओं की समझ में कुछ नहीं आया। समझ होती तो उसमें कुछ आता। उन्हें तो यही ज्ञात था कि नायक 'जिन्दाबाद' कहे तो उन्हें जिन्दाबाद कहना है; नायक 'मुदार्बाद' कहे तो उन्हें 'मुर्दाबाद' कहना है। इसलिए उन्होंने पुनः 'मुर्दाबाद' के नारे लगाये।

नेताजी देख रहे थे कि उनके कार्यकर्ता 'जिन्दाबाद' का नारा उस तन्मयता तथा एकाग्रता से नहीं लगाते थे, जिससे वे 'मुर्दाबाद' का नारा लगाते थे। अर्थात् उनकी यह सेना किसी का स्वागत करने से कहीं अधिक जोश से प्रदर्शन कर सकती थी, विरोध कर सकती थी!

नेताजी ने पुनः हाथ जोड़ दिये और पूछा, "अब क्या है महाजनो?"

कार्यकर्ताओं ने मुड़कर अपने नायक की ओर देखा, अब क्या था?

नायक आगे बढ़ आया। उसने माइक पकड़कर गूँजती आवाज में कहा, "यह हमारी पार्टी के वर्करों की मीटिंग है। यहाँ जो भी बात होगी, वह केवल हमारी पार्टी के हित की होगी। हमारे ये नेताजी सारा काम तो हमसे करवाते हैं और अब जब बात आयी है बिना काम के वेतन पाने की, तो ये नारा लगा रहे हैं, 'हर हाथ को काम और हर जेब को वेतन' का। हमारा नारा तो होना चाहिए 'विपक्षी दल के हर हाथ को काम और अपने दल की हर जेब को वेतन?' किन्तु नेताजी यह नहीं चाहते—यह तो आपने अपने कानों से सुन लिया है। मेरा आरोप है कि ये हमारे दल के मंच पर खड़े होकर विरोधी दलों को लाभ पहुँचाने का प्रयत्न कर रहे हैं। मेरा प्रस्ताव है कि नेताजी की पार्टी-विरोधी गतिविधियों के अपराध में अपने दल से निष्कासित कर दिया जाये—सदा के लिए!"

नेताजी का मुख खुला का खुला रह गया! अपने नारे की इस परिणति की तो उन्होंने कल्पना भी नहीं की थी।

[रचना : 24.7.95]

गणतन्त्र का गणित

रामलुभाया हाथ जोड़े, खींसें निपोरे, मेरे कमरे में आया, तो मैं समझ गया कि चुनाव आ रहा है।

"आओ। बैठो।" मैंने एक कुर्सी की ओर संकेत किया।

वह बैठा नहीं। पहले तो खड़ा-खड़ा दाँत दिखाता रहा, फिर बोला, "कुर्सी की क्या आवश्यकता है। आपके चरणों में स्थान मिल जाये। वही बहुत है।"

किसी को चरणों अथवा हृदय में स्थान देने से मैं बहुत घबराता हूँ। जाने क्या बात है। जब भी कोई मुझसे चरणों अथवा हृदय में स्थान माँगता है, तो मैं डर जाता हूँ कि वह व्यक्ति मुझसे कोई-न-कोई अनुचित काम करवाना चाहता है। वैसे भी, घर में कितनी कुर्सियाँ हैं, यह तो मुझे मालूम है; किन्तु मेरे हृदय में कितनी आवास-क्षमता है, यह मुझे ज्ञात नहीं है।

"चुनाव आ रहे हैं?" मैंने पूछ ही लिया।

"जी!" वह हाथ जोड़कर वैसे ही मुस्कराया, जैसे यह पूछने पर कि 'क्या वर्षा-ऋतु आ गयी है?' सावन का मेघ मुस्कराया।

"वोट चाहिए?" मैं अपनी कुटिलता छिपा नहीं सका।

"चाहिए भी और नहीं भी चाहिए।"

मैं चकित ही नहीं, स्तब्ध भी रह गया : रामलुभाया को वोट नहीं चाहिए!

"मैं समझा नहीं!" मैंने कहा।

"आपको वोट चाहिए।" वह बोला, "इस अर्थ में कि आप मतदान करने अवश्य आयें।"

"और नहीं चाहिए का अर्थ?"

"अपना मत मुझे न दें, किसी और को दें।" उसने अपना संशोधन कर, वाक्य को सँवारकर नये सिरे से कहा, "अपना मत मुझे कदापि न दें; किन्तु अन्य प्रत्याशी को अवश्य-अवश्य दें।"

मुझे लगा कि रामलुभाया पागल हो गया है। लोग निकलते हैं, वोट माँगने; और यह निकला है वोट डालने। यदि कहता कि मैं अपना मत उसे ही दूँ, तो बात

मेरी समझ में आती, कि वह चुनाव जीतना चाहता है। वह कहता कि मैं अपना मत किसी को भी न दूँ—तो भी बात मेरी समझ में आती कि वह चुनाव का बहिष्कार कर रहा है...

"तुम चुनाव में खड़े नहीं हो रहे क्या?" मैंने पूछा।

"खड़ा हो रहा हूँ।" वह बोला।

"तुम चुनाव जीतना नहीं चाहते?" मैंने पुनः पूछा।

"जीतने के लिए ही तो कह रहा हूँ कि अपना मूल्यवान मत मुझे न दें; मेरे विरोधियों को दें।" उसने मेरे चेहरे पर खीझ और अधैर्य के लक्षण पढ़ लिये थे। अतः शीघ्रता से बोला, "आपने समाचारपत्रों में यह तो पढ़ा होगा कि रामकृष्ण मिशनवाले सरकार से माँग कर रहे हैं कि उन्हें हिन्दू न माना जाये और उन्हें इस देश में एक अल्पसंख्यक सम्प्रदाय घोषित किया जाये।"

"हाँ। पढ़ा है।" मैंने कहा।

"क्यों?" उसने पूछा।

"शायद इसलिए कि इस देश में बहुसंख्यकों के अधिकार सीमित हैं : और अल्पसंख्यक होते ही अधिकार बढ़ जाते हैं।" मैंने अनुमान भिड़ाया।

"हाँ!" रामलुभाया बोला, "आप जानते हैं कि अल्पसंख्यकों को अपने विद्यालय खोलने और अपनी इच्छानुसार धार्मिक शिक्षा देने तथा मनमाना आरक्षण करने का अधिकार है। क्यों?"

"क्योंकि उनके धर्म की रक्षा आवश्यक है।"

"क्यों? बहुसंख्यकों को अपने धर्म, अपनी संस्कृति, अपनी जीवन-पद्धति की रक्षा की आवश्यकता नहीं है?" रामलुभाया ने मुझे डाँटा।

"नहीं!" मैं बेधड़क बोला, "कुछ वर्षों में जब वे अल्पयंख्यक हो जायेंगे—उन्हें अपने-आप ही यह अधिकार मिल जायेगा।"

"आपको पता है कि कल्याण मन्त्री ने अल्पसंख्यक आयोग से कहा है कि यदि कोई व्यक्ति अथवा समुदाय अल्पसंख्यकों की भावनाएँ आहत करता है, तो उस पर मुकदमा चलाया जाये। क्यों?"

"क्योंकि वे बहुसंख्यकों की भावनाओं को आहत करना ही अपने लिए अधिक उपयोगी मानते हैं। अपने भ्रमित गणित के कारण कल्याण मन्त्री बहुसंख्यकों का अपमान कर, अपनी पार्टी के लिए अधिक वोट बटोरने की सम्भावना देख रहे हैं।"

"आप ठीक समझे।" रामलुभाया प्रसन्न हो गया, "अल्पंख्यकों का यह महत्त्व

देखते हुए मेरा अनुमान है कि इस बार चुनाव में बहुमत से नहीं, अल्पमत से प्रत्याशियों को विजयी घोषित किया जायेगा।"

मैं गणतन्त्र के इस रूप के विषय में सोचता हुआ स्तब्ध बैठा रह गया।

रामलुभाया के हाथ पुनः जुड़ गये, "कृपया अपना मूल्यवान वोट मेरे किसी भी विरोधी को दें। ऐसा न हो कि आप लोग अपने सारे वोट मुझे दे दें, और मेरे वोट दूसरे प्रत्याशियों से अधिक हो जायें। हमारे देश के गणतन्त्र का गणित विचित्र है। यहाँ प्रत्याशी बहुमत से हारता और अल्पमत से जीतता है। मैं चुनाव हारना नहीं चाहता, इसलिए निवेदन करने आया हूँ कि अपना मत मेरे चुनाव-चिह्न पर अंकित न करें।"

[रचना : 27.7.95]

स्नेह और बिजली

पता नहीं क्या हुआ, हमारी बिजली सहसा बन्द हो गयी। बाहर निकलकर देखा, चारों ओर सारा मुहल्ला जगमगा रहा था। अपना घर अँधेरा हो तो दूसरों के घर का प्रकाश आँखों में कुछ अधिक ही चुभता है।

बिजली-घर में फोन किया, तो उधर बड़ी मधुर घंटी बजती रही; किन्तु किसी ने चोंगा उठाया नहीं। मुझे कई बार लगा है कि कुछ लोगों के फोन का चोंगा बहुत भारी होता है। उसे उठाने के लिए बहुत बल लगाना पड़ता है। इसलिए वह कभी-कभी ही उठाया जाता है। यदि कभी भूल से कोई उठा ले तो बात पूरी भी नहीं होती और वह हाथ से फिसलकर गिर जाता है, जैसे कभी-कभी भारोत्तोलन प्रतियोगिताओं में क्षमता से अधिक बोझ उठा लेने पर भारोत्तोलकों के साथ होता है।

फोन होते हुए भी, जब फोन की सुविधा नहीं होती, तो स्वयं चलकर जाना पड़ता है। यह हमारी असुविधाओं का उज्ज्वल पक्ष है। देखा यह गया है कि सुविधाएँ जितनी बढ़ती जा रही हैं, लोग उतने ही आलसी होते जा रहे हैं। आलस्य सारे रोगों का घर है। इसलिए समाज का स्वास्थ्य गिरता जा रहा है। रोगियों के लिए अधिक अस्पताल खोलने पड़ते हैं। अधिक डॉक्टरों और नर्सों को वेतन देना पड़ता है। इस प्रकार ये आधुनिक सुविधाएँ समाज को बहुत महँगी पड़ रही हैं। परिणामस्वरूप देश की सरकार ने निश्चय किया कि देशवासियों के स्वास्थ्य को महत्त्वपूर्ण मानते हुए, उस ओर अधिक ध्यान दिया जाना चाहिए। अतः ऐसी व्यवस्था की जाये कि फोन तो हो; किन्तु उसके तार इतने खराब हों कि फोन पर बात न की जा सके; टेलीविजन तो हो, किन्तु बिजली न होने के कारण उसके पर्दे पर चित्र न आ सके; देश में गाड़ियाँ तो बनें, किन्तु पेट्रोल न होने के कारण उन्हें चलाया न जा सके। इससे लोगों में सक्रियता बढ़ेगी; और उनका स्वास्थ्य सुधरेगा।

मैं चलकर बिजली कार्यालय पहुँचा। मिस्त्री से होते हुए, इंस्पेक्टर के माध्यम से इंजीनियर तक पहुँचा। उन्हें बताया कि हमारे घर में बिजली नहीं है, जबकि अड़ोस-पड़ोस के सारे घरों में उसकाभरपूर अस्तित्व विद्यमान है। इंजीनियर को मेरी सूचना से तनिक भी चिन्ता नहीं हुई। वह मुस्कराकर बोला, "बिजली कैसे काम करती है, यह तो आप नहीं जानते; किन्तु दीपक कैसे जलता है, वह तो जानते

होंगे!”

“जी हाँ!” मैंने कहा, “दीपक में दो चीजें होती हैं–बत्ती और तेल! तेल बत्ती को भिगोता चलता है और बत्ती प्रकाश देती चलती है।”

“यदि तेल समाप्त हो जाये तो?” इंजीनियर ने पूछा।

“तो बत्ती होने के बावजूद, दीपक बुझ जायेगा।” मैंने कहा।

“तो बस! समझ लीजिये कि बिजली कार्यालय के दीपक में डाला गया आपका तेल समाप्त हो गया है। इसलिए आपकी बुत्ती बुझ गयी।”

मैं भौंचक उसे देखता रहा, “बिजली का तेल से...मेरा मतलब है तेल का बिजली से क्या सम्बन्ध है?”

“आप इसी देश में रहते हुए यह नहीं जानते कि बिजली किस तेल से जलती है?”

उसने कटाक्षपूर्वक मेरी ओर देखा।

मुझे स्वीकार करना पड़ा कि स्थिति कुछ ऐसी ही है।

“आप हमारे आदमियों को होली-दीवाली भी नहीं देते क्या?” वह बड़े मधुर ढंग से मुस्कराया।

मेरी समझ में कुछ-कुछ आ रहा था। बोला, “नहीं। ऐसा तो नहीं है। होली-दीवाली पर बख्शीश तो देता ही हूँ।”

“होली पर इतना नहीं देते होंगे कि दीवाली तक चले।” वह बोला, “देखिये यदि, आप चाहते हैं कि रात को जलाया गया दीपक प्रभात तक जले, तो इतना तेल तो डालना ही पड़ेगा, जो प्रभात से पहले समाप्त न हो।”

मुझे लगा कि मैं विद्युत-इंजीनियर हो गया हूँ। मेरी समझ में आ रहा था कि बिजली कैसे बनती है, कैसे वितरित होती है, कैसे चलती है और कैसे समाप्त होती है। मैं अपने ज्ञान के गर्व से मुस्कराया, “और यदि मैं यह तेल न डालूँ तो?”

“तो हम अपने कानों में तेल डाले बैठे रहेंगे।” वह बोला, “हमारे यहाँ एक सर्वमान्य सिद्धान्त है।”

“क्या?” मैंने पूछा।

“अधीनस्थ कर्मचारी को अपने अधिकारी को डाँटने का अधिकार नहीं हैं। और अधिकारी में, अधीनस्थ कर्मचारी को डाँटने का साहस नहीं है। इसलिए कोई किसी को कुछ नहीं कहता। सारा काम स्नेह से चलता है। हिन्दी में स्नेह का एक अर्थ तेल भी है। इसलिए मैं कह सकता हूँ कि हमारे प्रति आपका स्नेह क्यों चुक गया है? कृपया दीपक में तेल डालें और अपनी बिजली चालू करायें। हम नहीं चाहते कि आपमें और हममें कोई विरोध उपजे। हम स्नेहपूर्ण सम्बन्धों में विश्वास करते हैं।”

[रचना : अगस्त 95]

घुसपैठ

“कश्मीर में जिन विदेशी पर्यटकों का अपहरण हुआ था, वे छूटे तो नहीं न?”

मैं भली प्रकार जानता था कि रामलुभाया मुझसे कुछ भी पूछ नहीं रहा था। वह जानता था कि वे पर्यटक नहीं छूटे। फिर भी मैंने उत्तर दिया, “नहीं।”

“कैसे छूट सकते हैं।” उसने गहरा श्वास छोड़ा।

“क्यों?” मैंने पूछा।

“अरे ‘अल्फरान’ नाम के जिस संगठन ने उनका अपहरण किया है न, वह भारत सरकार का ही बनाया हुआ है, जैसे उसने भिंडराँवाला को बनाया था, या बांगलादेश में मुक्तिवाहिनी बनायी थी।” वह बोला, “तो अपने ही संगठन से हमारी सेना उन बन्धकों को क्यों छुड़ायेगी?”

मैं स्तब्ध रह गया। क्या कह रहा है रामलुभाया! ‘अल्फरान’, जिसने एक विदेशी पर्यटक की क्रूर हत्या तक कर दी थी, वह भारत की सन्तान था?

“तुम्हें कैसे मालूम?” मैंने सन्देह प्रकट किया।

“बेनजीर भुट्टो ने ऐसा कहा है।” वह आश्वस्त स्वर में बोला।

“उसने कहा और तुमने मान लिया?” मैंने रामलुभाया को विरोध किया, “पाकिस्तान की तो आदत ही है, झूठ बोलते रहने की।”

रामलुभाया के तेवर बदल गये। क्रुद्ध होकर बोला, “मैं बेनजीर के विरुद्ध कुछ नहीं सुनूँगा। मैं तुम्हारे समान कम्यूनल नहीं हूँ कि पाकिस्तान को गालियाँ देता रहूँ।” मैंने सुना था कि रामलुभाया ने ‘धर्मनिरपेक्षता’ की दीक्षा ले ली है, इसलिए वह कश्मीर से हिन्दुओं के निकाले जाने और दिल्ली में बांगलादेशी मुसलमानों की अवैध बस्तियाँ बसाये जाने का समर्थन करने लगा था।...पर मैं कल्पना भी नहीं कर सकता था कि सैक्यूलर होने का अर्थ, बेनजीर भुट्टो का समर्थन करना भी था।

“यह कश्मीर का विवाद जाने क्या-क्या गुल खिलायेगा।” मैंने झगड़ा टालने के लिए कहा, “इससे तो अच्छा था कि देश के विभाजन के समय ही यह पाकिस्तान में मिल जाता। कश्मीरी हिन्दू, पंजाबियों और सिन्धियों के समान तभी आ जाते और कहीं बस-बसा जाते...”

मैंने रामलुभाया की ओर देखा : वह पूर्ण सहमति से मेरी ओर देख रहा था। उसे कश्मीर के भारत से पृथक् होने और कश्मीरी हिन्दुओं के विस्थापित होने का

कोई कष्ट नहीं था।

"...या उसी समय, पंजाब से आये हिन्दुओं को कश्मीर में बसने दिया जाता..."

मेरी बात पूरी भी नहीं हुई थी कि रामलुभाया की मुद्रा बदल गयी।

"कश्मीर में गैर-कश्मीरियों को घुसने नहीं दिया जायेगा, यह शर्त राजा हरिसिंह की थी।" वह बोला, "उसे तो आज तक आर.एस.एस.वालों ने कुछ नहीं कहा। क्यों नहीं कहा?" वह क्रोध से मेरी ओर देख रहा था।

"तुम बहस को मार्ग-भ्रष्ट कर रहे हो।" मैंने कहा।

"नहीं।" वह बिलबिला रहा था, "तुम लोग हरिसिंह को दोषी क्यों नहीं मानते?"

"सुनो रामलुभाया," मैंने कहा, "मैं आर.एस.एस. का प्रतिनिधि नहीं हूँ, इसलिए उस संगठन की ओर से कुछ नहीं कह सकता। मुझे ऐसी कोई सूचना नहीं है कि भारत में विलय के लिए राजा हरिसिंह की क्या शर्तें थीं। मैं तो यह जानता हूँ कि पंडित नेहरू ने शुद्ध रूप से अपनी शर्तों पर कश्मीर का विलय स्वीकार किया था। राजा हरिसिंह की अपनी शर्तें होतीं तो वे स्वयं राजा बने रहते। राजा न होते, तो राजप्रमुख होते। उनकी चलती तो न शेख अब्दुल्ला कश्मीर के वजीरे आजम होते, न कर्णसिंह 'सद्रे रियासत'...।"

"वह सब मैं नहीं जानता।" रामलुभाया बिफर गया। मैं जानता था कि जब उसे तर्क नहीं सूझता था, वह बिफर जाता था।

"मैं तो यह जानता हूँ कि कश्मीर में गैर-कश्मीरियों को न बसने देने की शर्त हरिसिंह ने लगायी थी; और विलय के समय दिये गये अपने वचन से भारत मुकर नहीं सकता।"

"यदि ऐसा ही था तो भूतपूर्व राजाओं के प्रिवी पर्स क्यों छीन लिये गये?" मैंने पूछा, "वह भी तो भारत का ही वचन था।"

"वह तो करना ही था," रामलुभाया बोला, "आखिर कब तक हम इस देश में राजाओं को बनायें रखते?"

"राजाओं को नहीं बनायें रखना चाहते, पर राजाओं की बात बनायें रखना चाहते हो?" मैंने पूछा।

"वह सब मैं नहीं जानता।"

"तो क्या जानते हो?"

"मैं जानता हूँ कि तुम कम्यूनल हो और किसी भी बहाने से इस देश के मुसलमानों को निकालना चाहते हो, जैसे 1947 ई. में तुम लोगों का विभाजन के बहाने पश्चिमी पंजाब के हिन्दुओं की पूर्वी पंजाब में घुसपैठ करवाकर, पंजाब को

मुसलमानों से खाली करवा दिया था।...सैक्यूलर शक्तियाँ अब तुम्हें यह खेल दोबारा नहीं खेलने देंगी।...

मुझे अपना वह घर याद आ गया, जो हम स्यालकोट में छोड़कर आये थे; वे सम्बन्धी और परिचित याद आये, जिनकी विभाजन के समय हत्या कर दी गयी थी।

अब मैं अपने सम्मुख खड़ी इस सैक्यूलर शक्ति से क्या कहता, जो रामलुभाया नहीं, एक षड्यन्त्र था, जिसे सत्य से भी परहेज था और तर्क से भी...और अपने हजारों फनों से अनवरत झूठ उगल रहा था...

[रचना : 30.8.95]

बुद्धि-शृंग

रामलुभाया अपने मित्र भोलाराम को मेरे घर ला रहा था। उसने पहले ही मुझे बता दिया था कि भोलाराम बहुत विद्वान, बुद्धिमान और प्रखर विचारक था। उसके सामने किसी की चल नहीं पाती थी। उसके तर्कों से लोगों के दीर्घकालीन विश्वास खंड-खंड होकर बह जाते थे।

मैं उस बुद्धि-शृंग से आंतकित-सा बैठा था। जाने यह भोलाराम कैसा बौद्धिक मल्ल था कि जिधर जाता, दिग्विजय करके ही लौटता था। रामलुभाया चाहता था कि मेरा अज्ञान भी कुछ छँटे, इसलिए वह भोलाराम को मुझसे मिलाने के लिए ला रहा था। मैं भी ज्ञान के प्रकाश का स्वागत करने को तत्पर था, किन्तु उसकी महानता से सहमा हुआ भी था।

भोलाराम आया और आते ही उसने मेरे घर में अपने ज्ञान का प्रकाश फैलाया, "आप जानते हैं कि अत्याचारियों के एक छोटे-से दल ने इस देश को नष्ट करने का संकल्प कर रखा है। वे ध्वस्त कर देना चाहते हैं, इस देश की शान्ति को, इस देश की उन्नति को, इस देश की मिली-जुली गंगा-जमुनी संस्कृति को...।"

"ऐसे भयानक वे कौन-लोग हैं?" मैंने भयभीत मन और रुद्ध कंठ से पूछा : किन्तु मन में कहीं एक आश्वस्ति भी थी कि अब मेरा अज्ञान छँट जायेगा, और अगले ही क्षण से मैं एक श्रेष्ठतर जीवन का अधिकारी बन जाऊँगा।

"वे भगवाधारी...।"

मैंने शायद आगे कुछ नहीं सुना...भगवाधारी! महात्मा बुद्ध, शंकराचार्य, स्वामी विवेकानन्द...सब भगवाधारी थे संन्यासी, त्यागी, समाज का हित सोचनेवाले, मानवता को त्राण का मार्ग दिखानेवाले...

मेरा मन श्रद्धा से आप्लावित हो उठा। मस्तक नमन में झुक गया...

"भगवाधारी अन्यायी नहीं होते भोलारामजी!" मैंने सम्मानपूर्वक कहा, "या तो आपको कोई भ्रम हुआ है, या फिर कोई विधर्मी प्रचारक हैं। किस धर्म का प्रचार करते हैं आप?"

"मैं विधर्मी नहीं हूँ। मैं श्रेष्ठ ब्राह्मण हूँ। मेरे घर में प्रतिदिन रामचरितमानस का पाठ होता है। बचपन में माँ ने मुझे कितने ही श्लोक कंठस्थ करवाये थे।" भोलाराम ने क्रुद्ध दृष्टि से मुझे देखा, "मैं आततायियों की बात कर रहा हूँ, जो हर

समय 'जय श्रीराम' का नारा लगाते हैं।..."

मैं फिर अपने भीतर डूब गया...'जय श्रीराम'...मानवता के त्राता श्रीराम! सत्ता, धन, सम्पत्ति, राज-पाट...किसी का भी मोह न करनेवाले, आततायी राक्षसों का नाश करनेवाले, आध्यात्मिकता के पुंजीभूत स्वरूप भगवान् राम! जो लोग उन श्रीराम की जय बोलते हैं, वे दुष्ट कैसे हो सकते हैं? उनकी निन्दा करनेवाला यह भोलाराम ही पापी है। इसने श्लोक कंठस्थ ही किये, उन्हें हृदयस्थ कभी नहीं कर पाया। स्वयं को श्रेष्ठ ब्राह्मण भी बता रहा है और भगवान् का विरोध भी कर रहा है, तो यह रावण ही होगा...

"आपको निश्चित रूप से भ्रम हुआ है, भोलारामजी।" मैंने सायास अपने स्वर को नम्र बनाये रखा। मैंने अपने घर आये अतिथि का अनादर कैसे करता!

"भ्रम कैसा।" भोलाराम उग्र स्वर में बोला, "उनका वश चले, तो वे घर-घर को राम-मन्दिर बना दें...।"

मेरा मन उन लोगों के प्रति भक्ति सेभर उठा, जो घर-घर को राम-मन्दिर बना देना चाहते हैं...मैं तो कब से यह स्वप्न देख रहा हूँ कि इस देश का प्रत्येक परिवार अपना लोभ, मोह और स्वार्थ त्यागे, भगवान् श्रीराम के बताये हुए मार्ग पर चले, यहाँ का प्रत्येक घर सात्विक, स्वच्छ और पवित्र हो, भगवान् राम के मन्दिर-जैसा.. .तो भोलाराम उनकी निन्दा कर रहा था, जो मेरे स्वप्नों को आकार देने का प्रयत्न कर रहे थे। यह भोलाराम मुझे बहकाने का प्रयत्न कर रहा था, आदर्श जीवन का विरोध कर रहा था, मेरे विश्वासों का उपहास कर रहा था, और मेरे देश के आदर्शों के प्रतीक पुरुष की अवमानना कर रहा था...मैं अब उसे और सहन नहीं कर सकता था, चाहे वह मेरा अतिथि ही क्यों न हो, रामलुभाया का मित्र ही क्यों न हो, बौद्धिकता का उच्चतम शृंग ही क्यों न हो...

"भोलारामजी!" मेरा स्वर कुछ कठोर हो गया था, "आप उठिये और इसी क्षण मेरे घर से निकल जाइये।" रामलुभाया की ओर मुड़ा, "ऐसे नीच विचारोंवाले लोगों को मेरे घर मत लाया करो रामलुभाया! नहीं तो हमारी मित्रता समाप्त।"

[रचना : 31.8.95]

सौतेली दादी

हमारे दादा ने दो विवाह किये थे। वैसे सोचने पर आश्चर्य होता है कि क्यों किये थे, दो विवाह! हमारी दादी ठीक-ठाक महिला थीं—कद-काठ से भी और मन से भी। युवावस्था में आकर्षक भी रही होंगी। तीन बच्चे थे : हमारी बुआजी, पिताजी और चाचाजी! अपनी ऐसी पत्नी के रहते हुए भी दूसरी पत्नी लाने का कोई कारण तो रहा होगा।... अब सोचता हूँ तो लगता है, बात कोई इतनी रहस्यपूर्ण भी नहीं है। दादा की दादी से बहुत बनती नहीं थी। दोनों में कई प्रकार के मतभेद थे। आरम्भ में दादी जितना दबती थीं, बाद में उतना दबना भी उन्होंने बन्द कर दिया था। बच्चे कुछ बड़े हो गये थे और अपनी माँ का साथ देने लगे थे। दादा को अपने ही घर में अपनी सत्ता डाँवाँडोल दिखायी दी। उन्हें बाहरी शक्ति का सहारा लेना पड़ा। दूसरी पत्नी ले आये अर्थात् एक बाहरी स्त्री को लाकर अवैध ढंग से घर में बसा दिया और अड़ गये कि वही घर की मालकिन है। जब बाहर के लोग आकर घर में इस प्रकार अनाधिकृत आधिपत्य जमा लें, और घर का शासक उनका समर्थन करने लगे, तो बेचारी प्रजा क्या करे। हमारी दादी का अधिकार, क्रमशः क्षीण होता गया और सौतेली दादी का दबदबा और आधिपत्य बढ़ता गया।

दादा-दादी का यह संघर्ष बहुत लम्बा चला। दादी को अपना घर छोड़ना पड़ा। वे अपने भाई के पास चली गयीं। घर पर सौतेली दादी का अखंड साम्राज्य हो गया। बुआजी विवाह के पश्चात् ससुराल चली गयी थीं। पिताजी और चाचाजी स्वतन्त्र रूप से रह रहे थे। तब सौतेली दादी ने यह कहना शुरू किया कि उन्हें अकेले घर में रहना अच्छा नहीं लगता। बच्चों के बिना घर खाने को दौड़ता है। यदि पुत्र उनके साथ नहीं रह सकते, तो उनके बच्चे तो रह सकते हैं। जिसके पोते-पोतियाँ हों, उसका आँगन सूना क्यों रहे! मेल-जोल की इन मीठी बातों और दादा के आदेश ने पिताजी और चाची को उनके आदर्शों में बाँध दिया और दादी ने दोनों के ही दो-दो बच्चे अपने पास रख लिये।

दादी बच्चों से ढेर सारा काम करवातीं, उनके किये हुए कामों में त्रुटियाँ ढूँढ़तीं; और किसी-न-किसी बहाने उन्हें दंडित कर सुख पातीं। वक्ष में दादी का हृदय था नहीं, और दादी का अधिकार उन्हें मिल गया था। बच्चों को कभी खाने नहीं देतीं; कभी पढ़ने नहीं देतीं; कभी खेलने नहीं देतीं। किसी-न-किसी बहाने से डाँट-फटकार

और मार-पीट करतीं।

देश स्वतन्त्र होने के कगार पर था; और विभाजन की तलवार सिर पर लटक रही थी। राष्ट्र-प्रेम में डूबे हमारे बड़े भैया अंग्रेजों के भी विरोधी थे और मुस्लिम लीग के भी। इसलिए प्रतिदिन सन्ध्या समय शाखा में जाने लगे। हमारी सौतेली दादी का राजनीति से कुछ लेना-देना नहीं था; किन्तु अपनी सौत के पोतों को पीड़ित तो करना ही था। अगले ही दिन उसने स्वयं को सैक्यूलर घोषित कर दिया; और जब भैया शाखा से लौटे तो उनकी अच्छी पिटाई की गयी।

"दादी! क्यों पीट रही हो मुझे?" भैया ने विरोध किया।

"क्योंकि तू शाखा में जाता है।" दादी बोलीं।

"शाखा में जाने में क्या बुराई है?" भैया ने पूछा, "वहाँ कुछ व्यायाम होता है, कुछ खेल-कूद। कुछ नैतिकता की बातें होती हैं, कुछ देशभक्ति की।"

"ठीक है।" दादी ने फिर से छड़ी फटकारी, "तेरे वहाँ जाने से, तेरे दादा के अंग्रेज अफसर भी नाराज होते हैं, और हमारे पड़ोसी नज्मुलहुदा भी।"

"अंग्रेज अफसर नाराज होता है, क्योंकि वह सात समुद्र पार कर, हम पर शासन करने आया है और नहीं चाहता कि कोई राष्ट्रभक्ति की बात करे।" भैया बोले, "नज्मुलहुदा मुस्लिम लीगी है। यह अपने लिए पाकिस्तान चाहता है; इसलिए भारतमाता की जयकार सुन नहीं सकता। आपका क्या विरोध है शाखा से?"

दादी कैसे कहतीं कि उन्हें न अंग्रेज अफसर की चिन्ता थी, न नज्मुलहुदा की परवाह। वे तो किसी-न-किसी बहाने बच्चों को पीटकर, उनका और उनके माता-पिता का दमन कर, अपना शासन बनायें रखना चाहती थीं। किन्तु भैया के प्रश्न का उत्तर तो उन्हें देना ही था, बोलीं, "मैं सैक्यूलर हूँ। तू साम्प्रदायिक हो गया है। तेरी पिटाई करना मेरा धर्म है।"

"नज्मुलहुदा मुस्लिम लीगी है। तुम उसकी प्रसन्नता के लिए मुझे पीट रही हो। यह कैसा सैक्यूलरिज्म है?" भैया बोले।

"सैक्यूलरिज्म तो यही होता है।" दादी बोलीं, "नज्मुलहुदा का समर्थन करो और अपने बच्चों को पीटो।"

रात को मुहल्ले पर दंगाइयों का आक्रमण हुआ। पुलिस के आने का कोई प्रश्न ही नहीं था। मकान में आग लगी। दादी के पेट में किसी ने छुरा घोंप दिया था। वे अपने खून में भीगी हुई थीं। बड़े भैया उन्हें अपनी पीठ पर लादकर किसी प्रकार बाहर लाये थे। कुछ महीनों के पश्चात् छुरे के उसी घाव से दादी का देहान्त हुआ—जालन्धर शहर में। उनका दाह-संस्कार बड़े भैया ने ही किया।

[रचना : 1.9.95]

अन्धविश्वासी

"यह देश कभी उन्नति नहीं कर सकता।" रामलुभाया ने मेरे सामने पड़ते ही घोषणा कर दी, जैसे यह देश मेरा ही था, उसका नहीं।

"क्यों?" मैंने पूछा, "ऐसा क्या हो गया?"

"इस युग में, 1995 ई. में, इस वैज्ञानिक युग में," वह जोर देकर बोला, "यहाँ के लोग यह विश्वास करते हैं कि मन्दिर में पत्थर की बनी देवताओं की मूर्तियाँ, उनके द्वारा भेंट किया गया दूध पी जाती हैं।"

"सुना तो मैंने भी है।" मैं बोला।

"तुमने सुना है; और वह भोलाराम कह रहा है कि वह अपने हाथों, अपनी कटोरी में से दूध लेकर, अपने चम्मच में से गणेश जी को दूध पिलाकर आया है।" रामलुभाया अत्यन्त उत्तेजित था, "आदमी को कुछ तो बुद्धि से काम लेना चाहिए।"

"तुम्हें लगता है कि ऐसा नहीं हो सकता?" मैंने पूछा।

उसका मुँह जैसे कड़वा हो गया, "ऐसा कभी हो सकता है?"

"तो भोलाराम ऐसा क्यों कह रहा है?" मैंने पूछा।

"कहीं से गप्प सुन आया और हाँक दी।"

"देखो रामलुभाया!" मैंने कहा, "अफवाह वह होती है, जहाँ लोग कहते हैं कि हमने ऐसा सुना है। उसमें कोई यह नहीं कहता कि हमने ऐसा किया है।...और कोई कारण नहीं है कि भोलाराम हमसे झूठ बोले।"

"अरे जब हजारों लोग यह कह रहे हैं कि उन्होंने दूध पिलाया है, तो भोलाराम यह कैसे कह दे कि उसके हाथों गणेशजी ने दूध नहीं पीया।" रामलुभाया बोला, "इसलिए भोलाराम झूठ बोल रहा है।"

"पर मेरे तो और भी सैकड़ों मित्र उसकी पुष्टि कर रहे हैं।" मैं बोला।

"अन्धविश्वासी हैं सब।" रामलुभाया बोला, "विज्ञान सिद्ध कर चुका है कि गणेशजी ने दूध नहीं पीया।"

"कहाँ सिद्ध किया विज्ञान ने?"

"दूरदर्शन पर।" वह बोला, "सरफेसटैंशन से ऐसा होता हैं"।

"तो उसके लिए गणपति की प्रतिमा का होना क्या आवश्यक है, पत्थर का

कोई भी टुकड़ा दूध अथवा पानी अथवा तेल पी सकता है।" मैंने कहा।

"हाँ! कोई भी पत्थर पी लेगा," वह बोला, "उसमें बड़ी बात क्या है। दूध गिरता चलता है और पत्थर उसे सोखता चलता है।"

"यदि पत्थर को अपने ऊपर गिरा दूध ही सोखना है, तो सरफेसटैंशन का क्या काम?" मैंने कहा, "एक बात पर टिको। सरफेसटैंशन से तरल पदार्थ पत्थर में समा जाता है, या मूर्ति पर गिराया गया दूध, मूर्ति का पत्थर सोख लेता है?"

"चलो, यही मान लेते हैं कि मूर्ति पर गिरा हुआ दूध, मूर्ति का पत्थर सोख लेता है।" उसने अपने सिर पर आयी टैंशन टाली।

"एक-एक पत्थर सौ-सौ लीटर दूध सोख लेता है?" मैंने पूछा।

"नहीं। उतना नहीं! वह सारा दूध तो बहकर नालियों में चला जाता है।" उसने बताया।

"सारे मन्दिरों में चढ़ाया गया दूध, नालियों में बहता देखा गया?"

"अब सारे मन्दिरों में तो मैं देखने नहीं गया।" उसने झल्लाकर कहा, "अन्धविश्वासी अफवाहें उड़ाते रहें और मैं उनकी परीक्षा करता रहूँ।"

"न करो परीक्षण।" मैं बोला, "किन्तु ऐसी स्थिति में चुप तो रहो। मैं मन्दिर में दूध पिलाने नहीं गया; इसलिए मैं न तो यह कह सकता हूँ कि गणपति की मूर्ति ने दूध पीया, न यह कह सकता हूँ कि प्रतिमा ने दूध नहीं पीया।"

"तुम भोलाराम से अधिक समझदार हो।" रामलुभाया ने मुझे प्रणामपत्र दिया।

"रामलुभाया!" मैंने कहा, "भोलाराम उठकर मन्दिर तक गया था। उसने दूध पिलाया था। तब कहीं वह कह रहा है कि गणपति ने दूध पीया। तुम तो अपने घर बैठे रहे और मानते रहे कि ऐसा सम्भव नहीं है। अन्धविश्वासी कौन है—वह या तुम?"

"देखो! मैं रैशनलिस्ट आदमी हूँ।" रामलुभाया बोला, "मैं ऐसी बकवास में विश्वास नहीं करता।"

"रैशनलिस्ट वह होता है, जो खुले मन से चीजों को देखता और परखता है। जिन चीजों को परख लेता है, उन पर विश्वास करने को प्रस्तुत रहता है। अपनी धारणाओं को नये ज्ञान के प्रकाश में परिवर्तित करता है।" मैं बोला, "तुम जैसे लोग कैसे रैशनलिस्ट हो सकते हैं, जो घटना के स्थल पर जाकर देखना भी नहीं चाहते; और घर बैठे यह निर्णय करते रहते हैं कि क्या सम्भव है, क्या असम्भव!"

"तुम मुझे अन्धविश्वासी कह रहे हो।" रामलुभाया गुर्राया, "मुझ जैसे बौद्धिक व्यक्ति को?"

"स्वामी विवेकानन्द ने कहा है," मैंने उत्तर दिया, "अन्धविश्वास मनुष्य का महान् शत्रु है; पर हठधर्मी तो उससे भी बढ़कर है।"

[रचना : 26.6.95]

राष्ट्र की सेवा

रामलुभाया गहरी चिन्ता में था। मैंने कारण पूछा तो बोला, “मैं सांसद बनना चाहता हूँ।” “सांसद!” मैं जैसे आकाश से गिर पड़ा, “क्यों, तुम सांसद क्यों बनना चाहते हो?”

“क्योंकि मैं घूमना-फिरना चाहता हूँ—सैर-सपाटा।” वह बोला, “ऐसे तो यात्रा बहुत महँगी होती जा रही है। सुविधाजनक भी नहीं है।”

“पर संसद में तो वे लोग जाते हैं, जो जनता का प्रतिनिधित्व करते हैं; और तुम तो केवल अपने प्रतिनिधि हो। किसी और की चिन्ता तो तुमको है नहीं। संसद तो संसद होती है रामलुभाया। यह वृन्दावन उद्यान तो है नहीं, जहाँ तुम घूमने-फिरने के लिए जाना चाहते हो।”

उसने एक उदास और दार्शनिक दृष्टि मुझ पर डाली, “तुम एक अज्ञानी व्यक्ति हो और अज्ञानी ही रहोगे।”

“क्यों?”

“तुम किसी विचारगोष्ठी में जाओगे, तो कहोगे कि तुम मोतीलाल नेहरू कॉलेज के प्रतिनिधि हो।” वह बोला, “किन्तु वैसे तुम वहाँ एक नौकरी करते हो। तुम कर्मचारी हो उनके। जिस दिन कॉलेज चाहे, तुम्हारा कान पकड़कर बाहर कर दे।”

“ठीक है।” मैं बोला, “किन्तु जब तक मैं कॉलेज की नौकरी करता हूँ, तब तक मैं उनका प्रतिनिधि हूँ।”

“संसद में भी यही होता है।” रामलुभाया निश्चिन्त भाव से बोला, “जैसे लोग नौकरी पाने के लिए पढ़ाई करते हैं, वैसे सांसद बनने के लिए सेवा करते हैं। नौकरी पा जाने के बाद तुम संस्था के प्रतिनिधि कहलाते हो और अपना पेटभरने के अतिरिक्त और कुछ नहीं करते। वैसे ही सांसद भी प्रतिनिधि कहलाते हैं और...।”

“नौकरी से व्यक्ति को निकाला जा सकता है।” मैं बोला, “सांसद को निकाला नहीं जा सकता।”

“तुमको कॉलेज की नौकरी से निकालने के लिए तीन महीने का नोटिस दिया जाता है, सांसद को संसद से निकालने के लिए पाँच वर्षों का। यह नोटिस उसके चुनाव के दिन से आरम्भ हो जाता है।”

“चलो, तुम्हारी बात मान ली।” मैंने कहा, “यदि तुम्हें घूमना ही है, तो तुम

रेलवे की नौकरी कर लो..."

"तब मैं विमान से यात्रा नहीं कर सकता।" वह बोला।

"तो किसी विमान-सेवा में नौकरी कर लो।"

"तब मैं रेल और बस में यात्रा नहीं कर पाऊँगा," वह बोला, "केवल सांसद बनकर ही यह सम्भव है कि मैं विमान, रेलगाड़ी, बस, स्टीमर अथवा जलपोत में देश-विदेश की निःशुल्क यात्राएँ करता रहूँ।"

"विदेशों की निःशुल्क यात्रा!"

"हाँ! मैं यह निरीक्षण करने जाऊँगा कि विदेशों में हमारे दूतावास कितना काम हिन्दी में कर रहे हैं।"

मैं चमत्कृत हो गया। रामलुभाया मुख से कुछ भी कहे, किन्तु वस्तुतः उसे यात्रा नहीं करनी है, राष्ट्र-भाषा की सेवा करनी है। राष्ट्र-भाषा की सेवा भी तो आखिर राष्ट्र की ही सेवा है।...

"पर तुम्हें हिन्दी से इतना प्रेम कब से हो गया?" मैंने आश्चर्य से पूछा, "तुम तो हिन्दी के विरोधी थे।"

"अब भी हूँ।"

"तो यह यात्रा?"

"यही देखने जाऊँगा कि कहीं दूतावासों में सचमुच ही तो हिन्दी में काम नहीं हो रहा।" वह बोला, "मैं नहीं गया तो देश के उन अफसरशाह प्रतिनिधियों को कौन यह आत्मबल देगा कि वे अंग्रेजों की ही सन्तान हैं और राष्ट्र की भाषाओं का अपमान ही, देश के प्रतिनिधियों द्वारा की गयी देश की सबसे बड़ी सेवा है।"

[रचना : 01.10.95]

मधुर-भाषी

वे बहुत मीठा बोलते हैं। मीठा ही नहीं बोलते, कानों में रस घोलते हैं। माधुर्य उनका जीवन-दर्शन है।...पर मुझे वे एक आँख नहीं भाते।

मेरी किसी भी उपलब्धि की सूचना पाकर सबसे पहले वे ही दौड़े हुए आते हैं; और गले से लिपट जाते हैं। सबसे अधिक प्यार जताते हैं। प्रसन्नता प्रकट करते हैं।...किन्तु मैं अच्छी तरह जानता हूँ कि मेरे कन्धे पर रखा हुआ वह चेहरा, जिसे मैं देख नहीं पा रहा हूँ, मेरी उपलब्धि से भयंकर रूप से पीड़ित है। मैं जानता हूँ कि मैं शिवाजी होऊँ या न होऊँ, मेरे कंठ से लगा हुआ व्यक्ति शुद्ध रूप से शायस्ता खान है। बेचारे मेरी पीठ में खंजर भोंक नहीं सकते, किन्तु उनके जीवन की एकमात्र महत्त्वाकांक्षा यही है कि वे मेरी पीठ में कुछ ऐसा भोंक सकें कि मेरा अस्तित्व ही न रहे। यदि इस समय भगवान् प्रकट हो जाते और उन्हें मात्र एक वरदान माँगने के लिए कहते, तो उन्हें निमिषमात्र भी विलम्ब नहीं होता, वे मेरा सर्वनाश माँग लेते; किन्तु माँगते बड़े मधुर ढंग से। मुस्कराते हुए कहते, "हे प्रभु! मेरे इस मित्र का सर्वनाश कर; क्योंकि यह नहीं जानता कि यह सफलताओं के मायाजाल में फँसता जा रहा है। इस मोहक मायाजाल से इसे मुक्त करने का एकमात्र उपाय है, इसका सर्वनाश। मैं तुमसे वही माँगता हूँ।"

उस दिन वे दौड़ते, हाँफते-काँपते मेरे घर आये थे, "बधाई हो! बधाई हो।"

कोई भी व्यक्ति उन्हें देखते ही समझ सकता था कि उन पर कोई भयंकर आपदा आ पड़ी है। आँखों के आगे तारे नाच रहे थे और उनके कलेजे में रक्त बह रहा था।

"कैसी बधाई?" मैंने पूछा।

"तुम अकादमी के सचिव नियुक्त किये गये हो।"

मैं स्पष्ट देख रहा था कि यह बात कहते हुए उनके कंठ में काँटे उग आये थे। उनकी वाणी कंठ में फँस रही थी। उनका हृदय हताशा के मारे सागर की अतल गहराइयों में डूब रहा था। मुझे लगा कि यदि मैंने उन्हें सहारा न दिया, तो वे लड़खड़ाकर गिर पड़ेंगे।

"इतनी प्रसन्नता हुई है आपको, तो आप इतने परेशान क्यों हैं?" मैंने शरारत की, "आपको तो परम शान्त दिखायी पड़ना चाहिए।"

"मैं बहुत प्रसन्न हूँ। यह आनन्द का अतिरेक ही तो है, जिसने मुझे विह्वल कर दिया है।" उन्होंने परम प्रफुल्लित होने का अभिनय किया, "समाचार सुनकर रुक नहीं सका, इसलिए भागता हुआ आया हूँ।"

मैं जानता था कि जब कभी भी उन्हें यह समाचार मिला होगा, उन्होंने दस बार उसे अनसुना किया होगा। जिस किसी ने उन्हें बताया होगा, उसकी उन्होंने हर सम्भव उपेक्षा की होगी, फिर भी जब उन्हें सुनना पड़ ही गया, तो रातभर व्याकुल रहकर बिस्तर पर करवटें बदली होंगी।...और फिर प्रातः अपने भाग्य को कोसते, ईश्वर से लड़ते, निर्णायकों को पक्षपात के आरोप से लांछित करते, मुझे बधाई देने के लिए स्वयं को घसीट कर लाये होंगे।

"बैठ जाइये।" मैंने कहा, "थोड़ा पानी-वानी चाहिए। आपकी थकान उतर जायेगी।"

"मैं थका नहीं हूँ, आनन्द के मारे विह्वल हूँ।" वे बोले, "आजकल थोड़ा ब्लडप्रेशर भी बढ़ा हुआ है। इस शुभ समाचार से मैं फूला भी तो नहीं समा रहा।..."

मैं उनके लिए जल लाया। चाय इत्यादि की व्यवस्था की। थोड़ी मिठाई भी सम्मुख रखी।

पानी तो खड़े-खड़े ही पी गये। बैठने के लिए भी किसी प्रकार उन्होंने स्वयं को सहमत कर लिया...किन्तु मिठाई की ओर उनका हाथ ही नहीं बढ़ा। बोले, "इतनी अच्छी मिठाई है। कहाँ की है?"

"पहले चख तो लीजिये।" मैंने कहा, "खाये बिना ही प्रशंसा कर रहे हैं।"

"वह तो देखने से ही पता लग रहा है।" वे बोले, "और फिर आप लाये हैं, तो खराब तो हो ही नहीं सकती। आपकी पसन्द को दुनिया मानती है।"

चाय पीने के लिए आग्रह करने का मेरा साहस ही नहीं हुआ। उन्होंने कहीं अपने क्षोभ में गर्म चाय अपने ऊपर गिरा ली, तो व्यर्थ जल जायेंगे। वे अलग कष्ट पायेंगे और मुझे उनके उपचार के लिए अलग भाग-दौड़ करनी पड़ेगी।

सोचा, उन्हें इस कष्ट से मुक्ति दे ही दूँ।

"आपको किसी ने यह मिथ्या सूचना दी है।" मैंने कहा, "अकादमी के सचिव पद पर मेरी नियुक्ति नहीं हुई है।"

वे मुझे कुछ आश्वस्त होते-से लगे; किन्तु मुँह टेढ़ा कर कृत्रिम ढंग से बोले, "नहीं यार! तुम मजाक कर रहे हो।"

"नहीं। सच बोल रहा हूँ। मेरी कोई नियुक्ति नहीं हुई।" मैं बोला, "प्रथम तो मुझे कोई अकादमी का सचिव बनायेगा नहीं; और यदि ऐसा कोई प्रस्ताव आया, तो मेरी अपनी रुचि इस पद में नहीं है। मैं तो अपनी पिछली नौकरी ही छोड़ रहा हूँ। मुझे नयी नौकरी लेकर क्या करना है।"

"तुम बड़े झूठे हो यार।" उन्होंने हँसकर कहा।

इस बार उनकी हँसी वास्तविक थी। उनकी घबराहट कम हो गयी थी। उनका हाथ मिठाई की ओर बढ़ गया था; और चाय का कप भी उन्होंने उठा लिया है।

"नहीं! सच कह रहा हूँ।" मैंने कहा। वे सहज आश्वस्त भाव से खा-पी रहे थे और बड़े मधुर ढंग से कह रहे थे, "पता नहीं इस देश में लोग प्रतिभा का मूल्य कब पहचानेंगे। तुम्हें अकादमी का सचिव ही नहीं, अध्यक्ष होना चाहिए। जाने इस देश को क्या हो गया है।"

वे सहज स्वाभाविक लग रहे थे। और उनके मुख पर अत्यन्त मधुर मुस्कान थी।...मैं जानता था, उनके शब्द जो कुछ कह रहे थे, उनका मन उसके ठीक विपरीत कामना कर रहा था।

[रचना : 4.10.95]

प्रथम पृष्ठ का समाचार

पत्रकार रामलुभाया मुझसे मिलने आया, तो मैंने चर्चा आरम्भ की, "कल तालकटोरा उद्यान में एक संस्कृत-संगम हुआ था।"

"हुआ होगा।" वह अत्यन्त लापरवाही से बोला।

"क्यों? तुम्हारे लिए उसका कोई महत्त्व नहीं है?" मैंने पूछा, "तुम पत्रकार हो। न्यूजमैन! लोगों को घटनाओं से अवगत कराना तुम्हारा धर्म है।"

"आजकल धर्म का तो युग ही नहीं है।" वह बोला, "हम सैक्यूलर हैं, धर्म को मानते ही नहीं।"

"धर्म को मानो, न मानो; अधर्म के अनुयायी तो मत बनो।" मैंने कहा, "अपने कर्त्तव्य का तो निर्वाह किया करो।"

"क्या कर्त्तव्य है हमारा?" वह झल्लकर बोला, "कहीं चार आदमी जुटकर प्रलाप करने लगें, तो हम अपनी कैमरा टीम लेकर पहुँच जायें; और उनके विषय में समाचार लिखने लगे?"

"वहाँ चार आदमी नहीं जुटे थे। एक विराट् जन-समुदाय था।" मैं बोला, "इतनी भीड़ थी कि क्या कहूँ। सड़क पर बसों की पंक्तियाँ चींटियों के समान रेंग रही थीं। पता नहीं इससे पहले कभी इतना बड़ा संस्कृत-संगम हुआ भी था या नहीं! तुम देखते तो समझते कि जिसे हम एक मृत भाषा मान, लगभग त्याग चुके हैं, उस संस्कृत को बोलने और समझनेवाले इतने सारे लोग एक स्थान पर एकत्रित हो सकते हैं। समाज की नाड़ी, ऐसे ही तो स्थानों पर धड़कती है।"

"होगा।" वह फिर उसी लापरवाही से बोला, "होते ही रहते हैं ऐसे संगम और सम्मेलन। कौन उनका नोटिस लेता रहे।"

मैं कुछ रुष्ट हुआ, "होने को तो चोरियाँ-डकैतियाँ, हत्याएँ और बलात्कार भी प्रतिदिन ही होते रहते हैं। उनके समाचार छापते हो या नहीं। और कितनी ललक से छापते हो उन्हें।"

"पर हम बलात्कार देखने नहीं जाते। न कोई हमें उन्हें देखने के लिए बुलाता ही है।" वह पर्याप्त उद्दंडता से बोला, "पुलिसवाले हमें सूचना दे देते हैं, तो हम उन्हें छाप देते हैं। बिना श्रम किये, मुफ्त में मिली ऐसी मसालेदार खबरें कौन छोड़ता है।"

“यह सब जानता हूँ मैं। और यह भी जानता हूँ कि कोई तुम्हें बलात्कार देखने के लिए बुलायेगा, तो तुम अवश्य जाओगे। वहाँ उपस्थित होते हुए भी तुम उसे रोकने के स्थान पर, उसके चित्र लेना अधिक महत्त्वपूर्ण मानोगे।” मैं बोला, “किन्तु, क्या यह पत्रकार का दायित्व नहीं है कि जहाँ कुछ विराट् घटित हो रहा हो, वह वहाँ पहुँचकर उसके समाचार एकत्रित करे।”

“वह समय गया, जब खलील खान फाख्ता उड़ाया करते थे।”

“क्या अभिप्राय है तुम्हारा?”

“अब पत्रकार नहीं जाता कहीं, समाचार बटोरने।” वह अहंकारपूर्वक हँसा, “समाचार ही पत्रकार को खोजते हुए उसके पास आ जाते हैं।”

मैं स्तब्ध बैठा उसे देखता रहा; यह व्यक्ति अपनी दायित्वशून्यता के लज्जाजनक तथ्य का अभिमानपूर्वक बखान कर रहा है।

“पर समाचार तो आया होगा, तुम्हारे पास।” मैंने स्वयं को सँभाल लिया, “उस आयोजन के संयोजकों ने प्रेस-विज्ञप्ति तो भेजी ही होगी।”

“बहुत भोले हो तुम!” रामलुभाया उच्च स्वर में हँसा, “प्रेस-विज्ञप्ति भेज देने मात्र से कहीं समाचार छपता है। अरे, लोग आदरपूर्वक आमन्त्रित करते हैं। घर से लिवा ले जाने तथा घर तक पहुँचाने के लिए गाड़ियाँ भेजते हैं। पाँच सितारा होटलों में खाना खिलाते हैं। शराब पिलाते हैं। कुछ भेंट-वेंट भी देते हैं।...तब कहीं जाकर समाचार छपता है।”

“ओह!” मैं एक प्रकार से अवाक् रह गया था।

“समाचार छापने के भी पैसे मिलते हैं; और न छापने के भी।” वह हँस रहा था।

मैं चकित था कि वह कर्त्तव्यनिष्ठ, सत्यपरायण, ईमानदार, नेता के अधिकारों का रक्षक पत्रकार कहाँ चला गया। जो व्यक्ति मेरे सामने बैठा था, वह तो घोर स्वार्थी और निकृष्ट कोटि का लोभी व्यवसायी था। वह एक अधिकार पा गया था और पूर्णतः सिद्धान्तहीन होकर उसका लाभ उठा रहा था। उत्कोच ले रहा था; और उस पर लज्जित भी नहीं था।...

“इसका अर्थ है कि जिस व्यक्ति अथवा संस्था में पत्रकारों को उत्कोच देकर खरीद लेने का सामर्थ्य नहीं है, उनके विषय में कभी कोई समाचार प्रकाशित नहीं होगा?” मैंने पूछा, “इस देश को चुपचाप अपना काम करनेवाले महापुरुषों के विषय में कभी कोई सूचना नहीं मिलेगी।”

“समाचारपत्र अब समाचार नहीं देते, प्रचार करते हैं।” वह बोला, “जिन्हें तुम महापुरुष कह रहे हो, उन्हें प्रचार की आवश्यकता नहीं है। अतः हम उनके विषय में कुछ नहीं छापते। जिन्हें प्रचार की आवश्यकता होती है, वे स्वयं हमारे पास आते हैं। मूल्य चुकाते हैं और अपना प्रचार करवाते हैं।”

“और वे पत्रकारिता के आदर्श?”

"भाड़ में गये आदर्श।" वह बोला, "और चूल्हे में गये आदर्शवादी।"

"अच्छा! हम कल्पना करते हैं कि देश की संस्कृति की रक्षा के लिए, संस्कृत-भाषा के प्रचारार्थ अपना जीवन दान कर देनेवाले वे सेवा-व्रती लोग कहीं से धन की व्यवस्था कर लेते हैं। पाँच सितारा होटलों में बुलाकर तुम्हें मुर्गा खिलाते हैं, मदिरा पिलाते हैं और उपहार देते हैं, तो तुम उनके विषय में समाचार प्रमुखतापूर्वक छापोगे।"

वह हँसा, "क्यों छापेंगे? पहले तो हम उनके निमन्त्रण पर जायेंगे ही नहीं। और यदि चले गये, तो इतनी मदिरा पियेंगे कि स्मरण ही न रहे कि किसके पैसे से खाया-पीया है।"

"क्यों? ऐसा क्यों?" मैंने पूछा।

"क्योंकि वे लोग हमारी पार्टी के नहीं हैं।" वह बोला, "उन्हें तो इतना भी मालूम नहीं है कि लाखों लोगों को एक मैदान में एकत्रित करने से समाचार नहीं बनते। समाचार बनते हैं, अपने मत के लोगों की समाचारपत्रों में नियुक्तियाँ करवाने से। तुम्हारे संस्कृत-संगम के संयोजकों के चार लोग, दिल्ली के चार समाचारपत्रों में काम कर रहे होते, तो उनका समाचार, आज सारे समाचारपत्रों के प्रथम पृष्ठ पर होता!"

[रचना : 5.10.95]

हस्तक्षेप

रामलुभाया दफ्तर से जल्दी लौट आया तो मैंने चकित होकर पूछा, "क्यों क्या हुआ? क्या स्वास्थ्य ठीक नहीं है?"

"क्यों, मेरे स्वास्थ्य को क्या हुआ है? यह कोई देश का स्वास्थ्य है, जो बिगड़ा रहे।" उसके चेहरे पर चांडाल की-सी मुस्कान थी।

"नहीं। तुम जल्दी लौट आये; इसलिए पूछा लिया।" मैंने कहा।

वह पुनः जोर से हँसा, "अरे जिनका स्वास्थ्य खराब होता है, वे दफ्तर की फाइलों से चिपके रहते हैं। मेरे समान हँसते-खेलते घर नहीं लौट आते।"

मैं चकित खड़ा उसे देखता रहा : कैसी विचित्र बात थी कि जिन्हें अस्वस्थ होने के कारण विश्राम मिलना चाहिए था, वे तो दफ्तर में फाइलों से चिपके हुए हैं और जिन्हें स्वस्थ होने के कारण काम करना चाहिए था, वे विश्राम करने के लिए घर आ गये हैं।

किन्तु तभी मुझे एक और नयी बात सूझ गयी। पूछा, "किसी मन्त्री का देहान्त हो गया है क्या?"

"यह बीच में मन्त्री कहाँ से आ मरा?" वह झींककर बोला।

"अरे भाई, इस प्रकार आकस्मिक अवकाश तो मन्त्रियों की चिर प्रतीक्षित मृत्यु पर ही मिल सकता है। इसमें रुष्ट होने की क्या बात है।" मैं सहज भाव से बोला।

उसने उस वक्र दृष्टि से मुझे देखा, जिससे कोई बड़ा अधिकारी ही, अपने दफ्तर के चपरासी को देखने का साहस कर सकता है, "मुझे इन फालतू बातों में कोई रुचि नहीं है।"

"तो फिर इस समय तुम काम छोड़कर घर कैसे आ गये?" मैंने ढीठ बनकर पूछा।

"हमने हड़ताल कर दी है।" वह कुछ अधिक ही निश्चिन्त दिखायी पड़ रहा था।

हड़ताल करनेवालों को इतना निश्चिन्त देखकर प्रायः मेरा रक्तचाप बढ़ जाया करता है। उन्हें नौकरी से निकाले जाने का, आजीविका के छिन जाने का, तनिक भी भय नहीं है।

"क्यों ऐसा क्या हो गया कि तुम्हें हड़ताल जैसे कठोर कदम की आवश्यकता पड़ गयी?"

वह कुछ अधिक ही लापरवाह दिखायी दे रहा था। बोला, "हमारे अफसरों को पुलिस ने पकड़ लिया तो क्या हम चुपचाप बैठे रहेंगे?"

उसकी मुद्रा देख मैंने मान लिया कि पुलिस ने कुछ ज्यादती की होगी, तभी तो उन्होंने हड़ताल कर दी है, "आखिर हुआ क्या? हड़ताल का कोई कारण तो होगा।" मैंने कहा।

"अरे कारण क्या होना है। धाँधली है। पुलिसवाले समझते हैं कि हम उनकी धौंस में आ जायेंगे। वे नहीं जानते कि हम उन्हें छटी का दूध याद दिला देंगे।"

वह किसी सैनिक अभियान की मुद्रा में दिखायी पड़ रहा था।

"पर कोई कारण तो होगा।" मैंने फिर कहा।

"कारण। हाँ, कारण यह था कि हमारे अधिकारियों ने पुलिसवालों की उपस्थिति में उत्कोच ले लिया था। उत्कोच समझते हो न। घूस, रिश्वत, ब्राइब।"

मुझे चकित होना ही था, सो मैं हुआ। उसी चकितावस्था में मैंने पूछा, "पुलिस तुम्हारे अधिकारियों को उत्कोच लेते हुए रँगे हाथों पकड़ेगी, तो तुम हड़ताल करोगे?"

"पुलिसवाले उत्कोच लेते हैं तो हम उनके काम में कोई हस्तक्षेप करते हैं क्या?"

रामलुभाया बहुत उदात्त धरातल से बोल रहा था, "हम तो समान अधिकारों में विश्वास रखते हैं। जीओ और जीने दो। उत्कोच लो और लेने दो। हम सीमा शुल्क अधिकारी हैं, वे पुलिस अधिकारी। थाना उनका है, विमानपत्तन हमारा। वे थाने में उत्कोच लें, हम आपत्ति नहीं करेंगे, हम विमानपत्तन में लें, वे आपत्ति न करें। हम तो यहाँ तक सहयोग करने को तैयार हैं कि यदि कभी हमने पुलिस अधिकारियों को तस्करी करते पकड़ लिया तो पुलिसवालों को पूरा-पूरा अधिकार होगा कि वे हड़ताल पर चले जायें।"

[रचना : 27.10.95]

प्रतिस्पर्धी

मुझे लगता है कि भगवान् ने उनके और मेरे ग्रह एक जैसे ही बनाये हैं। जो कुछ मेरे साथ घटित होता है, वह उनके साथ भी घटित होना ही है। उस दिन वे मेरे घर आये तो बहुत कुछ भाँप गये। बोले, "क्या बता है, स्वास्थ्य ठीक नहीं है?"

अपने कष्टों को छिपाकर शहीद बनने में मुझे कोई सुख नहीं मिलता; इसलिए मैं अपने कष्टों की चर्चा प्रायः बड़े खुले मन और मुक्त कंठ से करता हूँ। मैंने उन्हें बता दिया कि चिकित्सा का विचार है कि मुझे अम्लता की शिकायत है। यदि समुचित उपचार नहीं हुआ तो मुझे अल्सर हो सकता है।

उनकी आँखों में निरीहता का भाव आया। उन्होंने एक विचित्र-सी दृष्टि से मुझे देखा और सिर झुका लिया। इतना तो मैंने देख ही लिया था कि उनका चेहरा एकदम उतर गया है और वे पर्याप्त दुखी लग रहे थे।

मुझे पछतावा हुआ : मैंने व्यर्थ ही एक इतने सात्त्विक और संवेदनशील व्यक्ति को अपनी व्यथा कह सुनायी। मेरे कष्ट से कितने पीड़ित हैं वे। वे किसी को पीड़ा में देख नहीं सकते थे।

उनका झुका हुआ चेहरा तो नहीं उठा, किन्तु वे स्वयं ही उठकर खड़े हो गये। ऐसे खड़े हुए कि फिर बैठे ही नहीं। चेहरा झुकाये हुए ही बाहर निकल गये। मैं यही अनुमान लगाता रह गया कि लघु-शंका इत्यादि के लिए गये होंगे।...किन्तु वे तो अपने घर ही चले गये। मैं दुखी होता रहा कि मैंने व्यर्थ ही उन्हें व्यथित कर दिया। अब वे शायद कभी मेरे घर नहीं आयेंगे।

पर, वे अगले ही दिन मेरे घर पुनः आ गये। आज वे न दुखी थे, न उनका चेहरा उतरा हुआ था; और न उनकी आँखों में वेदना और कातरता थी। इसके विपरीत वे काफी उत्फुल्ल दिखायी पड़ रहे थे।

उन्हें नमस्कार कर मैं बैठा ही था कि वे चहककर बोले, "आप जानते हैं कि आपको तो केवल अल्सर हो जाने की सम्भावना है; और यहाँ डॉक्टर मुझे कैंसर होने का सन्देह कर रहे हैं।..."

मैं हक्का-बक्का उन्हें देखता रहा; इस व्यक्ति के मन में न रोग का भय था न कष्ट के लिए संवेदना, वह तो मेरा प्रतिस्पर्धीमात्र था। यदि मैंने एक रोग की चर्चा की थी, तो उसे लगा वह पिछड़ रहा है; अतः उससे भी बड़े रोग की सम्भावना

लेकर आ गया। वह मुझसे दो अँगुल ऊँचा है, क्योंकि उसने मेरे रोग से एक बड़ा रोग पाल लिया है...

किसी अन्य अवसर पर मैंने उन्हें बताया कि मेरे छात्र मुझसे बहुत स्नेह करते हैं। यदि मैं विकल्प का एक पर्चा न पढ़ाऊँ, दूसरा पढ़ाने लगूँ, तो मेरे सारे छात्र पहला विकल्प छोड़कर, दूसरा विकल्प पढ़ने लगेंगे।

उस दिन मैंने स्पष्ट देखा कि मेरी इस आत्मप्रशंसा से उनका कलेजा छलनी हो गया था। उनके मुख से एक शब्द भी नहीं फूटा और उनकी आँखों में से आत्मदमन की वेदना की सरिता प्रवाहित हो उठी। यदि वे स्वयं को मर्यादित न कर लेते तो उनकी कराह सारे कमरे में सुनायी देती।

पर उन्होंने इस वेदना को बहुत नहीं पाला। एक ही सप्ताह में उन्होंने इसका तोड़ खोल निकाला। एक दिन दनदनाते हुए आये और बोले, “आप जानते हैं कि इस वर्ष तृतीय वर्ष के छात्र अधिकतम संख्या में फेल हुए हैं।”

“मैं यह जानता था; किन्तु इस विषय में उनसे चर्चा नहीं करना चाहता था। तृतीय वर्ष उनके पढ़ाये हुए बहुसंख्यक छात्र फेल हो गये। यह कोई गौरव की बात तो थी नहीं। वे स्वयं भी जानते होंगे, कि वे सफल अध्यापक नहीं थे।...फिर मेरे लिए उनके घावों पर नमक छिड़काना उचित था?...

पर वे स्वयं ही उस विषय को ले बैठे थे; और कितने प्रसन्न दिखायी दे रहे थे।

“आप जानते हैं, कोहली साहब कि ऐसा क्यों हुआ?”

“नहीं।” मैंने कहा।

“मैं भी नहीं जानता था।” वे बोले, “उन लड़कों ने ही मुझे बताया।”

“क्यों?” मैंने पूछा।

“यदि वे तृतीय वर्ष की परीक्षा में सफल हो जाते, तो फिर मेरी कक्षा में कैसे पढ़ते।” उन्होंने उल्लसित स्वर में बताया, “लड़कों का कहना है कि उनके लिए मुझसे पढ़ना महत्त्वपूर्ण है; मेरे निकट मेरी कक्षा में बने रहना सुखद है। परीक्षा में सफल होकर वे उस डिग्री का क्या करेंगे, जो उन्हें मुझसे दूर ले जायेगी।”

मैंने स्वीकार कर लिया कि वे किसी भी स्पर्धा में मुझसे पीछे नहीं हैं।

[रचना : 30.10.95]

न्यायकर्ता

"यह लाश किसकी है?" उपायुक्त भोलाराम ने कुछ चकित होकर पूछा। इंस्पेक्टर रामलुभाया हँसा, 'आप भी सर! अच्छा मजाक करते हैं।"

भोलाराम ने क्रोधपूर्वक उसकी ओर देखा—एक तुच्छ इंस्पेक्टर उससे इस प्रकार बात कर रहा था।

"इसमें मजाक की क्या बात है? एक लाश को बिना मुँह ढके इस प्रकार लेटा रखा है, जैसे यह भी कोई सोफासेट हो।" भोलाराम ने अपनी आवाज और ऊँची उठायी, "न उसके पेट में से चाकू निकाला है। न तुमने अँगुलियों के चिह्न इत्यादि लिये होंगे। फोटोग्राफर भी बुलाया है या नहीं?..."

रामलुभाया अपने अधिकारी के क्रोध से तनिक भी प्रभावित नहीं हुआ। अत्यन्त ठंडे स्वर में कुछ परिहासपूर्ण मुद्रा बनाकर बोला, "सा'ब! आप भी बस कभी-कभी चमत्कार कर देते हैं। एक चोर को लाश बता रहे हैं। उसे हथकड़ी लगाने की बात न कह, उसकी अँगुलियों के निशान और उनके फोटो-वोटो की चर्चा कर रहे हैं।"

भोलाराम के लिए अपनी कुर्सी पर बैठे रहना कठिन हो गया था...उसका अधीनस्थ यह इंस्पेक्टर आज कहीं नशा करके तो काम पर नहीं चला आया। उसने आँखें तरेरकर उसकी ओर देखा और पूछा, "यह लाश तुमको चोर दिखायी देती है?"

"हाँ सरकार!" इंस्पेक्टर रामलुभाया बोला, "यह चोर है और इसने सत्तूराम का छुरा चुराया है। मैंने इसे रँगे हाथों पकड़ा है। देखिये, छुरा अभी भी इसके पेट में है। होना तो यह जेब में चाहिए था; पर जेब छोटी थी, पेट बड़ा। आप जानते ही हैं सरकार। लोग शरीर में कहाँ-कहाँ सोना छिपाकर, तस्करी का धन्धा करते हैं। इसने एक छुरा अपने पेट में छुपा लिया तो ऐसी कौन-सी विलक्षण बात हो गयी।"

भोलाराम का क्रोध और ऊँचा चढ़ता; किन्तु तब सहसा उसे कुछ समझ में आने लगा। उसने पूछा, "यह सत्तूराम कौन है?"

"सरकार मेरा साला है।" इंस्पेक्टर रामलुभाया ने बताया।

"तो हत्या सत्तूराम ने की?" भोलाराम ने कुछ शान्त स्वर में पूछा, "और तुम उसको बचाना चाहते हो?"

"नहीं सरकार! मैं तो आपसे पुलिस प्रशिक्षण लेना चाहता हूँ। आपके चरणचिह्नों

पर चलकर कुछ बनना चाहता हूँ।" भोलाराम ने एक बार नये सिरे से चकित होकर उसकी ओर देखा, "मुझसे ऐसा क्या हुआ था, जिसके कारण तुमको यह शिक्षा मिली कि जिसकी हत्या हुई हो, उसको चोर बना दो और हत्यारे को पीड़ित पक्ष घोषित कर दो?"

इंस्पेक्टर रामलुभाया एक धृष्ट मुस्कान अपने चेहरे पर ले आया, "सरकार! कल जिस सोलह वर्ष की लड़की को आपने वेश्यावृत्ति के आरोप में हवालात में डाल दिया, वह भी तो कह रही थी कि उन लड़कों ने उसका अपहरण किया था और दो महीनों से उसके साथ सामूहिक बलात्कार कर रहे थे...।"

"रामलुभाया!" भोलाराम का स्वर कुछ लड़खड़ाया, "उन लड़कों में एक मेरा भतीजा है। लड़की के बयान को सच मान लेता तो मेरा भतीजा जेल चला जाता।"

"तो सरकार! इस चोर के बयान को, जिसे आप एक लाश बता रहे हैं, सच मान लिया गया तो मेरा साला जेल चला जायेगा। अब जैसा आप आदेश करें।"

"पर रामलुभाया!" भोलाराम ने कुछ सचेत स्वर में कहा, "उन लड़कों ने इलाके के थानेदार को एक लाख रुपया चढ़ावा चढ़ाया था।"

"तो सरकार! मेरा साला ही कहाँ हुकुम से बाहर है। वह आपके चरणों में दो लाख चढ़ायेगा।"

उपायुक्त भोलाराम गम्भीर चिन्तन में मग्न हो गये और इंस्पेक्टर रामलुभाया मुस्करता हुआ उनके चारों ओर मँडराता रहा।

थाने का वातावरण किसी साधना-स्थली में बदल गया था। किसी अभूतपूर्व आध्यात्मिक सत्य के अवतरित होने की विकट प्रतीक्षा थी। ज्ञान का कोई अद्भुत स्वरूप प्रकट होनेवाला था।

अन्ततः उपायुक्त भोलाराम की साधना पूर्ण हुई। वे अपने चरम सत्य पर पहुँच गये। उनके नयनों में सिद्धत्व प्रकट हुआ और वाणी से जैसे कोई तान्त्रिक मन्त्र प्रस्फुटित हुआ। बोले, "तो इंस्पेक्टर रामलुभाया! इस चोर को तुमने चोरी के माल सहित रँगे हाथों पकड़ा है। इस साले को तो हवालात में डालो और चोरी का माल खजाने में जमा कराओ। इतने बड़े अपराध की गुत्थी सुलझाने के उपलक्ष्य में, मैं तुम्हारा नाम दक्ष पुलिस अधिकारियों के मैडल के लिए भेज रहा हूँ।"

इंस्पेक्टर रामलुभाया ने जोरदार सलामी देने के प्रयत्न में अपना एक बूट दूसरे बूट पर दे पटका और बोला, "अन्नदाता! आप जैसा शरणागत वत्सल और न्यायकर्ता आज तक इस पृथ्वी पर पैदा नहीं हुआ।"

[रचना : 8.1.95]

भोलाराम का आँगन

रामलुभाया ने भोलाराम के आँगन में अपनी गाय बाँध दी थी। भोलाराम ने देखा तो उन्हें कुछ विचित्र भी लगा और बुरा भी। आखिर किसी और के आँगन में अपनी गाय बाँधने का क्या अर्थ? उनके आँगन में गाय बँधेगी तो वे सोयेंगी कहाँ रामलुभाया के आँगन में? वे तो उसी समय रामलुभाया के घर जा रहे थे; किन्तु उनकी पत्नी ने उन्हें रोक लिया, "क्या करते हो? उनके घर में सफेदियाँ हो रही हैं। ऐसे में यदि गाय को यहाँ बाँध गये तो ऐसी कौन-सी मुसीबत आ गयी। सफेदियों से निबट लेंगे तो अपने-आप गाय खोलकर ले जायेंगे।"

भोलाराम ने अपनी पत्नी की बात मान ली। यही उचित था कि पड़ोसी, पड़ोसी के काम आये। इस समय रामलुभाया के अपने घर में सब कुछ अव्यवस्थित था। सफेदीवालों ने हड़बौंग मचा रखा था। पेंटर अलग शोर मचाये हुए थे। शायद टूट-फूट की मरम्मत भी होनी थी; इसलिए मिस्त्री भी आये हुए थे। बिजलीवाले ने अपने तार लगाने के उपक्रम में बढ़ई की कोई चौखट गिरा दी थी...और भी जाने कैसी-कैसी धमाचौकड़ी मची हुई थी। इन परिस्थितियों में यदि रामलुभाया ने अपनी गाय उनके आँगन में बाँध दी तो ऐसा क्या अनर्थ हो गया कि वे उससे लड़ाई करने जायें। भोलाराम अपने कामों में लग गये।

अगले दिन दफ्तर जाते हुए उनका ध्यान इस ओर गया कि उनके आँगन की दीवार पर रामलुभाया की पत्नी कुछ उपले थाप रही थी। उनका मस्तिष्क एकदम भन्ना उठा। इच्छा हुई कि दीवार से सारे उपले गिरा ही न दें; रामलुभाया की पत्नी को उसकी चोटी से पकड़कर उसके घर तक छोड़ आयें। किन्तु ऐसा वे कर नहीं सकते। आखिर वह उनके पड़ोसी की पत्नी और उनकी पड़ोसन थी। साथ ही रहना था। पड़ोसियों से प्रेमपूर्ण सम्बन्ध बनायें रखने के लिए बहुत कुछ सहना भी पड़ता है। वे चुपचाप आँखें झुकाये दफ्तर चले गये। दिन-भी दफ्तर में कुलबुलाते रहे। अपने सहयोगियों और फाइलों से लड़ते-झगड़ते रहे। पर किसी को यह न कह सके कि रामलुभाया ने उनके सुन्दर-से आँगन पर अपनी गाय बाँधने के बहाने से कब्जा कर लिया है।

शाम को घर लौटे तो पत्नी से बोले, "अपनी उस पड़ोसन को समझाओ। उठाये यहाँ से अपनी यह सम्पत्ति और जो कुछ करना हो अपने घर में जाकर करे।"

"अरे दो-चार दिन की बात है।" उनकी पत्नी बोली, "उनके घर में व्यवस्था आ जायेगी तो स्थिरता भी आ जायेगी। तब वे लोग स्वयं ही अपना सब कुछ अपने घर ले जायेंगे। उनके पास जगह की कौन कमी है कि अपनी गाय हमारे ही आँगन में बाँधेंगे।"

"वह सब ठीक है।" भोलाराम बोले, "किन्तु हमारे आँगन की दीवारों पर उपले तो न थापें; नहीं तो गाय के जाने के बाद भी दीवारों पर उपलों के चिह्न रह जायेंगे।"

"गाय यहाँ बँधी है तो गोबर भी नहीं होगा। उस गोबर को वे कहाँ उठा ले जायें। अब जब गोबर यहीं रहेगा तो उपले भी यहीं थापे जायेंगे। न भी थापेगी तो गोबर का ढेर पड़ा कौन अच्छा लगेगा। उससे तो उपले ही भले। दो दिन की तो बात है। अपने-आप सब ठीक-ठाक हो जायेगा।"

पर अपने-आप कुछ भी ठीक नहीं हुआ। सफेदी का काम कुछ लम्बा खिंच गया; इसलिए उपलों का ढेर बढ़ता चला गया। उपले अधिक हो गये थे, इसलिए रामलुभाया की पत्नी ने उनका ढेर बनाकर ऊपर से लीप-पोतकर एक झुग्गी-सी बना दी थी। जाते हुए वह कह गयी कि वर्षा होने से भी उपले नष्ट नहीं होंगे।

सफेदियाँ समाप्त हो गयीं और रामलुभाया का घर साफ-सुथरा हो गया। इतने दिन गाय पड़ोस में बँधी थी। अब उसे अपना आँगन खुला-खुला तो लग ही रहा था; भोलाराम का आँगन हथिया लेने का नशा भी कम सुखदाई नहीं था। उपलों की संख्या भी इतनी अधिक हो गयी थी कि रामलुभाया के घर में वे समा ही नहीं रहे थे। और भोलाराम भले आदमी थे, उससे झगड़ा तो कर नहीं रहे थे, इसलिए न उसने गाय अपने घर ले जाने की सोची, न उनके आँगन से अपने उपले ही उठाये।

भोलाराम का धैर्य चुक गया। एक दिन उन्होंने अपनी पत्नी की इच्छा के विरुद्ध रामलुभाया से कह ही दिया कि वह अपनी गाय ले जाये और उनके आँगन से अपने उपले भी उठा ले। किन्तु रामलुभाया किसी भी परिवर्तन के लिए तैयार नहीं था। वह यथास्थिति बनाये रखने पर अड़ा हुआ था। क्योंकि वह अपने इस कब्जे को स्थायी मान चुका था। कुछ थोड़ा-सा अड़ियल बनकर, यदि वह भोलाराम का सारा आँगन हथिया सकता था तो क्यों न हथियाता।

भोलाराम ने जब कहा कि वह उनका आँगन खाली कर दे तो उसने सीधा-सा उत्तर दे दिया कि कई महीनों से उसकी गाय यहीं बँधती आयी है। अब यह आँगन ही गाय का घर हो गया है। नयी जगह पर बाँधने से वह दूध नहीं देगी। इसलिए गाय तो अब यहीं बँधेगी।

भोलाराम कई दिनों तक अनुनय-विनय करते रहे। पड़ोसियों से भी सहायता माँगते रहे। पर जब किसी भी प्रकार उनका आँगन उन्हें नहीं मिला, तो एक दिन

वे क्रोध से गाय को अपने आँगन में गड़े उसके खूँटे से खोलकर सरकारी फाटक में दे आये।

अचानक सारा मुहल्ला जाग उठा। कोहराम मच गया कि भोलाराम ने अपने निर्बल पड़ोसी के साथ भयंकर अन्याय कर दिया है। भोलाराम हैरान, कि इतने दिनों से रामलुभाया ने उनके आँगन पर कब्जा जमा रखा था और वे बार-बार प्रार्थना कर रहे थे, तो किसी के कान पर जूँ तक नहीं रेंगी थी। बाध्य होकर आज उन्होंने पहल कर दी, तो इन सारे आँख-मीचुओं के सिर लज्जा से झुक गये।

रामलुभाया के मित्रों ने भोलाराम को अपना न्यायपूर्ण अधिकार माँगने के लिए तनिक भी क्षमा नहीं किया। गाय को सरकारी फाटक में दे आने का प्रतिशोध लेने के लिए भोलाराम के आँगन के वे सारे पौधे भी उखाड़ दिये गये जो इतने दिनों में गाय ने भी नहीं चरे थे। उनके घर के सारे गमले तोड़ दिये गये और उनकी बैठक के शीशे भी उनके तथाकथित समझदार और न्यायप्रिय पड़ोसियों के अन्धे क्रोध के लक्ष्य बन गये। अपनी इन सारी क्रूरताओं के बाद भी उन्होंने भोलाराम को धिक्कारा, "तुम्हें उसकी गाय के साथ यह व्यवहार नहीं करना चाहिए था। तुमने उसका कितना नुकसान किया है।"

भोलाराम सोचता रहा कि उससे कहाँ भूल हुई है? वह तो महीनों से इन्हीं पड़ोसियों का ध्यान इस ओर दिला रहा था कि रामलुभाया ने उसके आँगन पर कब्जा कर रखा है। पर तब किसी भी पड़ोसी ने रामलुभाया से यह नहीं कहा कि वह उसका आँगन खाली कर दे। अपने आँगन में गाय नहीं बाँधना चाहता था। न बाँधता। गाय तो कहीं भी बाँधी जा सकती थी किन्तु भोलाराम का आँगन तो कहीं और नहीं बन सकता था। उसके आँगन की पीड़ा किसी को नहीं है; रामलुभाया की गाय की सबको पड़ी है। यदि उसकी पीड़ा भी किसी ने समझी होती और उसका आँगन समय से खाली कर दिया गया होता तो वह भी रामलुभाया की गाय को सरकारी फाटक में न देकर उसकी सेवा कर रहा होता।

[रचना : 10.11.95]

जनतन्त्र का प्रेमी

भोलाराम ने आश्चर्य से रामलुभाया की ओर देखा, "आप जानते भी हैं कि आप क्या कर रहे हैं?"

"बहुत अच्छी तरह जानता हूँ।" रामलुभाया ने भाषण देने की मुद्रा बना ली, "मैं जनतन्त्र से प्यार करता हूँ सर! इसलिए चाहता हूँ कि हर काम जनतान्त्रिक ढंग से हो। एक व्यक्ति की इच्छा सब पर क्यों थोपी जाये। यदि दफ्तर के सारे लोग चाहते हैं कि पिकनिक रविवार के स्थान पर सोमवार को हो तो उसमें ऐसी क्या कठिनाई है कि उनकी बात न मानी जाये।"

"मैं जनतन्त्र विरोधी नहीं हूँ, रामलुभाया; किन्तु जनतन्त्र भी तो कुछ नियमों के अधीन ही चलेगा।" भोलाराम बोले, "नियम यह है कि सप्ताह में पाँच दिन काम होगा। तुम्हारी यह माँग उस नियम का अतिक्रमण कर रही है। आज यदि यह माँग मान भी ली जाये तो इस बात की आश्वस्ति कौन देगा कि दफ्तर के लोग इसी प्रकार की छुट्टियाँ फिर कभी नहीं माँगेंगे।"

रामलुभाया अपनी बात से टलनेवाले नहीं थे। बोले, "मैं तो एक ही बात जानता हूँ सर! कि नियम मनुष्य के लिए है, मनुष्य नियमों के लिए नहीं है। यह माँग सर्वसम्मति से आयी है। अब होगा तो वही, जो सर्वसम्मति से माना जाये। इस प्रकार के जनतान्त्रिक प्रस्तावों को आप ठुकरा नहीं सकते।"

पिकनिक की बात मान ली गयी। सर्वसम्मति का विरोध कौन करता। बटकल ताल के तट पर रामलुभाया ने अपनी बोतल खोल ली तो स्थिति बदल गयी।

"शराब पीना कोई अच्छी बात नहीं है रामलुभाया।" रामचरण ने टोका, "यदि पीनी ही है तो अपने घर के एकान्त में पीओ। कोई तुम्हें रोकने नहीं जायेगा। पर यहाँ सार्वजनिक स्थान पर हम सबके बाल-बच्चों के सामने तुम इस प्रकार खुल्लम-खुल्ला शराब नहीं पी सकते। इससे हमारे बच्चों की मानसिकता का बुरा प्रभाव पड़ेगा।"

रामलुभाया को अपने आनन्द में यह विघ्न अच्छा नहीं लगा। बोले, "अरे, मदिरा नहीं पी जायेगी तो पिकनिक का रंग कैसे जमेगा। पिकनिक में मदिरा ही नहीं पीनी थी तो छुट्टीवाले दिन अपने घर में रजाई का ही सुख न लेते।"

"वह तो जो आपकी इच्छा थी, आप कर सकते थे।" रामचरण ने उत्तर दिया, "किन्तु हम इस प्रकार आपको शराब नहीं पीने देंगे।"

"यह क्या तमाशा है।" रामलुभाया झल्ला उठे, "घर में पत्नी नहीं पीने देती, यहाँ तुम पीने नहीं दे रहे। तो मैं पीने के लिए कहाँ जाऊँ? मैं तो पीऊँगा।"

"मैं पीने नहीं दूँगा।" रामचरण भी अड़ गया।

"तुम्हारे बाप का राज है।" रामलुभाया भी बिगड़ उठे।

"नहीं, मेरे बाप का राज तो नहीं है।" रामचरण बोला, "पर यह हम सबकी सम्मिलित राय है। इन जनतान्त्रिक फैसले को आप नहीं पलट सकते।"

"मैं किसी के बाप का गुलाम नहीं हूँ।" रामलुभाया अपनी पूरी क्षमता से चिल्लाये, "मैं तो वही करूँगा, जो मेरे मन में आयेगा।"

अब भोलाराम को बीच-बचाव करना पड़ा, "रामलुभायाजी! आप तो जनतान्त्रिक पद्धति को माननेवाले हैं। वही कीजिये, जो बहुमत चाहता है।"

रामलुभाया उठकर खड़े हो गये। उन्होंने अपनी मूँछों पर हाथ फेरा, जैसे सबको चुनौती दे रहे हों, "मैं तो बहुमत के साथ तब तक ही चलता हूँ जब तक बात मेरे मन की हो। अपने मन के विरुद्ध मैं किसी मत के साथ नहीं चलता। मेरी इच्छा होगी तो मानूँगा, नहीं तो बहुमत मेरे ठेंगे से।"

"देखिये, आप संसदीय भाषा का उल्लंघन कर रहे हैं।" भोलाराम बोले।

"तो आप संसदीय भाषा में सुन लीजिये।" रामलुभाया बोले, "मैं आपके प्रस्ताव को, आपके बहुमत को और आपके जनतन्त्र को वीटो कर रहा हूँ।"

रामलुभाया ने बोतल उठायी और मुँह से लगा ली।

[रचना : 22.11.95]

सम्मिलित सम्पत्ति

अपने विवाह के पश्चात् रामलुभाया अपना पहला वेतन लाया तो उसकी पत्नी ने पूछा, "तुम्हारी कमाई में मेरा कितना हिस्सा है?"

रामलुभाया प्रेम, एकता और सहयोग के समुद्र में गोते खा रहा था। तड़पकर बोला, "आज कहा सो कहा। अब आगे से कभी मेरा-तेरा मत करना। हमारे पास जो कुछ भी है, वह हमारा साँझा है, संयुक्त है, सम्मिलित है।"

पत्नी स्पष्टवादिनी थी। बोली, "ठीक है; किन्तु मैं तो कुछ कमाती नहीं हूँ। इस संयुक्त सम्पत्ति में मेरा योगदान तो कुछ हो ही नहीं सकता।"

"मेरी सारी आय तुम्हारी है। इसमें मेरा कुछ नहीं है। लो यह सारा कुछ तुम्हारा ही है।" रागलुभाया ने अपना सारा वेतन उसकी झोली में डाल दिया।

रामलुभाया ने बैंक में संयुक्त खाता खोल दिया। बैंक का लॉकर भी दोनों के नाम करवा दिया। अपनी माँ के सारे गहने लाकर उसको सौंप दिये। "इस घर में आज से सब कुछ साँझा है।"

पत्नी बहुत प्रसन्न थी। वह उस घर को एकदम अपना घर मानकर रह रही थी। रामलुभाया के वेतन को अपना वेतन मानकर खर्च कर रही थी। उसकी माँ के गहनों को अपने गहने मानकर पहन रही थी।

एक दिन पत्नी का भाई आया और जाते हुए बहन को पाँच सौ रुपये दे गया। रात को पत्नी ने कहा, "सुनोजी! मुझसे प्यार करते हो न?"

"अरे, यह भी कोई पूछने की बात है। मैं तुमसे अपने प्राणों से भी अधिक प्यार करता हूँ।"

"इस घर में सुख-शान्ति चाहते हो न!"

"कौन नहीं चाहता।" रामलुभाया कुछ चिन्तित हुआ, "किन्तु तुम यह सब क्यों पूछ रही हो?"

"कुछ नहीं। मन थोड़ा घबरा रहा है। इसलिए पूछ रही हूँ। मुझे सुखी देखना चाहते हो न?"

रामलुभाया ने मान लिया कि उसका भाई आज मिलकर गया है, इसलिए उसका मन कुछ उदास हो रहा है। उसने अपनी सम्पूर्ण आत्मा से अपनी पत्नी को

अपने प्रेम का विश्वास दिलाया। कसमें खायीं। और जो कुछ सम्भव था, सब कुछ किया।

तब पत्नी ने कहा, "तो फिर बैंक में मेरा अलग से एक खाता खुलवा दो।"

अलग खाते की चर्चा सुनकर रामलुभाया कुछ चौंका।...यह आरक्षण चाह रही है अथवा विभाजन, "क्या करोगी, उस खाते का?"

"उसमें वे रुपये रखूँगी, जो भैया दे गये हैं।"

"पर मैंने तो अपना कोई रुपया तुमसे अलग नहीं रखा।" रामलुभाया ने कुछ दुखी होकर कहा।

"तुम्हारी बात और है।" पत्नी बोली, "मर्द आदमी हो। इतना कमाते हो। तुम्हें किस बात की कमी है। जब चाहोगे, और कमा लोगे। वैसे भी घर पर अधिकार ही है। तुम्हें असुरक्षा की भावना क्यों सतायेगी। पर मुझे तो अपना कुछ सोचना पड़ेगा न।"

रामलुभाया को अच्छा तो नहीं लगा, किन्तु पत्नी के प्यार में डूबा था। नहीं चाहता था कि उसे असुरक्षा की भावना सताये। मन को समझा लिया कि उसने कभी कमाया नहीं, इसलिए मोह कर रही है। अपने-आप समझ जायेगी।

संयोग से कुछ दिनों में पत्नी की नौकरी लग गयी। रामलुभाया बहुत प्रसन्न था कि अब दोनों की सम्मिलित आय से घर खूब मजे में चलेगा। वह महीनाभर पत्नी को दफ्तर छोड़कर आता रहा। घर के लिए एक नौकर भी रख लिया। और अपने परिवार के भविष्य के लिए बहुत सारे सुन्दर सपने भी बुन लिये।

वेतनवाले दिन पत्नी कुछ देर से घर लौटी। आकर बताया कि अपना वेतन वह अपने खाते में जमा करवा आयी है!

"इसका क्या अर्थ है?" रामलुभाया ने पहली बार अपना मुँह खोला, "तुम्हें अपना वेतन सम्मिलित खाते में जमा करवाना चाहिए था। इस घर में हमारा कुछ भी पृथक् नहीं है।"

"मुझे मूर्ख बनाने का प्रयत्न मत करो। मुझे क्या पड़ी है कि मैं अपना कमाया तुम्हें दे दूँ।"

"क्यों यह घर हमारा साँझा नहीं है क्या?"

"है क्यों नहीं।" पत्नी बोली, "जो कुछ तुम्हारा है, वह सब कुछ मेरा भी है, किन्तु इसका अर्थ यह नहीं है कि जो कुछ मेरा है, वह सब तुम्हारा भी है।"

"तुम भारत के अल्पसंख्यकों का कोई उग्रतावादी दल हो, कश्मीर हो अथवा कोई पृथकतावादी संगठन हो?" रामलुभाया ने पीड़ित होकर पूछा।

"कुछ भी समझ लो, किन्तु पैकेज यही रहेगा। घर का दायित्व तुम्हारा, और शर्तें मेरी।"

“ऐसे में घर कैसे चलेगा?” रामलुभाया बोला।

“घर चलाने का दायित्व तुम्हारा है।” पत्नी ने उत्तर दिया, “मैं घर से सब कुछ लूँगी, पर घर को दूँगी कुछ नहीं।”

“यह कैसा साँझा घर और सम्मिलित सम्पत्ति है?” रामलुभाया चकित था।

“यह पैकेज स्वीकार है बोलो, नहीं तो मुझे अलग कर दो। मुझे तुम्हारे साथ नहीं रहना है।”

“यह तो कोई न्याय नहीं है।” रामलुभाया रुआँसा हो गया।

“अपने देश में तो ऐसा ही होता है।” पत्नी बोली, “तुम्हारा सब कुछ हम दोनों का; और मेरा सब कुछ केवल मेरा। बोलो है स्वीकार या अलग हो जाऊँ?”

“स्वीकार। स्वीकार। सब कुछ स्वीकार।”

[रचना : 22.11.95]

प्रबन्ध

छात्रों ने बड़ा दुस्साहस किया था। वे प्राचार्य के पास यह शिकायत लेकर पहुँचे थे कि महीनेभर से उनकी कक्षाएँ नहीं हो रही थीं। प्राचार्य ने पहले तो उनको इस बात के लिए डाँट पिलायी कि वे लोग झूठ बोल रहे हैं। ऐसा नहीं हो सकता कि उनके इस आदर्श कॉलेज का कोई विद्वान अध्यापक कक्षा न लेने जैसा घटिया काम करता हो। उनके कॉलेज में तो कोई घटिया काम होता ही नहीं है, होता है तो हम मानते नहीं। हमारे प्रधानमन्त्री ही कहाँ मानते हैं कि वे या उनके सहयोगी भ्रष्ट हैं। धन तो वे लेते हैं; किन्तु उत्कोच तो नहीं लेते न। उत्कोच तो वह तब होता है, जब कोई काम करके किसी से पैसा लिया जाये। वे तो पैसा पहले ही ले लेते हैं। सेवा भाव से पैसा लिया जाये तो वह उत्कोच थोड़े ही होता है। धन तो बड़े-बड़े संन्यासी भी लेते हैं; और संन्यासियों के ही चरण-चिह्नों पर चलनेवाले हमारे प्रधानमन्त्री भी लेते हैं। वह उत्कोच तो तब हो, जब वे उसे स्वीकार करें।

पर बात प्रधानमन्त्री की नहीं, प्रधानाचार्य की थी। प्रधानमन्त्री तो यूँ ही अपनी प्रधानी दिखाने बीच में आ गये। कदाचित इसलिए कि दोनों ही पद 'प्र' से आरम्भ होते हैं।

छात्रों ने अपने आरोप के पक्ष में कुछ प्रमाण प्रस्तुत कर दिये, तो प्राचार्य महोदय ने उन्हें पुनः डाँटा। अब वे छात्रों से इस बात के लिए रुष्ट थे कि छात्र इतने दिन तक अन्याय सहते, चुप क्यों बैठे रहे। अन्याय सहना भी अन्याय करने के समान ही पाप है। कक्षा न लेनेवाले अध्यापक की शिकायत उन्हें पहले ही दिन करनी चाहिए थी।

डाँट सुनकर छात्रों का नेता रो पड़ा, "जितना डाँटना चाहें, डाँट लें सर। किन्तु हमारी पढ़ाई का तो कोई प्रबन्ध कर दीजिये।"

डाँट सुनकर रो पड़नेवाले नेता को देखकर प्राचार्य के मन की दशा बड़ी विचित्र हो गयी। वस्तुतः किसी नेता को रोते देखना बड़ा दुर्लभ दृश्य था। ऐसा दृश्य देखने का अवसर पा जाने पर प्राचार्य ने अपना भाग सराहा; और दूसरों को रुलाने के सीन पर स्वयं रो पड़नेवाले इस नेता को मन-ही-मन धिक्कारा। फिर वे सजग हो गये। यह लड़का नेता ही तो था। अभी उन्हें रुलाने पर आ गया तो?...

उन्होंने तत्परता दिखायी, "उसका प्रबन्ध तो अभी करता हूँ। कक्षा भी न लगवा

पाये, तो हम प्रिंसिपल काहे के। कॉलेज में पढ़ाई न करवा पाये, तो धिक्कार है हमको। शत-शत धिक्कार।"

उन्होंने घंटी बजायी। अलादीन ने दीपक के देव के समान एक चपरासी प्रकट हुआ। उन्होंने आदेश दिया, "इतिहास विभागवाले शर्माजी को बुलाओ।"

आदेश सुनकर अपने अभ्यास के अनुसार चपरासी मुड़ा ही था कि उसे कुछ याद आ गया। वह रुक गया और मुड़कर धीरे से बोला, "सर! वे तो आजकल कॉलेज नहीं आते।"

"तभी तो क्लास नहीं लेते।" प्राचार्य दहाड़े, "इन सबकी आदतें बिगड़ गयीं। न छुट्टी लेते हैं, न कॉलेज आते हैं। सब अपने आपको प्रिंसिपल समझने लगे हैं।"

"नहीं सर!" चपरासी बोला, "वे तो रिटायर हो चुके। अब कॉलेज आकर क्या करेंगे। इसी से वे कॉलेज नहीं आते हैं।"

प्राचार्य को बहुत क्रोध आया : लोग चपरासी को बताकर रिटायर हो जाते हैं। और उन्हें हवा भी नहीं लगने देते। प्रिंसिपल का तो कोई सम्मान ही नहीं है, इन लोगों के मन में। भय हो तो सम्मान हो। जब भय ही नहीं है तो सम्मान कहाँ से होगा। ऐसे कोई आदमी कॉलेज कैसे चला सकता है।

अपना क्रोध प्रकट करने के पश्चात् उन्होंने आदेश दिया, "जाओ। विभागाध्यक्ष को बुलाओ।"

विभागाध्यक्ष भागे-भागे आये। प्राचार्य ने दहाड़कर कहा, "आपके विभाग में शर्माजी की कक्षाएँ क्यों नहीं लग रही हैं?"

"सर! वे रिटायर हो गये हैं।"

"अरे वे रिटायर हो गये हैं, तो ये लड़के तो रिटायर नहीं हो गये हैं न।" प्राचार्य ने उन्हें डाँटा, "इनकी कक्षाएँ तो लगनी चाहिए। लोग रिटायर होते हैं। मर जाते हैं। पर दुनिया का व्यापार तो बन्द नहीं हो जाता। जाइये। जैसे भी हो, इनकी पढ़ाई का तत्काल प्रबन्ध कीजिये।"

"सर मेरे पास पहले ही बहुत सारी कक्षाएँ हैं।" विभागाध्यक्ष बोले, "और तो कोई क्लास लेता नहीं, विभागाध्यक्ष होने के नाते, मुझे ही सबको पढ़ाना पड़ता है। मैं अब और बोझ अपने कन्धे पर नहीं ले सकता।"

"अरे आप नहीं ले सकते तो विभाग में आप अकेले ही तो नहीं हैं। और लोग भी तो हैं। उनसे कहिये, क्लासें लें।"

"और लोग अपनी कक्षाएँ नहीं लेते, तो शर्माजी की कक्षाएँ कहाँ ले लेंगे।" विभागाध्यक्ष गुनगुनाते से बोले।

प्राचार्य महोदय को बहुत क्रोध आया। सालों को अभी तो लेने को कह रहा हूँ तो नखरा मार रहे हैं। अभी कुछ देने को कहूँगा तो सबकी नानी मर जायेगी। पर यह सब कहने का तो अब युग ही नहीं रहा था। बोले, "अरे, तो आप विभागाध्यक्ष

कैसे हैं। उन्हें आदेश दीजिये। उन लोगों को नौकरी करनी है या नहीं।"

"सर, मेरा आदेश तो वे मानते ही नहीं हैं। आप भी आदेश देकर देख लें।"

प्राचार्य की इच्छा हुई कि अपना सिर पीट लें। पता नहीं इस देश के चिन्तक, माता-पिता और गुरु की आज्ञा पालन का उपदेश देकर ही क्यों चुप हो गये। वे यदि अपने विभागाध्यक्ष और प्राचार्य का आदेश मानने का भी आदेश जनता को दे जाते तो उनका क्या बिगड़ा जाता?

"जाइये। मैं ही करूँगा।" अन्ततः वे बोले, "अगले सप्ताह अपने विभाग की एक बैठक रखिये। मैं भी देखता हूँ कि कैसे नहीं लेते कक्षाएँ, ये बदमाश। ऊपर से अपने-आपको अध्यापक गिनते हैं और करते हैं गुंडागर्दी। सारी बदमाशी झाड़ दूँगा एक-एक की। नौकरी है या मजाक।"

विभागाध्यक्ष ने अगले सप्ताह विभाग की एक आवश्यक बैठक रख दी। सप्ताहभर स्टाफरूम में खूब धूम-धड़ाका रहा। बहुत चर्चा थी बैठक की। जाने क्या होनेवाला था। इस बार प्राचार्य बहुत उग्र हो रहे थे। इतिहास विभाग की कक्षाएँ एकदम नहीं हो रही थीं, तो आखिर किसी पर तो गाज गिरनी ही थी।

बैठकवाले दिन प्रातः से ही विभाग के वे सारे लोग भी दिखायी दे रहे थे, जो महीनों से अदृश्य थे। प्राचार्य ने बैठक बुलायी थी। उसकी उपेक्षा कोई कैसे कर देता।

बड़े समय से लोग बैठक के लिए प्राचार्य के कक्ष में जाकर बैठ गये। सब अपने-अपने काम का ब्यौरा लेकर आये थे। सबको अपना-अपना स्पष्टीकरण देना था। सबके ही पास अपना कोई-न-कोई तर्क था। चूकनेवाला यहाँ कोई नहीं था। सबको विश्वास था कि इस बैठक के पश्चात् कक्षाएँ बिल्कुल नियमित हो जायेंगी।

...किन्तु बैठक ही नहीं हो पायी। आचार्य को उस दिन कॉलेज आने का अवकाश ही नहीं मिला।

[रचना : 24.11.95]

जागरूक उपभोक्ता

रामलुभाया बहुत प्रसन्न था। वह अभी-अभी बाजार से होकर आया था।

"क्या बात है रामलुभाया?" मैंने पूछा, "क्या कोई बहुत बढ़िया चीज खरीद लाये?"

"अरे नहीं भाई! खरीदा तो कुछ नहीं, पर मैंने मुक्ता स्टोरवाले को सीधा कर दिया।" उसकी प्रसन्नता सँभाले नहीं सँभल रही थी।

"क्यों क्या हुआ?" मेरी उत्सुकता भी पूरी तरह जाग उठी।

"अरे होना क्या था।" रामलुभाया ने उत्तर दिया, "ढंग से कोई चीज नहीं दिखाता। ठीक से बात नहीं करता। पूरी सूचना नहीं देता। फिर झूठ बोलता है।"

"ऐरा तो रारे दुकानदार करते हैं।" गेरे गुख से निकल गया, यद्यपि मुक्ता स्टोर के मालिक को बचाना अथवा उसका पक्ष लेना मेरा लक्ष्य कदापि नहीं था।

"सब दुकानदार करते होंगे तुम्हारे साथ।" रामलुभाया बोला, "कोई मेरे साथ करके तो दिखाये। अब वह पुराना जमाना नहीं है। उपभोक्ता के भी अपने अधिकार हैं। कानून हमारी रक्षा करता है।"

"मुझे तो कभी ऐसा सूझा ही नहीं।" मैंने कहा।

"तुम्हें क्यों सूझेगा। कभी अपने अधिकारों के लिए सजग भी हुए हो।"

मुझे लगा कि सच ही तो कह रहा था वह। मुझे अपने अधिकारों के प्रति सजग होना चाहिए था। अपने बचपन से ही सुनते आये थे कि, रोये बिना तो बच्चे को माँ से भी दूध नहीं मिलता। मैंने तो अपने अधिकारों के प्रति कभी सोचा ही नहीं, तो मुझे मेरे अधिकार कहाँ से मिलते। रामलुभाया का सहारा मिला तो मेरा आत्मबल भी जाग उठा। मैंने सोचा कि अब मुझे भी एक जागरूक उपभोक्ता के समान, अपने मुहल्ले के दुकानदारों को समझा देना चाहिए कि उनकी जोर-जबर्दस्ती नहीं चलेगी।

"तो रामलुभाया! मेरे साथ चलो तो हम उस जगदीश स्टोरवाले को भी ठीक कर आते हैं। उसके पास 10 हजार रुपये का टेलीविजन खरीदने जाओ तो भी ऐसे बात करता है, जैसे कोई सौ ग्राम हल्दी माँग रहा हो।"

मेरी बात सुनकर रामलुभाया तनिक भी उत्साहित नहीं दीखा। बोला, "यूरोप और अमरीका में भी बड़ी दुकानों में कोई आपसे बात नहीं करता। बात तो कोई

तब करे, जब कोई वहाँ पर हो। वहाँ तो चीजें लगी होती हैं और उनका मूल्य वसूलनेवाली लड़कियाँ काउंटर पर, कम्प्यूटर के पीछे छिपी बैठी होती हैं।"

मैं विचलित हो गया। बोला, "पर कोई खरीदेगा तो तब, जब कोई उसे चीजों की विशेषता और गुण बतायेगा।"

"अब खरीदारी का यह युग नहीं रहा।" रामलुभाया कुछ ऐंठकर बोला, "जागरूक उपभोक्ता के पास अपनी जानकारी होती है। वह दुकानदारों का आश्रित नहीं होता। आपसे अपेक्षा की जाती है कि आप इतनी बड़ी चीज खरीदने आये हैं, तो समाचारपत्रों से, दूरदर्शन से, आकाशवाणी से ये सूचनाएँ एकत्रित कर चुके होंगे कि किस मॉडल में क्या गुण-दोष हैं।"

मेरी समझ में कुछ नहीं आ रहा था कि रामलुभाया को क्या हो गया है। मैं तो कभी यूरोप, अमरीका गया नहीं था, इसलिए विवाद भी नहीं कर सकता था, फिर भी कुछ सँभलकर बोला, "वे कुछ लिखकर लगाते होंगे। कोई विज्ञापनपत्र, कोई सूचीपत्र देते होंगे। उनका कम्प्यूटर सूचना देता होगा। कुछ तो होता ही होगा।"

पर वह मेरी मानने को तैयार ही नहीं था। बोला, "पिछड़े लोगों जैसी बातें मत करो। वहाँ ऐसा कुछ नहीं होता। ग्राहक आत्मनिर्भर और जागरूक होता है। तुमको यदि बड़े-बड़े स्टोरों में जाने की तमीज नहीं है, तो वहाँ मत जाया करो।"

रामलुभाया मुझे डाँटकर चलता बना। मैं, मन्दबुद्धि सोचता ही रह गया कि ऐसा क्या हो गया कि मुक्ता स्टोर के लिए रामलुभाया जागरूक उपभोक्ता था और जगदीश स्टोर के लिए मैं मूर्ख ग्राहक। यह तो मुझे बाद में ही पता चला कि जगदीश स्टोर का स्वामी रामलुभाया का मौसेरा भाई था।

[रचना : 5.12.95]

सबसे प्यार जतानेवाले

रामलुभाया मेरे ही घर पर आकर मुझ पर बहुत बरसा। उसने मुझे स्वार्थी, अन्यायी और दुष्ट भी कहा। मैं क्या कर सकता था। सब कुछ सुनना ही पड़ा। मेरे घर की स्थिति ही कुछ ऐसी थी। बड़ा परिवार था, भरा-पूरा। बहुत सारे लोग एक साथ रहते थे। इसलिए सबके पास अपना-अपना कमरा नहीं था। आपाधापी में जो जिसके हाथ लगा उसने हथिया लिया। परिणामस्वरूप कुछ लोगों को बरामदे में और कुछ को आँगन में भी सोना पड़ता था। घर के लोग अपने-अपने स्वभाव के अनुसार कभी-कभी लड़ भी पड़ते थे और एक-दूसरे का अपमान भी कर देते थे।...और रामलुभाया था कि इस समय प्रेम का अवतार बना बैठा था। उसका दावा था कि वह सबसे प्रेम करता है। सारी सृष्टि से। और उन लोगों से तो सबसे अधिक जिन्हें किसी-न-किसी कारण से बरामदों अथवा आँगन में सोना पड़ता था।

प्रेम तो मेरे मन में भी बहुत था और ऐसा भी नहीं कि मैं प्रेम के महत्त्व से अनभिज्ञ था। और मैं तो वेदान्त का अनुयायी था। यह भी जानता था कि संसार में केवल ईश्वर ही सत्य है और कुछ भी नहीं। जो कुछ है वह सब उसी ईश्वर का रूप है। रामलुभाया के समान मैं तो मेरा ईश्वर और तेरा ईश्वर कहकर विभिन्न भी नहीं मानता था। कोई छोटा ईश्वर और कोई बड़ा ईश्वर भी नहीं मानता था। किसी की जाति को हीन और किसी की पद्धति को श्रेष्ठ भी नहीं कहता था। पर क्या करता। घर के किसी सदस्य को समझाना बड़ा कठिन हो रहा था कि वह स्वयं को ब्रह्म मान ले और अपना कमरा दूसरे को दे दे। तर्क यही था कि दूसरा ही अपने-आप को ब्रह्म मान ले और कमरा उसी के पास रहने दे जिसके पास वह है। हममें से किसी के भी पास ज्ञान की कमी नहीं थी; किन्तु पैसों और असुविधाओं की कमी के कारण प्रत्येक सदस्य अपने वास्तविक स्वरूप को भूलकर स्वार्थी बना हुआ था।

रामलुभाया को किसी अन्य देश से बहुत सारे पैसे मिल गये थे। उस देश से उसे आदेश हुआ था कि वह सबसे प्यार जताये, और वह प्यार जता रहा था। मुझे उसके इस प्रकार प्यार जताने में कोई कठिनाई भी नहीं थी। प्यार में किसी को क्या कठिनाई हो सकती है। पर मैं क्या जानता था कि वह प्यार जताते-जताते मेरे घर के लोगों को अपने साथ अपने घर ही ले जायेगा। मेरे कुछ बन्धु उसके साथ जाने

को तैयार ही नहीं हो गये, जाते हुए यह भी कह गये कि वे मेरे भाई ही नहीं हैं। उनका और मेरा अब कोई सम्बन्ध नहीं है। मुझसे तो वह पराया रामलुभाया ही अच्छा है। जो उनको रहने के लिए एक कमरा दे रहा है।

मैं समझ रहा था कि उन लोगों के लिए बन्धुत्व से अधिक महत्त्वपूर्ण जीवन की सुविधाएँ हो रही थीं। मैं उन्हें दोष भी नहीं दे सकता था। जिनके बच्चे बरामदे अथवा आँगन में सोने के कारण ठंड से अस्वस्थ हो रहे थे, और मैं उनके लिए औषध भी उपलब्ध नहीं करा पा रहा था, उन्हें मैं यह कैसे कहता कि वे अपने अस्वस्थ बच्चे की उपेक्षा कर दें और परिवार से बन्धुत्व बनायें रखें। रामलुभाया के पास विदेशी पैसा था और वह मेरे कुटुम्ब को तोड़ने पर तुला हुआ था। वैसे सारे संसार से प्यार करने के दावे कर रहा था और मेरे साथ साफ-साफ शत्रुता का निर्वाह कर रहा था। किन्तु मैं उससे कहता भी क्या! मेरे अपने घर के लोग मेरी असहायता और उसकी चतुराई को नहीं समझ रहे थे।

मैंने यह सोचकर मन पर पत्थर रख लिया कि उन बन्धुओं को यदि अपना घर छोड़कर एक सुखद निवास मिल गया है तो अच्छा है। मेरे बनकर रहें अथवा रामलुभाया के, सुखी तो रहेंगे। और इस समय चाहे वे मेरे विरोधी बन रहे हैं, किन्तु हैं तो मेरे अपने ही। और मेरे अपने यदि सुखी हैं तो उनके सुख में ही मेरा सुख है।

कठिनाइयों से कुछ उबरा। कुछ अच्छे दिन आये तो एक दिन में उनका हाल-चाल पूछने चला गया। सोचा, भेंट हुए बहुत दिन हो गये हैं, उनको मिल आऊँ कि वे लोग सुख से तो हैं न।

मैंने घूमकर रामलुभाया का सारा घर देखा : वहाँ मेरे बन्धु नहीं थे। मैं हैरान रह गया। रामलुभाया से पूछा, "मेरे बन्धु कहाँ हैं?"

"यहाँ तुम्हारे कोई बन्धु नहीं है।" वह बोला, "जो मेरे घर चले आये वे मेरे हो गये।"

"तुम्हारे ही सही।" मैंने कहा, "पर वे हैं कहाँ?"

"मेरे नौकरघरों में।" वह बोला।

"पर तुमने तो उन्हें अपने बन्धु माना था।"

"माना ही था न! हैं तो नहीं।"

"अपने घर में चाहे वे बरामदे में सोते थे, पर थे तो घर के सदस्य ही।" मैंने कहा, "तुमने तो उन्हें नौकर बना दिया।"

मैं अपने उन बन्धुओं से मिला। उन्हें बताया कि अब अपने घर की भी स्थिति कुछ बदल गयी है। हमने इतना प्रबन्ध कर लिया है कि जो लोग बरामदों में सो रहे थे, उनके लिए छोटे-छोटे अपने स्वतन्त्र फ्लैटों का प्रबन्ध कर दिया जाये। भगवान् की दया से उसमें हमें सफलता मिल गयी है।

मेरे बन्धुओं का मन कुछ बदला हुआ लग रहा था। उन्हें लगा, यदि अपने परिवार के साथ रहकर भी उन्हें रहने के लिए एक फ्लैट की सुविधा मिल सकती है, तो फिर उन्हें रामलुभाया के नौकरों के कमरों में रहने की क्या आवश्यकता है। तब तक रामलुभाया तड़प उठा, "तुम यह अन्याय नहीं कर सकते। तुम्हें इन लोगों के लिए भी फ्लैट का प्रबन्ध करना होगा। इन्हें फ्लैट देने ही पड़ेंगे।"

"क्यों?" मैंने पूछा, "तुम मुझ पर यह आरोप लगाकर इन लोगों को मेरे घर से ले आये थे कि मैं इनकी सुविधा-असुविधा का ध्यान नहीं रखता हूँ। अब ये मेरे भाई नहीं हैं, इसलिए वे मेरे घर में नहीं रहेंगे। अब जब वे तुम्हारे घर में रहते हैं। वे तुम्हारे भाई हैं। तुम्हारे घर में कोई छोटा-बड़ा भी नहीं है। कोई किसी का अपमान भी नहीं करता, तो उनके लिए मैं अपने उन भाइयों के समान व्यवस्था क्यों करूँ जो मेरे किसी अभाव के कारण किसी कठिनाई में थे।"

"नहीं मेरे यहाँ भी वे बड़ी कठिनाई में हैं।" वह बोला, "बेचारे नौकरों के कमरों में रहकर असुविधा और अपमान झेल रहे हैं।"

"तो फिर उन्हें मेरे घर भेज दो। मैं उनके लिए भी व्यवस्था कर दूँगा।" मैंने कहा।

"नहीं।" वह बोला, "रहेंगे तो वे मेरे घर में ही। और मैं यह भी स्वीकार नहीं करूँगा कि मेरे घर में नौकरों के कमरों में रहकर उन्हें किसी प्रकार की असुविधा है अथवा उनका कोई अपमान हो रहा है; किन्तु उनके लिए तुम्हें उसी प्रकार फ्लैटों का प्रबन्ध करना पड़ेगा जैसा तुमने अपने परिवारवालों के लिए किया है।"

"तो फिर उन्हें मेरे ही घर क्यों नहीं आ जाने देते।" मैंने कहा, "मेरे पास रहेंगे तो मैं उनका प्रबन्ध कर दूँगा।"

"नहीं।" वह तड़पकर बोला, "तुम्हारे पास रहेंगे तो तुम्हारे प्रति उनका प्यार फिर से जाग जायेगा। वे तुम्हें फिर से अपना भाई मानने लगेंगे।"

"तो उसमें तुम्हें क्या कष्ट है। तुम तो सारे संसार से, सारी सृष्टि से प्रेम करते हो। वे मुझसे भाई के समान प्रेम करने लगेंगे, तो उनका प्रेम विस्तृत ही तो होगा। तुम्हारा क्या बिगाड़ जायेगा।"

"नहीं। तब वे तुम्हारा घर नहीं तोड़ना चाहेंगे; और मेरा एकमात्र लक्ष्य तो तुम्हारा घर नष्ट करना है, वैसे मैं सबसे प्यार करता हूँ। प्यार ही ईश्वर है। पर तुम्हारा घर नष्ट करना तो मुझे ईश्वर से भी अधिक प्रिय है।"

मैं रामलुभाया का वास्तविक रूप देखता ही रह गया।

[रचना : 5.12.95]

अपमान

उन्होंने अपने पुत्र के विवाह का निमन्त्रण-पत्र देते हुए, बहुत विनीत भाव से कहा, "दर्शन अवश्य दीजियेगा।"

मैं स्तब्ध रह गया। ये मुझे जिस सथान पर आमन्त्रित कर रहे थे, वह मेरे घर से बत्तीस किलोमीटर दूर था; और वे चाहते थे कि मैं उन्हें दर्शन देनेमात्र के लिए वहाँ तक जाऊँ। दिल्ली में विवाहों में बहुत शिष्टाचार नहीं रह गया है; किन्तु अतिथि की ओर से शगुन का लिफाफा, और आतिथेय की ओर से भोजन के आग्रह का शिष्टाचार अभी चल रहा है। पर वे तो उस पर भी बल नहीं दे रहे थे।

सहसा मेरे मुख से निकला, "दर्शन ही देने हैं, भोजन नहीं करना?"

और अपनी झेंप मिटाने के लिए मैंने निमन्त्रण-पत्र खोल लिया।

"भोजन तो आप अवश्य करें।" वे बोले, "मैं तो भारतीय परम्परा का निर्वाह कर रहा था। अब आप विवाह में हमारे घर आयें और भोजन भी न करें, यह कैसे सम्भव है।"

मैं निमन्त्रण-पत्र को देखता रहा गया। भारतीय परम्परा का निर्वाह करनेवाले सज्जन ने मुझे आमन्त्रित अंग्रेजी में किया था। मुझसे रहा नहीं गया। मैंने पूछा, "आपकी क्या मजबूरी है कि आप अपने इष्ट मित्रों तथा सम्बन्धियों को, अंग्रेजी में आमन्त्रित कर रहे हैं?"

उन्होंने मुझे कुछ इस प्रकार देखा, जैसे मैंने कोई बेहद मूर्खतापूर्ण प्रश्न कर दिया हो। नाक-भौं चढ़ाकर बोले, "अब आपने भी ऊपर से चाहे कुर्ता पहन लिया हो; किन्तु नीचे तो आप भी जींस ही पहने हुए हैं।"

मैं उनका अभिप्राय समझ रहा था; उनके अनुसार मैं हिन्दी में निमन्त्रण-पत्र छपवाने का आग्रह तभी कर सकता था, जब मैं लाँगवाली धोती बाँधता।

"मुझे धोती बाँधने का अभ्यास नहीं है; किन्तु न तो मुझे धोती बाँधनेवालों से कोई वितृष्णा है; और न मैं उनकी अवमानना ही करता हूँ।" मैंने कहा, "आप अपनी भाषा की अवमानना कर रहे हैं।"

उन्होंने अपने सारे दाँत एक साथ ही दिखा दिये, "अब मैं कोई हिन्दीवाला तो हूँ नहीं।"

"तो हिन्दीवाला कौन होता है?" मैंने पूछा।

"जो स्कूल-कॉलेजों में हिन्दी पढ़ाता है।"

उनका कथ्य स्पष्ट था कि मैं हिन्दी पढ़ाता हूँ, अतः मैं हिन्दीवाला हूँ; इसलिए मुझे हिन्दी में काम करना चाहिए। वे सेब बेचते हैं, अतः वे सेबवाले हैं, तो वे क्यों हिन्दीं में काम करेंगे। सेबवाला तो अंग्रेजी में ही काम करता है।

"हिन्दीवाले आप हैं।" अन्ततः मैंने कहा, "आपकी मातृभाषा हिन्दी है। मैं न तो जन्म से हिन्दीभाषी हूँ, न शिक्षा-दीक्षा से।"

उन्होंने मुझे अत्यन्त वक्र दृष्टि से देखा, जैसे मैंने उन्हें हिन्दीवाला प्रमाणित कर कोई अत्यन्त अपमानजनक गाली दे दी हो। बोले, "ठीक है साहब! यदि हम हिन्दीवाले हैं, तो फिर हम आपसे शुद्ध हिन्दी में ही वार्त्ता करेंगे।" उन्होंने रुककर मेरी ओर देखा, जैसे मुझे गोली मारनेवाले हों, "आपके घर में मुझे एक चषक शीतल पेय मिलेगा?"

मैं समझ रहा था, वे मुझसे सहमत नहीं थे। वे इस समय चाहे हिन्दी के शब्द बोल रहे थे, किन्तु वे मुझसे हिन्दी में वार्त्तालाप नहीं कर रहे थे। वे मेरा अपमान करने का प्रयत्न कर रहे थे, मुझे उपहास का पात्र बनाकर।

मुझे उन पर बहुत दया आयी। वे क्या जानते थे कि वे मेरा अपमान नहीं कर रहे थे, अपनी माँ का अपमान कर रहे थे।...और एक मूर्ख व्यक्ति इसके सिवाय और कर ही क्या सकता था।

[रचना : 6.12.95]

हवाला

“यह हवाला क्या होता है भाई?” मैंने रामलुभाया से पूछा।

उसने मुझे घूरकर देखा और बोला, “क्यों; क्या तुम्हारा नाम भी किसी की डायरी में लिखा हुआ मिल गया है?”

मैं लजा गया। बोला, “अब भला मेरी अवस्था वह रही है कि जिसमें अपनी डायरी में किसी का नाम लिखूँ और कोई अपनी डायरी में मेरा नाम लिखे।”

वह मेरी बात से प्रसन्न तो नहीं हुआ, कुछ गम्भीर अवश्य हो गया, “नहीं, तुम्हारी अवस्था तो वह नहीं है, किन्तु इन खूसट राजनीतिज्ञों की अवस्था तो है कि उनके नाम जैन बन्धु अपनी डायरियों में लिखें।”

“यह बात क्या हुई!” मैं कुछ रुष्ट हुआ, “एक तो मेरी समझ में हवाला ही नहीं आ रहा है और ऊपर से तुम मुझे और भी उलझा रहे हो।”

“उलझाने की क्या बात है” वह मेरे रोष से तनिक भी प्रभावित नहीं हुआ, “तुम समाचारपत्र नहीं पढ़ते क्या। उसमें रोज छप रहा है कि जैन बन्धुओं की डायरियों में अनेक राजनीतिज्ञों के नाम लिखे हुए मिले हैं। और उनके आगे धन की कोई राशि भी लिखी हुई है। इसका अर्थ है कि जैन बन्धुओं ने अपना कोई पाप छुपाने के लिए उन राजनीतिज्ञों को उतनी राशि उत्कोच के रूप में दी है।”

मैं एकदम डर गया। मैंने अपने एक मित्र से पढ़ने के लिए एक पुस्तक ली थी और एक दिन उसे लौटा भी दी थी। छह महीने बाद वह मुझसे बोला कि मैं उसकी वह पुस्तक लौटा क्यों नहीं रहा? मैंने निश्चित भाव से कह दिया कि वह पुस्तक तो मैं कब से लौटा चुका हूँ। उसने मुझे डाँट दिया, “लौटा कैसे दी! मेरी डायरी में वह पुस्तक तुम्हारे नाम पर लिखी हुई है।”

मैं डर गया, क्योंकि बहुत पहले मैंने प्रेमचन्द की कहानी ‘सवा गेर गेहूँ’ पढ़ी थी। उसमें भी उस किसान ने उधार लिया हुआ गेहूँ लौटा दिया था, किन्तु साहूकार ने यही कहा था कि वह गेहूँ बही में किसान के नाम पर लिखा हुआ है और इतने वर्षों में ऋण के साथ उसका ब्याज भी जुड़ गया था। वह किसान तो उस ऋण को उतारता-उतारता ही मर गया था।

मैंने स्वयं को समझाया कि अब प्रेमचन्द का समय नहीं है। किसका है, स्वयं नहीं जानता। कम-से-कम मेरा तो नहीं है। समय बहुत बदल गया था, मनुष्य का

स्वार्थ चाहे रत्ती न बदला हो। अंग्रेजी का राज नहीं है अब। उनके मानसिक दासों का शासन है। मैंने साहस किया और अपने उस मित्र को डाँट दिया, "डायरी तुम्हारी है जो मन में आये, लिखो और जो मन में आये, काट दो।"

पर अब रामलुभाया फिर से किसी की डायरी में लिखी गयी राशि की चर्चा कर रहा था। क्या डायरी में लिखा हुआ प्रमाण मान लिया जाता है? "रामलुभाया! यदि तुम अपनी डायरी में मेरा नाम लिख दो और उसके सम्मुख रुपयों की कोई राशि लिख दो, तो क्या वह उत्कोच मान लिया जायेगा?"

रामलुभाया जोर से हँसा, "नहीं। यदि मैं अपनी डायरी में तुम्हारे नाम के सम्मुख कोई राशि लिख दूँगा और अपने मुँह से भी कहूँगा कि मैंने तुम्हें उत्कोच दिया है तो तुम्हें अपराधी नहीं माना जायेगा। मुझे ही पागल मान लिया जायेगा।"

"क्यों?" मेरे मुख से अनायास ही निकल गया।

"तुम्हारी हैसियत ही क्या है कि कोई तुम्हें उत्कोच देगा।"

मैं उसकी बात भी समझ गया और अपनी हैसियत भी। परिणामस्वरूप किसी के द्वारा डायरी में अपना नाम लिखा पाकर कलंकित होने के भय से मुक्त हो गया। मेरी स्मरण शक्ति और तर्क शक्ति लौट आयी और मैंने प्रश्न किया, "रामलुभाया! यदि कोई व्यक्ति अपने मुँह से कह दे कि उसने किसी को उत्कोच दिया है, तो न्यायाधिकरण में उसे प्रमाण मान लिया जाता है?"

"हाँ।" वह बोला, "पर यदि उत्कोच लेनेवाला प्रधानमन्त्री न हो तो।"

"क्यों? प्रधानमन्त्री के विरुद्ध कोई गवाही नहीं मानी जाती?"

"नहीं?" वह बोला।

"क्यों?" क्या प्रधानमन्त्री बहुत सच्चा आदमी होता है, साफ-सुथरा–क्लीन?"

"नहीं। प्रधानमन्त्री क्लीन नहीं होता, क्लीन शेव होता है।"

"उससे क्या?" मैंने पूछा।

"उससे यह कि पुलिस और न्यायाधिकरण प्रधानमन्त्री की जेब में होते हैं।" वह बोला, "और जो चीज तुम्हारी जेब में हो, वह न तुम्हारे विरुद्ध गवाही दे सकती है, न तुम्हारे विरुद्ध गवाही सुन सकती है।"

"तो चरित्रवान होना आवश्यक नहीं है। आवश्यक है, बड़ी जेब का होना?" मैंने पूछा।

"ठीक समझे।" वह बोला, "किन्तु तुम हवाला के विषय में क्यों पूछ रहे थे? तुम्हें भी कोई हेर-फेर करना है क्या?"

"हाँ। हेर-फेर तो करना ही पड़ेगा।" मैं अपने संसार में लौट आया, "मैंने जो वह एक शोधपत्र लिखा था न। उसके विषय में सम्पादक की टिप्पणी आयी है कि मैंने अपने तर्कों के पक्ष में कोई हवाला तो दिया ही नहीं है, तो अब हवाला तो देना ही पड़ेगा और उसके लिए सारे निबन्ध में हेर-फेर भी करना ही पड़ेगा।"

उसने घूरकर मुझे देखा और बोला, “जिस हवाला का सम्बन्ध समाचारों और जैन बन्धुओं की डायरी से है, उसका सम्बन्ध हवालात से भी है। तुम जिस हवाले की बात कर रहे हो, उसका सम्बन्ध अधिक-से-अधिक शब्दकोश अथवा साहित्यकोश से है।”

“पर हवाला का सम्बन्ध तो हवालात से होगा ही। यह ‘हवाला’ का बहुवचन जो है, जैसे ‘मुश्किल, का ‘मुश्किलात’ अथवा ‘सवाल’ का ‘सवालात’?”

“नहीं। हवाला शब्द का बहुवचन नहीं है, यह उस स्थान का नाम है, जहाँ या तो हवा होती है या फिर लात।” रामलुभाया ने मुझे बताया, “बोलो, तुम्हें इसमें से क्या चाहिए? इस समय हमारी पुलिस के पास ये दोनों की चीजें सहज रूप से उपलब्ध हैं।”

“नहीं। इनके लिए मुझे तुम्हारी पुलिस की तनिक भी आवश्यकता नहीं है। ये दोनों तो हमारी हर साहित्यिक गोष्ठी में पुष्कल मात्रा में उपलब्ध होती हैं।” मैंने कहा, “मुझे आज तक यह मालूम ही नहीं था कि साहित्य और पुलिस में इतना निकट का सम्बन्ध है। दोनों के ही पास न हवा की कमी है न लात की।”

[रचना : 24.1.96]

माँ और सम्पत्ति

रामलुभाया को देखकर मेरा संचित आक्रोश अपने-आप को संयत नहीं रख पाया। बोला, "यह तुम्हारी पार्टी के नेता लोग क्या कर रहे हैं?"

उसने एक मासूम-सी दृष्टि मुझ पर डाली और बोला, "क्या कर रहे हैं?"

मैं उसकी धृष्टता देखकर जैसे हत्प्रभ रह गया। बोला, "तुमने हवाला कांड के विषय में कुछ नहीं सुना? तुम नहीं जानते कि वे लोग दोनों हाथों से देश को लूट रहे हैं?"

उस पर मेरे क्रोध का कुछ भी प्रभाव नहीं हुआ। उसने एक सहज दृष्टि मुझ पर डाली और पूछा, "पिछले चुनावों में अपने देश में कौन-सी पार्टी जीती थी?"

मैं उसके इस प्रश्न का सन्दर्भ नहीं समझ पाया फिर भी बोला। "तुम्हारी पार्टी जीती थी।"

"हमने चुनाव जनता के मतदान के बल पर जीता था न?"

"हाँ।" मैंने कहा।

"तो जब जनता ने अपनी इच्छा से सारा देश हमारे हवाले कर दिया, तो तुम हवाला कांड पर ही इतनी आपत्ति क्यों कर रहे हो?" वह मुस्करा रहा था।

उसको इस प्रकार निर्लज्जता से मुस्कराते देखकर मेरे तन-बदन में आग लग गयी। बोला, "तुम्हें मजाक सूझ रहा है। देश तुम्हारे हवाले किया था तो इसलिए तो नहीं किया था कि तुम लोग इसे लूट खाओ।"

अब झल्लाने की बारी रामलुभाया की थी, "मेरी तो समझ में तुम्हारी बात नहीं आती। देश हमारा है। लोगों ने उसे अपनी इच्छा से हमारे हवाले किया है। और फिर भी तुम हमारी आलोचना इस प्रकार कर रहे हो, जैसे देश तुम्हारे बाप का हो। कल को तुम कहोगे कि मैंने अपना बँगला क्यों बेच दिया। खेत क्यों बेचे। फार्म हाउस क्यों बेचा।"

"क्यों बेचा?" मैं अपनी बात भूलकर उसकी बातों में बह गया था।

"इसलिए बेचा क्योंकि मुझे उसमें लाभ दिखायी दिया था।" सहसा उसने रुककर मेरी ओर देखा, "तुम्हारे मकान की कीमत क्या है?"

मैं कुछ समझा नहीं, पर बोला, "वह मेरे रहने का स्थान है। बेचने की वस्तु नहीं। इसलिए मैंने कभी किसी से उसकी कीमत नहीं लगवायी।"

रामलुभाया ने सहज भाव से कहा, "चलो तुमने नहीं लगवायी, मैं लगाता हूँ। तुम्हारे मकान की कीमत पाँच लाख है। आज यदि कोई तुम्हें उसके पचास लाख दे, तो तुम उसको बेचोगे या नहीं?"

"अरे उसे बेच दूँगा तो रहूँगा कहाँ?" मैंने अपना स्वाभाविक उत्तर दिया।

"क्यों। उस पचास लाख में से पाँच लाख का कहीं एक मकान ले लेना, और शेष पैंतालीस लाख से जो चाहे करना।"

उसका गणित मेरी समझ में आ रहा था, किन्तु मेरा मन अपना घर बेचने को नहीं हो रहा था, चाहे कोई उसका कितना ही मूल्य क्यों न आँके। इस विषय में मैं और चर्चा करना भी नहीं चाहता था, इसलिए इन विचारों को झटककर बोला।

"तुम्हें अपने घर का कुछ ऐसा मूल्य मिल जाये, जो तुम्हारी अपेक्षा से अधिक हो, तो तुम अपना घर बेच दोगे?"

वह हँसा? "हमें अपनी अपेक्षा से अधिक मूल्य मिला तो हमने अपना देश बेच दिया। तुम अभी मकान की ही बात कर रहे हो।"

"देश बेच दोगे, तो रहोगे कहाँ?" मैंने पूछा।

"रहने को क्या है। हम अनेक देशों में अनेक मकान खरीद सकते हैं। कहीं भी रह लेंगे।" वह बोला, "व्यक्ति के पास पैसा होना चाहिए, वह संसार में कहीं भी रह सकता है।"

मैं समझ गया, रामलुभाया जहाँ रहता था, वह उसका घर नहीं मकान था। इसलिए वह उसे आर्थिक लाभ के लिए बेच सकता था। इस देश को वह अपनी मातृभूमि नहीं समझता था, यह तो उसकी सम्पत्ति थी। सम्पत्ति के लाभ के लिए कोई अपना रक्त नहीं बहाता। सम्पत्ति तो अपने आर्थिक लाभ के लिए बेची जानेवाली एक जड़ वस्तु होती है। एक हवाला कांड क्या, अपने लाभ के लिए वह इस देश को कभी भी किसी के हवाले कर सकता था।

[रचना : 26.1.96]

नगर बसाने का विज्ञान

रामलुभाया ने नगर बसाने की विधियों पर अपना भाषण समाप्त किया तो मन्त्रीजी ने उसको डाँट दिया, "तुम्हें किस गधे ने नगर बसाने का अधिकारी नियुक्त कर दिया है। तुम्हारी योजनाओं से चलें, तो सरकार के अरबों रुपये लग जायें और दस आदमी भी वहाँ बसने न आयें।"

रामलुभाया ने उस अँगूठा-टेक मन्त्री को आश्चर्य से देखा, जो देश के सबसे बड़े टाऊन प्लैनर को उसकी इतनी महत्त्वपूर्ण योजनाओं की प्रस्तुति पर डाँटा रहा था।

"क्यों! क्या कमी रह गयी सर!" उस मन्त्री को सर कहकर सम्बोधित करने की मजबूरी के लिए रामलुभाया ने अपने भाग्य को दस बार धिक्कारा।

"कौन-सी कमी उसमें नहीं है।" मन्त्री महोदय बोले, "तुम चाहते हो, पहले सरकार जमीन प्राप्त करे। उस पर सड़कें बनवाये। नालियों का जाल बिछाये। बिजली की तारें खींचे। टोलीफोन लगवाये। फिर प्लॉट काटे। उसे बेचे। लोगों को आकृष्ट करे।"

"हाँ, सर।"

"उसमें सरकार के अरबों रुपये लग जायेंगे और हाथ कुछ नहीं आयेगा। क्या आज तक एक भी महानगर इस प्रकार बसा है, जैसे तुम बसाना चाहते हो?"

"क्यों नहीं, सर! संसार के सारे महानगर इसी प्रकार बसे हैं।"

"किसी एक महानगर का नाम लो।" मन्त्री ने उसे वितृष्णाभरी दृष्टि से देखा।

"पेरिस।"

"अपने देश की बात करो, मिस्टर रामलुभाया, अपने देश की। तुम पढ़े-लिखे लोगों में यही तो दोष है, जो बात करोगे, अन्तर्राष्ट्रीय ही करोगे। अपने देश की परिस्थितियाँ, उन देशों से एकदम भिन्न हैं।"

रामलुभाया अचकचा गया। बात तो सत्य थी मन्त्री महोदय की। फ्रांस और भारत में बहुत अन्तर था। रामलुभाया ने सँभलकर कहा, "चंडीगढ़, सर।"

"चंडीगढ़ भी कोई महानगर है?" मन्त्री महोदय बहुत रुष्ट दिखायी पड़ रहे थे,

“अरबों रुपये खर्च कर डाले। तीन-तीन प्रदेशों की सरकारों के मुख्यालय वहाँ बना डाले। और आज भी वह नगर ढंग से नहीं बस पाया। आबादी बढ़ ही नहीं रही। अरे, महानगर हैं—दिल्ली, मुम्बई और कलकत्ता। उनमें से एक भी नगर ऐसे नहीं बसा, जैसे तुम बसाना चाह रहे हो।”

“तो सर!” रामलुभाया की समझ में कुछ भी नहीं आ रहा था।

“मुझे लगता है, हमारे देश में पढ़ाई बहुत पिछड़ गयी है। हमारे अपने ही देश में इतने महान् धरातल पर नये-नये प्रयोग हुए हैं; किन्तु उनमें से किसी का भी लाभ हमारे कॉलेजों और विश्वविद्यालयों ने नहीं उठाया। वही अंग्रेजों के समय की घिसी-पिटी बातें पढ़ाये जा रहे हैं आज तक।...।”

आश्चर्य से रामलुभाया का मुख खुल गया। यह मन्त्री तो बड़ी ऊँची बातें कर रहा था। वह उसकी कुर्सी के सामने धरती पर ही बैठ गया। उसने उसके गन्दे जूते अपनी दोनों हथेलियों में पकड़ लिये, “इस नयी टैक्नीक के विषय में कुछ हमें भी बताइये सर!”

“जहाँ संसार के अन्य सारे व्यापार समय सापेक्ष हैं, वहीं ज्ञान को भी समय सापेक्ष ही समझो पुत्र।” मन्त्री महोदय ने मानो प्रथम मन्त्रोच्चार किया।

रामलुभाया समझ गया कि अब मन्त्रीजी आईस्टाइन के सापेक्ष सिद्धान्त के विषय में उसे कुछ बताने जा रहे हैं। वह हाथ जोड़े, आँखें मूँदे, उसी प्रकार शान्ति से बैठा रहा।

“कोई समय था पुत्र! जब भारत ने अपना सारा ज्ञान अध्यात्म के माध्यम से प्राप्त किया था।” मन्त्रीजी ने कहा, “किन्तु वर्तमान काल में हमने अपना सारा ज्ञान राजनीति से प्राप्त किया है।”

“हमने अपनी राजनीति करते-करते सीखा कि चुनाव में अपनी जीत निश्चित करने के लिए पहला सोपान है कि किसी बसे-बसाये नगर पर कभी भरोसा नहीं करना चाहिए। तो वत्स! हमने गाँव के पिछड़े और निर्धन लोगों को लाकर दिल्ली के फुटपाथों पर बसा दिया। उनमें से किसी ने भी नहीं कहा कि वहाँ अच्छे मकान नहीं हैं अथवा शौचालय नहीं हैं। उन लोगों ने अपना सारा प्रबन्ध स्वयं ही कर लिया। बिजली की सरकारी तारों पर कटिया डाल ली। शौच के लिए सड़क पर ही बैठ गये। पानी के लिए किसी स्थान पर कोई टूटी-ऊटी खोज ली, अथवा बरमा लगा-लगवा लिया। किसी ने कोई शिकायत नहीं की : और अच्छी-भली बस्ती बस गयी। एक धेला खर्च नहीं हुआ और नगर बस गया।”

रामलुभाया को मन्त्री महोदय का यह ज्ञान हजम नहीं हुआ। बोला, “क्या आपको यह दिखायी नहीं पड़ता कि अपने आलस्य अथवा स्वार्थ के कारण आप

पहले से बसे लोगों के लिए कठिनाई उत्पन्न करते हैं, नये आये लोगों को अमानवीय परिस्थितियों में जीने को बाध्य करते हैं; और देश में अवैध गतिविधियों को प्रोत्साहित करते हैं।"

"नहीं। हमको यह दिखायी देता है कि यदि हम इस देश के लोगों का जीना हराम नहीं करेंगे, तो यह देश हमारा जीना हराम कर देगा। अब यदि किसी का जीना हराम होना ही है तो देश का ही जीना हराम क्यों न हो।..." मन्त्री जी ने अपने दाँत प्रकट कर दिये।

[रचना : 27.1.96]

अवैधता और विकास

रामलुभाया बहुत प्रसन्न था। मैं अपनी जिज्ञासा का दमन नहीं कर पाया तो पूछ ही बैठा, "क्या बात है रामलुभाया! बहुत प्रसन्न हो।"

"हमारी सरकार ने अवैध बस्तियों के लिए 25 करोड़ रुपये निर्धारित किये हैं।" उसकी बाँछें खिली जा रही थीं।

"अवैध बस्तियों के लिए?" आश्चर्य का मारा मैं तो स्तब्ध ही रह गया, "भाई, जब तुम्हारी सरकार के पास इतना पैसा है तो वह अवैध बस्तियाँ क्यों बसाना चाहती है, वह वैध बस्तियाँ ही बसा ले।"

"तुम तो मूर्ख हो। हर बात का अर्थ उलटा ही करोगे। 25 करोड़ रुपये अवैध बस्तियाँ बसाने के लिए नहीं, अवैध बसी हुई बस्तियों के विकास के लिए निर्धारित किये गये हैं।" उसने मुझे बसाया।

"तो इस मद में तुम लोग 25 करोड़ रुपये हजम कर जाओगे।" मैंने कहा, "हाँ। तुम लोगों के लिए तो प्रसन्नता का ही विषय है, देश चाहे तुम्हारे नाम को रोता ही रहे।"

"अरे नहीं मूरख।" उसने मेरी पीठ पर धौल जमाकर अपना प्यार जताया, "इस बार तो यह रुपया सचमुच ही उन अवैध बस्तियों के विकास पर खर्च होगा।"

मैं चकित उसकी ओर देखता रहा; फिर बोला, "तो इसमें इतना प्रसन्न होने की क्या बात है?"

"प्रसन्न होने की बात क्यों नहीं है?" उसने पलटकर मुझसे कहा, "तुम जैसे पढ़े-लिखे लोगों की यही समस्या है। किसी बात से भी प्रसन्न नहीं होते हो। योजना न बनायें, तो तुम प्रसन्न नहीं; योजना बनायें और उस बहाने से पैसा खा जायें तो तुम प्रसन्न नहीं; योजना बनायें और पैसा न खायें तो तुम प्रसन्न नहीं। अपनी नीयत का खोट तो देखते नहीं, बस दूसरों के कामों में खोट निकालते जाते हो।"

उसकी झल्लाहट को मैं समझता हूँ। जिसके चारों ओर सदा चाटुकारों की भीड़ लगी रहती हो और जय-जयकर के नारे लगते रहते हों, वह सत्य को सुनकर झल्ला ही तो जायेगा।

"खोट मेरी नीयत में नहीं है।" मैंने उसे समझाने का प्रयत्न किया, "अभी तो मैंने यह भी नहीं कहा कि इस काम में खोट है, या नहीं है; पर इतना निश्चित है

कि तुम्हारी इस बात में खोट है।"

"वह कैसे?" उसने पूछा।

"तुम अपने एक ही वाक्य में अवैध और विकास दोनों की ही बात कर रहे हो। मेरा प्रश्न तो यह है कि जो अवैध है, तुम उसका विकास क्यों करना चाहते हो? अवैधता का विकास तो किसी के भी हित में नहीं है।" मैंने रुककर उसकी ओर देखा, 'और तुम्हारी सरकार या तुम उसके विकास के इच्छुक हो, तो वह अवैध क्यों है?"

वह अपने जबड़े भींचे मेरा चेहरा देखता रहा। मैं भी लगातार उसकी ओर देखता रहा और ध्यान देता रहा कि उसके हृदय की व्याकुलता बढ़ती जा रही थी। वह अशान्ति क्रमशः उसके चेहरे पर भी प्रकट हुई और फिर उसकी आँखों में संचित हो गयी। अन्ततः वह उसकी जिह्वा से फूटी, "तुम बुर्जुआ लोग कभी नहीं चाहते हो कि गरीब आदमी थोड़ी सुविधा से जिये। गरीबों के सुख-आराम की बात आते ही तुम्हें कष्ट होने लगता है; और तुम्हारा मस्तिष्क कोई-न-कोई किन्तु-परन्तु गढ़ने लगता है।"

मैं गरीबों के उस मसीहा को देखता रहा; और फिर बोला, "आज तो बड़ी कृपा की कि न सामन्ती और पूँजीपति कहा और न किसी राजनीतिक दल के काल्पनिक सदस्य के रूप में मुझे कोई गाली दी, न साम्प्रदायिक कहा, न मानव शत्रु। बहुत सस्ते में ही छोड़ दिया महाप्रभु।"

"वह सब छोड़ो।" वह बोला, "पहले अपने विरोध की बात कहो।"

"अपने विरोध की बात मैं बाद में कहूँगा; पहले तुम बताओ कि गरीबों की गरीबी के लिए मैं उत्तरदायी हूँ या तुम्हारी सरकार?"

इस बार रामलुभाया लटपटा गया, "हमारी सरकार का इसमें क्या दोष है? यह सब तो उनके अपने ही कर्मों का फल है। वे हरामखोर काम नहीं करना चाहते।"

"वह समस्या तो संसारभर के चिन्तकों के लिए है कि निर्धन व्यक्ति अपने आलस्य के कारण निर्धन है, भगवान् के विधान के कारण; अथवा सामाजिक और राजनीतिक व्यवस्था के कारण।" मैंने कहा, "जो निश्चित है, तुम मुझे वह बताओ। बस्तियों को वैधता और अवैधता की मान्यता कौन देता है?"

"देश का शासन।" वह बोला।

"मैं तो अपने देश का एक साधारण विधान भीरु नागरिक हूँ।" मैंने कहा, "मुझे यह बताओ कि जो व्यक्ति विधान को तोड़ता है, सरकार के बनायें नियमों का पालन नहीं करता, किसी के निजी अथवा सार्वजनिक स्थान पर कब्जा कर उसे अपने प्रयोग में लाता है, सरकार को किसी प्रकार का कोई कर नहीं देता—उसके विकास के लिए सरकार क्यों प्रयत्नशील है? क्या तुम्हारी सरकार अवैधता को प्रोत्साहित करना चाहती है?"

उसके विवश तर्कशून्य आक्रोश ने मुझे घूरा; और फिर फूटा पड़ा, "तुम गरीबों के शत्रु हो। हृदयहीन हो। क्रूर हो...।"

"चुप।" मैंने उसे पहली बार डाँटा, "तर्क का उत्तर ढंग से देने के स्थान पर, मुझे लांछित कर, मेरा मुँह बन्द करने का प्रयत्न मत करो। मुझे यह बताओ कि यदि कोई व्यक्ति देश की सरकार के बनायें हुए नियमों का पालन नहीं करता और उनका निरन्तर उल्लंघन करता है, तो उसे दंडित करने के स्थान पर, तुम उसकी सहायता ही नहीं करने लगते, उससे सहानुभूति भी जताने लगते हो, उसे पीड़ित और शोषित दिखाकर, उसे गौरवान्वित भी करने लगते हो। क्यों?"

"तो मर जाने दें, उन गरीबों को जो बाजार भाव का जमीन और मकान नहीं खरीद सकते? वे मनुष्य नहीं हैं क्या? उन्हें जीने का अधिकार नहीं है?" वह गुर्राया।

"वे मनुष्य क्यों नहीं हैं। और जीने का अधिकार तो पशुओं को भी है।" मैं बोला, "किन्तु प्रश्न विधान और नियम..."

"भाड़ में गयी तुम्हारी वैधता और चूल्हे में गया तुम्हारा कानून।" वह बोला, "मैं उन गरीबों का कष्ट नहीं देख सकता; इसलिए उनके प्रति सहानुभूति है मुझे।"

"ठीक है। पीड़ितों से सहानुभूति तो मुझे भी है।" मैं बोला, "तो ऐसी बस्तियों और मुहल्ले का विकास सरकार स्वयं करे, जिसमें कम आय के लोग वैध ढंग से सुविधापूर्वक रह सकें। उन्हें शौच के लिए सार्वजनिक रूप से रेल की पटरियों के साथ और सड़कों-चौराहों पर न बैठना पड़े। सार्वजनिक नल पर घंटों अपनी बारी की प्रतीक्षा न करनी पड़े। बिजली के लिए सरकारी तारों पर कटिया न डालनी पड़े।"

मैंने देखा कि उसका गरीबों का उत्थान करने का सारा उत्साह ठंडा पड़ गया। पहले उसका चेहरा उतरा, फिर उसकी पलकें झुकीं; और अन्त में उसका रुआँसा कंठ फूटा, "तुम साले, मेरा बंटाधार करके रहोगे। अरे व्यक्ति सही ढंग से जी सकेगा, तो गलत काम क्यों करेगा? गलत काम नहीं करेगा, तो मैं उसकी गर्दन दबा पाऊँगा? मैं उसकी गरदन नहीं नाप पाऊँगा, तो मेरी सरकार कैसे बनेगी? लोगों को अवैध ढंग से जीने को बाध्य करने की स्वतन्त्रता तो मुझे दो, मेरे बाप! क्यों मेरा वोट बैंक लूटने पर तुले हुए हो, डाकू शिरोमणि!"

[रचना : 28.1.96]

किसका घर

रामलुभाया ने एक स्वप्न देखा कि वह भारत का प्रधानमन्त्री या कोई साधारण मन्त्री बन गया है। बात स्वप्न की है, इसलिए उस पर रहस्यात्मकता का पर्दा पड़ा रहे, तो भी कोई कठिनाई नहीं है। रामलुभाया सामान समेत अपने नये बँगले में रहने को जा पहुँचा। वहाँ जाकर देखा तो उसके बँगले में पहले से एक व्यक्ति सपरिवार रह रहा था। परिवार था तो सामान भी था ही। रामलुभाया के रहने के लिए वहाँ तनिक भी स्थान नहीं था।

"तुम यहाँ क्या कर रहे हो?" रामलुभाया ने क्रुद्ध होकर पूछा?

"मैं यहाँ रहता हूँ सरकार!" उस व्यक्ति ने कहा।

"तुमने यह बँगला खरीदा है क्या?" रामलुभाया ने क्रुद्ध स्वर में पूछा।

"तुमने खरीद लिया है क्या?" उस व्यक्ति ने पूछा।

"मैं तो चुनकर आया हूँ।" रामलुभाया ने उसे बताया और अपनी जेबें टटोलने लगा कि उसके पास उसका मन्त्री होने का प्रमाणपत्र है अथवा नहीं।

"मैं भी चुनकर ही आया हूँ।" उस व्यक्ति ने सहज भाव से कहा।

'आप कहाँ रो चुनकर आये हैं?" रामलुभाया ने ससम्मान पूछा।

"मैंने घूमकर सारे बँगले देखे। उन सबमें से मुझे यही अच्छा लगा। इसलिए मैंने इसे चुन लिया।"

रामलुभाया बोला, "मैं पूछ रहा हूँ कि आप किस क्षेत्र में से चुनाव जीतकर आये हैं?"

"वह भी कोई जीतने की चीज है।" वह व्यक्ति हँसा, "जीतनी ही हो तो आदमी कोई लड़ाई जीते। चुनाव जीता नहीं जाता भले आदमी। चुनाव तो किया जाता है। जैसे मैंने पहले अपनी पत्नी का चुनाव किया और फिर इस मकान का चुनाव किया।" उसने घूरकर रामलुभाया को देखा, "तुमने अपनी पत्नी भी चुनी थी अथवा उसे भी कहीं से जीत कर लाये थे?"

रामलुभाया को लगा कि वह किसी भी क्षण इस आदमी का मुँह नोंच लेगा।

रामलुभाया चिल्लाया, "सेक्योरिटी। ओ सेक्योरिटी–कहाँ हो?"

वह व्यक्ति बोला, "सुरक्षाकर्मी लोग तो आजकल केवल डाकुओं और हत्यारों की सेवा में लगा दिये गये हैं। वे बेचारे भी परेशान हैं कि जिन्हें पकड़कर कारागार

में डाल देना उनका धर्म था, वे उन्हीं की सुरक्षा के लिए तैनात हैं, और जिनको जूते मारने चाहिए थे, उनको सलाम करने को बाध्य हैं। अब कोई माँ यह स्वप्न नहीं देखती कि उसका बेटा होकर पुलिस में जायेगा और अपराधियों को पकड़ेगा।"

"होगा वह सब!" रामलुभाया बोला, "मैं तो एक ही बात जानता हूँ कि तुम यहाँ आज तक अनधिकृत रूप से रह रहे थे। अब और ऐसा सम्भव नहीं है।"

"तो क्या अब तुम यहाँ अनधिकृत रूप से रहोगे।"

"नहीं। मुझे तो यह बँगला आवंटित हुआ है।"

"पर चुनाव तो तुमने अनधिकृत रूप से ही जीता है न!" वह व्यक्ति मुस्कुराया, "बूथ लूटकर। उस पर कब्जा करके। जाली वोट डलवाकर। लोगों को लोभ देकर। कम्बल बाँट और शराब पिलाकर। उन्हें डराकर।" वह क्षणभर रुककर बोला, "तुमने देश की संसद पर अनधिकृत रूप से कब्जा कर लिया है। तुम संसद कब खाली करोगे?"

इस बार रामलुभाया क्रुद्ध नहीं हो सका। वह डर गया। बोला, "अच्छा रहते चलो, पर मुझे किराया देते रहना। मैं किसी और बँगले पर कब्जा कर लूँगा। हमारे लिए क्या कठिनाई है।"

"तुमने पाकिस्तान से आज तक कितना किराया लिया? वह भी तो अनधिकृत रूप से कश्मीर के कितने बड़े भाग पर कब्जा किये बैठा है। चीन से कितना किराया लिया? वह भी तो हमारी कितनी भूमि घेरे बैठा है...।"

"पाकिस्तान से हम किराया कैसे ले सकते हैं। किराया लो तो रसीद देनी पड़ती है। और मुझे तो प्रत्येक राशि ब्लैक में लेने की ही आदत है।" रामलुभाया बोला।

"जब-जब हमारे सैनिक पाकिस्तान से पूरा कश्मीर मुक्त करवाने आगे बढ़े, तब-तब ही तुमने पाकिस्तान से सन्धि कर ली। जब-जब हमारे सैनिकों ने इच्छोगिल नहर पार कर लाहौर में प्रवेश किया, तब-तब तुम्हें उसके सामने कश्मीर खाली कराने की माँग रखने के स्थान पर अपनी सेनाएँ पीछे हटाने की जल्दी पड़ गयी।" वह व्यक्ति बोला, "और अपनी दिल्ली में तो तुम बँगलादेशियों से यमुना तट खाली कराते नहीं, मुझसे मेरा यह घर खाली कराने कैसे आ गये?"

रामलुभाया बुरी तरह घिर गया था। उसके सम्मुख अब एक ही रास्ता था। उसने अपनी जेब से पिस्तौल निकालकर उस व्यक्ति की छाती पर लगाकर छह गोलियाँ दाग दीं।...उस व्यक्ति को जीने का क्या अधिकार था, जो सत्य बोलना छोड़ नहीं सकता था?

[रचना : 5.3.96]

रहना और होना

"रामलुभाया यहाँ रहता है क्या?" उन्होंने पूछा।

"जी हाँ!" मैंने स्वीकृति में सिर हिला दिया।

"बुलाइये।" उन्होंने आदेश दिया।

"बुला नहीं सकता।" मैंने कहा।

"क्यों?"

"वे कुछ महीनों के लिए विदेश गये हुए हैं।" मैंने कहा।

"तो आपने झूठ क्यों कहा?" वे रुष्ट ही नहीं, क्रुद्ध भी हो गये, "हमसे गैर-कानूनी काम करवाना चाहते हैं।"

"इसमें गैर-कानूनी क्या है?" मेरा भी तेज जागा, "कोई आदमी विदेश जायेगा तो यह मान लिया जायेगा कि वह यहाँ रहता ही नहीं है।"

"जब आप किसी को बुलाकर मेरे सामने खड़ा नहीं कर सकते तो मैं यही मानूँगा कि वह यहाँ नहीं रहता।" वे बोले।

"आपके मन में जो आये, वही मानिये। मुझे उसमें कोई आपत्ति नहीं है।" मैंने कहा, "मेरी आपत्ति तो इस बात पर है कि आप एक गलत शब्द का प्रयोग कर रहे हैं।"

"इसमें गलत क्या है?" उन्होंने मुझे धमकाया, "वे यहाँ नहीं रहते। रहते हों तो उन्हें हाजिर कीजिये।"

"मेरा वक्तव्य यह है कि वे यहीं रहते हैं, किन्तु इन दिनों वे यहाँ उपस्थित नहीं हैं।"

वे चिढ़ गये, "जब यहाँ उपस्थित होंगे, तब देखा जायेगा।"

"जब उपस्थित हों तो सूचना किसको देनी है?" मैंने पूछा।

"आप आपत्तियाँ बहुत करते हैं।" उन्होंने जैसे मेरा चरित्र का प्रमाणपत्र बाँचा।

"नहीं, यह मेरी आपत्ति नहीं, मात्र जिज्ञासा थी।" मैंने कहा।

उन्हें रुष्ट होना ही था। वे होकर चले गये। वे मुझसे रुष्ट थे; और भाषा उनसे रुष्ट थी। मैं उन दोनों में से किसी के लिए भी कुछ नहीं कर सकता था।

भाषा हमारे भोलारामजी से भी रुष्ट ही रहती है; क्योंकि वे प्रत्येक शब्दकोश से रुष्ट हैं। मैंने उनकी किसी बात पर आपत्ति जतायी तो उन्होंने मुझे ही डाँट दिया,

"बोलनेवाले की अटेनशन को देखना चाहिए।"

मैं फिर से आपत्ति कर बैठा, "बोलनेवाले की अटेनशन को क्या देखें..." पर उन्होंने मेरी आपत्ति को नहीं सुना। ऊँचे स्वर में बोले, "बोलनेवाले की अटेनशन को देखना चाहिए। आप लोग ऊपरी बातों की ओर अधिक ध्यान देते हैं। यह नहीं देखते कि बोलनेवाले की अटेनशन क्या है।..."

अब मेरी समझ में कुछ-कुछ आ चला था। मैंने पूछा, "आप बोलनेवाले की इंटेनशन की बात तो नहीं कर रहे हैं?"

उन्होंने चौंककर मेरी ओर देखा, "हाँ! हाँ! वही।"

मैं उन्हें समझाना चाहता था, किन्तु समझाया नहीं। उन्हें अंग्रेजी बोलने का इतना शौक (वैसे वे इसे अपना शौक ही कहते हैं) है कि वे स्वयं को बदल नहीं पायेंगे। मैं उन्हें आज तक यही नहीं समझा पाया कि हिन्दी भाषा में 'अन्दर' तथा 'में' में पर्याप्त अन्तर है।

उस दिन बोले, "लोग जाने इतने लोगों को निमन्त्रित क्यों कर लेते हैं। न स्थान होता है, न व्यवस्था। मैं तो सोफिस्टीकेशन से ही मर जाता।"

उनके वक्तव्य पर विचार किया तो बात स्पष्ट हुई कि स्थान कम था, लोग अधिक थे। तो उनका दम घुट रहा होगा। वे सफोकेशन कहना चाह रहे थे और सोफिस्टीकेशन कह रहे थे। यदि मैं उनको टोक देता और उन्हें उनकी भूल बताता, तो उनका उत्तर होता, "क्या फर्क पड़ता है।"

पर उनकी प्रतिभा का लोहा तो मैंने उस दिन माना जब उन्होंने मुझसे कहा कि वे घूमने के बहुत फौंड हैं। जब मैं उनका आशय किसी भी प्रकार नहीं समझ सका तो अन्ततः उनकी पत्नी से पूछा कि वे क्या कह रहे हैं।

वे हँसकर बोलीं, "अपना आशय तो वे स्वयं ही जानें; किन्तु उन्होंने पिछले दिनों अंग्रेजी का एक नया मुहावरा सीखा है—टू बी फौंड ऑफ!"

अब मैं समझा कि वे 'घूमने के बहुत फौंड हैं' का क्या अर्थ है। वे घूमने के शौकीन हैं।

इस संवाद के पश्चात् उन्हें भाषा सिखाने का विचार तो मैंने त्याग ही दिया, इस आशंका से भी डर गया कि यदि मैं अधिक देर तक उनकी संगति में रहा, तो हिन्दी के सारे शब्दकोश आहत होकर किसी सरकारी अस्पताल में पड़े होंगे।

[रचना : 1.2.96]

साहित्यकार का सम्मान

उनके मन में मेरे प्रति बहुत सम्मान था। जाने सहसा क्या हुआ कि स्थिति गति में बदल गयी। उनको दिव्य ज्ञान हुआ कि सम्मान होना ही पर्याप्त नहीं है। सम्मान करना भी चाहिए। उन्होंने मुझे लिखा कि वे मेरा सम्मान करना चाहते हैं और उसके लिए उन्हें अनुमति की आवश्यकता है। मेरी तो समझ में ही नहीं आया कि किसी का सम्मान करने के लिए उसकी अनुमति की आवश्यकता ही क्यों है। मेरे मन में महात्मा गाँधी के प्रति सम्मान है तो है। मैं उनका सम्मान करता हूँ तो करता हूँ। उसके लिए मैं उनसे पूछने तो नहीं गया कि मैं उनका सम्मान करूँ या न करूँ।

इस गम्भीर अन्तद्वन्द्व के अवसर पर मेरे अपने ही मन ने लेखकीय क्षेत्र से एक समाधान जुटाया। सम्भव है कि यह कॉपीराइट जैसा कोई मामला हो। जीवित लेखकों की रचना छापने के लिए तो उनसे अनुमति भी लेनी पड़ती है और उनको रॉयल्टी के पैसे भी देने पड़ते हैं।

दिवंगत लोगों की रचनाएँ जो चाहे छाप ले, न उनसे पूछने की आवश्यकता, न उनको एक धेला देने की जरूरत। इसलिए सारा हिन्दी संसार लेखकों के दिवंगत होने की विकट प्रतीक्षा करता है, ताकि उनकी रचनाएँ बिना पारिश्रमिक दिये छापी जा सकें, उन पर शोध किया जा सके, उनकी जयन्तियाँ मनायी जा सकें, उनके नाम पर पुरस्कार स्थापित किये जा सकें। कमबख्त लेखक है कि मरता ही नहीं और लोगों को इतने सारे काम करने से रोके रखता है। सम्भवतः सम्मान करने के लिए भी कोई ऐसा ही नियम हो। जीवित लोगों का सम्मान करने के लिए उनकी अनुमति की आवश्यकता पड़ती हो।

मैंने अपने उन प्रशंसक की सम्मान भावना का अपमान न कर सका और मैंने उनको अनुमति दे दी कि वे मेरा सम्मान कर सकते हैं।

मेरी अनुमति ले ली तो उन्होंने दूसरा गोला दागा। वे मेरा सम्मान अपने हृदय में नहीं, किसी मंच पर करना चाहते थे। उसके लिए आवश्यक था कि हम दोनों किसी एक स्थान पर एकत्रित हों। वहाँ मंच भी हो और हॉल भी। मंच इसलिए कि उस पर वे और मैं बैठ सकें। वे मेरा सम्मान कर सकें और मैं अपना सम्मान करवा सकूँ। और हॉल इसलिए कि तालियाँ बजानेवाले श्रोताओं को आमन्त्रित कर ससम्मान बैठाया जा सके। मैं हृदय और स्थान के इस द्वन्द्व से बहुत घबराता हूँ।

जीवन में कोई अवसर ऐसे आये कि जब मैंने किसी से रहने के लिए एक कमरा माँगा तो उसने बताया कि उसके हृदय में तो मेरे लिए बहुत स्थान है, किन्तु उसके घर में मेरे रहने के लिए कोई कमरा नहीं है; और जिससे हृदय में थोड़ा-सा स्थान माँगा, उसने एक कुर्सी आगे बढ़ा दी और समझाया कि शान्ति से यहाँ बैठो, हृदय में रहकर क्या करोगे, जहाँ हमेशा खून-खराबा होता रहता है।

सम्मानवाला मामला कुछ जटिल होता जा रहा था, किन्तु मैं उन्हें अनुमति दे चुका था।

अब उस अनुमति को पूरा करने के लिए जो कुछ आवश्यक था, वह तो करना ही पड़ेगा। यमराज भी तो सावित्री को वरदान देकर उस वरदान की आवश्यकताएँ पूरी करने के ही चक्कर में फँस गये थे।

अब तक तो मैंने यही समझा था कि वे कुछ करना चाहते हैं। सोचा था वे करते रहेंगे। यह कहाँ मालूम था कि उसके लिए मुझे भी कुछ करना पड़ेगा। अब यदि मैं महात्मा गाँधी का सम्मान करता हूँ, तो करता हूँ।

उसके लिए महात्मा गाँधी को तो कुछ करने की आवश्यकता है नहीं। पर वे कह रहे थे कि वे मेरा सम्मान करना चाहते हैं, इसलिए मुझे भी कुछ कष्ट करना ही पड़ेगा।

समस्या हमारे एक स्थान पर एकत्रित होने की थी। अब दिल्ली में तो सम्मान हो नहीं सकता था। इस नगर में तो अच्छे-अच्छे सम्मानित होकर आते हैं और अपमानित होकर लौट जाते हैं। कोई अपने गाँव पहुँच जाता है तो कोई कारगार में : कोई हवाले से और कोई घोटाले से। इसलिए दिल्ली किसी का सम्मान करने के लिए कोई उचित स्थान नहीं है। वैसे भी यहाँ कोई मंच खोजना कठिन था, जिस पर वे मेरा सम्मान कर सकते। यहाँ के सारे मंचों पर इतने सम्मानित व्यक्ति बैठे हैं कि वे मंच ही अपमानित हो चुके हैं। मुझे अपना सम्मान करवाना है तो मुझे उनके नगर जाना होगा।

मैं उन्हें सूचित कर दिया कि मुझे पराये नगरों की यात्रा अच्छी नहीं लगती, इसलिए मुझे अपना सम्मान नहीं करवाना है। मैं अपने नगर में रहकर, बिना सम्मान के ही प्रसन्न हूँ। उन्होंने मेरी भावना का विरोध नहीं किया। लिखा, वे जानते हैं कि मैं सम्मान का भूखा नहीं हूँ, किन्तु वे मेरा सम्मान करना चाहते हैं। मैं उन्हें वचन दे चुका हूँ कि वे मेरा सम्मान कर सकते हैं। इसलिए मुझे यह यात्रा तो करनी ही पड़ेगी।

तो वह यात्रा मैंने की और उस पराये नगर में पहुँचा, जो मेरा सम्मान करना चाहता था। उनके मन में मेरे लिए सचमुच बहुत सम्मान था। इतना सम्मान था कि वे यह मानते थे कि मैं जिस-जिस घर में चरण धूलि बिखेरूँगा, वही घर पवित्र हो जायेगा। और उस नगर में घर बहुत थे। मेरी समझ में उनका यह सम्मान नहीं आ

रहा था कि जिस-जिस घर को मैं अपने जूतों में लगे हुए कीचड़ से गन्दा करूँगा, वह पवित्र कैसे हो जायेगा। पर मेरी समझ का वहाँ कोई काम नहीं था। नगर उनका था, इसलिए समझ भी उनकी ही थी। सुबह से शाम तक मैं लोगों के घरों को पवित्र करता रहा और बुरी तरह थकता रहा। उन्होंने मेरे पेट पर लात तो नहीं मारी, मेरे स्वास्थ्य का ही सिर फोड़ दिया। मैं समझ नहीं पाया कि उन लोगों की इस बात में इतनी रुचि क्यों थी कि मेरा पेट फट जाये अथवा चल पड़े, तो वे मुझे दवा दिलवा सकें और मेरी सेवा कर सकें। मैं जिस घर में जाता था, वह चाहता था कि उनके घर तथा निकट के बाजार में जितनी भी खाद्य सामग्री थी, वह सारी-की-सारी मैं उनके सामने बैठकर खा लूँ। वे मुझे घेरकर बैठ जाते थे और आदेश देते थे कि मैं उन्हें कुछ सन्देश दूँ। पहले तो मुझे भ्रम हुआ कि वे लोग किसी अज्ञात कारणवश यह समझ बैठे हैं कि मैं चुनाव लड़ने के इरादे से वहाँ पहुँचा हूँ। मैंने उन्हें बहुत समझाया कि मैं कोई सन्देश नहीं लाया हूँ, जो दे सकूँ।

मैं तो उनके बुलाने पर उनके नगर आया हूँ, क्योंकि वे मेरे नगर में मेरा सम्मान कर नहीं सकते थे। अब वे अपने नगर में मेरा सम्मान कर लें और मुझे जाने दें। वह मेरी बातें सुनकर हँसते थे और मेरी प्रशंसा करते थे कि मैं बड़ी रोचक बातें करता हूँ। पर न उठकर जाते थे, न मुझे आराम करने देते थे। मैंने उनसे कहा भी कि भई! मैं बहुत थक गया हूँ; किन्तु वे मानने को तैयार नहीं थे। बोले, "आप जैसा कर्मवीर कैसे थक सकता है। आप इतने महान् हैं कि आप थक जायेंगे तो सारा देश थक जायेगा।" वे नहीं चाहते थे कि उनका देश थके, इसलिए वे मानने को तैयार नहीं थे कि मैं थक भी सकता हूँ। अब मैं उन्हें और कैसे थककर बताता। मुझसे न बोला जा रहा था, न मेरी आँखें खुल रही थीं। मैं किसी थके-हारे वृक्ष के समान भहराकर गिर पड़ना चाहता था और थोड़ा सो लेना चाहता था। मैंने अपने ढंग से उन्हें बहुत समझाया कि मुझे सम्मान की तनिक भी आवश्यकता नहीं थी। मुझे तो बस थोड़ी-सी नींद मिल जाती तो मेरा जीवन सफल हो जाता। पर वे फिर बड़ी शालीनता से कहते थे कि मैं उनके नगर आया था तो वे मुझे इतनी सरलता से छोड़नेवाले नहीं थे। सो तो मैं अपने घर जाकर भी सकता था और अभी तो वे मेरा सम्मान भी करनेवाले थे। मैं यदि सो गया तो वे सम्मान किसका करेंगे।

मैं तनिक भी समझ नहीं पा रहा था कि उनकी मुझसे क्या शत्रुता थी। मैंने तो उनका कुछ भी नहीं बिगाड़ा था। उनकी प्रत्येक बात मान ली थी। यहाँ तक कि उनको अपना सम्मान करने की अनुमति भी दे चुका था। फिर वे मुझे इतना पीड़ित करने पर क्यों तुले हुए थे।

उनकी शाम तक मैं अपने पैरों पर खड़ा हो सकने योग्य नहीं रह गया था। उन्होंने मुझे सहारा देकर मंच पर पहुँचाया और पुष्प-हारों से लादना आरम्भ कर दिया। मैंने उन्हें बहुत समझाना चाहा कि मुझे सपांडिलाइट्स है, मेरी गर्दन पर इतना

बोझ मत डालो। पर वे कहाँ माननेवाले थे। उनके पास न तो हारों की कमी थी, न हार पहनाने के इच्छुक लोगों की। उन्होंने घोषणा कर दी थी कि जो व्यक्ति सारी मानवता के हित-चिन्तन का बोझ उठा सकता है, वह इतने से पुष्प-हारों के बोझ तो उठा ही सकेगा। मैं तो यह स्वीकार करने की सीमा तक पहुँच गया था कि मैंने सारी मानवता का ठेका नहीं लिया है, किन्तु वे ऐसा कुछ भी मानने को तैयार नहीं थे। अन्ततः मैं ही समझ गया कि आज वे मेरा सम्मान करके ही छोड़ेंगे।

उन्होंने मेरा सम्मान करने की एक विचित्र पद्धति निकाली थी। उन्होंने मुझे बताया कि उनके नगर के डेढ़ सौ लेखक मुझसे अपनी पुस्तक का विमोचन तथा लोकार्पण करवाकर सम्मानित होना चाहते हैं। मेरा दिल बैठ गया। डेढ़ सौ पुस्तकों का विमोचन! मैं यह भी जानता था कि वे सारे लेखक अपनी पुस्तक की एक-एक प्रति ही मुझे भेंट नहीं करेंगे, वे यह भी चाहेंगे कि मैं उन सबको पढ़कर उनकी प्रशंसा भी करूँ। मैं यदि कोई आनाकानी करूँगा तो उनके द्वारा मुझे न पढ़नेवाला तथा नयी प्रतिभाओं को प्रोत्साहित न करनेवाला स्वार्थी व्यक्ति घोषित कर दिया जायेगा। और यदि मैं उन सारी पुस्तकों को पढ़ने बैठ जाता तो वे मुझे घोषित करते, न करते, मैं अपने-आप ही न लिखनेवाला लेखक सिद्ध हो जाता।

इस धर्म संकट में मैंने एक आपत्ति की कि उन लोगों ने मेरा सम्मान करने के लिए मुझे बुलाया था, मैं तो किसी का सम्मान करने नहीं आया था; तो वे डेढ़ सौ लेखक मुझसे सम्मानित होने का स्वप्न क्यों पाल रहे हैं। उनके पास मेरी इस आपत्ति का उत्तर भी तैयार था। उन डेढ़ सौ लेखकों का सम्मानित होना मेरे सम्मान की प्रक्रिया का ही एक अंग था। यदि मैं किसी को सम्मानित नहीं करूँगा तो कोई मेरा सम्मान क्यों करेगा? तो मैंने उन डेढ़ सौ लेखकों की पुस्तकों का विमोचन किया और उनको लोकार्पित करते-करते बेहोश होने की स्थिति तक पहुँच गया। बिल्ली के भागों छींका टूटा। उन्होंने देखा कि मैं किसी प्रकार का कोई प्रतिरोध नहीं कर रहा हूँ तो उन्होंने मुझसे हाथ मिलाने का दौर आरम्भ कर दिया। जब हॉल में बैठा प्रत्येक व्यक्ति मेरा हाथ पकड़कर अपनी इच्छाभर उसे झंझोड़ चुका तो मुझे पता चला कि मेरा सम्मान हो चुका है।

रात को डेढ़ बजे उन्होंने मुझे आदेश दिया कि मैं चाहूँ तो थोड़ा सो लूँ, क्योंकि साढ़े तीन बजे की गाड़ी थी। दो घंटे के विश्राम के पश्चात् वे मुझे गाड़ी में डाल आयेंगे और मेरा रात का भोजन भी वहीं पहुँचा देंगे, ताकि मैं गाड़ी में शान्ति से अपना भोजन कर सकूँ।

मैं सोया ही था कि उनके कोषाध्यक्ष ने आकर द्वार खटखटाया, "उठिये। रसीद पर आपके हस्ताक्षर लेने हैं।"

मैं दिल्ली लौट आया हूँ। कुछ दिन सघन चिकित्सा कक्ष में रह चुका हूँ। चिकित्सकों का कहना है कि मैं अत्यधिक क्लान्ति से पीड़ित था। मुझे समय पर

उचित चिकित्सा सुविधा न मिलती तो मैं अचेतनावस्था की ओर बढ़ सकता था और वहाँ से लौटा लाना उनके बस का भी नहीं रह जाता। मैं उनको किसी भी प्रकार समझा नहीं पाया कि मैं क्लान्ति का नहीं, सम्मान का मारा था।

अब मैं ठीक हूँ, किन्तु मुझे सम्मान करनेवाले उस नगर से निरन्तर धमकियाँ मिल रही हैं कि यदि मैंने उनके लेखकों की पुस्तकों को पढ़कर शीघ्र अपनी प्रतिक्रिया न भेजी, तो इस बार वे मेरा पिछली बार से भी बड़ा सम्मान करने की योजना बना रहे हैं।

[रचना : 21.2.96]

डंडा किसका है?

(1)

"होटल चारमीनार यही है भाई?" रामलुभाया ने पूछा।

क्लर्क ने उसे घूरकर देखा, चारमीनार सिगरेट का ब्रांड है, होटल नहीं है। वैसे तो हो सकता है कि हम कभी उसका होटल ही बना डालें। अभी तक तो किसी ने बनाया नहीं है। जहाँ तुम खड़े हो, यह होटल चार चिनार है।

"श्रीनगर का आलीशान होटल चार चिनार।"

"ओह मेरी जीभ जरा लड़खड़ा गयी थी।" रामलुभाया ने स्वीकार किया।

क्लर्क भी मुस्कराया, "हमारे सामने बड़े-बड़े की टाँगें लड़खड़ा जाती हैं। तुम्हारी तो जबान ही लड़खड़ायी है।"

रामलुभाया हँस पड़ा, "अच्छी बातें कर लेते हो। हाँ। होटल चार चिनार होगा, तो हैदराबाद में होगा, कैसी राष्ट्रीय एकता है। उत्तर में होटल चारमीनार और दक्षिण में होटल चार चिनार।" खैर, मैं तो होटल चार चिनार ही खोज रहा था। तो यही है? धरती के स्वर्ग कश्मीर की राजधानी श्रीनगर का चार चिनार होटल।

क्लर्क कुछ स्वगत कथन की मुद्रा में था। बोला, "हाँ यहीं धरती का स्वर्ग है, क्योंकि यहाँ के सारे सौन्दर्य को तो स्वर्ग भेज दिया है। वैसे भी यहाँ पर लोग कम हैं, ज्यादा तो स्वर्ग में ही पहुँच गये हैं।"

"क्या?" रामलुभाया कुछ समझ नहीं पाया।

"कुछ खास नहीं।" क्लर्क बोला, "मैं कह रहा था कि होटल चार चिनार है तो यही, पर तुम तो ऐसे खोज रहे हो, जैसे चार चिनार तुम्हारा बच्चा हो, जो खो गया हो। वैसे तो मुझे तुम भी कोई खोयी हुई गाय के समान लग रहे हो।"

बैरा भी चुप नहीं रहा, "नहीं! यह खोयी हुई गाय नहीं है। नहीं तो सरकार ने इसे अब तक अलकबीर के हाथों बेच दिया होता।"

"क्या?" रामलुभाया हकलाया।

"कुछ नहीं।" क्लर्क बोला, "तुम सवाल बहुत करते हो। तुम बताओ कि तुम क्यों खोज रहे थे होटल चार चिनार?"

रामलुभाया को लग रहा था क्लर्क और बैरा दोनों ही उससे अशिष्ट ढंग से बात कर रहे थे, पर उसने उलझना ठीक नहीं समझा। पूछा, "कोई कमरा खाली है?"

"सब खाली ही है।" क्लर्क ने कहा, "अब यहाँ आता ही कौन है। तुम न जाने कहाँ से आ गये खबीस।"

"मैं खबीस नहीं रामलुभाया हूँ।" रामलुभाया ने अपना परिचय दिया। क्लर्क इस बार कुछ प्यार से बोला, "उसकी तो तुम फिक्र ही मत करो। कहने को कोई कुछ भी कहे, क्या फर्क पड़ता है। सब कुछ-न-कुछ कहते ही रहते हैं, बस एक नरसिंह राव ही कुछ नहीं कहते। तुम यह बताओ कि तुम क्या कहते हो? क्या चाहिए तुम्हें?"

रामलुभाया ने भी धीरे से कहा, "ठहरने के लिए एक कमरा चाहिए।"

"कमरा ठहरने के लिए ही होता है। पोटली में बाँधकर घर ले जाने के लिए तो होता नहीं। क्लर्क ने रजिस्टर खोल लिया, "कहाँ से आये हो?"

रामलुभाया को उसके संवाद की शैली अच्छी नहीं लग रही थी, "क्यों पूछ रहे हो?"

बैरे ने पुनः हस्तक्षेप किया, "यह तो रजिस्टर में लिखने के लिए ही पूछ रहा है। अगवा करने और गोली मारने के लिए पूछनेवाले दूसरे लोग हैं।"

रामलुभाया ने उसकी ओर देखा, "मैं समझा नहीं।"

उत्तर क्लर्क ने दिया, "अभी समझा देता हूँ।"

क्लर्क ने कोई संकेत किया और पीछे खड़े लोगों में से दो बढ़ आये। अब तक उन्होंने अपना मुँह-सिर लपेट लिया था।

"कहाँ से आया है बे तू बता", पहले ने पूछा। रामलुभाया कुछ भयभीत हो गया। "क्यों, क्यों पूछ रहे हो तुम?" दूसरा बोला, "हम कोई भी हों। कहाँ से आया है। टाई तो ऐसे बाँधी है, जैसे अंग्रेज का बाप हो। पर बड़ा सड़ा देश है यह इंग्लैंड भी। एक अंग्रेज को अगवा किया था। सालों ने एक पैसा भी नहीं दिया, उसे छुड़ाने के लिए। अपनी जेब से उसे खिलाना पड़ा, वह अलग।"

रामलुभाया ने टाई खोलकर जेब में डाल ली, "मैं अंग्रेज नहीं हूँ। हाँ, अंग्रेज बनने की कोशिश अवश्य कर रहा था।"

पहला व्यक्ति हँसा, "क्यों कर रहा था कोशिश। जो है वही क्यों बना नहीं रहता?"

रामलुभाया को कोई उत्तर नहीं सूझा, "मालूम नहीं। सारा देश कर रहा है। इसलिए मैं भी कर रहा था।"

दूसरा व्यक्ति घृणा से बोला, "नकलची साले। अपने अच्छी-भली माँ को छोड़कर एक चालू औरत को माँ बनाने पर तुले हुए हैं।"

रामलुभाया अब और सहन नहीं कर सका। बोला, "जुबान सँभालकर। गाली मत दो, नहीं तो..."

पहला व्यक्ति कुछ और आगे बढ़ आया, "देंगे तो क्या कर लेगा? क्या पिद्दी और क्या पिद्दी का शोरबा। तुझे तो अगवा करने का भी कोई फायदा नहीं। कोई एक धेला नहीं देगा तेरा। और खाता होगा तू थालीभर। तुझसे छुटकारा पाने के लिए अपनी एक गोली भी बरबाद करनी पड़ेगी।"

रामलुभाया मुड़कर क्लर्क के पास चला आया, "ये लोग डराने का प्रयत्न कर रहे हैं, ये लोग। देख लूँगा मैं इन सबको। पहले अपने ठहरने की व्यवस्था कर लूँ। कमरा न मिला तो कठिनाई होगी। कहते हैं, श्रीनगर में रात को बहुत ठंड होती है। आप सड़क पर सो भी नहीं सकते।...दे भाई, मुझे एक कमरा दे।"

क्लर्क ने उसे ध्यान से देखा, "अब भी तुम्हें कमरा चाहिए? ठहरोगे श्रीगनर में?"

रामलुभाया ने आत्मबल बटोरा और कहा, "ठहरूँगा क्यों नहीं? मैं किसी से डरता हूँ क्या? इन दो टुच्चों को धमकाने से यहाँ से चला जाऊँगा? मैं अपने देश में कहीं भी आने-जाने और ठहरने का संवैधानिक अधिकार नहीं छोड़ सकता।"

क्लर्क ने बैरे को संकेत किया, "कमरा नम्बर शून्य-शून्य-शून्य।"

बैरा, रामलुभाया का सामान उठाकर भीतर ले गया।

रामलुभाया सन्तुष्ट नहीं था, "यह कमरे का नम्बर कैसा है।"

"कम्प्यूटर में तो ऐसा ही नम्बर होता है।"

क्लर्क बोला, "उस कमरे में ठहरकर, तुम शून्य नहीं हो जाओगे, क्योंकि तुम तो किसी से डरते ही नहीं। पर सारे पंडित तो डरकर चले गये। एक तुम ही नहीं डरते। क्यों?"

रामलुभाया बोला, "मैं डरपोक नहीं हूँ। मैं नहीं डरता किसी से।"

क्लर्क मुस्कराया, "क्यों नहीं डरते तुम किसी से—तुम अमरीका की धौंस हो? पाकिस्तान की निर्लज्जता हो? या भारत का भ्रष्टाचार हो?"

क्लर्क बोला, "अच्छा है, मत डरो। इस होटल में हम डराने के पैसे नहीं लेते। अब बताओ कि कहाँ से आये हो?"

इस बार रामलुभाया ने सीधे-सीधे बता दिया, "दिल्ली से आया हूँ।"

क्लर्क फिर मुस्कराया, "मुझे पहले ही समझ जाना चाहिए था, भारत से आये हो। वहाँ के ही लोगों को बीमारी है, गलतफहमियों में जीने की।"

रामलुभाया ने फिर कुछ साहस किया, "भारत से आया हूँ। तुम तो ऐसे कह रहे हो, जैसे किसी दूसरे देश से आया हूँ जैसे यह भारत न हो।"

क्लर्क ने बहुत आश्वस्त स्वर में कहा, "हाँ! यह भारत नहीं है।"

रामलुभाया ने उपहास के स्वर में कहा, “क्या है यह? अमरीका है? यूरोप है? पाकिस्तान है? मैं भूल से कहीं और आ गया हूँ क्या?”

“नहीं। यह यूरोप-अमरीका नहीं है। पाकिस्तान भी नहीं है। यह कश्मीर है।” क्लर्क ने कहा, “अब यह तुम जानो कि भूल से आये हो या जानबूझकर मरने के लिए आ गये हो। प्रधानमन्त्री तक तो तुम्हारे आते नहीं अपनी जान के डर से, इस देश में।...”

रामलुभाया कुछ-कुछ क्रुद्ध हो चला था, “कश्मीर भारत में नहीं है?”

“नहीं। कश्मीर है। वह भारत में कैसे हो सकता है? एक आजाद मुल्क दूसरे मुल्क का हिस्सा कैसे हो सकता है?” क्लर्क ने कुछ ऐसे कहा, जैसे छोटी कक्षा के बच्चों को भूगोल पढ़ा रहा हो।

रामलुभाया ने जिरह की, “कश्मीर भारत से पृथक् क्यों है? वह आजाद मुल्क कैसे है?”

क्लर्क के पास उसके प्रत्येक प्रश्न का उत्तर था, “क्योंकि पाकिस्तान ऐसा कहता है। अमरीका ऐसा चाहता है। और भारत के शासकों में इसे अपना मुल्क बनाने की न हिम्मत है, न उनकी ऐसी नियत है।”

रामलुभाया ने उसे चेताया, “यहाँ बैठकर खुलेआम ऐसी बातें करते हुए तुम्हें डर नहीं लगता? देशद्रोही कहीं के।”

“किस बात का डर?” क्लर्क ने पूछा।

“सरकारी होटल में नौकरी कर रहे हो। तुम्हारी नौकरी जा सकती है। तुम्हें कैद हो सकती है।”

“कौन करेगा कैद मुझे? कौन छीनेगा मेरी नौकरी?” क्लर्क ने पूछा।

“सरकार।”

क्लर्क विद्रूप से हँसा, “तुम्हें कहीं दिखायी देती है? मुझे तो कहीं दिखायी नहीं देती। सरकार है कहाँ?”

“भारत सरकार।”

क्लर्क पुनः हँसा, “भारत की सरकार तो भारत में ही कुछ नहीं कर सकती। देखती है और मौन होकर बैठ जाती है, मौनी बाबा की सरकार। यहाँ तो उसको हक ही क्या है कि वह मेरी नौकरी छीने?”

“सरकार को हक नहीं है?”

क्लर्क बोला, “हाँ! हाँ!! शासन को हक है, पर यहाँ भारत सरकार का शासन नहीं है।”

“भारत सरकार यहाँ अपना करोड़ों रुपया खर्च कर रही है। वह यूँ ही? तुम्हें

वेतन कौन देता है?" रामलुभाया ने पूछा।

"वह तो टैक्स है, जो हम भारत से वसूल कर रहे हैं, यहाँ तनख्वाह वगैरह कोई नहीं लेता।" क्लर्क बोला।

रामलुभाया कठोर स्वर में बोला, "यहाँ भारत की पुलिस नहीं है? संविधान नहीं है? सेना नहीं है?"

"सब खड़े रहते हैं। अपने होने का पाखंड करते रहते हैं। उनको अधिकार तो नहीं है।" क्लर्क बोला, "सेना के हाथ तो दिल्ली ने ही बाँध रखे हैं।"

"तो फिर अपनी आँखें खोल। देख, वह झंडा किसका है।" रामलुभाया ने जोश में कहा।

क्लर्क ने झुककर अपने काउंटर के नीचे से बन्दूक निकाल ली, "झंडा किसी का भी हो। तुम अपनी आँखें खोलकर देखो कि डंडा किसका है।"

बन्दूक देखकर रामलुभाया डर गया। पलटकर ऐसा भागा कि दिल्ली से पहले नहीं रुका।

(2)

रामलुभाया भागता-भागता भोलाराम से टकरा गया।

भोलाराम ने क्रुद्ध स्वर में पूछा, "अन्धे हो?"

"नहीं। घबराया हुआ हूँ।" रामलुभाया ने कहा।

भोलाराम कुछ नर्म पड़ा, "क्यों भाई, घबराये हुए क्यों हो? कुछ खो गया है?"

रामलुभाया रुआँसा हो गया, "मेरा तो सब कुछ खो गया।"

"स्टेशन पर सारा सामान खो गया?" भोलाराम ने अनुमान लगाया।

रामलुभाया लगभग रो पड़ा, "मेरे तो सपने ही खो गये। विश्वास खो गया।"

भोलाराम को कुछ आश्चर्य हुआ। पूछा, "क्यों? प्रेमिका भाग गयी क्या?"

"नहीं। मेरा देश खो गया है।"

भोलाराम खुलकर हँस पड़ा, "भले आदमी खोता देश नहीं, खोता तो व्यक्ति है और तुम खाये नहीं हो।"

रामलुभाया अपनी बात पर टिका रहा, "नहीं। मेरा तो देश ही खो गया है।" सहसा उसने किसी विक्षिप्त के समान पूछा, "यह कौन सा स्थान है? मैं हूँ कहाँ?"

"तुम दिल्ली में हो भाई!" रामलुभाया ने बताया।

रामलुभाया ने अपना स्वर दबाकर धीरे से पूछा, "दिल्ली अभी भारत में ही है न? स्वतन्त्र तो नहीं हो गयी? पृथक् देश तो नहीं बन गयी?"

भोलाराम हँसा, "तुम पागल तो नहीं हो गये हो? दिल्ली भारत का दिल है। यह भारत की राजधानी है।"

रामलुभाया हँस नहीं पाया। आहत स्वर में बोला, "कश्मीर भी तो भारत का मस्तक है। मस्तक कट रहा है और किसी को कोई कष्ट नहीं हुआ तो हृदय का ही क्या है। नकली हृदय लगा लेंगे लोग प्लास्टिक का। अमरीकावाले बना-बनाकर देते जायेंगे; और यहाँवाले लगाते जायेंगे। दिल अमरीकी हो जायेगा तो भारत की पीड़ा किसको होगी।"

"तुम सचमुच बहुत घबराये हुए हो।" भोलाराम ने कहा, "चिन्ता मत करो, यहाँ सब कुछ ठीक-ठाक है और आजकल हम लोग इस देश को महात्मा गाँधी के सपनों का देश बनाने पर लगे हुए हैं।"

रामलुभाया की उत्सुकता जागी। पूछा, "वह कैसे?"

भोलाराम ने विस्तारपूर्वक बताया, "अब हमारी अपनी सरकार है। भारतीय लोगों की अपनी सरकार, जो केवल विदेशियों के हित में चलायी जा रही है। सरकार का नीति वाक्य है, सत्यमेव जयते। यहाँ सदा सत्य की विजय होती है। झूठ तो बस चुनाव में ही चलता है; और देश को तो चुनाव ही चलाता है। अब क्या करें, चुनाव तो जीतना ही पड़ता है, नहीं तो लोग हमसे हमारा राज छीन लेंगे। अपने देश में अब कहीं झूठ नहीं है। बस झूठे-ही-झूठे हैं। और वे भी देश में कहाँ हैं, जो थोड़े-बहुत हैं सरकार में ही हैं। हमने झूठ और सत्य को पृथक् करने के लिए समाज और सरकार में विभाजित कर दिया है। सच-सच समाज में, झूठ-झूठ सरकार में।"

रामलुभाया कुछ-कुछ आश्वस्त हुआ, "वर्गीकरण तो आपका बहुत अच्छा है।"

भोलाराम ने अपनी बाध्यता जतायी, "सबका ध्यान रखना पड़ता है भाई। इसी को समन्वय की नीति कहते हैं। अनेता में एकता। इतना भी ध्यान न रखें तो कल ही एक आन्दोलन उठ खड़ा होगा कि झूठों के लिए एक अलग देश बना दो। हम देश का बँटवारा तो नहीं कर सकते न। देश की अखंडता की रक्षा के लिए हमने झूठों, बेईमानों, चारों, जमाखोरों, तस्करों और डाकुओं को भी थोड़ा-थोड़ा एकोमोडेट कर लिया है।"

रामलुभाया समझ नहीं पाया कि उसे भोलाराम का समर्थन करना चाहिए अथवा विरोध। बोला, "कमाल है, तुम्हारे लिए झूठे और सच्चे सब बराबर हैं? देशभक्तों और देशद्रोहियों में कोई अन्तर ही नहीं है।"

भोलाराम ने उसे अपनी सैद्धान्तिकता में घेरना चाहा, "नहीं! हम मनुष्य की मूलभूत समानता में विश्वास करते हैं। संविधान में सबको समान अधिकार दिया गया है। कोई किसी का शोषण नहीं करता। बस, सब मिलकर देश का ही सत्यानाश कर रहे हैं।" अन्त में उसने हँसकर अपना निष्कर्ष दिया, "देशभक्तों के हाथ में सत्ता हो तो देश और देश के लोगों का कोई अहित हो ही कैसे सकता है। देखो, सरकार जनहित में अरबों रुपया खर्च कर रही है। मन्त्रियों को, सांसदों को, अफसरों को, ठेकेदारों को...सबको मालामाल कर दिया है। संसार के किसी देश के मन्त्री, सांसद और चोर इतने धनी नहीं हैं, जितने कि भारत के।..."

रामलुभाया ने उसे मुग्ध भाव से देखा, "तुम कौन हो भाई। तुमने तो मेरे जलते हृदय को ऐसा शीतल कर दिया है कि मन होता है, तुम्हारे चरण छू लूँ।"

भोलाराम अपनी महानता सुनकर कुछ विनीत हो गया, "मैं भोलाराम हूँ। मद्य-निषेध निदेशालय में सहायक निदेशक हूँ। मेरा काम गाँधीजी का बहुत प्रिय कार्य करना है। हम लोग सरकारी पैसे से नशा विरोधी प्रचार-प्रसार करते हैं।"

रामलुभाया के लिए यह नयी बात थी।

पूछा, "वह कैसे?"

"देखो, कितने बड़े-बड़े पोस्टर छपवाये हैं।"

उसने अपने सहायक की सहायता से पोस्टर खोला। पोस्टरों का महात्मा गाँधी के चित्र और उनकी नशा विरोधी उक्तियाँ थीं।

"पर भोलारामजी..."

भोलाराम कुछ रुष्ट हो गया, "मैं मिस्टर भोलाराम हूँ। भोलारामजी नहीं।" रामलुभाया उसके रोष का कारण समझ नहीं पाया। बोला, "कृपया बतायें, दोनों में अन्तर क्या है?"

भोलाराम स्पष्टीकरण के लिए तैयार नहीं हुआ, "अन्तर कुछ हो या न हो, मुझे तो तुम मिस्टर भोलाराम ही कहो।"

रामलुभाया ने उसका अनुरोध स्वीकार कर लिया।

(3)

"अच्छा मिस्टर भोलाराम! आप बतायेंगे कि आपकी सरकार ने मद्य निषेध निदेशालय ही क्यों बनाया। निषेधालय बना दिया होता, तो मदिरा का उत्पादन तथा आयात दोनों ही बन्द हो जाते।"

भोलाराम पुनः सहज हो गया, "करने को तो वह भी किया जा सकता था;

किन्तु उसमें हिंसा का भय था, हमारी सरकार हिंसा विरोधिनी है।"

रामलुभाया ने अत्यन्त निर्दोष भाव से पूछा, "इसीलिए डाकुओं को सांसद और मन्त्री बना दिया है?"

भोलाराम ने सरकार की असहायता जतायी, "जी! उनकी बात न मानें तो वे हिंसा करने लगते हैं। हमें तो सबसे ही सहानुभूति है। देखिये, हमारा तो फूलनदेवी से भी बहुत सौहार्दपूर्ण व्यवहार रहा है।"

"देखिये, सबको अपना-अपना नशा है। किसी को डकैती का नशा है, किसी को हत्याओं का। हमारी सरकार सबका पुनर्वास कर रही है। इसलिए नशा विरोधी निदेशालय बनाया है। अब इस देश में बहुत शीघ्र सम्पूर्ण नशाबन्दी हो जायेगी। आप चिन्ता न करें।" वह रुका, "अच्छा मैं, अब चलूँ, कुछ स्थानों पर बैनर लगवाने हैं। कुछ पोस्टर लगवाने हैं। ऐसा न हो कि पोस्टर न लगें और लोग शराब पीते रहें। हम लोग नशाबन्दी सप्ताह मना रहे हैं।"

रामलुभाया को पुनः आश्चर्य हुआ, "बस एक सप्ताह की नशाबन्दी?"

भोलाराम ने पुष्टि की, "हाँ! इस सप्ताह महात्मा गाँधी का जन्मदिन पड़ रहा है न।"

रामलुभाया स्तब्ध रह गया, "इस सप्ताह? पर यह तो जनवरी का महीना है।..."

भोलाराम निर्विकार रहकर बोला, "हाँ! अक्तूबर में मन्त्री जी को सप्ताह उद्घाटन के लिए समय नहीं मिला था। घूमने के लिए विदेश चले गये थे। सोचा, गाँधीजी का जन्मदिन तो हर साल आता रहेगा, पर विदेश भ्रमण का अवसर फिर मिले न मिले। जाने कब मन्त्रालय छिन जाये..."

भोलाराम तथा उसका सहायक एक बड़ा-सा बैनर खोलकर उसे लहराते हुए चले गये। रामलुभाया भी चल पड़ा।

सामने लोगों की एक लम्बी पंक्ति है। मारधाड़ मची हुई है।

"क्या बात है, इतनी भीड़ क्यों है भाई?" रामलुभाया ने पंक्ति के अन्तिम छोर पर खड़े व्यक्ति से पूछा।

"कल 26 जनवरी है न! कल छुट्टी होगी।" उस व्यक्ति ने बताया।

"यहाँ क्या राष्ट्रीय झंडा बिक रहा है, जिसे लोग कल अपने घरों पर फहरायेंगे?"

उस व्यक्ति ने कुछ रुष्ट दृष्टि से रामलुभाया को देखा, "यह अंग्रेजी शराब की दुकान है। कल जिसको शराब चाहिए होगी, वह कहाँ से लायेगा। सरकार कुछ सोचती तो है नहीं। बस 26 जनवरी मनाने लगती है।"

रामलुभाया कुछ चकित हुआ, "यहाँ क्या अंग्रेज शराब बेच रहे हैं?"

वह व्यक्ति हँसा, "अरे नहीं! अंग्रेजी को यह देश छोड़े तो 50 साल होने को आये। अब तो ये सारे काम हम स्वयं ही कर लेते हैं। भारत अब बहुत सारे मामलों में स्वावलम्बी हो चुका है न! यह तो सरकारी ठेका है। देशी सरकार, अंग्रेजी शराब का ठेका।"

रामलुभाया के सिर पर जैसे वज्र गिरा, "क्या सरकार शराब बेचती है?"

वह व्यक्ति हँसा, "सरकार तो विष भी बेचती है।"

रामलुभाया ने अनुमान भिड़ाया, "डॉक्टरों को देती होगी, रोगियों के उपचार के लिए।"

"नहीं। जनता को देती है, ताकि जनता में कुछ गतिविधि बनी रहे।..." उस व्यक्ति ने बताया।

रामलुभाया का मन नहीं माना तो उसने पूछा, "कौन-सा विष बेचती है सरकार?"

"तरह-तरह के विष बेचती है...स्वार्थ का विष, विभाजन का विष, आत्मविश्वास का विष, आत्महीनता का विष। और विष क्या, अब तो वह स्वयं जनता को बेचने की तैयारी में है।"

रामलुभाया को विश्वास नहीं हुआ, "कैसी नासमझी की बातें कर रहे हो। जो सरकार मद्य निषेध के लिए करोड़ों रुपये खर्च कर रही है, लोगों का पुनर्वास कर रही है, वह जनता को विष कैसे देगी।"

पर वह व्यक्ति अपनी बात पर अड़ा रहा, "आओ और स्वयं देख लो। जेब में पैसे हों तो खरीदकर एक बोतल पी भी लेना।"

रामलुभाया नाराज हो गया, "मेरे साथ ऐसी गन्दी बातें मत करो; और न हमारी राष्ट्रीय सरकार के विषय में बातें करो। वे लोग न तो गाँधीजी के सिद्धान्तों के विरुद्ध जा सकते हैं, न अपने देशवासियों से ऐसी शत्रुता निभा सकते हैं।"

रामलुभाया लोगों के बीच में से घूम-घामकर दुकान के स्वामी के पास जा पहुँचा। वहाँ मद्य विक्रेता के साथ तीन व्यक्ति और बैठे थे। एक राजनीतिक नेता था, दूसरा पुलिस अधिकारी और तीसरा शहर का सबसे बड़ा गुंडा था।

रामलुभाया ने आव देखा न ताव। जाते ही बरस पड़े, "तुम यहाँ शराब बेचकर अपने ही देश के लोगों के शरीर और आत्मा का नाश कर रहे हो। कैसे भारतीय हो तुम!"

मद्य विक्रेता डरा नहीं। बोला, "कौन है बे तू। आ गया कहाँ से। शहर के सबसे बड़े वाईन मर्चेंट से झगड़ा करने। तुझे पीनी है तो बात कर। नहीं पीनी तो

जाकर महात्मा गाँधी का जन्मदिन मना। यहाँ साला एक्साइज इंस्पेक्टर से लेकर मिनिस्टर तक तो मुँह खोलता नहीं; और यह आ गया कहीं का खुदाई फौजदार। क्यों नेताजी।"

नेताजी आश्वस्त थे, "विरोधी दल का होगा। साले को इतना भी ध्यान नहीं कि 25 जनवरी को तो पी लेने दे।"

रामलुभाया अब भी क्रोध में था, "तुम यह नहीं कर सकते। गाँधीजी के देश में तुम शराब नहीं बेच सकते।"

मद्य विक्रेता भी कुछ कम नहीं था, "हमने देश बेच दिया; आत्मा और ईमान बेच दिये शराब नहीं बेच सकते? कौन रोकेगा मुझे?"

रामलुभाया बारी-बारी नेता, पुलिस, अधिकारी और गुंडे की ओर देखता है।

"क्यों बॉस झटक दूँ?" गुंडे ने पूछा।

पुलिस अधिकारी ने शान्त मन से कहा, "क्या आवश्यकता है। बन्द कर देते हैं साले को दंगा करने के जुर्म में। जेब में स्मैक की पुड़िया डाल देंगे। गया साला कई साल को।"

नेताजी अधिक दयालु थे, "क्यों इतना जुल्म करते हो? पागलखाने में भेज देते हैं आराम से रहेगा। बोलने की भी पूरी स्वतन्त्रता का उपयोग कर सकेगा।"

रामलुभाया स्तब्ध खड़ा उनकी बातें सुन रहा था कि मद्य विक्रेता ने उसको घूरा, "क्यों? बोलता क्यों नहीं, कौन रोकेगा मुझे?"

रामलुभाया का आत्मबल जागा, "महात्मा गाँधी रोकेंगे। सरकार रोकेगी। तुम्हें दिखायी नहीं पड़ता सारे देश का महात्मा गाँधी की पार्टी का झंडा फहरा रहा है।"

मद्य विक्रेता मुस्कराया, "झंडा तो महात्मा गाँधी का ही है, पर उसका हमको करना ही क्या है। तुम जरा आँखें खोलकर देखो कि डंडा किसका है।"

उसने मेज की दराज खोलकर नोटों की गाड़ियाँ निकालीं और नेता, पुलिस अधिकारी तथा गुंडे की ओर इस प्रकार उछाल दीं, जैसे कोई कुत्ते की ओर रोटी का टुकड़ा उछालता है। उन तीनों ने नोटों की गड्डियाँ लपक लीं और कुत्ते के समान पूँछ हिला-हिलाकर मद्य विक्रेता की ओर देखने लगे।

(4)

रामलुभाया ने स्वयं देखा था कि चार कहार डोली उठाकर भोलाराम के घर लाये थे। कपाट खुले थे और डोली के भीतर जाने के लिए मार्ग बन गया था। कहार डोली उठाकर भीतर ले गये थे। डोली के भीतर जाते ही कपाट बन्द हो गये थे और

दीवार के पीछे से एक नारी कंठ का भयंकर रुदन स्वर फूटा था। रामलुभाया स्वयं को और अधिक रोक नहीं पाया।

भोलाराम की पत्नी बुक्का फाड़कर रो रही है। उसके पास और कोई नहीं है। रामलुभाया ने उसके निकट पहुँचकर धीरे से पुकारा। उसे कोई उत्तर नहीं मिला। वह उसी प्रकार रोती रही। अन्ततः रामलुभाया ने उसका कन्धा पकड़कर झकझोरा, "भाभी, क्या हुआ है तुम्हें?"

"वे मेरी सौत लाये हैं। उन्होंने दूसरा विवाह कर लिया है।"

रामलुभाया के मुख से फूटा, "नहीं। ऐसा सम्भव नहीं है।"

"सम्भव होने में अब कौन-सी कसर रह गयी है लाला। जाओ। अन्दर जाकर देखो। बैठी तो है टाँगे पसारकर।"

तभी भीतर से भोलाराम निकल आया।

"क्या बकवास लगा रखी है?"

रामलुभाया धीरे से बोला, "भाभी, क्या कह रही है?"

भोलाराम निश्चित भाव से बोला, "अपने भाग्य को कोस रही है जनमजली, और क्या कह रही है।"

"तुमने दूसरा विवाह कर लिया है?" रामलुभाया को अब भी विश्वास नहीं हो रहा था।

"हाँ! कर लिया है तो?" भोलाराम बोला।

"भोलाराम!"

"अरे तो इसमें आश्चर्य की क्या बात है? दुनिया में आज तक और किसी ने दूसरा विवाह नहीं किया क्या?" भोलाराम कुछ आक्रामक मुद्रा में बोला।

"समाज इसे स्वीकार नहीं करेगा।"

रामलुभाया ने धमकाया।

"तो समाज से स्वीकृति माँग ही कौन रहा है?" भोलाराम बोला।

रामलुभाया चुप नहीं हुआ, "मैं उनकी बात नहीं कर रहा हूँ। देश का संविधान भी कोई चीज है या नहीं। पहली पत्नी घर में बैठी है और डोली ले आये। पहली पत्नी से तलाक लिये बिना तुम दूसरा विवाह नहीं कर सकते। तुम्हारा दूसरा विवाह वैध नहीं है।...और मैं तुम्हें बता दूँ, भाभी तुम्हें तलाक देगी नहीं। कभी नहीं।"

भोलाराम हँस पड़ा, "मुझे पहली पत्नी से न तो तलाक चाहिए, न उसकी सहमति और मंजूरी। मुझे तुम्हारे संविधान की भी स्वीकृति नहीं चाहिए। क्या बिगाड़ सकता है मेरा तुम्हारे देश का संविधान?"

"सरकारी नौकरी है तुम्हारी।" रामलुभाया बोला, "नौकरी से भी जाओगे; और

जेल में चक्की भी पीसोगे।"

इस बार उसकी पत्नी भी बोली, "मैं जाऊँगी अभी जनाना विभाग में तुम्हारी शिकायत करने।"

"मानवाधिकारवाले भी आयेंगे। तुम्हारा जीना हराम कर देंगे।" रामलुभाया ने जोड़ा।

"और महिला जागृति मंचवाले भी पीछे नहीं रहेंगे। अब आसान नहीं है इस देश में नारी को सताना।" उसकी पत्नी बोली, "तुम्हारी उस नयी छम्मक छल्लो को झोंटे से पकड़कर बाहर घसीट ले जायेंगे चौराहे तक।"

भोलाराम डरने के स्थान पर क्रुद्ध हो गया, "कोई साला मुझे या दुल्हन को हाथ लगाकर तो देखे।"

उसने रुककर उनको घूरा, "मैंने धर्मान्तरण कर लिया है। देश का संविधान नहीं चलेगा मेरे साथ। मैं अब हिन्दू नहीं कि मेरें साथ जो ज्यादती चाहोगे, कर लोगे। अल्पसंख्यक हूँ मैं। हाथ लगाकर तो देखो मुझे...मेरे समर्थन में भी इतने लोग आ खड़े होंगे कि आसमान फट पड़ेगा..."

"कौन आयेगा तुम्हारे समर्थन को? ऐसे अन्याय का समर्थन?" उसकी पत्नी चिल्लायी।

भोलाराम पूरे आत्मविश्वास के साथ बोला, "सारे अल्पसंख्यक संगठन आयेंगे। सारी धर्मनिरपेक्ष पार्टियाँ आयेंगी। सारी प्रगतिशील वामपन्थी संस्थाएँ आयेंगी। मुझे अकेला मत समझना।"

भोलाराम की पत्नी तथा रामलुभाया सहम गये और भोलाराम और अधिक आक्रामक दिखायी देने लगा।

"अल्पसंख्यक असहाय नहीं हैं तुम्हारी तरह।" अन्ततः भोलाराम बोला, "मुझ पर तुम्हारी कानून की धौंस नहीं चलेगी।...हाँ। सबको समान अधिकार प्राप्त है इस देश में। देश तुम्हारे बाप का नहीं है।"

रामलुभाया स्तब्ध रह गया। उसे स्पष्ट दिख रहा था कि झंडा तो उसी के हाथ में था; किन्तु भोलाराम के साथ एक आक्रामक भीड़ थी जिसके हाथ में डंडे-ही-डंडे थे।

[रचना : 24.3.96]

सम्पत्ति

आजकल मेरी निराशा कुछ छँट रही है। मुझे आशा की किरण ही नहीं, आशा का सूर्य भी दिखायी देने लगा है। अब संसार का भविष्य उतना अन्धकारपूर्ण नहीं रहा। पहले तो इस देश की स्थिति बड़ी ही भयंकर थी। समाचारपत्रों में हत्या, बलात्कार, चोरी, डकैती के समाचार पढ़कर परेशान हो जाया करता था। इतना परेशान रहने लगा कि मैंने समाचारपत्र पढ़ने ही बन्द कर दिये थे।

अब अचानक ही एक क्रान्ति-सी हो गयी। समाचारपत्रों में बड़े अच्छे समाचार छप रहे हैं। इतने सुहावने और मनोहरी समाचार तो कोई बम्बई या फिल्म भी नहीं दे सकती। लगता है कि स्वर्ग ही धरती पर उतर आया है।

हमारा देश बड़ा ही चमत्कारी देश है। हमारे मन्त्रियों और सरकारी अफसरों का देश की स्थितियों से सीधा सम्बन्ध है। बड़ी यन्त्रणा है उनको। बस उनके भाषण का ही देश की जनता से छत्तीस का आँकड़ा है। इधर उन्होंने कहा कि देश में महँगाई नहीं बढ़ रही है, और उधर बाजार में सब कुछ उछलकर आकाश की ओर बढ़ना आरम्भ हो गया है। पर इसमें हमारे मन्त्रियों अथवा प्रधानमन्त्री का क्या दोष है। उनका नियन्त्रण तो अपने भाषणों पर ही है, फाइलों और रपटों तक ही है। बाजार तो उनके हाथ में है नहीं कि उनकी बात न माने, तो वे उसका कुछ बिगाड़ सकें। उनके हाथ में तो देश है, इसीलिए उसका लगातार सत्यानाश कर ही रहे हैं।

पर बात तो समाचारपत्रों की थी। उसमें छपे मन्त्रियों के भाषण बहुत ही मनोहारी होते हैं। उनको पढ़कर चाँद सुहाना लगने लगता है। अपने जोड़ों के दर्द का कष्ट याद नहीं रहता। कई लोगों का तो रक्तचाप भी उससे ठीक हो गया है।

उस दिन मेरे साथवाले फ्लैट में एक छोटा बच्चा सो नहीं रहा था। माँ सोने के लिए कहती थी तो हठ करने लगता था कि वह परियों की कहानी सुने बिना नहीं सोयेगा। अब माँ बेचारी पहली कक्षा से अंग्रेजी माध्यम से पढ़ी थी। उसने एलिन और वंडरलैंड तो पढ़ा था, किन्तु नीलम परी की कहानी उसे नहीं आती थी। माँ और बच्चे का झगड़ा बहुत बढ़ गया था और सम्भव था कि वह कोमल हृदया माता अपने बच्चे को पीट ही देती कि मैं वहाँ पहुँच गया। माँ ने सारा मामला मुझे समझाया। मैं बच्चे को अपने घर ले आया और चुन-चुनकर वे सारे समाचारपत्र उसको दे दिये, जिसमें हमारे वित्तमन्त्री तथा प्रधानमन्त्री के आर्थिक मामलों सम्बन्धी भाषण छपे हुए थे। बच्चा पहले तो उनको पढ़ने को तैयार ही नहीं हुआ।

जो बच्चा परियों की कहानियाँ सुनना चाहता था, वह अर्थशास्त्र सम्बन्धी भाषण क्यों पढ़ता : रिश्वत माँगनेवाला मन्त्री नीतिशास्त्र की ओर क्यों देखता। पर मैंने उसे वे भाषण पढ़कर सुनाने आरम्भ कर दिये। मेरा अनुमान ठीक निकला। दो-चार मिनटों में ही उसने वह समाचारपत्र मेरे हाथ से छीन लिया और एक ही साँस में वे सारे भाषण पढ़ ही नहीं गया, हठ करने लगा, "दादाजी! मुझे ऐसे ही भाषण और ला दो।"

मैंने कहा, "तुम मेरा कहना मानोगे, तो रोज ऐसे भाषण ला दूँगा।"

बच्चा तत्काल मान गया और वहाँ सो गया। मैं देख रहा था, सोये हुए बच्चे के मुख पर मुस्कान थी। वह अवश्य ही स्वप्न में वित्तमन्त्री का कोई भाषण दोहरा रहा था।

सब ठीक ही चल रहा था कि अचानक मैंने देखा कि दूरदर्शन पर भारत की सुनहरी छवि चित्रित होने लगी और रोज ही होने लगी। उसमें प्रतिदिन प्रधानमन्त्री चार कदम सूरज की ओर जाने लगे। मैंने देखा और देखकर मैं चिन्तित हो गया। ...यह तुमने क्या किया मिस्टर प्राइम मिनिस्टर! रोज चार कदम सूरज की ओर। ...भारत को न जानने का यही तो परिणाम होता है। एक वे थे हमारे प्रधानमन्त्री जवाहर लाल नेहरू। उन्होंने अंग्रेजी के माध्यम से भारत को खोजने का प्रयत्न किया। डिस्कवर किया भारत को। खोदा ख़ूब खोदा। खोद-खोदकर भारत को जानना चाहा; और परिणाम यह हुआ कि भारत की नींव ही खोद गये। यहाँ पहुँचा गये, जहाँ हम हैं।...और एक आप हैं मिस्टर प्राइम मिनिस्टर कि भारत को जाने बिना ही सूरज की ओर प्रतिदिन चार कदम बढ़ाये जा रहे हैं।...मुझे रामायण की कहानी याद आ रही है। उसमें एक पात्र है—सम्पत्ति! वह जटायु का भाई था। जब अंगद और हनुमान सीता को खोजने के लिए गये थे तो उनको सागर तट पर मिला था। बहुत बूढ़ा और असहाय था। उड़ नहीं सकता था। उसने बताया था कि वे दोनों भाई सूरज की ओर उड़े थे। वह सूरज के बहुत पास चला गया था। इसलिए उसके पंख झुलस गये थे और वह आकाश से नीचे आ गिरा था।...मैं देख रहा हूँ मिस्टर प्राइम मिनिस्टर कि आप भी प्रतिदिन चार डग सूरज की ओर बढ़ रहे हैं। अपने कदम रोक लीजिये सरकार! नहीं तो आपके पग भी झुलसे कि झुलसे। सम्पति के तो राम कृपा से नये पंख उग आये थे। आपको तो कोई हनुमान भी नहीं मिलेंगे। राम का कोई काम तो आपको करना ही नहीं है कि उनकी कृपा से आपके नये पंख उग सकें। इसलिए मेरी प्रार्थना मान लीजिये और सत्य के सूर्य की ओर कदम मत बढ़ाइये, नहीं तो प्रजा का तेज आपके पंख ही नहीं आपका सारा अस्तित्व जला देगा। सम्पत्ति को तो उस स्थिति में भी वानरों ने भोजन करवा दिया था। आपको तो तब कोई पेटी देने भी नहीं आयेगा।

[रचना : 20.2.96]

मर्द का बच्चा

रामलुभाया की अपने भाइयों से कुछ अनबन हो गयी थी। अनबन क्या थी, नादानी थी। सबके अपने-अपने बाल बच्चे हो गये थे, इसलिए अपनी पत्नियाँ और बच्चे सबको दिखायी पड़ने लगे थे। माँ की चिन्ता किसी को भी नहीं थी। यह बात रामलुभाया को अच्छी नहीं लग रही थी। भाइयों को डाँटा ही नहीं, यह भी कह दिया कि वे स्वार्थी हो गये हैं। अब सब आत्मनिर्भर थे; इसलिए कोई किसी की क्यों सुनता। रामलुभाया ने एक कही और उन्होंने चार-चार। ले-दे हुई और सब एक-दूसरे से मुँह फुलाकर एक-दूसरे की ओर पीठ कर बैठ गये। कोई किसी के सुख-दुख का साथी न था।

रामलुभाया बहुत पीड़ित रहा, पर क्या करता। कुढ़ते-कुढ़ते रोग लगा बैठा और चारपाई से लग गया। भाइयों ने देखा कि रामलुभाया एकदम ही दुर्बल हो गया है, तो मन-ही-मन प्रसन्न हुए। पड़ोसियों तक से कह दिया कि वे तो इस कष्ट-मुसीबत में भी रामलुभाया की कोई सहायता नहीं करेंगे। चाहे रामलुभाया मरे या जिये।

भोलाराम बहुत दिनों से इसी प्रकार के किसी अवसर की ताक में था। उसे उपयुक्त अवसर मिला। वह एक दिन रामलुभाया के घर में घुस आया। देखा, रामलुभाया खाट से लगा है, उठने तक का साहस नहीं कर सकता। किसी का विरोध तो क्या करेगा। उसने आव देखा, न ताव, रामलुभाया की सन्दूकची उठाकर चल दिया।

रामलुभाया ने उसे ललकारा भी और धिक्कारा भी; किन्तु भोलाराम पर उसका कोई प्रभाव नहीं पड़ा। रामलुभाया ने अपने भाइयों को भी पुकारा; किन्तु वे कानों में तेल डाले बैठे रहे। रामलुभाया ने यह भी कहा कि सन्दूकची में जो कुछ है, वह उन सबकी संयुक्त सम्पत्ति है। अकेले रामलुभाया का कुछ नहीं है। पर कौन सुनता है। भाइयों ने कह दिया कि सन्दूकची तुम्हारी है तो उसका माल भी तुम्हारा है। अब उसकी रक्षा हम क्यों करें।

रामलुभाया को कोई सहायता नहीं मिली, तो वह स्वयं ही उठा। उसने भोलाराम की बाँह तो पकड़ ली; किन्तु भोलाराम का धक्का न सह सका और लड़खड़ाकर गिर पड़ा। भोलाराम मूँछ ऐंठता हुआ सन्दूकची लेकर निकल गया। जाते-जाते मेज पर रखे शीशे के बर्तनों को भी लुढ़काकर तोड़ता गया।

दिन बीतते गये और रामलुभाया के भाइयों को भी भोलाराम के किसी-न-किसी अत्याचार का सामना करना पड़ा तो उनकी समझ में आया कि यदि वे एक-दूसरे की सहायता नहीं करेंगे, तो भोलाराम उनके घरों की सन्दूकचियाँ भी उसी प्रकार उठाकर ले जायेगा, जैसे वह रामलुभाया की सन्दूकची उठा लाया था।

वे लोग आत्महत्या की भावना से एक-दूसरे के निकट आये और एक-दूसरे का दुख-दर्द भी समझने लगे। पर छगन उनके निकट नहीं आया। उसने सोचा कि यदि वह भी अपने शेष भाइयों के समान रामलुभाया की छाया में लौट गया तो वह मुहल्ले का चौधरी कभी नहीं बन पायेगा। और उसे मुहल्ले का चौधरी बनना ही था। मूल्य चाहे कुछ भी हो।

एक दिन छोटे भाई मगन ने पूछा, "भैया, उस सन्दूकची में माल कितना था?"

"माल तो जो था, सो था," रामलुभाया बोला, "उसमें माँ का एक बड़ा सुन्दर चित्र था। पता नहीं भोलाराम ने उस चित्र का क्या किया होगा।"

"माँ का चित्र। हमारी माँ का चित्र।" मगन उत्तेजित हो उठा, "मैं अभी लाता हूँ वह सन्दूकची।" सारे भाई उसे रोकते ही रहे किन्तु वह उठकर चल दिया। भोलाराम खा-पीकर चारपाई पर पड़ा सुस्ता रहा था। उसने लेटे-लेटे ही पूछा, "क्या है?"

"हमारी जो सन्दूकची तुम उठा लाये थे, वह कहाँ है?" मगन ने पूछा।

"कौन-सी सन्दूकची?"

"वही जो तुम हमारे घर से उठा लाये थे।"

"वह तो रामलुभाया का घर था, तुम्हारा घर कहाँ से हो गया?" वह बोला, "तुम्हारे घर तो मैं कभी गया ही नहीं।"

"वह हमारा ही घर है।" मगन बोला, "हमारा घर एक है। हम सब एक हैं।"

"ऐसी बात है तो सुन लो, मैं तुम्हारे घर से कोई सन्दूकची नहीं लाया।"

"यह क्या है?" मगन ने झपटपकर सामने रखी वह सन्दूकची उठा ली।

"यह मेरी सन्दूकची है।" भोलाराम भी उठकर खड़ा हो गया, "रामलुभाया के पास इस रंग की सन्दूकची कभी नहीं रही।"

"तुमने सन्दूकची का रंग अवश्य बदल दिया है, किन्तु सन्दूकची वही है।" मगन बोला, "इसमें मेरी माँ का चित्र रखा हुआ है।"

भोलाराम ने मगन से वह सन्दूकचवी छीननी चाही किन्तु मगन बलिष्ठ भी था और क्रुद्ध भी। उसने एक धक्का दिया तो भोलाराम धराशायी हो गया। वह गालियाँ देता रहा किन्तु मगन रुका नहीं।

मुहल्ले में सनसनी फैल गयी। भोलाराम ने शोर मचा दिया कि रामलुभाया ने उसके घर से वह सन्दूकची उठवा ली है, जिसमें भोलाराम की माँ का चित्र था।

छगन ने इस झगड़े को सुना तो बीच में कूद पड़ा। जो अपने ही भाइयों का विरोध कर सकता है, उसे तो सब ही चौधरी मान लेंगे। गरजता-बरसता आया और बोला, "उसकी सन्दूकची क्यों उठवायी?"

"तुम जानते तो हो छगन! कि वह सन्दूकची हमारी है। भोलाराम ही उसे उठाकर ले गया था।"

"मर्द के बच्चे हो तो उसी समय उससे लड़ लेते जब वह सन्दूकची उठा रहा था।" छगन क्रोध प्रदर्शित करता हुआ बोला, "अब जब वह खा-पीकर आराम कर रहा था और भागदौड़ नहीं कर सकता था तब सन्दूकची उठवाकर कौन-सी बहादुरी की तुमने? तुम्हारा तो वंश ही कायरों का है।"

रामलुभाया समझ गया कि मुहल्ले की चौधराहट के लोभ में छगन अपने होश खो बैठा है। इस समय वह भूल गया है कि वह भी उसी वंश का है, जिसका रामलुभाया है। वह उसकी वीरता को गालियाँ नहीं दे रहा था, अपने ही वंश को अपमानित कर रहा था। पर मदान्ध व्यक्ति को कहाँ पता होता है कि वह कब किसको गालियाँ दे रहा है।

रामलुभाया मुस्कराया और बोला, "मर्द के बच्चे तो तुम हो, जिसको यह भी स्मरण नहीं है कि तुम स्वयं कौन हो और किसको गालियाँ दे रहे हो। हम दर्द के बच्चे नहीं, अमृत सन्तान हैं। न्याय की बात करने आये हो अथवा मर्दानगी की? यदि न्याय की बात कर रहे हो तो भोलाराम से पूछो कि मुझे असहाय पाकर उसने मेरे घर में घुसकर मेरी सन्दूकची क्यों उठायी। और यदि मर्दानगी की बात करनी है, तो किसी दुर्बल दलित का साथ तुम नहीं दे पाओगे, क्योंकि प्रत्येक पराजित को तुम यही कहकर गाली दोगे कि वह मर्द का बच्चा नहीं है। तुम जाओ और न्याय के स्थान पर लुटेरों का प्रचार करो। हम मान लेंगे कि हमारे परिवार में एक और जयचन्द उत्पन्न हो गया है।"

"बकवास मत करो।" छगन बोला, "मेरी मर्दानगी को मत ललकारो। मैं मर्द का बच्चा हूँ।"

"हम तो यही जानते हैं कि मर्द का बच्चा वह होता है, जो अपना सिर देकर अपनी माँ के सम्मान की रक्षा करता है," रामलुभाया बोला, "वह नहीं, जो अपनी माँ का सिर बेचकर अपने लिए चौधराहट खरीदता है।"

[रचना : 8.5.96]

विवादास्पद

रामलुभाया सोया हुआ था तो भोलाराम ने उसकी बाड़ी में अपनी गाय बाँध दी थी। बाँधी तो थी, पर उसकी रस्सी इतनी लम्बी और ढीली छोड़ दी थी कि वह सारी बाड़ी में तांडव कर सकती थी। वह बाड़ी रामलुभाया की न रहकर उस गाय की ही सम्पत्ति हो गयी थी। उसने सारे पौधे बरबाद कर दिये थे। कुछ चर डाले, कुछ रौंद डाले। यह तो कल्पना भी नहीं की जा सकती थी कि यह रामलुभाया की वही बाड़ी थी, जिसके सौन्दर्य की चर्चा सारे मुहल्ले में थी और दूसरे मुहल्ले से भी लोग उसको देखने आया करते थे।

रामलुभाया ने आपत्ति की तो भोलाराम बड़ी चतुराई से बोला, "भई लगता है कि मेरी गाय को तुम्हारी बाड़ी पसन्द आ गयी है। वह तो वहाँ से आना ही नहीं चाहती। गाय बहुत मरखनी है। मैं तो उसे हटाने का साहस भी नहीं कर सकता। तुम चाहो तो स्वयं हटा लो। पर यदि उसने तुमको सींग मार दिया अथवा क्रोध में उसने तुम्हारा कोई नुकसान कर दिया तो उसके लिए मैं जिम्मेदार नहीं हूँ।"

इस तर्क से ही मामला उलझ गया। रामलुभाया को बहुत क्रोध आया। जब गाय बाँधी थी तो उस समय वह सींग नहीं मारती थी कि उसे खोलने पर वह सींग मारेगी। सीधी सी बात थी कि उसके वहाँ बँधे रहने से भोलाराम को लाभ था। वह घंटों वहाँ बैठा रहता था और गाय उसे कुछ भी नहीं कहती थी। वह अपने मित्रों को भी वहाँ ले जाने लगा था। वहाँ उनकी चौकड़ी खूब जमती थी। रामलुभाया दूर से खड़ा देखता रहता था। वह अपनी बाड़ी में नहीं जा सकता था और भोलाराम अपनी गाय के बहाने उसकी बाड़ी हथियाये जा रहा था।

यदि वह भोलाराम की गाय न होती, उसके स्वामी का किसी को पता नहीं होता, तो रामलुभाया को इतना सोचने की आवश्यकता नहीं थी। उस स्थिति में वह स्वयं गाय को हाँक देता। वह विरोध करती अथवा सींग मारती तो वह भी डंडे का सहारा लेता; किन्तु वह जानता था कि गाय भोलाराम की थी। यदि रामलुभाया ने डंडे का सहारा लिया तो भोलाराम अपने साथियों के साथ उससे लड़ने आ जायेगा कि उसने उसकी गाय को क्यों मारा।

रामलुभाया ने अपनी पत्नी से चर्चा की। वह और भी डर गयी। बोली, "क्या करते हो। किससे शत्रुता मोल लेना चाहते हो। जानते ही हो कि वह एक नम्बर का

दंगई है। आसपास के मुहल्ले में उसके रिश्तेदार भी इतने हैं और सब ही बरछी-भाला चलानेवाले हैं। उसकी तो एक आवाज पर भी वे सब इकट्ठे हो जायेंगे। तुम्हारी ओर से कौन आयेगा? तुम्हारे किसी रिश्तेदार का साहस नहीं है कि वह उसके मुँह लगे। चुपचाप पड़े रहो। भगवान् जब उसको सद्बुद्धि देंगे, तो अपनी गाय खोलकर ले जायेगा। अब उस बाड़ी में बचा ही क्या है, जिसके लिए उससे झगड़ा मोल लोगे।"

रामलुभाया के बेटे भी चुपचाप माँ की बात सुनते रहे। उनमें से एक भी नहीं बोला कि वे दंगा करेंगे तो हम भी दंगा कर सकते हैं। अपनी बाड़ी थोड़े छोड़ देंगे।

रामलुभाया सारे मुहल्ले में घूम आया। कई लोगों से चर्चा भी की। सब एक ही बात कर रहे थे, "क्यों मुहल्ले की शान्ति भंग करना चाहते हो। जानते तो हो ही कि भोलाराम कैसा आदमी है।" और जब रामलुभाया तड़पकर कहता, तो क्या मैं अपनी बाड़ी छोड़ दूँ, तो एक ही उत्तर होता, "जो हरि इच्छा। तुम्हारे भाग्य में बाड़ी होगी, तो तुम्हें मिल जायेगी, नहीं हो तो सोच लेना कि वह तुम्हारे भाग्य में ही नहीं थी।"

रामलुभाया हैरान था कि सारे लोग उसे ही समझाते थे। उसे ही डराते थे। उसे ही धैर्य रखने और गम खा जाने को कहते थे। कोई भी भोलाराम से बात करने को तैयार नहीं था। जब चारों ओर घूम-घूमकर रामलुभाया निराश हो गया तो तंग आकर उसने पंचायत बुला ली। अब जो निर्णय हो। भोलाराम अपनी इच्छा से उसकी बाड़ी में से अपनी गाय नहीं हटाता, तो पंचायत उसकी बाड़ी उसको वापस दिलाये।

पंचायत बैठी। आसपास के गली-मुहल्लों के सारे समझदार लोग पंचायत में बैठे।

"बाड़ी किसकी है?" सरपंच ने पूछा।

"विवादास्पद है सरकार!" भोलाराम ने कहा।

"विवादास्पद कैसे है?" रामलुभाया ने तड़पकर कहा, "बाड़ी मेरी है। मेरे घर का एक हिस्सा है। मेरे पास उसके स्वामित्व के कागज हैं।"

"बाड़ी तुम्हारी है, तो झगड़ा क्या है।" सरपंच ने कहा, "झगड़ा है, तो इसका अर्थ है कि यह निश्चित नहीं है कि बाड़ी किसकी है। इसलिए यह बाड़ी विवादास्पद ही मानी जायेगी।" और सरपंच ने भोलाराम की ओर देखा, "तुम्हारा क्या कहना है?"

"मुझे क्या कहना है सरकार! मेरी तो वहाँ गाय बँधी हुई है, कब्जा भी मेरा ही है। ये तो जानबूझकर मामला उलझा रहे हैं।" भोलाराम ने उत्तर दिया।

सरपंच ने रामलुभाया की ओर देखा, "जब उस स्थान पर उसकी गाय बँधी है, तो वह उसकी गाय का थान हुआ, तुम्हारी बाड़ी कैसे हो गयी?"

रामलुभाया पर वज्रपात हुआ, "सरकार! यह मेरी बाड़ी है। मेरी शिकायत है कि इसने गाय बाँध दी और गाय ने सारे फूल चर डाले। इससे पहले तो यह बाड़ी ही थी। मेरी भूमि मुझे वापस दिलायी जाये। मैं फिर से उसमें पुष्प खिला लूँगा सरकार। मैं इसे फिर से बाड़ी बना लूँगा।"

"फिर से बाड़ी तो तब बना लोगे, जब पहले यह प्रमाणित हो जाये कि यह बाड़ी थी।" भोलाराम बोला, "जब वहाँ एक भी पौधा नहीं है, तो बाड़ी हुई ही कहाँ से?"

"सरकार! वहाँ अभी भी किनारे-किनारे कुछ पौधे हैं। आप स्वयं देख सकते हैं कि यहाँ और भी पौधे थे।"

"ये पौधे तो जंगली है। सरकार!" भोलाराम बोला, "अपने आप कहीं भी उग सकते हैं।"

सरपंच तत्काल सहमत हो गये कि ऐसा हो सकता है। अतः रामलुभाया का दावा खारिज हुआ कि यह उसकी बाड़ी थी।

"सरकार! अब जरा दूसरी बात पर भी विचार हो जाये।" भोलाराम बोला, "यह स्थान बाड़ी नहीं है, गाय का थान है।"

"हाँ!" सरपंच ने सिर हिला दिया।

"इनका कहना है कि यह स्थान इनके घर का ही हिस्सा है अर्थात् यह स्थान उस घर की बाड़ी है, जो इनका मकान है। अर्थात् यहाँ बाड़ी का होना सिद्ध हो जाता तो साथ लगता उनका मकान भी प्रमाणित हो जाता। ऐसे में विचार किया जाये कि यदि यह इनकी बाड़ी नहीं है, तो इस स्थान के साथवाला हिस्सा इनका घर कैसे हो सकता है?"

रामलुभाया ने चौंककर भोलाराम की ओर देखा कि वह क्या कह रहा है। पर तब तक सरपंच उससे सहमत हो गये, "ठीक कह रहे हैं भोलारामजी। यह तो इनके घर की बाड़ी थी। जब यह इनकी बाड़ी नहीं है, तो साथ लगता मकान इनका घर कैसे हो सकता है?"

"पर सरकार! यह तो मेरा घर है।" रामलुभाया चिल्लाया, "मैं वहाँ रहता हूँ। मेरा परिवार वहाँ रहता है।"

"सरकार मूर्ख नहीं है कि ऐसी बातों में आ जायेंगे।" भोलाराम हँसकर बोला, "तुम तो उस घर में रहते हो न, जिसकी यह बाड़ी है। अब बाड़ी वह है ही नहीं। तो इसका अर्थ हुआ सरकार कि इनका इस घर में रहना भी सन्दिग्ध हो गया न। जब यह घर ही नहीं है, तो ये इसमें रहते कैसे होंगे।"

"ठीक कहते हैं, भोलारामजी!" सरपंच थे कि सहमत ही होते जा रहे थे।

"तो सरकार! रामलुभाया तो वे थे न, जो इस घर में रहते थे।" भोलाराम ने पुनः कहा, "अब जब यह घर नहीं है, तो इसमें रामलुभाया रह कैसे सकता है। घर

होता तो रहता न! अब यह घर तो है ही नहीं..."

"सरकार! यह सब इसका षड्यन्त्र है। इसकी बातों में न आयें सरकार!" रामलुभाया चिल्लाया, "यह मेरा घर है, इसमें मेरा परिवार रहता है। आप चलकर देख लें सरकार!"

"वहाँ एक परिवार रह रहा है सरकार! इससे मैंने इनकार तो नहीं किया न। पर इनका परिवार तो तब होता, जब ये रामलुभाया होते। रामलुभाया वह है, जो इस घर में रहता, यदि यह घर इस बाड़ी का अंग होता। अब जब यह बाड़ी ही नहीं है, तो यह रामलुभाया का घर नहीं है। घर नहीं है तो इसमें रहनेवाला रामलुभाया का परिवार नहीं है।...और सरकार! यह व्यक्ति इसी मकान में रहता है, जो रामलुभाया का घर नहीं है तो कि यह रामलुभाया तो नहीं हुआ न। रामलुभाया होता तो रामलुभाया के घर में रहता। पर यह तो उस घर में रहता है, जो रामलुभाया का घर नहीं है। तो यह रामलुभाया कैसे हो सकता है।"

"पर सरकार मैं रामलुभाया हूँ। मेरा सारा मुहल्ला जानता है। आप किसी से भी पूछ लीजिये।"

"पूछना क्या है।" सरपंच ने कहा, "यह प्रमाणित हो गया कि यह घर रामलुभाया का नहीं है। तुम यहाँ रहते हो, अतः तुम रामलुभाया नहीं हो।"

[रचना : 8.5.96]

धर्मनिरपेक्ष ताकत

देश में चुनाव आया तो धर्मनिरपेक्ष ताकतें साम्प्रदायिकता से लड़ने के लिए बाहर निकल पड़ीं। उनमें से एक ताकत मेरे घर भी आ गयी।

"क्या मुझसे लड़ने आयी हो?" मैंने उससे पूछा।

"नहीं, मैं तो वोट माँगने आयी हूँ।" वह बोली।

जब तक मैंने उसे 'लड़ने आयी' माना था तो मेरे भी तेवर तीखे थे; किन्तु जब पता चला कि वह तो माँगने आयी है, तो मैं भी कुछ ढीला पड़ गया। कहा, "आओ बैठो! धूप से लड़ती आयी हो। थोड़ा शीतल जल पीओ।"

धर्मनिरपेक्ष ताकत एक कुर्सी पर बैठ गयी। मैं जानता था कि उसे बर्फी बहुत पसन्द है। मैंने उसके सामने बर्फी रखी। उसने लपककर एक टुकड़ी उठा ली और उसे मुँह में डालने ही जा रही थी कि उसे कुछ याद आ गया।

बोली, "आज मंगलवार है?"

"हाँ!" मैंने उत्तर दिया, "क्या तुम मंगलवार को बर्फी नहीं खातीं?"

"मैं तो प्रतिदिन प्रत्येक चीज खाती हूँ। खाती ही तो हूँ, और करती क्या हूँ।" धर्मनिरपेक्ष ताकत बोली, "पर कहीं यह हनुमान का प्रसाद तो नहीं है?"

"हनुमानजी के प्रसाद से तुम्हारा धर्म भ्रष्ट हो जायेगा?" मैंने पूछा।

"नहीं, मैं नास्तिक हूँ। मैं किसी का प्रसाद नहीं खाती।"

"मैं आस्तिक हूँ।" मैं बोला, "तो भी तुम्हारे घर आकर खा-पी लेता हूँ। कोई छुआछूत नहीं मानता। तुम चाहो तो अपने किसी धर्मनिरपेक्ष नेता अथवा उद्धारक का प्रसाद खिला दो। मैं मना नहीं करूँगा। वैसे यह साम्प्रदायिक चीज नहीं है। शुद्ध रूप से धर्मनिरपेक्ष है। मन्दिर से नहीं, सीधी हलवाई की दुकान से आयी है। और हलवाई तो सर्वहारा होता है।"

धर्मनिरपेक्ष ताकत ने बर्फी खा ली और पूछा, "आपका वोट मिलेगा? हम चाहते हैं कि आप धर्मनिरपेक्ष ताकतों को मजबूत बनायें।"

मैंने पहली बार जिज्ञासा से उसकी ओर देखा और पूछा, "क्रिसमस पर किसी हलवाई के घर जाओ तो उसके घर का केक खा लेती हो?"

"मैं तो बकरीद के दिन किसी मुसलमान के घर जाकर बकरे का मांस भी खा

लेती हूँ।" धर्मनिरपेक्ष ताकत बोली।

"तो फिर मंगलवार के दिन किसी हिन्दू के घर बर्फी खा लेने में तुम्हें क्या कष्ट है?" मैंने पूछा।

"वस्तुतः हम लोग साम्प्रदायिकता के विरुद्ध लड़ रहे हैं।" धर्मनिरपेक्ष ताकत ने कहा, "हम चाहते हैं कि देश के सारे अल्पसंख्यक और पिछड़े हुए लोग मिलकर एक तीसरी शक्ति बनायें और साम्प्रदायिक शक्तियों को कमर तोड़ पराजय दें।"

"तो तुम चाहती हो कि देश का विभाजन धर्म के आधार पर न हो?" मैंने पूछा।

"हाँ।" उसने लगभग उछलते हुए कहा, "आप मेरी बात एकदम ठीक समझे।"

"ये अल्पसंख्यक कौन हैं?" मैंने पूछा।

"मुसलमान, ईसाई, यहूदी।" उसने कहा।

"तो यह विभाजन धर्म के आधार पर नहीं है?" मैंने पूछा, "मुसलमान, ईसाई और यहूदियों को संगठित करना क्या धर्म के आधार पर संगठित करना नहीं है?"

"हम तो उन्हें संघर्ष के लिए संगठित कर रहे हैं।" उसने कहा, "आपकी दृष्टि साम्प्रदायिक है, इसलिए आपको उसमें धर्म का आधार दिखायी पड़ रहा है।"

"यदि अल्पसंख्यकों को संगठित होकर सत्ता अपने हाथ में लेने का आह्वान साम्प्रदायिक नहीं है, तो बहुसंख्यकों को संगठित करने का प्रयत्न कैसे साम्प्रदायिक है?" मैंने पूछा, "वैसे तो जनतन्त्र में शासन बहुसंख्यकों का ही होना चाहिए। दक्षिण अफ्रीका में अल्पसंख्यकों के हाथ में था, तो तुम लोगों ने कितना शोर मचाया था। तुम लोग चाहते हो कि अपने देश में सत्ता अल्पसंख्यकों के हाथ में हो?"

"तुम साम्प्रदायिक ढंग से सोच रहे हो।" धर्मनिरपेक्ष ताकत को क्रोध आ गया, इसलिए वह 'आप' से 'तुम' पर उतर आयी, "हम तो चाहते हैं कि पिछड़े हुए लोग भी अल्पसंख्यकों से मिल जायें।"

"तो तुम समाज को धर्म के आधार पर ही नहीं, जाति के आधार पर भी विभाजित कर रही हो। अतः दोहरे पाप की भागी हो। धर्म और जाति दोनों प्रकार की उत्तेजनाएँ फैलाने की अपराधी हो।" मैंने कहा, "वैसे पिछड़े हुए लोग तो मुसलमानों और ईसाइयों में भी हैं।"

"हाँ, हैं तो।" धर्मनिरपेक्ष ताकत बोली, "इसलिए हम चाहते हैं कि आरक्षण का लाभ उनको भी हो।"

"तो तुमने यही क्यों चाहा कि हिन्दुओं की पिछड़ी जातियाँ अल्पसंख्यकों के साथ मिल जायें? यह क्यों नहीं चाहा कि अल्पसंख्यकों की पिछड़ी जातियाँ, उन

धर्मों से पृथक् हो हिन्दुओं से मिल जायें?"

धर्मनिरपेक्ष ताकत ने क्रोध से मेरी ओर देखा। तर्क नहीं था तो क्रोध दिखाना ही था। झगड़ा कर लेने से तर्क नहीं करना पड़ता।

"तुम साम्प्रदायिकता से कभी मुक्त नहीं हो सकते। इसलिए तुमसे बहस नहीं करूँगी। केवल निवेदन करूँगी कि अपना वोट हमको देना। हम एक बार सत्ता में आ गये तो हम तुम्हारी सारी साम्प्रदायिकता झाड़ देंगे। मंगलवार को मन्दिर जाने की कल्पना भी नहीं कर पाओगे। और अगले चुनावों में वोट देने का अधिकार तो हम तुमको देंगे ही नहीं।"

[रचना : मई '96]

चोरी

"मेरा सोने का कड़ा कहाँ गया?" रामदेई की बहू ने पूछा।

"मायके छोड़ आयी होंगी तुम।" रामदेई ने लापरवाही से उत्तर दिया और अपने काम में लग गयी। बहू की तो यह आदत ही बन गयी थी। हर दूसरे चौथे दिन कोई-न-कोई चीज गायब कर देती थी; और रामदेई से ऐसे पूछती थी, जैसे उसी ने चुरा ली हो।

"मायके छोड़कर नहीं आयी हूँ। अल्मारी में रखा था।" बहू ने तड़पकर कहा।

रामदेई अपना काम छोड़कर उठ खड़ी हुई, "सच बहू! चल देखूँ, कहाँ रखा था। छोटी-मोटी चीज नहीं है। तीस हजार का कड़ा है।"

"जानती हूँ कि तीस हजार का है। तभी तो उठाकर अपनी बेटी को दे दिया।" बहू का स्वर बहुत कठोर हो गया था, "बेटी पर बहुत प्यार आता है तो अपने बदन से उतारकर गहने दिया करो। मेरे गहने उठा-उठाकर क्यों दे देती हो?"

"मैंने तुझे कहा न! कि मैंने नहीं दिया है तेरा कड़ा। मैंने तो देखा भी नहीं है।"

"तो कहाँ गया?" बहू ने थानेदार के समान पूछा।

"मैं क्या जानूँ।" रामदेई बोली, "तूने ही कहीं रख दिया होगा। मैं तेरी अल्मारी में ढूँढ़ती हूँ।"

"तुम तो माफ ही करो।" बहू ने कहा, "वह कड़ा तो मिलेगा नहीं; कुछ और गँवा बैठूँगी।"

"तू मुझ पर चोरी का लांछन लगा रही है।" रामदेई के स्वर में पीड़ा थी।

"लो और सुनो।" बहू का स्वर और ऊँचा हो गया, "रोज चोरी करती हो, और अब कहती हो कि मैं तुम पर चोरी का लांछन लगा रही हूँ। लांछन नहीं लगा रही हूँ, आरोप लगा रही हूँ।"

"अपनी सास पर ऐसा आरोप लगाने से पहले एक बार अच्छी तरह अपनी अल्मारी तो देख ले, कहीं वहीं न धरा हो।" रामदेई ने उसे समझाया, "यह कोई अच्छी बात तो है नहीं कि बिना किसी तर्क और प्रमाण के मैं तुम्हें चोर कहूँ और तुम मुझे चोर कहो।"

"अच्छी हो या बुरी। चोर को चोर ही कहा जायेगा।" बहू अपने स्थान पर अडिग खड़ी थी, "और तुम मुझे चोर कहोगी? कहकर तो देखो।"

"तुझे अपने पति की माँ के सम्मान का तनिक भी ध्यान नहीं है।"

"पति की माँ क्या होती है। चोर तो चोर है।" बहू ने कहा।

"घर के सम्मान की भी तुझे कोई चिन्ता नहीं है?"

"यह घर मेरा है ही कहाँ।" बहू बोली, "तुम यहाँ से निकलो तो मेरा हो। तब कर लूँगी इसके सम्मान की चिन्ता।"

"अच्छा मेरा सम्मान न सही, घर का भी सम्मान न सही, पर अपने कड़े की तो चिन्ता कर। मैं कहती हूँ, मैंने नहीं लिया है। चल मिलकर ढूँढ़ते हैं।"

"मुझे तुम्हारे साथ मिलकर कोई काम नहीं करना है।" बहू बोली, "कड़ा मिले या न मिले।"

"अच्छा मेरे साथ मिलकर मतकर।" रामदेई ने कहा, "पुलिस में रपट लिखवा दे। वे खोजेंगे, तो घर की चीज तो मिलेगी।"

"मुझे नहीं लिखवानी कोई रपट-शपट।" बहू ने कहा।

"मत लिखवा।" रामदेई बोली, "मैं ही लिखवा देती हूँ।"

"तुम लिखवाओगी तो मैं मुकर जाऊँगी कि मेरे पास कोई ऐसा कड़ा था भी।"

"तो जा मर! जो मन में आये कर।" रामदेई ने कहा।

बहू मटककर चल दी।

शाम को नौकर ने अपने एक मित्र को वह कड़ा दिखाया।

"तू पकड़ा नहीं जायेगा?" मित्र ने पूछा।

"पकड़ा तो तब जाऊँगा, जब बहू का ध्यान कड़े की ओर होगा।"

"उसका ध्यान अपने कड़े की ओर नहीं है। तुमने ही कहा था कि उसका मूल्य लगभग तीस हजार रुपये है।"

"उसे न कड़ा चाहिए, न अपने परिवार का सम्मान। उसे तो बस किसी प्रकार सास से घर की चाबियाँ छीननी हैं, जैसे भी मिलें। घर लुटाकर मिलें या घर जलाकर।"

"नहीं! कोई इतना मूर्ख नहीं होता। अपने घर की चिन्ता तो सबको होती है।"

नौकर हँसा, "समाचारपत्र नहीं पढ़ता, तो टी.वी. तो देखता होगा। देखता नहीं! इतने बड़े-बड़े नेता सास से चाबियाँ छीनने के लिए किस प्रकार गन्दे और छिछोरे जोड़-तोड़ में लगे हैं। देश की चिन्ता है उनको?"

(2)

रामलुभाया ने नौकर की पेटी की तलाशी ली। उसमें से कड़ा तो नहीं मिला, किन्तु कुछ दिन पहले गुम हुआ, रामलुभाया का ट्रांजिस्टर मिल गया। नौकर को दो झापड़ मारे तो वह बक पड़ा। उसने घर से सोने का कड़ा उठाया था; और सामने के बाजार में एक सुनार को पाँच सौ रुपयों में बेच आया था।

रामलुभाया थाने जा पहुँचा।

सारा किस्सा सुनकर थानेदार के मन में नौकर के प्रति दया का पारावार उमड़ पड़ा। उसने रामलुभाया को ही डाँटा। उसे शर्म नहीं आती कि एक छोटे से बच्चे पर ऐसा आरोप लगा रहा है। उसे बच्चे के चेहरे का भोलापन दिखायी नहीं देता। देवदूतों की सी पवित्रता है, वहाँ। उस पर एक बार चोर का ठप्पा लग गया तो उसका तो सारा जीवन ही नष्ट हो जायेगा।

"जीवन कैसे नष्ट हो जायेगा।" रामलुभाया ने कहा, "एक बार प्रमाणित हो जाये कि वह शातिर चोर है, तो कई राजनीतिक दल उसे चुनाव का टिकट ही नहीं देंगे, उसे चुनाव जिता भी देंगे।"

"अच्छा ऐसा भी कोई दल है?" थानेदार ने पूछा।

"कई हैं।"

"तो वे डाकुओं को ही जिताने पर क्यों लगे हुए हैं? उनका ध्यान पुलिसवालों की ओर क्यों नहीं जाता। हमने भी तो उत्तराखंड आन्दोलन के दिनों में मुजफ्फरनगर के चौराहे पर अपनी योग्यता प्रमाणित की है। क्या हम उनकी शर्तों पर पूरे नहीं उतरते?"

रामलुभाया कुछ रुष्ट हुआ, "मैं आपको चुनाव का टिकट दिलाने नहीं आया हूँ। मैं तो इस चोर को पकड़कर लाया हूँ। इसने हमारा सोने का कड़ा चुराया है।"

"पर यह तो छोटा सा बच्चा है।"

"होगा। आप इससे मेरा कड़ा वापस दिलवाइये।"

थानेदार को विश्वास ही नहीं हो रहा था कि वह बच्चा ऐसा कर सकता है। उसे उस पर इतनी दया आयी कि उसने नौकर को अपने पास थाने में ही रोक लिया कि कहीं रामलुभाया उसे घर ले जाकर उसके साथ मारपीट न करे।

शाम को वह सुनार स्वयं ही रामलुभाया के घर आ गया, "सुना है कि आपका नौकर कह रहा है कि उसने आपका कड़ा चुराकर मेरे पास बेचा है। पर मैंने ऐसा कोई कड़ा नहीं खरीदा है।"

"तो आपको यह सूचना कैसे हो गयी?" रामलुभाया ने पूछा।

"मुझे तो थानेदार ने बताया कि आप अपने नौकर को चोरी के आरोप में फँसाना चाहते हैं; और साथ ही मुझे भी लपेट रहे हैं।" सुनार बोला।

"मैं तो इतना ही जानता हूँ कि मेरे नौकर ने घर से तीस हजार रुपयों का

सोने का कड़ा चुराया है और वह कहता है कि उसने वह आपके पास पाँच सौ रुपये में बेच दिया है।"

"आपने उसे मार-पीटकर उससे यह सब कहलवा लिया है।" सुनार बोला, "पर कोई बात नहीं। आपका नुकसान हुआ है, तो आप किसी-न-किसी पर तो आरोप लगायेंगे ही न। लाहौर में बम फटता है तो पाकिस्तानवाले भी तो भारत को लपेटते ही हैं न। मुझे आप पर भी दया आती है और उस बच्चे पर भी। आप यह रपट वापस ले लें, नहीं तो वह बच्चा बेचारा व्यर्थ ही पुलिस के हाथों पिटता रहेगा।"

"क्यों? मैं रपट वापस क्यों ले लूँ?" रामलुभाया कुछ नाराज हुआ, "मेरे घर चोरी हुई है।..."

"ठीक है, तो हम आपको दस हजार रुपये दे देते हैं। अब हम उस बच्चे को पिटते तो नहीं देख सकते न।" सुनार बोला।

"यदि आप ने चोरी का वह कड़ा खरीदा ही नहीं है, तो आप मुझे ये दस हजार रुपये क्यों दे रहे हैं?" रामलुभाया बोला।

"मुझे उस बच्चे पर दया आ रही है न, जिसे आपने झूठ-मूठ ही चोरी के आरोप में पुलिस के हवाले कर दिया है।" सुनार ने कहा, "हम और भी तो इतना दान करते हैं। यह भी सही। किसी गरीब का बच्चा पिटने से बच जायेगा। थानेदार भी यही चाहता है।"

"थानेदार ऐसा क्यों चाहता है?" रामलुभाया ने पूछा।

"उस बच्चे को बचाने के लिए, हमने थानेदार को भी तो दस हजार दिये हैं न!" सुनार ने बताया, "अब आप हमसे ये दस हजार रुपये ले लीजिये और उस बच्चे को छोड़ दीजिये। नहीं तो थानेदार कह रहा था कि उसे इस चोरी का कोई सबूत नहीं मिलेगा। तब हम ये दस हजार रुपये भी आपको नहीं देंगे।"

रामलुभाया को सुनार की चिन्ता नहीं थी; किन्तु थानेदार की दया से उसे डर लगने लगा था। खेतों की खड़ी फसल पर, टिड्डी दल आ उतरा था; और किसान को फसल की चिन्ता नहीं थी। उसे टिड्डी दल पर दया आ रही थी। देश के कर्णधार बांगलादेश से अनवरत प्रवेश करते हुए, टिड्डी दल के प्रति प्यार जता रहे थे। सुनार के दस हजार में बहुत बल था।

(3)

रामलुभाया क्रोध में उफनता हआ थाने जा पहुँचा। वहाँ एक नया ही हंगामा चल रहा था।

एक गरीब सी लड़की बैठी रो रही थी। वह अपनी टाँग की पीड़ा का उपचार कराने हस्पताल में डॉक्टर के पास गयी थी। डॉक्टर ने जाँच के बहाने उसके कपड़े

उतरवा लिये थे और जब तक कि वह घबरायी हुई संकोची लड़की कुछ समझ पाती, डॉक्टर ने उसकी इज्जत लूट ली थी। लड़की के चिल्लाने पर लोगों ने डॉक्टर को रँगे हाथों पकड़ लिया था और पुलिस के हवाले कर दिया था।

रामलुभाया ने देखा कि इस बार थानेदार की करुणा की धारा डॉक्टर की ओर प्रवाहित हो रही थी।

"क्यों उसकी जिन्दगी बरबाद करने पर तुली हुई हो?" थानेदार लड़की को डाँट रहा था, "जानती भी हो, उसकी नौकरी चली जायेगी। मैडिकल एसोसिएशनवाले भी इतने दुष्ट हैं कि तुरन्त उसकी डिग्री भी छीन लेंगे। जेल अलग जायेगा। तुझे क्या मिलेगा, उसका जीवन नष्ट करके?"

"उसने भी तो मेरा जीवन नष्ट कर दिया है।" लड़की कुछ साहस कर बोली।

"चुप!" थानेदार ने उसे डाँटा, "तेरी जिन्दगी का मोल ही क्या है? सारी जिन्दगी लोगों के घर झाड़-पोंचा कर, लाख रुपया भी नहीं कमा पायेगी। जानती भी है कि डॉक्टर की डिग्री कितनी महँगी होती है।"

"डॉक्टर की डिग्री बहुत महँगी होती है और बहुत श्रम के पश्चात् मिलती है।" रामलुभाया बोला, "पर आप यह क्यों नहीं सोचते कि वह डॉक्टर की डिग्री हो या औलम्पिक खेलों का स्वर्णपदक, क्या वह स्त्री के सम्मान से भी अधिक मूल्यवान है?"

"स्त्री का सम्मान क्या होता है जी!" थानेदार भड़क उठा, "बहुत देखीं, ऐसी सम्मानवाली मैंने। ऐसी ही एक औरत पहले भी मेरे पास आयी थी अपनी इज्जत के लुट जाने की शिकायत लेकर। मैंने उसकी जाँच क्या की कि मुझे भी छूत का रोग लगा गयी। साली ने मुझे बताया भी नहीं कि उसे वह रोग भी था।"

"आपने भी तो उसे बताया नहीं होगा कि आपकी नीयत क्या थी।" रामलुभाया बोला।

"उसने मेरा तो विश्वास ही तोड़ दिया न। मेरी दृष्टि में तो नारी जाति की महानता ही नष्ट हो गयी।"

"उसका भी तो पुलिस पर से भरोसा उठ गया होगा।" रामलुभाया बोला।

थानेदार ने उसकी बात की ओर ध्यान नहीं दिया। बोला, "अब यह इतनी सी लड़की है। इसे पता भी है कि इज्जत लुटना क्या होता है। मैं इसकी बात मानकर डॉक्टर पर मुकदमा बना दूँ तो लोगों का लड़कियों की पवित्रता पर से भरोसा ही उठ जायेगा। मैं नारी जाति का ऐसा अपमान तो नहीं कर सकता न।"

"और डॉक्टर की इस करतूत से लोगों का डॉक्टरों पर से भरोसा उठ जायेगा, उसकी ओर आपका ध्यान नहीं जा रहा।" रामलुभाया बोला, "अपनी पुत्री की बात तो जाने दीजिये, आप अपनी पत्नी को भी किसी जाँच के लिए इस डॉक्टर के पास

भेजेंगे, जो इस की माँ की अवस्था की होगी?"

"तुम बहुत बकवास कर रहे हो जी। पुलिसवालों की माँ-बहन तक जा रहे हो। फिर मेरी पत्नी की उम्र की भी चर्चा कर रहे हो।" थानेदार बोला, "मुझे तुम पर बहुत क्रोध आ रहा है।... पर इस डॉक्टर पर तो मुझे बहुत दया आ रही है। हाय! कितना मासूम है बेचारा। इस मनहूस लड़की के कुँवारे शरीर ने इसे पागल बना दिया होगा और यह मूर्खता कर बैठा; पर अब तुम लोग मिलकर इस बेचारे डॉक्टर का जीवन नष्ट करने पर क्यों तुले हुए हो? भूल किससे नहीं होती। पर एक चांस तो सबको मिलता है न!"

"नारी की पवित्रता नष्ट हो जाये, तो उसे एक चांस कौन देता है? आप देंगे?" रामलुभाया ने उसे डाँटा।

"हाय रे! इन लड़कियों पर कौन विश्वास करेगा अब?" थानेदार अपना ही रोना रोता जा रहा था, "तुम मिस्टर रामलुभाया! तुम इस लड़की का इतना पक्ष ले रहे हो। तुम मुझे बताओ कि इतना पैसा खर्च कर और इतना समय लगाकर, इतने कीमती डॉक्टर क्या इसलिए बनाये जाते हैं कि ऐसी राह चलती लड़कियाँ उन्हें बरबाद कर दें?"

रामलुभाया का भी तेज जागा, "तुम बताओ मिस्टर थानेदार! कि इतना रुपया खर्च कर और इतना समय लगाकर हमारा देश इतने महँगे डॉक्टर क्या इसलिए बनाता है कि इलाज के लिए आयी लड़कियों का जीवन नष्ट करता रहे? डॉक्टर देश को नीरोग करने के लिए हैं या उसे रुग्ण करने के लिए?"

"निर्दयी हो तुम सब! तुममें से किसी में रंचमात्र भी करुणा नहीं है।"

"तुममें ही इतनी करुणा क्यों है?" रामलुभाया ने पूछा।

"अरे नेता लोग अपराधियों पर करुणा न करें, तो उनके लिए दंगा कौन करेगा; और हम डॉक्टरो के लिए करुणा न दिखायें, तो हमारे लिए झूठी डॉक्टरी रपटें कौन लिखेगा? हमारी मजबूरी तो कोई समझता ही नहीं। एक छोकरी की इज्जत बहुत प्यारी है तुम लोगों को, थानेदार की तो कोई इज्जत ही नहीं है इस देश में।"

[रचना : 25.5.96]

दूसरा चैनल

"यह दूरदर्शन का राष्ट्रीय चैनल है।" उन्होंने मुझे बताया।

"और दूसरा?" मैंने पूछा।

"दूसरा!" उन्होंने गम्भीर मुद्रा बनायी, "दूसरा राष्ट्र-विरोधी चैनल है; किन्तु कुछ लोग उसे अन्तर्राष्ट्रीय चैन भी कहते हैं।"

उनके उत्तर से मैं कुछ उलझ गया। इसलिए पूछना आवश्यक हो गया। पूछा, "अन्तर्राष्ट्रीय होने के लिए राष्ट्र-विरोधी होना क्यों आवश्यक है?"

"वह राष्ट्र-विरोधी चैनल है, यह तो तुम देख ही रहे हो।" उन्होंने कहा, "उसका पहला दायित्व है, राष्ट्र-भाषा को इतना भ्रष्ट करना कि वह अंग्रेजी में विलीन हो जाये।"

"यह सम्भव है क्या?" मैंने कुछ अकबकाकर पूछा।

"सम्भव-असम्भव की बात मैं नहीं जानता," वे बोले, "मैं तो प्रयत्न की बात कर रहा हूँ।" मध्यकाल में भी जब विदेशी हमारे देश में आये थे तो उन्होंने अपनी भाषा को प्रशासन की भाषा बना दिया था और बाजार की भाषा के लिए अपनी लिपि में अपनी भाषा के शब्दों को हमारे व्याकरण में बोलना आरम्भ कर दिया था। उनका वश चलता तो वही उर्दू आज आपकी भाषा होती। पर वह सम्भव नहीं हुआ।"

"और अब?"

"अब भी प्रशासन की भाषा तो अंग्रेजी ही है।" वे बोले, "अब बताओ, दूसरे चैनल की लिपि क्या है?"

"अंग्रेजी की लिपि अर्थात् रोमन लिपि।"

"क्यों?" उन्होंने पूछा।

"क्योंकि अमरीकियों तथा उनके मानसिक दासों को देवनागरी नहीं आती।"

"तो वह चैनल राष्ट्र-विरोधी हुआ या नहीं हुआ?" उन्होंने पूछा, "वे अमरीकियों को देवनागरी सिखाने के स्थान पर हमें रोमन सिखाने का ही प्रयत्न नहीं कर रहे। रोमन में लिखे और रोमन में लिखे को पढ़कर हमारे शब्दों का उच्चारण भ्रष्ट कर रहे हैं।"

"हाँ। है तो कुछ ऐसा ही।" मैंने स्वीकार किया।

"अब बताओ कि उस चैनल में जो भले घरों की लड़कियाँ दिखायी जाती हैं, वे कैसे कपड़े पहनती हैं?"

"कम-से-कम।" मैंने कहा, "उनके पास कपड़े होते नहीं होंगे न!"

"नहीं!" वे बोले, "वे परिधान की राष्ट्रीय सीमा को तोड़ अन्तर्राष्ट्रीय होने का प्रयत्न कर रहे हैं। तो फिर अपने कपड़ों को फाड़ना ही पड़ेगा न। अन्तर्राष्ट्रीय बनने के लिए आवश्यक है कि जो ढँकना चाहिए, उसे उघाड़ दिया जाये, और जो उघड़ना चाहिए, उसे ढँक दिया जाये।"

"ओह!" मैं बोला।

"सारे धारावाहिकों के नायक कौन हैं?" उन्होंने पूछा।

"तस्कर लोग।" मैंने कहा।

"एकदम ठीक।" उन्होंने मेरी पीठ ठोंकी, "राष्ट्रीय सीमाओं को तोड़कर अन्तर्राष्ट्रीय व्यापार करनेवाला ही तो तस्कर होता है। वही तो दूरदर्शन के दूसरे चैनल को अन्तर्राष्ट्रीय बना रहा है।"

मेरे पास सहमत होने के सिवाय कोई चारा नहीं था।

"तुम यह भी देखोगे, उन सारे धारावाहिकों में सामान्यतः पति-पत्नी एक-दूसरे के प्रति निष्ठावान होने के स्थान पर दूसरों के पति-पत्नियों के साथ व्यभिचार करना अधिक पसन्द करते हैं।"

"मैं तो यह कहने ही वाला था।" मैंने स्वीकार किया।

"यह भी तो परिवार की सीमित सीमाओं को तोड़कर व्यापक बनाने का प्रयत्न है ताकि किसी को यह ही पता न लगे कि कौन किसकी पत्नी है और कौन किसका पति।"

"इसका अन्तर्राष्ट्रीयता से क्या सम्बन्ध?" मैंने अपना विरोध प्रकट किया।

"राष्ट्रीयता तो अपनी सीमाएँ निश्चित करती है; इसलिए हमारा दूरदर्शन यह मानता है कि सीमाएँ तोड़ना अन्तर्राष्ट्रीयता है।" उन्होंने समझाया, "तभी तो दूसरा चैनल सारी सीमाएँ तोड़ रहा है—नैतिकता की, मर्यादा की, मूल्य की। वह अन्तराष्ट्रीय हो जाना चाहता है, ताकि अपने देश में अनैतिकता का, व्यभिचार का, अमानवीयता का, अपराधों तथा रोगों का प्रचार कर वह अन्तर्राष्ट्रीय कम्पनियों से कुछ धन कमा सके।"

"ऐसा धन हमारे देश में किसको चाहिए?" मैंने पूछा।

"समाचारपत्र नहीं पढ़ते?" उन्होंने मुझे डाँटा, "प्रतिदिन उनके नाम छपते हैं, चित्र छपते हैं, जैसे समाचारपत्र न हो अपराध-पत्र हो।"

[रचना : जुलाई' 96]

भाषा के जादूगर

राजधानी के एक महत्त्वपूर्ण दैनिक ने छापा, 'संगीत की सुपरहित हस्तियाँ' मेरी रुचि इन शब्दों में जाग गयी।

मैंने पत्रकार महोदय से पूछा, "भई, इसका अर्थ क्या है?"

वे अहंकार में मुस्कराये, "नहीं समझे न।"

"मैं अपने ज्ञान से समझूँगा तो यही समझूँगा कि तुम संगीत के किन्हीं हाथियों की बात कर रहे हो : क्योंकि हमारे यहाँ तो हस्ती का अर्थ हाथी ही होता है। पर वे कैसे हाथी हैं, यह समझ में नहीं आ रहा, क्योंकि यह सुपर शब्द अपनी हिन्दी में तो है नहीं।"

उनके अहंकार का गुब्बारा कुछ और फूल गया, "केवल डिग्रियाँ ले लेने से कुछ नहीं होता। भाषा सीखनी सबके वश की नहीं होती। वह कहा है न—कहीं खेल ऐ दाग, यारों से कह दो। आती है उर्दू जबाँ आते-आते।"

"मुझे उर्दू नहीं सीखनी है। तुम मुझे हिन्दी ही सिखा दो।" मैंने कहा, "संगीत के ये कैसे हाथी हैं?"

"अरे मूर्ख!" उन्होंने मेरे प्रति अपना सम्मान दिखाया, "यह हाथी नहीं है। हस्ती का अर्थ है पर्सनेलिटी।"

"यदि मेरी हिन्दी में पर्सनेलिटी शब्द भी न हो तो?" मैंने पूछा।

"तो तुम भाड़ में जाओ। तुम हिन्दी नहीं सीख सकते।"

अब तक मेरा भी तेज जाग उठा था। कुछ रोष में बोला, "भाड़ में जाओ तुम। जिसे हिन्दी आती नहीं और अधकचरी अंग्रेजी और अरबी, फारसी के भरोसे हिन्दी के अधिकारी लेखक बनना चाहते हो।"

पर उन्होंने हार नहीं मानी। बोले, "जब तुम्हारी भाषा में शब्द ही न हो तो दूसरी भाषाओं से शब्द नहीं लोगे? अंग्रेजीवाले भी लेते हैं।"

"क्यों नहीं लेंगे, पर वह तो तब है, जब हमारी अपनी भाषा में वह शब्द न हो।"

"क्या तुम्हारे इस हस्ती शब्द के लिए हिन्दी में शब्द नहीं है?"

"नहीं है। होता तो मैं लिख न देता।" वे बोले, "तुम बताओ।"

"महान् संगीतज्ञ लिखो। संगीतकार लिखो। संगीत के नायक लिखो। अनेक

शब्द हैं। अनेक प्रकार से अभिव्यक्त किया जा सकता है।" मैंने कहा, "और यह 'सुपर' क्या है? इसके लिए भी हिन्दी में शब्द नहीं है?"

"क्यों सुपर बाजार अंग्रेजी का शब्द है?" वे मुस्करा रहे थे।

"नहीं! वैसे तो एम.पी. भी हिन्दी का ही शब्द है, जिसका अर्थ सांसद भी होता है, मिलिट्री पुलिस भी होता है; और मध्य प्रदेश भी होता है।"

"तुम हिन्दी के नाम पर जितने भी शब्द दे रहे हो, वे सब पंडिताऊ, पोंगा पन्थी हैं।" वे एम.पी. को टाल गये।

"और तुम जो भाषा लिख रहे हो, वह सर्कस की भाषा है। जिस व्यक्ति को कोई भी भाषा ठीक से नहीं आती, वह तुम्हारे समान खिचड़ी पकड़ता है।" मैंने कहा, "तुम ही थे न, जिसने लिखा था कि बस के हादसे में दस लोग मारे गये। सारे मृतक बस में सवार थे।"

"हाँ! लिखा था, तो इसमें क्या गलत है?"

"बस में तो सवारियाँ सवार थीं, जो जीवित थीं। मृतक लोग नहीं सवार थे बस में। वे तो तुम्हारी खोपड़ी पर सवार हैं। बस में मृतक लोग होते तो वह शव वाहन होता, बस नहीं।"

"तुम तो बाल की खाल निकाल रहे हो। बात तो समझ में आती है न।"

"बात तुम्हारे शब्दों के कारण नहीं, पढ़नेवाले की बुद्धि के कारण समझ में आती है।" मैं बोला।

"तुम लिखते रहो, पोंगे पंडितों की जबान," उन्होंने कहा, "हम तो नये जमाने की नयी भाषा लिखेंगे। हम वह नहीं लिखना चाहते जो हमारे पूर्वज लिखते थे।"

"तो अपनी नाक काट डालो, क्योंकि तुम्हारे पूर्वजों की भी नाक होती थी और तुम वह नहीं रहना चाहते, जो तुम्हारे पूर्वज थे।"

"बकवास मत करो।" वे बोले, "मैं आम-फहम भाषा की बात कर रहा हूँ।"

"यही तो कह रहा हूँ मैं।" मैंने कहा, "बोलोगे वे शब्द, जो अच्छे-खासे हिन्दीभाषियों की समझ में भी न आयें। और कहोगे उन्हें आम-फहम। तुम्हारा आम-फहम भी कोई समझता है? बताओ क्या होता है फहम? घूम जाओ सारी दिल्ली में और पूछा, कितने हिन्दीभाषियों को 'फहमीदन' का अर्थ मालूम है, जिससे फहम और आम-फहम जैसे शब्द बना रहे हो। फारसी के मस्दर उठा लोगे कहोगे, हम बोलचाल की भाषा बोल रहे हैं, जनभाषा बोल रहे हैं।"

"तुम तो कम्यूनल हो।" उन्होंने अपने कोश की सबसे बड़ी गाली दी, "फारसी का एक शब्द भी बर्दाश्त नहीं कर सकते तो मुसलमानों को कैसे बर्दाश्त करोगे?"

"तुमने ठीक पहचाना सेकुलर।" मैंने कहा, "मैं किसी भी रूप में विदेशीपन का अनावश्यक आरोपण सहन नहीं कर सकता। तुम अभिनेता को अदाकार और अभिनेत्री को अदाकारा कहकर, महान् लेखक के स्थान पर सुपर लेखक लिखकर,

प्रतिनिधि को नुमाइंदा बनाकर, जनभाषा का निर्माण नहीं कर रहे, केवल अपनी भाषा से शत्रुता का निर्वाह कर रहे हो, ताकि तुम और तुम्हारे मित्र यह प्रमाणित कर सकें कि हिन्दी में तो इनके लिए उपयुक्त शब्द ही नहीं। तुम्हारा सारा सेकुलरिज्म इस देश तथा इससे सम्बन्धित सारी चीजों के अवमूल्यन में है। तुम आत्मविरोध के रोगी हो।"

"तुम क्या जानो, भाषा का विकास किसे कहते हैं।" उनकी मुस्कान में पर्याप्त विष था।

"नहीं! वह तो मैं नहीं जानता; किन्तु विकास और विनाश का अन्तर जानता हूँ।" मैंने उत्तर दिया।

[रचना : 20.7.96]

जगह

"बधाई हो।" मैंने रामलुभाया से कहा, "आपके मन्दिर को जगह अलॉट हो गयी।"

"कहाँ?" उसने पूछा।

"दिल में।" मैंने कहा, "उन्होंने संसद में कहा है कि मन्दिर तो दिल में होना चाहिए।"

"किसके दिल में?" उसने पूछा।

"यह तो उन्होंने स्पष्ट नहीं किया।" मैंने कहा।

"तुमने पूछा नहीं?"

'मैं तो अपने घर में बैठा दूरदर्शन पर संसद की कार्रवाई देख रहा था। कैसे पूछ लेता।"

"ठीक है।" उसने कहा, "अब मिलें तो पूछ लेना। हमारे मन में तो मन्दिर है ही। उन्होंने अपना मन अलॉट कर दिया हो तो बताना। वहाँ हम मन्दिर बनवा देंगे।" सहसा वह रुका, "मन्दिर तो मन में होना चाहिए; पर उन्होंने यह भी बताया कि भूमि पर क्या होना चाहिए?"

"नहीं। शायद यह तो नहीं बताया।"

"पूछना चाहिए न कि दिल मन्दिर को अलॉट कर दिया तो भूमि किसको अलॉट कर दी?" रामलुभाया बोला, "परसाई ने कहा था न कि नेताजी ने हमसे कहा कि तुम मुझे रक्त दो, मैं तुम्हें स्वतन्त्रता दूँगा। हमने उन्हें रक्त दिया, वे स्वतन्त्रता जाने किसे दे गये। इनसे पूछना जरा कि दिल तो मन्दिर को दे दिया, मन्दिर की भूमि किसे दे दी।"

"पूछूँगा।" मैंने कहा।

"तुम क्या पूछोगे, मैं तुम्हें बताता हूँ।" रामलुभाया बोला, "वे कहेंगे, भूमि पर उनका वोट बैंक स्थापित होना चाहिए, ताकि वे स्वयं संसद में स्थापित हो सकें।"

"ऐसा कैसे हो सकता है। जिसने मन ही मन्दिर को अलॉट कर दिया।..."

"जानते नहीं हो, जिसे धरती से बेदखल करना होता है, उसे दिल अलॉट कर दिया जाता है।" रामलुभाया ने कहा, "मेरी कुर्सी भी जब उन्होंने छीन ली तो मैंने पूछा कि अब मैं कहाँ बैठूँ तो बोले, "आप हमारे दिल में बैठिये। वैसे उनका दिल

कोई कमरा तो है नहीं कि मैं वहाँ नयी कुर्सी डालकर बैठ जाता। यदि वह कमरा होता भी तो उसमें स्वार्थ और देशद्रोह का गोदाम होता, वहाँ कोई कैसे बैठ सकता है।"

"यह तो बड़ी गड़बड़ है रामलुभाया।" मैं बोला, "कवियोंवाले दिल की बात तो और थी, उसमें प्रेमी आजीवन रह सकता था और उसका दम भी नहीं घुटता था। अब तो वास्ता राजनीतिज्ञों के दिल से है।"

"हाँ" रामलुभाया बोला, "तो?"

"यदि तुम जनता के मतों से जीतकर भी संसद में जाओगे, तो सम्भव है कि कहें कि वे तुम्हें संसद में बैठने नहीं देंगे।"

"कैसे नहीं बैठने देंगे।" रामलुभाया को क्रोध आ गया, "वे जनता की इच्छा का अपमान नहीं कर सकते।"

"नहीं। जनता की इच्छा के अपमान की बात नहीं है।" मैं बोला, "वे कहेंगे कि जनता तुम्हें दिल से चाहती है, इसलिए तुम जनता के दिल पर राज करो, नार्थ ब्लॉक पर हम राज कर लेते हैं।"

रामलुभाया जोर से हँसा "क्या चाहते हैं वे कि वे जनता को अपना दिल अलॉट कर दें और जनता उनको देश अलॉट कर दे?"

"पता नहीं, ऐसा है कि नहीं; पर यह तो निश्चित है कि वे चाहते हैं कि तुम अपने दिल पर शासन करो और वे देश पर शासन करें।"

"वे ही अपने दिल पर शासन क्यों नहीं कर लेते?" रामलुभाया ने रोषपूर्वक पूछा।

"वह सम्भव नहीं है। दिल तो वे मन्दिर को अलॉट कर चुके हैं।"

[रचना : 27.7.96]

भ्रम का रोग

मैं तो रामलुभाया की पत्नी को देखकर हैरान ही रह गया। वह बहुत परेशान लग रही थी। रो तो वह ऐसे रही थी कि जैसे आसमान टूटकर उसके सिर पर आ गिरा हो।

"क्या हो गया भाभी?" मैंने पूछा, "रामलुभाया तो ठीक है?"

"वे तो बिल्कुल ठीक हैं।" वह बोली।

"बच्चे?"

"बच्चे भी ठीक हैं।"

"तो फिर ऐसे क्यों रो रही हो, जैसे तुम्हारा संसार ही लुट गया हो।"

"वे मुझे गुजारे के लिए पैसे नहीं देते। मेरे पास एक फूटी कौड़ी तक नहीं है। आज कॉलेज में चाय पी तो चाय के पैसे भी मेरे पास नहीं निकले।" वह रोती जा रही थी।

मैं उसकी बात सुनकर स्तब्ध रह गया। रामलुभाया इतना टुच्चा हो सकता है, ऐसा तो मैं सोच भी नहीं सकता था।

"अच्छा मैं उससे बात करूँगा।" मैंने कहा, "अभी के लिए कुछ चाहिए हो तो मुझसे ले लो।"

"नहीं! उसकी आवश्यकता नहीं है।" वह चली गयी।

मैंने अपनी पत्नी से चर्चा की, "यह रामलुभाया बड़ा टुच्चा आदमी है। अपनी पत्नी को पैसे-पैसे को तरसा रहा है, जबकि वह कॉलेज में पढ़ाती है।"

मेरी पत्नी वक्रतापूर्वक मुस्करायी, "वह टसुए बहा गयी और आप चिन्तित होकर अपने मित्र को गालियाँ देने लगे।"

"क्यों? क्या वह झूठ बता गयी?" मैं बोला, "कोई इतना झूठ भी बोलता है क्या?"

"झूठ-सच तो मैं नहीं जानती।" मेरी पत्नी ने कहा, "बस इतना जानती हूँ कि उसके हाथों में सोने के नये कड़े हैं। और उँगली में हीरे की अँगूठी। उसने स्वयं ही बताया था कि यह सब रामलुभाया भाई साहब ने लेकर दिया है।"

मैं और भी परेशान हो गया। मेरा मन मानता ही नहीं था कि कोई स्त्री अपने ही पति के विषय में ऐसा झूठा प्रचार कर सकती है।

मैं रामलुभाया से मिला, "क्यों भाई! तुम अपना वेतन अपनी पत्नी को नहीं देते?"

"पहले देता था।" उसने बताया, "बैंक में दोनों का संयुक्त खाता था। दोनों के हस्ताक्षरों से पैसे निकाले जाते थे। पर उसने अपना खाता अलग खुलवा लिया और अपना वेतन उसमें डालने लगी।"

"खाता अलग खुलवा लेने पर तुम उसे भूखे मार दोगे?"

"तो क्या। उसका वेतन तो उसका; और मेरा वेतन भी उसका?"

"मेरी समझ में नहीं आ रहा।" मैं बोला, "दोनों कमाते हो। दोनों के खाते भी अलग हो सकते हैं, पर घर तो दोनों मिलकर चला ही सकते हो।"

"ठीक कहते हो।" रामलुभाया बोला, "मैं तो सारा वेतन उसको दे ही रहा था, पर कुछ अभागे ऐसे होते हैं कि अपनी चीज भी अपना नहीं मान सकते। बोली, मैं उसका वेतन उससे छीन लेने का षड्यन्त्र कर रहा हूँ, इसलिए अपना वेतन उसे दे देता हूँ।"

"फिर?"

"फिर मैंने कहा, हम दोनों पाँच-पाँच हजार रुपये दें और उससे घर का खर्च चलायें। रामलुभाया बोला, "पर वह यह भी नहीं मानती। कहती है कि उसका वेतन तो केवल उसका ही है। उस पर मेरा कोई अधिकार नहीं है। घर तो मुझे वेतन से ही चलना होगा। मैंने वही करना आरम्भ कर दिया। उस पर कहने लगी कि मैं उसे उसके दैनिक खर्च के लिए पैसे दूँ। मैंने उसे रोज पैसे देने आरम्भ किये। उनका हिसाब माँगा तो बोली, वह हिसाब नहीं देगी और मुझे उसे उतने पैसे देने होंगे, जितने वह माँगेगी। ऐसा कोई कर सकता है क्या?"

"भाभी अपने पैसों का क्या करती है?" मैंने पूछा।

"भगवान जाने क्या करती है, पर सत्य यही है कि उसके पास कार के पेट्रोल के तो क्या, बस के किराये के लिए भी पैसे नहीं होते। अपनी बदनामी के डर से सुबह जितने पैसे देता हूँ, वह दोपहर तक खर्च हो जाते हैं और जिस स्कूटर से लौटती है, घर पर उसका किराया भी मैं ही चुकाता हूँ।"

"और वह हीरे की अँगूठी और सोने के कंगन?" मैंने पूछा।

"मैंने ही लेकर दिये हैं।" उसने कहा, "अब क्या करूँ। पत्नी तो मेरी ही है। कभी अपनी नाक रखने को करना पड़ता है, कभी प्यार आ जाता है।"

"पर वह तो मेरे सामने आकर रो गयी कि तुम उसे पैसे-पैसे को मुहताज रखते हो। उसे खर्च तक नहीं देते।" मैंने कहा।

रामलुभाया थोड़ी देर चुप रहा, फिर बोला, "वह भी तो वही है जिसे अपने लिए पाकिस्तान भी चाहिए, भारत में रहने को स्थान भी चाहिए, समानता भी चाहिए और आरक्षण का विशेषाधिकार भी चाहिए, दूसरों की छाती पर बैठने का अहंकार

भी चाहिए और पिटे और शोषित होने पर प्रचार भी चाहिए।..."

"तो वह सारा नाटक करती है क्या?" मैंने पूछा।

"नाटक करती तो भी उतना बुरा नहीं था। मुझे नष्ट करती किन्तु अपना तो निर्माण करती।" रामलुभाया बोला, "यह तो पड़ोसिनों के बहकावे में इसका विश्वास कर बैठी है कि मैं उसका शत्रु हूँ और पड़ोसी उसके सगे हैं। परिणाम यह है कि न मेरे साथ जी सकती है, न पड़ोसियों के साथ रह सकती है। इसी द्वन्द्व में भ्रम का रोग पाल बैठी है। न इलाज करती है, न कराने देती है; और दोनों का जीवन हराम किये बैठी है।"

[रचना : 23.7.96]

जरा जल्दी में हैं...

चौराहे की लालबत्ती की चिन्ता न करते हुए, वे फर्राटे से अपनी गाड़ी निकाल ले गये। मुझे कष्ट हुआ, इसलिए नहीं कि वे सड़क पर मुझसे आगे निकल गये थे। इसलिए भी नहीं कि बारी तो मेरी थी और वे बिना बारी के ही अपनी गाड़ी निकाल ले गये। इन बातों की आदत ही पड़ गयी है। वैसे आदत तो नियम तोड़नेवालों की करतूतें देखकर चुप रह जाने की भी पड़ जानी चाहिए थी; पर मेरा मन इतना ढीठ है कि दिल्ली में पैंतीस वर्ष रह लेने के पश्चात् भी अभी मैं किसी भी प्रकार का नियम तोड़नेवाले को मन से क्षमा नहीं कर पाता।

मैंने उन्हें उनके कार्यालय में जा पकड़ा, "आप पढ़े-लिखे होकर भी लालबत्ती पर से अपनी गाड़ी निकाल लाये?"

"तो क्या मूर्खों के समान वहाँ खड़ा रहता।" वे बोले, "मुझे बहुत जल्दी थी।"

"मुझे मालूम नहीं था कि जिन्हें जल्दी होती है, उनके लिए यातायात के नियम कोई अस्तित्व नहीं रखते।" मैंने कहा, "और यह भी मालूम नहीं था कि जो लोग यातायात के नियमों का पालन करते हैं, वे मूर्ख होते हैं।"

उन्हें मेरी बात अच्छी नहीं लगी। तड़पकर बोले, "मुझे क्या अनपढ़-गँवार समझ रखा है कि उपदेश दे रहे हो। एम.कॉम., एल.एल.बी. हूँ मैं। तुम जैसे को पढ़ा सकता हूँ।"

"कानून पढ़े हुए हो, इसीलिए सड़क पर यातायात के नियम तोड़ते हो?" मैंने पूछा।

"कहा न। जल्दी थी।"

"कहाँ पहुँचने की जल्दी थी?" मैंने कहा, "कार्यालय तो तुम्हारा दस बजे से होता है; और तुम ग्यारह बजे तो लालबत्ती ही पार कर रहे थे।"

"दफ्तर क्या, मैं तो अपने जीवन में कभी भी कहीं समय से नहीं पहुँचा।" वे गर्व से बोले, "आयम नॉट ए पंक्चुअल सॉर्ट।"

मैं समझ गया कि उन्हें कहीं समय से नहीं पहुँचना होता। बस चौराहे पर एक मिनट रुक नहीं सकते। जल्दी में होते हैं।

मैं कॉलेज से घर पहुँचा, तो देखा अपने एक मित्र सपरिवार आये बैठे थे।

प्रसन्न होकर कहा, "अब खाना खाकर ही जाना। इतने दिनों के बाद आये हो। इसी बहाने कुछ गपशप हो जायेगी।"

बोले, "नहीं! खाना नहीं खा सकता।"

"क्यों? मुँह में छाले हैं क्या?" मैंने पूछा।

बोले, "नहीं। समय नहीं है। जरा जल्दी में हूँ। मुझे साकेत में किसी से बारह बजे मिलना है। बहुत आवश्यक काम है। समय ले रखा है। बस, तुमसे मिलने के लिए ही रुके बैठे थे। अब चलेंगे।"

मैंने घड़ी देखी। बारह बजने में पाँच मिनट बचे थे। उन्हें वहाँ तक पहुँचने में घंटा तो लगना ही था।

"तुम्हें तो पहले ही देर हो चुकी है।" मैंने कहा, "चलो। तुम्हें स्कूटर स्टैंड तक छोड़ आऊँ। रास्ते-भर बात भी कर लेंगे।"

जिन्हें उठ खड़े होना चाहिए था, वे तो उठे नहीं। उनके बदले, मेरी पत्नी डट खड़ी हुई। वह कमरे से निकल गयी और रसोई के निकट खड़ी होकर उसने मुझे संकेत से बुलाया। मैं बाहर आया तो बोली, "कैसे पागल हो तुम। मैं खाना तैयार करवा रही हूँ और तुम उन्हें भगा रहे हो।"

"अरे, तो उन्होंने समय ले रखा है। देर तो पहले ही हो चुकी है। तुम और देर करवाना चाहती हो। वह तुम्हारा तैयार करवाया हुआ खाना अवश्य खाये, चाहे साकेत में उसका काम ही बिगड़ जाये।"

"तुमसे तो भगवान् ही समझे।" वह बोली, "उनकी पत्नी कह चुकी है कि कोई जल्दी नहीं है। हम खाना खाकर ही जायेंगे।"

"तो वह क्या बकवास कर रहा है कि उसे बारह बजे साकेत पहुँचना है?"

"वे तो शिष्टाचार का निर्वाह कर रहे हैं।"

मुझे बड़ी लज्जा आयी। हाय! मैंने एक भले आदमी की बात को सच मान लिया। उसके शिष्टाचार का तो मैंने सम्मान ही नहीं किया।

[रचना : 24.7.96]

रेलगाड़ी में

रेलगाड़ी मुम्बई पहुँचकर ही रुकनेवाली थी। सामनेवाली महिला का बच्चा बड़ी देर से पानी माँग रहा था। वह उसे विभिन्न प्रकार से बहला रही थी। वह बहल नहीं रहा था। अन्ततः वह सुराहीवाली प्रौढ़ महिला के पास पहुँची।

"आप अपनी सुराही से बच्चे के लिए थोड़ा पानी दे देंगी?" उसने पूछा।

"गिलास है तुम्हारे पास?" प्रौढ़ा ने प्रश्न किया।

"नहीं! गिलास तो नहीं है।" बच्चे की माँ बोली, "आप अपने गिलास में दे दीजिये। गिलास जूठा नहीं होगा। मैं उसे अंजुरी से पिला दूँगी।"

भोलाराम ने रामलुभाया को कोहनी मारी, "यह है तुम्हारा धर्म! यह है तुम्हारी संस्कृति। प्यासे बच्चे को पानी नहीं पिलायेंगे; और अपने धर्म, संस्कृति और परम्परा का बखान करेंगे।"

रामलुभाया ने उसे घूरकर देखा, "यह नकचढ़ी और हृदयहीन स्त्री, तुम्हें भारतीय संस्कृति की प्रतिनिधि लगती है? जिस देश में दया और करुणा को धर्म माना गया। जहाँ दधीचि ने अपनी हड्डियाँ दे दीं, शिवि ने एक पक्षी को बचाने के लिए अपना सम्पूर्ण शरीर दे दिया। उस देश की संस्कृति की प्रतिनिधि यह हृदयहीन स्त्री कैसे हो सकती है?"

"और क्या! यही तो है तुम्हारी संस्कृति की प्रतीक!" भोलाराम ने उसे चिढ़ाया, "छुआछूत! भगवान् राम ने शबरी के जूठे बेर खाये थे। धर्म के प्रतिनिधि वे थे, या यह सुराहीवाली स्त्री?" रामलुभाया ने समझाया, "गाँधीजी का प्रतिनिधि आज का भ्रष्ट कांग्रेसी तो नहीं हो सकता।"

"तुम्हारे राम हमारी रेलगाड़ी में तो है नहीं।" भोलाराम बोला, "रेलगाड़ी में तो यही स्त्री है। यही यथार्थ है। हम तो इसी को हिन्दू धर्म का प्रतिनिधि मानेंगे। यही हमारा प्रगतिशील दृष्टिकोण है।"

"तुम्हारे प्रगतिशील बाबा भी तो इस रेलगाड़ी में नहीं है।" रामलुभाया ने कहा।

"हाँ! नहीं हैं! तो?"

"पर तुम हो!" रामलुभाया ने कहा, "इसका अर्थ यह हुआ कि प्रगतिशील के प्रतिनिधि तुम हो। और तुम्हारा चरित्र...।"

“क्यों? क्या हुआ मेरे चरित्र को?” भोलाराम लड़ने को तैयार था।

“तुम्हारा चरित्र! चरित्र नहीं, चरित्रहीनता! तुम्हारे जीवन का एकमात्र लक्ष्य अपने देश को कलंकित करना है। अपने देश का कोई गुण तुम स्वीकार करते नहीं। देश में कोई दोष मिल जाये, तो तुम परम आनन्दित होते हो।” रामलुभाया ने कहा, “तो इसका अर्थ हुआ कि अपने देश से शत्रुता करने में ही प्रगतिशीलता है?”

“बकवास मत करो।” भोलाराम बोला, “प्रगतिशील लोग भी अपने देश से प्रेम करते हैं। वे केवल तुम्हारे पिछड़ेपन से घृणा करते हैं। वे चाहते हैं कि तुम आधुनिक बनो। वे आधुनिकता की मशाल जलाये हुए हैं।”

“आधुनिकता है बौद्धिकता! तब!” भोलाराम बोला, “तुम लोग आज भी भक्ति और श्रद्धा की बात करने हो। तर्क को तो आज तक इस देश ने जाना ही नहीं!”

“वैसे तो भक्ति और श्रद्धा भी बौद्धिकता की विरोधी नहीं है। उनका भी तर्क है। पर उसे जाने भी दें तो क्या अपने देश में ‘न्याय’ दर्शन नहीं है? हमारे पास न्यायशास्त्र नहीं है? जैन चिन्तन में न्याय की स्थिति को जानते हो तुम?”

“होगा!” भोलाराम बोला, “कौन तुम्हारी पुरानी पोथियों में सिर मारे। हम तो यह जानते हैं कि ‘तर्क’ पश्चिम से आया है।”

“तुम भारत के भुट्टे की ओर नजर उठाकर भी नहीं देखोगे और अमरीकी कम्पनी के कॉर्न खाओगे, तो तुम्हारे लिए तो भारत में मकई है ही नहीं।” रामलुभाया बोला, “तर्कशास्त्री महोदय! आँखें बन्द कर लेने पर आपकी आँखों में अँधेरा उतर जाता है, पृथ्वी पर रात नहीं हो जाती?”

[रचना : 29.7.96]

इस देश में

रामलुभाया अमरीका से एक वर्ष के पश्चात् लौटा था। मैं प्रसन्न था कि कुछ अच्छा और नया सुनने को मिलेगा। वह भी अपने देश में आकर प्रसन्न होगा। पर वह विमानपत्तन से बाहर निकला तो पौष में भी बुरी तरह तप रहा था।

"क्या बात है भाई! इतने परेशान क्यों हो?"

"क्या यार! अपने देश की धरती पर पैर रखते ही मुँह का स्वाद कड़वा हो जाता है।"

"क्यों? क्या हुआ?" मैंने पूछा।

"वही परेशानी। सब जगह रिश्वत माँगते हैं साले। जिसको कुछ डॉलर थमा दो, वही प्रसन्न। नहीं तो हिलने ही नहीं देते।" रामलुभाया रुष्ट था, "ठीक है कि डॉलर कमाकर लाया हूँ, पर तुम्हारे लिए तो नहीं कमाये हैं।"

"पर क्यों माँगते हैं रिश्वत? आखिर क्या किया है तुमने?"

"किया-विया कुछ नहीं। एक कम्प्यूटर लाया हूँ। है तो नया ही, पर वहाँ से दुकानदार को कहकर रसीद पुरानी तारीख में बनवा ली थी। अब मैं कह रहा हूँ कि देख लो पुरानी रसीद है, इस पर इतना सीमा शुल्क नहीं लगता, पर मानते ही नहीं हैं। कहते हैं कि रसीद तो पुरानी है, पर कम्प्यूटर तो नया है। संसार में कहीं कम्प्यूटर नहीं देखा जाता, सब स्थानों पर रसीद ही चलती है। पर ये क्यों मानेंगे। इन्हें तो रिश्वत चाहिए। वे अपनी रेट लिस्ट से चलेंगे। मेरी रसीद को नहीं मानेंगे। चोर कहीं के।"

"तो फिर तुम बाहर कैसे आ गये?" मैंने पूछा।

"बाहर आना क्या कठिन है।" वह बोला, "उनको कह दिया, जितना नकद लेना है ले लो। मैं सीमा शुल्क दूँगा ही नहीं। न तुम रसीद काटो, न रेट लिस्ट देखो। कुछ तुम कमाओ, कुछ हम कमायेंगे। सरकार को चूना लगता है तो लगने दो।"

"तो?"

"तो क्या। सौ डॉलर दे दिये और कम्प्यूटर रिकॉर्ड में आया ही नहीं। अब इसे बाजार में बेच दूँगा और सौ के हजार डॉलर कमा लूँगा।"

मन में तो आया कि उसको पूछूँ कि देश को गाली देने से पहले, वह यह भी तो देखे कि वह स्वयं क्या कर रहा है, पर वह इतने दिनों के पश्चात् आया था

अभी से झगड़ा करने का क्या लाभ?

मैंने उसे अपनी गाड़ी में बैठाया तो मेरा ध्यान उसके सामान की ओर गया। इतना सामान! कैसे ले आया वह?

"तुमने अपने सामान के अतिरिक्त भार के तो बहुत पैसे दिये होंगे।"

"क्यों देंगे अतिरिक्त पैसे?" वह बोला, "सबसे अन्त में काउंटर पर पहुँचा। देर हो रही थी। विमान उड़ने को तैयार था। काउंटरवाले व्यक्ति ने पूछा, 'सामान अधिक तो नहीं है?' नहीं! मैंने कहा। "तौल कर लाया हूँ। अधिक नहीं है।' उन्होंने धड़ाधड़ सामान लाद दिया। एक धेला भी अधिक नहीं दिया मैंने।" वह रुका, "वैसे वह तौलता भी तो मैं उसके पैसे नहीं देता। कुछ नोट उसके हाथ में थमा देता। बस।"

मुझे स्मरण हो आया, हमारे एक परिचित का बेटा एक पड़ोसी देश की विमान कम्पनी में पायलट बनकर गया था। वहाँ भी यही प्रचलन था। उनका क्लर्क प्रत्येक सवारी से पैसे लेकर उनका अधिक सामान रखवा दिया करता था। उस दिन विमान इसी प्रकार अधिक सामान लेकर उड़ा। उड़ तो गया, पर उतना भार सँभाल नहीं पाया और लड़खड़ाकर गिर पड़ा। आग लग गयी और चालक समेत सारे के सारे यात्री मारे गये। यह रामलुभाया भी किसी दिन ऐसी ही कोई दुर्घटना करवायेगा।

मैंने उसके बैठने के लिए गाड़ी का दरवाजा खोला तो वह तुनककर खड़ा हो गया, "तुमने अपनी गाड़ी का अभी तक रंग-रोगन नहीं करवाया। कैसी फटीचर गाड़ी लिये घूमते हो।"

"रंग-रोगन में बहुत पैसे लगते हैं भाई!" मैंने कहा।

"तो बीमा कम्पनियाँ किस दिन के लिए हैं।" उसने उत्तर दिया।

"बीमा कम्पनियाँ रंग-रोगन के लिए पैसे नहीं देतीं।" मैं बोला।

"अरे किसी मिस्त्री को पकड़ो। किसी सर्वेयर को पैसा खिलाओ। एक्सिडेंट का केस बनाओ और बीमा कम्पनी से रंग-रोगन का खर्च ले लो।" वह बोला, "हम तो वहाँ ऐसा ही करते हैं। खिड़की के शीशे तोड़ दिये और चोरी की रपट लिखा दी। बीमा कम्पनी से चेक चला आता है। कोई साला पूछता भी नहीं।"

"यहाँ ऐसा नहीं होता।" मैंने कहा।

"हाँ! यहाँ चोर जो बसते हैं। रिश्वत माँगते हैं साले हर बात की।"

मैं उसकी शक्ल ही देखता रह गया : वह व्यक्ति सारे संसार में अपने लिए बेईमानी के थोक वितरक का एकाधिकार चाहता है क्या?

[रचना : 9.8.96]

अनिवार्यता

"ये अंग्रेज बड़े ही दुष्ट थे।" उन्होंने अपनी देशभक्ति का ध्वज लहराया, "कमबख्त हम लोगों को बाँटते रहे और हमारे देश पर शासन करते रहे। डिवाइड एंड रूल। यह तो कहो कि गाँधीजी ने आकर सारे देश को जोड़ा तो हम स्वतन्त्र हुए। वैसे ही बँटे रहते तो आज तक अंग्रेजों के जूते खाते रहते।"

मैं उनसे सहमत हो गया। कौन नहीं होता।

"पर गाँधीजी भी जिन्ना को नहीं जोड़ पाये।" मैंने कहा।

"अरे गाँधीजी तो जोड़ ही रहे थे।" वे कुछ आवेश में बोले, "वह जिन्ना ही नहीं जुड़ना चाहता था। वह तो देश को बँटवाकर ही रहा। उसे राज जो करना था।"

मैं समझ गया कि जो राज करना चाहता है, वह समाज को बाँटता है। समाज को बाँटे बिना राज नहीं मिलता।

"तो आपकी पार्टी ने कश्मीर को इस प्रकार अलग क्यों कर रखा है? उससे देश नहीं बँटेगा?"

उन्होंने मेरी बात का कोई उत्तर नहीं दिया। उनके लिए आवश्यक भी नहीं था। बड़ा आदमी तो वही होता है, जो अपनी कहे। उनके बड़े आदमी होने में कोई सन्देह ही नहीं था।

बोले, "अपना देश जितना महान् है, उतना ही विराट् भी है। इतने प्रकार के लोग हैं; कितनी प्रकार की बोलियाँ हैं; भाँति-भाँति के खान-पान और लोकाचार हैं। इस देश को इकट्ठा रखना कोई सरल काम है। पर हमने भी अनेकता में एकता खोजी और सारे देश को एकता में बाँध दिया।"

मैं भौचक उनकी ओर देखता रहा। जब हम कुछ कर ही नहीं सकते तो भौचक होकर देख ही तो सकते हैं। आज सारा देश अपनी संसद को भौचक होकर देख ही तो रहा है। पर फिर रहा नहीं गया तो बोला, "मुझे तो लगता है कि आपने एकता में अनेकता ढूँढ़ी है। सारे देश को सम्प्रदायों, जातियों, वर्गों, प्रदेशों, पार्टियों, बोलियों और जाने किन-किन आधारों पर खंड-खंड कर रखा है। आपका सारा बल तो अनेकता पर है।"

उनको मेरी बात पसन्द नहीं आयी। पसन्द आने के लिए तो मैंने कही भी नहीं थी।

मुझे डाँटकर बोले, "क्यों, इस देश में इतनी भाषाएँ हैं। हमने क्या उनके कारण कोई भाषाई दंगा होने दिया?"

मैं उनकी निर्लज्ज मुस्कान को सहन नहीं कर पाया। बोला, "भाषाई दंगा और क्या होता है। हमारी सारी भाषाएँ तो लुंज-पुंज हुई घायल और अचेत पड़ी हैं। अनेक भारतीय भाषाओं में एकता की अच्छी खोज की है आपने कि वे सब एक ही विदेशी भाषा की दासियाँ हैं। क्या समाधान है कि एक भी भारतीय भाषा अपना गौरवपूर्ण वास्तविक स्थान न पा सके; और सबकी सब अंग्रेजी के सामने गूँगी होकर बैठ जायें।"

"तुम स्वतः साम्प्रदायिक दृष्टि से सोचते हो।" उन्होंने मुझे बताया, "नहीं तो अंग्रेजी में क्या दोष है कि उसे यह स्थान और सम्मान न दिया जाये। सारे विश्व की भाषा है वह!"

"नहीं! अंग्रेजी में तो कोई दोष नहीं है। किन्तु भारतीय भाषाओं का ही क्या अपराध है कि वे अपने ही देश में इस प्रकार अपमानित हों?" मैंने कुछ आवेश में पूछा, "वैसे सारे विश्व की भाषा अंग्रेजी है या नहीं, वह विवाद का विषय है; क्योंकि इस दृष्टि से तो अमरीका सारे विश्व का राजा भी है। कल आप यह देश भी उसे सौंप देंगे क्या?"

"यह कोरी बकवास है।" वे बोले, "अपना राज हम अमरीका को क्यों सौंप देंगे। पर सारे विश्व की भाषा अंग्रेजी है, यह निश्चित है।"

"नहीं।" मैं बोला, "निश्चित तो यह है कि आपकी खोपड़ी अंग्रेजियत की दास हो चुकी है। उसमें अपना और अपने देश का आत्मगौरव जाग ही कैसे सकता है।"

उन्होंने क्रोध से मुझे देखा और बोले, "तुम लोग देश का गौरव जगाने के चक्कर में देश को तोड़ेगे।"

मैंने चकित भाव से उनकी ओर देखा और पूछा, "देश के आत्मगौरव की चर्चा से देश कैसे टूटेगा?"

वे बोले, "देश का गौरव अर्थात् हिन्दुओं का गौरव और हिन्दुओं के गौरव से मुसलमान कैसे प्रसन्न हो सकता है?"

"दृष्टि तो आपकी साम्प्रदायिक है," मैंने कहा, "जो देश के गौरव को भी हिन्दुओं और मुसलमानों में बाँटती है। क्या आप कभी देश को भारत के रूप में नहीं देख सकते? इस देश की धरती पर जो कुछ भी गौरव योग्य है, आप उसे स्वीकार क्यों नहीं कर सकते? उसे ग्रहण क्यों नहीं कर सकते? प्रत्येक क्षण उसे हिन्दुओं और मुसलमानों में बाँटकर देखना अनिवार्य है क्या?"

उन्होंने बड़ी गम्भीरता से स्वीकृति में सिर हिला दिया।

"क्यों?"

"क्योंकि हमको भी तो राज करना है।"

वे परम आनन्द की स्थिति में थे। **[रचना : 20.8.96]**

इदम् न मम

रामलुभाया बहुत नाराज दिखायी पड़ रहा था। मैंने कारण पूछा तो वह मुझ पर ही बरस पड़ा, "तुम्हारे देश में लोग कितने झूठे हैं।"

मन में आया कि उससे पूछूँ कि जो लोग झूठ बोल रहे हैं, वे क्या मेरे ही देश के हैं। उसका देश कोई और है।...पर यह सब पूछा नहीं। सोचा, यह तो कुछ लोगों की बात करने की शैली ही होती है। सामान्यतः लोगों को पता ही कहाँ चलता है कि अपने शब्दों से उन्होंने कितने लोगों को कष्ट पहुँचाया, जैसे दिल्ली की बसों में चलनेवालों को पता नहीं चलता कि उन्होंने कितने लोगों का पैर कुचला है।

पूछा, "कौन झूठ बोल रहा है भाई, जिससे इतने रुष्ट हो।"

"रुष्ट नहीं हूँ। कष्ट में हूँ।" वह बोला।

"चलो। वही सही। किसके झूठ से कष्ट हुआ है तुम्हें?"

"वह पूर्वमन्त्री, जिसके घर से करोड़ों रुपये निकले हैं और उसने बड़ी सरलता से कह दिया है कि वे रुपये उसके नहीं हैं।"

"तो इसमें झूठ क्या है?" मैंने भी कुछ चकित होकर पूछा, "वे रुपये तो उसके नहीं ही हैं भाई।"

"हाँ। उसके नहीं हैं।" रामलुभाया क्रुद्ध स्वर में बोला, "काला चोर आकर रख गया है, उसके घर में। मेरे घर में तो एक फूटी कौड़ी भी रखकर नहीं गया। जो आया कुछ ले ही गया। देकर तो कभी कोई नहीं गया।"

रामलुभाया की पीड़ा मेरी समझ में आयी, पर सत्य बोलने से तो वह भी मुझे नहीं रोक सकता था।

"यदि तुम्हारे सम्बन्धी और मित्र लोग सदा तुमसे माँगते ही आये हैं तो उसमें बेचारे सुखराम का क्या दोष है। वह तो झूठ नहीं बोल रहा है।"

लगा, रामलुभाया मुझे मार ही बैठेगा। बोला, "अब तुम भी भ्रष्टाचार के समर्थक हो गये। अब तक तो वह सारा रुपया उसका ही था। पुलिस ने पकड़ लिया। मुकदमा चलने को हुआ। भय लगा कि कारागार में रहना पड़ेगा तो वह रुपया उसका नहीं है।" रामलुभाया के मुख में क्रोध से झाग आ गया।

मुझे रामलुभाया से भय तो लगा, फिर भी मैंने पूछ ही लिया, "तो तुम समझते हो कि वह सारा रुपया सुखराम का ही है?"

"तो और किसका है?" उसने प्रतिप्रश्न किया।

मैंने उसके प्रश्न का उत्तर नहीं दिया। फिर से प्रश्न किया, "यदि रुपया सुखराम का था तो पुलिस उसे पकड़ क्यों रही है? केवल इसलिए कि वह अपना पैसा अपने घर में रखता है?"

"नहीं। वह पैसा गलत तरीके से कमाया गया है। यह उसे नहीं कमाना चाहिए था।"

"नहीं कमाना चाहिए था का क्या अर्थ?..." मैंने कहा, "कोई कमा सके तो क्यों न कमाये?"

"वह सब पैसा उत्कोच में लिया गया है।" रामलुभाया ने कहा, "दलाली में लिया गया है।"

"तो रिश्वत और दलाली कमाई नहीं होती?"

"नहीं। वह कमाई नहीं है।" उसने उत्तर दिया।

"तो जो पैसा सुखराम ने नहीं कमाया, वह उसका नहीं है।"

"हाँ। वह उसका नहीं है।"

"तो यही तो सुखराम कह रहा है कि वह पैसा उसका नहीं है।" मैंने कहा, "और तुम उससे रुष्ट हो रहे हो। वह सच कह रहा है कि वह धन उसका नहीं, जनता का है। और तुम लोग उसकी बात नहीं मान रहे हो।"

रामलुभाया भौचक खड़ा मुझे देखता रह गया। उसे लगा कि मैंने अपने वाग्जाल में उसे फँसा लिया है।

"तुम उसका कितना भी पक्ष लो, तुम उसे सच्चा सिद्ध नहीं कर सकते।" वह पुनः रुष्ट हो गया, "वह यह नहीं कह रहा कि वह पैसा जनता का है। वह कह रहा है कि वह पैसा उसके सम्बन्धियों और दूसरे नेताओं का है। हो सकता है कि वह नरसिंह राव को फँसाना चाह रहा हो।"

"देखो! मैं किसी का पक्ष नहीं ले रहा। बात इतनी ही है कि वह पैसा उसका नहीं है।" मैंने कहा, "मेरे एक सम्बन्धी कहा करते हैं कि जो कुछ तुम अपने पीछे छोड़ जाओगे, वह तुम्हारा नहीं है। तुम्हारा होता तो तुम अपने साथ ले जाते।..."

"देखो।" रामलुभाया ने मुझे घूरा, "ये सब आध्यात्मिक बातें हैं। इनका निर्णय तो व्यक्ति की मृत्यु के पश्चात् होता है, कि क्या हम अपने साथ ले जाते हैं और क्या पीछे छोड़ जाते हैं।"

"नहीं। वह किसी और युग की बात है।" मैंने रामलुभाया को समझाया, "तुम पुरानी बातें कर रहे हो। अब इसका मरने के साथ कोई सम्बन्ध नहीं है।"

"तो किससे सम्बन्ध है?" उसने पूछा।

"विदेश जाने से।" मैंने उत्तर दिया, "जो कुछ तुम अपने साथ विदेश ले जा सको और इंग्लैंड, अमरीका और स्विट्ज़रलैंड के बैंकों में जमा करा सको, वह तुम्हारा

है। जो कुछ पीछे भारत के बैंकों में, अथवा तुम्हारे घर में छूट जाये, वह तुम्हारा नहीं है।"

रामलुभाया को पहली बार मेरी बात समझ में आयी। उसने मेरी ओर देखा तो उसकी आँखों में प्रसन्नता थी। उसने जोर से हाथ पर ताली बजायी, "वह माल जनता का है।"

"नहीं।" मैं बोला, "नहीं। वह जनता का नहीं है।"

"तो वह किसका है? सरकार का?"

"संवैधानिक रूप से वह सरकार का है", मैं बोला, "किन्तु व्यावहारिक रूप से वह पुलिस का भी हो सकता है और वर्तमान मन्त्रियों का भी। किसी का भी हो किन्तु वह सुखराम का नहीं हो सकता। इसलिए सुखराम ने जो कुछ भी कहा है, वह सच ही कहा है। वह रुपया उसका नहीं है।"

और रामलुभाया मुझसे सहमत हो गया।

[रचना : 02.9.96]

डाँट

उस महिला ने मुझे बहुत डाँटा, "क्या समझते हैं आप, अपने-आपको। जो मन में आता है, लिखते हैं। बड़े व्यंग्यकार बनते हैं। क्या लाभ है, आपके लिखने का। आप भ्रष्टाचार के विरुद्ध लिखते हैं, तो देश में भ्रष्टाचार बढ़ जाता है। चोरियों के विरुद्ध लिखते हैं तो चोरियाँ बढ़ जाती हैं। बलात्कार के विरुद्ध लिखते हैं, तो देश में बलात्कार बढ़ जाते हैं। महँगाई के विरुद्ध लिखते हैं, तो महँगाई बढ़ जाती है। मेरे विचार से तो देश की सारी मुसीबतों की जड़ आप व्यंग्यकार लोग ही हैं। जैसे फिल्में समाज में नग्नता को बढ़ावा दे रही हैं, वैसे ही आप लोग देश में अनैतिकता और भ्रष्टाचार बढ़ा रहे हैं। अच्छा हो कि आप लोग लिखना बन्द कर दें और न लिखने के कारणों पर गोष्ठियाँ करें।"

मैं सुनता रहा, कुढ़ता रहा और सोचता रहा कि कहीं मैंने कल रात हत्याओं के विरोध में तो नहीं लिखा? पर तभी साथ खड़े एक अन्य व्यंग्यकार भाई उन महिला से सम्बोधित हुए, "ये व्यंग्यकार हैं। आपके पति नहीं हैं कि आप उन्हें डाँटती ही जा रही हैं।"

मैं सकुचा गया। मैं यह अनुभव तो कर रहा था कि वे महिला जिस प्रकार का अपना अधिकार मुझ पर मान रही हैं, वैसा अधिकार उनका मुझ पर है नहीं। हर किसी को डाँटने का अधिकार तो नहीं दिया जा सकता। पर यदि मैं उनसे इस प्रकार की बात कहता भी तो मेरा मुहावरा कुछ दूसरा ही होता। मैं कहता, "आप तो मुझे ऐसे डाँट रही हैं, जैसे मैं आपका अध्यापक हूँ।"

सबका अपना-अपना पीड़ा-क्षेत्र होता है, जिससे उनके मुहावरों का जन्म होता है। उस व्यंग्यकार मित्र ने अपनी पीड़ा का मुहावरा बनाया था। मैं अपनी पीड़ा का बनाता। आखिर प्रमाणिकता का भी तो कोई महत्त्व होता है। तीस वर्ष अध्यापन में बिताये हैं। मेरे जीवन पर उन वर्षों का भी तो ऋण है।

मेरा एक छात्र पुलिस में भर्ती हो गया था। मैं कभी-कभी उससे मिलने चला जाया करता था। मन को बड़ा बल मिलता था कि मेरा भी कोई है। कोई संकट आ जाये अथवा किसी को संकट में डालना हो तो मन्दिर में जाकर प्रार्थना करने से क्या होगा, थाने में तो तत्काल सुनवाई होती है। मेरा वह छात्र जिसके घर अपना एक सिपाही भेज देता था, उसकी ही सिट्टी-पिट्टी गुम हो जाती थी। इसलिए मैं

अपनी हताशा के क्षण उसी के पास बिताता था।

उस दिन भी मैं बड़ी हताशा के क्षणों में उसके पास पहुँचा था। अभी-अभी एक फोन आया था। फोन पर एक संस्था के गोष्ठी संयोजक ने मुझे बुरी तरह लताड़ा था। उन्हें इस बात से बहुत पीड़ा हुई थी कि वे लेखकों के लिए गोष्ठियाँ करते थे और मैं उनके निमन्त्रण पर भी गोष्ठी में नहीं पहुँचता था। मैं क्या समझता था कि गोष्ठी के आयोजन में उनका अपना कोई स्वार्थ था।

उस फोनी लताड़ से त्रस्त मैं अपने उस पुलिसवाले भूतपूर्व छात्र के पास पहुँचा तो यही सोचकर पहुँचा था कि कहूँगा कि यदि पुलिस विभाग गोष्ठियाँ बन्द नहीं करवा सकता तो सड़क पर यातायात ही कुछ कम करवा दे, ताकि व्यक्ति कहीं पहुँचना चाहे तो पहुँच तो सके।

पर वहाँ पहुँचकर जो कुछ देखा, उससे तो मेरी ही सिट्टी-पिट्टी गुम हो गयी। एक व्यक्ति बिल्कुल उसी शैली में मेरे उस पुलिस अधिकारी छात्र को डाँट रहा था, जिस शैली में मुझे उस महिला ने डाँटा था, "क्या समझकर बुला भेजा है आपने मुझे थाने में। मैं कोई भूतपूर्व मन्त्री अथवा सांसद हूँ कि थाने में हाजिर होने का आदेश भेज दिया। चोर हूँ। चोरी करता हूँ। इन मन्त्रियों, प्रधानमन्त्रियों के समान अपने किये से मुकरता नहीं हूँ कि आपकी धौंस में आ जाऊँ। चोरी करूँ तो घर आइये और हथकड़ियाँ लगाकर लाइये। यह क्या कि ठगी और हेरा-फेरी करनेवाले मन्त्रियों के समान मुझे भी समन भेज दिये। हमारी भी कोई इज्जत है।"

मेरा वह पुलिस अधिकारी भूतपूर्व छात्र खाकी वर्दी पहने, कमर पर पिस्तौल बाँधे, हाथ में डंडा लिये, सहमा-सा चुपचाप बैठा रहा और वह व्यक्ति पीड़ित और अपमानित-सा फुफकारता हुआ थाने से निकल गया।

[रचना : 8.9.96]

डॉक्टर, स्मगलर और देश की सीमा

रामलुभाया ने मुझसे कहा कि वह अपने बेटे को डॉक्टर बनाना चाहता है, मैं उसकी कुछ मदद कर दूँ।

मैं कुछ घबरा-सा गया। डॉक्टरी की पढ़ाई बहुत महँगी होती है। जाने उसमें कितना खर्च होता है और यह मुझसे कह रहा है कि मैं उसकी मदद कर दूँ! मेरी तो अपनी ही हालत इन दिनों काफी खराब है।...और अब यह रामलुभाया मदद माँगने आ गया है। अगर इसी तरह मेरे सारे परिचित लोग अपने बच्चों को पढ़ाने और उनकी शादियों के लिए मदद माँगने आ गये, तो मेरा क्या होगा?

मैं उससे यह भी तो कह नहीं सकता कि वह अपनी चादर देखकर पैर पसारे। ऐसा कुछ भी कहने का अर्थ होगा कि मैंने उसके बच्चे की पढ़ाई में उसकी सहायता नहीं की। कुछ दे दूँ तो अपने सिर कर्ज कुछ और बढ़ जायेगा और न दूँ तो मित्र की सहायता न करनेवाला दुष्ट आदमी कहलाऊँगा। एक ओर कुआँ, दूसरी ओर खाई।

सहसा मुझे एक बात सूझ गयी।

"मैंने तो सुना था कि तुम आजकल खासा कमा रहे हो !"

इस बार परेशान होने की बारी उसकी थी, "मेरी कमाई से इसका क्या सम्बन्ध?"

मैं चौंका। शायद 'मदद' से उसका अभिप्राय वह नहीं था, जो मैंने समझा था।

"तो फिर कैसी मदद?" मैंने पूछा।

"अरे यार। उसे किसी मेडिकल कॉलेज में भर्ती करवा दो।"

"उसमें मुझे क्या करवाना है?" मैंने कहा, "कॉलेज से फॉर्म ले आओ और भरकर जमा करवा दो।"

उसने मुझे ऐसे देखा, जैसे मार बैठेगा। बोला, "इतना भकुआ तो मैं भी नहीं हूँ कि यह सब न जानता होऊँ।"

"फिर?"

"वहाँ एडमिशन के लिए टैस्ट होता है।"

"हाँ!" होता है।"

"पता लगवा दो कि पर्चे में क्या आ रहा है।"

मेरी आँखें फटी-की-फटी रह गयीं, यह व्यक्ति मुझे चरित्रहीन समझता है और उन्हें मूर्ख।

"अबे, मुँहमाँगा दाम दे देंगे।" उसने जैसे मुझे प्रोत्साहित किया।

अपने चरित्र की चर्चा करना मैंने उचित नहीं समझा। यदि मैं अपने चरित्र के विषय में एक शब्द भी कहता, तो वह मुझे चरित्रहीन सिद्ध करने की कोशिश करता। अपने यहाँ यही परम्परा है। जो स्वयं को पापी बताये, उसे तो महात्मा सिद्ध करेंगे और जो अपने चरित्र को ऊँचा बताये, उसे पतित!

"इस सबकी क्या जरूरत है।" मैंने कहा, "बेटा तुम्हारा डॉक्टर बनना चाहता है...?"

"नहीं!" वह बोला, "वह डॉक्टर बनना नहीं चाहता।"

"नहीं चाहता?" मुझे आश्चर्य हुआ, "तो क्या बनना चाहता है?"

"स्मगलर!" उसने बड़ी शान्ति से बताया।

मेरे मुँह में आये शब्द वहीं जम गये। अब मैं उससे कैसे कहता कि उसे वही बनाओ, जो वह बनना चाहता है।

मैंने पैंतरा बदला, "पर्चा पहले से कैसे मालूम किया जा सकता है? पर्चा आउट ही करना होता तो वे लोग एडमिशन टेस्ट क्यों लेते?"

"बको मत।" रामलुभाया मुझसे कहीं ज्यादा दुनिया देखे हुए था। बोला, "बाजार में बिकते हैं पर्चे।"

"तो वहीं से क्यों नहीं खरीद लेते?"

"सोचता हूँ कहीं गलत पर्चा खरीद लाया तो पचीस-पचास रुपये यों ही बरबाद हो जायेंगे और साल अलग मारा जायेगा।" उसने मुझे घूरा, "तो तुम यह नहीं कर सकते?"

"नहीं।" मैंने सहज ही स्वीकार कर लिया और अपने निकम्मेपन पर उसका भाषण सुनने के लिए तैयार हो गया।

पर उसने भाषण नहीं दिया। एक छोटा-सा प्रश्न किया, "परीक्षा-भवन में नकल करवा सकते हो?"

"मैं नकल वहाँ भी नहीं करवा पाता, जहाँ मैं इनविजिलेशन करता हूँ।" मैंने कहा, "मेडिकल कॉलेज में कैसे करवाऊँगा।"

"किसी इनविजिलेटर से जान-पहचान करके।"

"नहीं! मेरे बस का नहीं है। कोई इनविजिलेटर नकल नहीं करवायेगा।"

"तुम साले जीवन में कभी सफल नहीं होगे।" उसने मुझे दुत्कारा, "पैसे लेकर सब नकल करवाते हैं। प्रत्येक प्रश्न की नकल के अलग पैसे होते हैं। तुमसे नहीं होता, यह अलग बात है। अच्छा बताओ, नम्बर बढ़वा सकते हो?"

"नम्बर बढ़ते हैं, अच्छा उत्तर लिखने से।" मैंने कहा, "तुम्हारा बेटा अच्छा पर्चा नहीं करेगा तो कोई नम्बर बढ़वा कैसे सकता है?"

"तुम कॉलेज में पढ़ाते हो या भाड़ झोंकते हो?"

"क्यों?" मैंने पूछा।

"तुमको तो यही पता नहीं कि नम्बर कैसे बढ़वाये जाते हैं!" उसने मुझे घूरा, "लड़के को अपने घर बुलाकर उससे पर्चा लिखवाया जाता है। टोटलिंग में गड़बड़ की जाती है। उसके रोल-नम्बर के सामने आगे-पीछे के किसी लड़के के नम्बर लिख दिये जाते हैं।..." वह रुका, "आजकल तो इतने सारे वैज्ञानिक और फूल-प्रूफ तरीके हैं नम्बर बढ़ाने के, और तुम हो कि अभी एक अच्छा उत्तर लिखने पर ही अटके हुए हो।"

मैं तत्काल सहमत हो गया कि इस क्षेत्र में मैंने तनिक भी प्रगति नहीं की है और इस विधा की वैज्ञानिक जानकारी तो मुझे है ही नहीं। पर रामलुभाया जैसा जीवट का आदमी भी मैंने कभी नहीं देखा। इतने सारे मोर्चों पर मना कर दिये जाने पर भी वह टला नहीं। बोला, "किसी अच्छे लड़के से पर्चा बदलवा सकते हो?"

मुझे लगा कि रामलुभाया में हेराफेरी के इतने कीटाणु विद्यमान हैं और उसके बेटे का स्मगलर बनना ही उचित है। वह खामख्वाह ही उसे डॉक्टर बनाना चाहता है। यदि वह लड़का किसी तरह से डॉक्टर बन गया तो वह दवाओं के नाम पर नशीले पदार्थों का व्यापार करेगा और पैसों के लिए स्वस्थ लोगों को रोगी बनाये रखेगा।

"पर्चा कैसे बदला जा सकता है?" मैंने झल्लाकर कहा, "जिसका पर्चा है, वह तो उसी का रहेगा।"

"रोल नम्बर की पर्ची ही तो बदलनी होगी। तुमसे नहीं हो सकता तो मैं परीक्षा-विभाग के किसी चपरासी को राजी कर लूँगा।" वह बोला, "तुम परीक्षा-फल तैयार करवाते समय कम्प्यूटर में कोई हेराफेरी करवा सकते हो?"

अब तक मेरा धैर्य एकदम चुक गया था। मेरे मन में न उसका भय रह गया था, न लिहाज। झपटकर बोला, "इतनी हेराफेरी करने की क्या आवश्यकता है! तुम्हारा बेटा डॉक्टर नहीं बन सकता तो न सही। जो बन सकता है, वही क्यों नहीं बनने देते उसे?"

"देखो", इस बार वह बहुत धैर्य से बोला, "जो कुछ उसे बनना है, सो तो वह बनकर ही रहेगा, कोई उसे रोक नहीं पायेगा। पर किसी सम्मानजनक पेशे की आड़ भी तो होनी चाहिए।"

मैं रामलुभाया की बात की गहराई तक नहीं जा पाया।

"मैं समझा नहीं," मैंने कहा।

"तुमसे यही अपेक्षा थी", वह बोला, "देखो बनना तो है उसे बड़ा आदमी।

आदमी बड़ा होता है पैसे से। पैसा तो कमा ही लेगा, चाहे इनसानियत का गला घोंटकर कमाये या कानून की हत्या करके। पर घर के बाहर बोर्ड लगाने को भी तो कोई पेशा होना चाहिए।"

"सम्मानजक पेशे तो और भी बहुत सारे हैं।" मैंने कहा।

"और क्या हैं?" उसने मुझे झाड़ा, "मास्टरी? जिससे पनवाड़ी अपनी दुकान में झाड़ू नहीं लगवाता, वह मास्टर हो जाता है।"

उसकी बात सुनकर मुझे इतना क्रोध आया कि बस जूते से ही बात करूँ। पर सोचा, जूता चल गया तो तर्क के लिए अवकाश नहीं रह जायेगा। पहले तर्क कर लूँ, जूता तो बाद में भी चल सकता है।

मैंने पूछा, "तुम जानते हो कि कोई भला आदमी अपने बच्चे को स्कूल-टीचर क्यों नहीं बनाना चाहता या कोई समझदार लड़का स्वयं अध्यापक क्यों नहीं बनना चाहता?"

"लौंडों की पिटाई के डर से," रामलुभाया एकदम निश्चित था, "तुम मुझे जो पट्टी पढ़ाना चाहते हो, मेरी उसमें रुचि नहीं है। सच्चाई में जानता हूँ और उसी में विश्वास करता हूँ।...सम्मानजनक पेशे केवल दो हैं—एक डॉक्टर का और दूसरा इंजीनियर का। इतने सब लोग गधे हैं क्या, जो अपने बच्चों को डॉक्टर या इंजीनियर बनाने के लिए मर रहे हैं?"

"देखो रामलुभाया!" मैंने कहा, "किसी देश या समाज को केवल डॉक्टरों और इंजीनियरों की ही जरूरत नहीं होती। और भी बहुत तरह के काम होते हैं और वे भी उतने ही सम्मानजनक हैं।"

"तो तुम्हें क्या परेशानी है?" उसने पूछा।

"परेशानी यह है कि आजकल प्रत्येक प्रबुद्ध परिवार में दो ही बच्चे होते हैं। उनके माता-पिता एक को डॉक्टर बनाना चाहते हैं, एक को इंजीनियर। या तो वे डॉक्टर और इंजीनियर बन नहीं पाते, इसलिए हताश हो जाते हैं या फिर वे डॉक्टर और इंजीनियर बनकर इंग्लैंड, अमरीका चले जाते हैं, और तब देश हताश हो जाता है।"

वह बिना कुछ कहे-सुने उठ खड़ा हुआ तो मेरी बाँछें खिल गयीं। क्यों न खिलतीं। मैंने एक दुष्ट व्यक्ति को हताश कर दिया था। नहीं तो वह किसी-न-किसी को भ्रष्ट करता ही और नालायक बेटा डॉक्टर बनकर जाने कितने लोगों को संसार से ही स्मगल करा देता!

पर समाचारपत्र में मेडिकल कॉलेज के सफल प्रवेशार्थियों की सूची देखकर में हताश हो गया। रामलुभाया का बेटा सफल हो गया था।

"यह चमत्कार कैसे हो गया?" मैंने रामलुभाया से पूछा।

"रिश्वत!" वह शान्ति से सिगरेट का धुआँ उड़ाता रहा।

"रिश्वत किसे दी?" मैंने हैरान होकर पूछा, "सुना है, इस बार सारा काम कम्प्यूटर से हुआ है।"

"कम्प्यूटर को ही रिश्वत दी है।" वह मुस्कराया।

"कम्प्यूटर रिश्वत कैसे ले सकता है?" मैं चकित था।

"कम्प्यूटर जब अमरीका से चला तो मैंने प्रयत्न शुरू कर दिया। पर उसने रिश्वत नहीं ली। मैं सारे रास्ते उसे नोट दिखाता रहा, पर वह उसे चरित्रहीनता ही कहता रहा। पर अपने प्यारे देश की सीमा में प्रवेश करते ही उसके तेवर बदल गये। वह बाकायदा सौदा करने लगा। मैंने रकम कुछ बढ़ा दी और उसने झट से नोट पकड़ लिये। अपना देश जरा धार्मिक देश है न!"

मैं मान गया, रामलुभाया का बेटा स्मगलर ही बन सकता था।

बेटा, बेटी का समान

"मैं बेटी को दसवीं तक पढ़ाऊँगा और उसकी शादी कर दूँगा।"

मैं हैरान, "क्यों भाई! बेटे को डॉक्टर बनाने के लिए तो एड़ी-चोटी का जोर लगा रहे हो और बेटी को केवल दसवीं तक पढ़ाओगे?"

"उसे कौन-सी नौकरी करनी है।"

"नौकरी नहीं करेगी तो क्या करेगी?" मैंने पूछा।

"अरे चलो। मेरी नाजो पली बिट्टो नौकरी करेगी। वह तो राज करेगी, राज!" वह बोला।

"दसवीं करके कैसे राज करेगी!" मैंने आपत्ति की, "ससुराल में बर्तन घिसेगी, झाड़ू-चौका करेगी, खाना पकायेगी, सब की सेवा करेगी।"

"क्यों?" उसकी त्योरियाँ चढ़ गयीं, "ऐसा लड़का चुनूँगा, जो उसे सिर-आँखों पर रखेगा। डॉक्टर चुनूँगा तो अपने-आप डॉक्टरानी हो जायेगी। इंजीनियर चुनूँगा तो इंजीनियरनी हो जायेगी। प्रोफेसर चुनूँगी तो प्रोफेसरनी हो जायेगी।"

उसका यह शार्ट-कट तो मुझे भी चमत्कृत कर गया। क्या आसान रास्ता है लड़कियों के लिए—दसवीं के बाद वे कुछ भी बन सकती हैं।

"पर दसवीं पास लड़की से कोई डॉक्टर या इंजीनियर विवाह करेगा ही क्यों?" मैंने पूछा, "आखिर उनकी भी तो लड़की से कोई अपेक्षा होगी।"

"लड़की से क्या अपेक्षा होती है।" रामलुभाया ने कहा, "सुन्दर है। अच्छे घर की है। लिख-पढ़ लेती है। दसवीं पास है। अपनी देखभाल में नौकरी से घर का सारा काम करा सकती है।...किसी लड़की से और क्या अपेक्षा हो सकती है।"

"जिस लड़की का चित्र तुम खींच रहे हो", मैंने अपने मन की बात कही, "वह न तो अपनी आजीविका कमा सकती है, न शारीरिक श्रम कर सकती है। न वह बौद्धिक तोष दे सकती है। वह तो बोझ है, बोझ। तुम अपनी बेटी को किसी का बोझ बनने के लिए तैयार कर रहे हो।"

"तुम मेरी बेटी के विषय में ऐसी बात कैसे सोच सकते हो?"

"तुम्हारी बेटी के विरुद्ध मेरे मन में कुछ नहीं है।" मैंने स्पष्टीकरण दिया, "मैं तो तुम्हारी बात का तर्क-संगत निष्कर्ष तुम्हारे सामने रख रहा हूँ।" और सहसा मुझे एक नयी बात सूझी, "उसके लिए तगड़ा दहेज तैयार कर रखा है क्या?"

"नहीं। एकदम नहीं।" वह ऐसे तमतमा गया, जैसे मैंने उसकी कोई दुखती रग छेड़ दी हो, "मैं एक पैसा दहेज में नहीं दूँगा। मैं ऐसी सारी पुरानी सड़ी-गली प्रथाओं को उखाड़ फेंकूँगा। मैं बेटे और बेटी में कोई अन्तर नहीं मानता। जब बेटे के विवाह में कोई दहेज नहीं देता, तो बेटी के विवाह में दहेज क्यों? मैं एक पैसा नहीं दूँगा।"

"तुम बेटे और बेटी को बराबर मानते हो?" मैंने जिरह शुरू की।

"एकदम!"

"बेटे को तो तुम डॉक्टर बनाने के लिए आकाश-पाताल एक करने पर तुले हो। उसका भविष्य बनाने के लिए तुम हजारों, शायद लाखों रुपये खर्च करने को तैयार हो; पर बेटी को तुम दसवीं से आगे नहीं पढ़ा रहे। दोनों बराबर हैं क्या?"

"मेरी दृष्टि में तो दोनों बराबर ही हैं।" वह अपनी बात पर अडिग रहा, "बेटे को भगवान् ने नौकरी करने के लिए बनाया है और लड़की को ब्याहने के लिए। बेटे का कैरियर नौकरी में है और लड़की का विवाह में।"

"लड़का अपना और अपने परिवार का भरण-पोषण स्वयं करेगा और लड़की का भरण-पोषण?" मैंने पूछा।

"उसका पति करेगा।"

"तो जो आदमी जीवन-भर उसका भरण-पोषण करेगा, वह उसके बदले में आरम्भ में ही दहेज माँगे तो क्या बुरा है। आजीविकाविहीन बेसहारा लड़की को दहेज की बैसाखी तो देनी पड़ेगी।"

उसकी आँखें जलने लगीं, "तुम दहेज के समर्थक हो?"

"नहीं। मैं दहेज का समर्थक नहीं हूँ।" मैं बोला, "पर मैं बेटे और बेटी के समान अधिकारों का समर्थक हूँ। तुम बेटे की आर्थिक आत्मनिर्भरता पर इतना खर्च कर रहे हो तो बेटी की आत्मनिर्भरता के लिए कुछ खर्च क्यों नहीं करते?"

"तुम चाहते हो, मैं अपनी खून-पसीने की कमाई दहेज के नाम पर बेटी को दे दूँ और उसके ससुरालवाले उसका माल हजम कर, उसे मार-पीटकर घर से निकाल दें?" मैं उसकी बात समझ गया। वह बेटी और बेटे में कोई अन्तर नहीं करता, इसीलिए बेटी की पढ़ाई पर कुछ खर्च नहीं करेगा, और न अपने घर से विदा करते हुए उसे कुछ देगा...

सहसा मुझे एक बात सूझी : "तुम्हारे पास कुल सम्पत्ति कितनी है—जायदाद और नकद?"

"क्यों? क्यों पूछ रहे हो? इनकम टैक्स में फँसाने के लिए?"

"नहीं! मैं तो यह अन्दाज लगाना चाह रहा था कि तुम अपनी सम्पत्ति में कितना अंश अपने बेटे को और कितना अपनी बेटी को दोगे?"

उसने तमककर मुझे देखा, जैसे मैंने उसे कोई गाली दे दी हो। बोला, "बेटी का

सम्पत्ति से क्या सम्बन्ध? वह पराया धन है, दूसरे घर में चली जायेगी। उसे अपनी सम्पत्ति का अंश क्यों दें?"

"क्यों, वह तुम्हारी सन्तान नहीं है?" मैंने उसे डपट दिया, "तुमसे उत्तराधिकार में उसे कुछ नहीं मिलेगा?"

"उत्तराधिकार में मिलेगा आशीर्वाद।" उसने कुछ इस भंगिमा में कहा, जैसे हिन्दी फिल्मों में न्यायाधीश अपने निर्णय की घोषणा करते हैं, "बेटी को सम्पत्ति में से हिस्सा देने का अर्थ है, आप जानते-बूझते अपनी सम्पत्ति दूसरे के हाथ में दे रहे हैं। जो नकद जायेगा, वह उसके पति और उसके माँ-बाप हथिया लेंगे। मकान में उनको हिस्सा दो, तो वह पराया पुरुष और उसका परिवार वहाँ आ फँसेगा। बेटी का वहाँ है ही क्या?"

वह मुझे इस प्रकार घूर रहा था जैसे नॉक-डाउन किये गये प्रतिद्वन्द्वी को विजयी मुक्केबाज देखता है। उसकी दृष्टि पुकार-पुकारकर पूछ रही थी, 'और उलझेगा मुझसे?'

पर संयोग से इस बार उसकी बात से मैं तनिक भी हत्प्रभ नहीं हुआ था। बोला, "बेटे को दोगे अपनी सम्पत्ति या नहीं?"

"बेटे को तो देंगे ही। बेटे को नहीं देंगे तो क्या छाती पर धरकर ले जायेंगे?"

"तो एक परायी लड़की को लाकर घर की मालकिन बना दोगे या नहीं? तुम्हारा धन उस परायी लड़की और उसके बच्चों पर खर्च होगा या नहीं? तुम्हारे मकान में वह परायी लड़की और उसके बच्चे रहेंगे या नहीं?"

मुझे लगा कि उसके मुँह में एक मोटी-सी गाली जन्मी है; और उसे अभी-अभी वह मेरे मुँह पर थूकनेवाला है। पर वह मुँह में आये पदार्थ को सायास निगल गया, "वह लड़की मेरी बहू होगी और वे बच्चे मेरे बेटे का रक्त होंगे।"

"बेटी को दोगे तो वह पराया पुरुष तुम्हारा दामाद और उसकी सन्तान तुम्हारी बेटी का रक्त होंगे।" मैंने कहा।

वह थोड़ी देर चुप रहकर मेरी ओर देखता रहा, जैसे असमंजस में हो कि इस विवाद को आगे बढ़ाना चाहिए या नहीं; और फिर जैसे समझौता-सा करते हुए बोला, "तुम क्या चाहते हो?" और फिर न जाने कहाँ से कोई छोटा-मोटा ऊर्जा का स्रोत फूटा, "तुम जानते हो कि वंश बेटे से चलता है, बेटी से नहीं। मेरी बहू मेरा वंश बढ़ायेगी, मेरी बेटी किसी और का वंश आगे चलायेगी।"

"यह समाज की व्यावहारिक व्यवस्था है।" मैंने कहा, "वंश किसी एक के नाम पर ही चलता है। पहले स्त्री के नाम पर चलता था, अब पुरुष के नाम पर चलता है। उसका विरोध मैं नहीं कर रहा। मैं तो तुम्हारी उस बात पर विचार कर रहा हूँ कि तुम बेटे और बेटी में कोई भेद नहीं मानते।"

"कहाँ मानता हूँ।" वह अपनी पूँछ को निगलनेवाले साँप के समान वर्तुलाकार हो गया, "मैंने दोनों से एक समान प्रेम करता हूँ।"

"बेटी की पढ़ाई पर तुम कुछ खर्च करना नहीं चाहते।" मैंने कहा, "उसे आजीविका कमाने में आत्मनिर्भर करने के लिए न तुम धन खर्च करना चाहते हो, न श्रम करना चाहते हो। उसे अपनी सम्पत्ति में से हिस्सा भी नहीं देना चाहते। तो उसे ससुराल में स्थापित करने के लिए दहेज दोगे क्या?"

"दहेज तो समाज का कलंक है। दहेज क्यों दूँगा?" वह जैसे फट पड़ा।

"अपनी बेटी को आर्थिक दृष्टि से तुम कमजोर बना रहे हो तो उसे सबल बनाने का प्रयत्न कौन करेगा? दहेज की कलुषित प्रथा के आर्थिक कारणों को दूर नहीं करोगे तो वह प्रथा समाप्त कैसे होगी?"

"हमारे संकल्पों से।" वह बहुत आश्वस्त था, "हम शपथ लेंगे कि न हम दहेज लेंगे, न देंगे।"

"यह संकल्प तो अनेक बार हो चुका।" मैंने कहा, "पर मायकेवालों की ओर से लड़कियों के साथ किया जानेवाला आर्थिक अन्याय समाप्त नहीं किया जायेगा तो ससुरालवालों का शोषण कैसे दूर होगा?"

"नारों से, जुलूसों से, धरनों से, प्रदर्शनों से।" उसने मुट्ठी बाँधकर आकाश की ओर उछाली, "हम दहेज विरोधी प्रस्तावों पर अपने रक्त से हस्ताक्षर करेंगे।"

मैं समझ गया कि यह रामलुभाया अपनी अँगुली में एक पिन चुभोकर अपने रक्त की एक बूँद से अपनी बेटी के सारे आर्थिक अधिकारों को धो डालना चाहता है। समाज में फैले अन्याय तथा अत्याचार के विरुद्ध लड़ने, स्त्रियों को शारीरिक, गानसिक, शैक्षणिक, आर्थिक तथा कानूनी मोर्चों पर सशक्त बनाकर उनके विरुद्ध होनेवाले अत्याचारों को रोकने की इसकी कोई इच्छा नहीं है। वह तो एक आदर्शवादी नारे को उछालकर अपने न्याय-शून्य स्वार्थ की रक्षा करना चाहता है। मेरा निश्चित मत है कि समय आने पर वह अपने बेटे के ससुराल से दहेज की माँग भी अवश्य करेगा; हाँ! उसके तर्क बदल जायेंगे।

नया व्यवसाय

रामलुभाया को आजकल एकदम अवकाश नहीं है। इतना भी नहीं कि अपने जूतों से तस्मे बाँध सके और आस्तीन के बटन लगा सके। जब देखो, इंजन के समान धड़धड़ाता हुआ निकलता है और एक उजड्ड-सा नमस्कार मेरी ओर उछालकर भागता-दौड़ता, अपने-आपको ठेलता-ढालता, बस में चढ़ा देता है। मैं अपने दरवाजे पर खड़ा हैरान-परेशान अवसर की ही बाट जोहता रह जाता हूँ, कि किसी प्रकार उससे यह पूछ सकूँ कि वह रोज जंगली सूअर के समान, सिर झुकाये कहाँ भागता जाता है।

यही रामलुभाया पिछले सप्ताह तक घंटों अपने दरवाजे पर खड़ा, प्रत्येक आने-जानेवाले को बलात् रोक, उसका हाल-चाल पूछता और महँगाई, राजनीति और फिल्मों की बातें करता था। जिसको कहीं जाने की जल्दी होती, वह दूर से ही रामलुभाया को देखकर, अपना रास्ता बदल लेता था।...और अब वही रामलुभाया है कि सुबह-ही-सुबह, जेट विमान के समान ऐसी उड़ान भरता है कि गयी रात तक घर में लैंड ही नहीं करता।

मेरी पत्नी ने बताया कि श्रीमती रामलुभाया कह रही थीं कि इन्होंने नया बिजनेस शुरू किया है; इसलिए बहुत भाग-दौड़ में रहते हैं। मैंने मान लिया कि नया-नया काम है, जमाने में लगा होगा। आरम्भ में तो मेहनत करनी ही पड़ती है। पर उसी शाम मेरा बेटा समाचार लाया कि उसने रामलुभाया अंकल को शान्ति-पथ पर एक जुलूस के आगे-आगे नारे लगाते हुए, जाते देखा है। वे लोग किसी दूतावास पर प्रदर्शन करने जा रहे थे।

मैं समझ गया कि रामलुभाया अपनी पत्नी से झूठ बोल रहा है। राजनीति में फँस गया है और पत्नी को नये व्यवसाय का झाँसा दे रहा है।...पर पत्नी से कौन झूठ नहीं बोलता। पत्नी को सब-कुछ सत्य-सत्य बता दिया जाये, तो गृहस्थी एक दिन भी न चले; और चले तो क्लेश की बैसाखी पर ही चले।

पर मेरी पत्नी इस बात पर अड़ी रही कि श्रीमती रामलुभाया की सूचना गलत नहीं है। रामलुभाया ने सचमुच नया व्यापार शुरू किया है और वह उससे काफी पैसा बना रहा है। ऐसा न होता, तो रोज रात को वह अपनी पत्नी को नोटों की गड्डियाँ कैसे पकड़ाता।

मुझे अपनी पत्नी से सहमत होना पड़ा। रामलुभाया झूठा हो सकता था, पर नोटों की गड्डियाँ झूठ नहीं बोल सकतीं।

अपनी जिज्ञासा का समाधान करने के लिए मुझे रामलुभाया को ही पकड़ना पड़ा।

सुबह-सुबह वह बस अड्डे की ओर भागा जा रहा था। मैं भी साथ-साथ भागा, "रामलुभाया, तुमसे एक बात करनी है।"

उसने बहुत साफ शब्दों में कहा, "इस समय मुझे अवकाश नहीं है।"

"बड़ी आवश्यक बात है।" मैं घिघियाया।

"एप्वाइंटमेंट ले लो।" उसने चलते-चलते ही बहुत गम्भीरता से कहा और अपनी आस्तीन के बटन बन्द करने लगा।

मैंने चौंककर उसे ऐसे देखा, जैसे तोते के पिंजरे में कोई उल्लू बैठा दिखायी पड़ गया हो।

"एप्वाइंटमेंट?" मेरे मुँह से अनायास ही निकल गया।

"हाँ! एप्वाइंटमेंट!" वह बस अड्डे की ओर भागता ही जा रहा था।

जी में तो आया कि चप्पल उतार लूँ और कस-कसकर दो लगाऊँ उसको। क्या पिद्दी और क्या पिद्दी का शोरबा। लाट साहब हो गया है रामलुभाया। अब उससे यह पूछना हो कि वह क्या काम रहा है, तो उससे एप्वाइंटमेंट लो!

पर वह इतना गम्भीर था कि मैं डर गया कि कहीं यह न कह दे कि एप्वाइंटमेंट मेरी सेक्रेटरी ले लो।

उसने वैसे ही भागते-दौड़ते अपनी जेब से डायरी निकाली और कुछ पृष्ठ पलटकर बोला, "कल प्रातः आठ और साढ़े आठ के बीच का समय खाली है। सूट करेगा?"

उसके व्यवहार से मैं अपनी ही नजर में बहुत छोटा हो गया था। मन में आया कि उसे 'सर' कहकर सम्बोधित करूँ। पर किसी प्रकार अपनी हीनभावना को स्थगित कर बोला, "पर रामलुभाया! तुम तो प्रातः आठ बजे ही बस पकड़ लेते हो। कल घर पर रहोगे क्या?"

"नो-नो-नो!" उसने अपनी तर्जनी उठायी, "बस में ही बात करेंगे। वैशाली से लाल किले तक का समय तुम्हारा है। लाल किले से आगे मैंने किसी और को समय दे रखा है।"

मैं उजबक-सा उसे देखता ही रह गया; और वह, सामने जाकर थमी बस में सवार हो गया।

अगले दिन मैंने उसे बस में ही पकड़ा। संयोग से उसके साथवाली सीट खाली थी। उसने बड़े सम्मान से मुझे उस पर बैठाया, जैसे कोई अपने दफ्तर में आये अतिथि को बैठाता है।

मैंने अपनी डायरी और पेंसिल सँभाली और इंटरव्यू की शैली में पूछा, "आजकल आप क्या कर रहे हैं?"

"बिजनेस!" उसने संक्षिप्त-सा उत्तर दिया।

"बिजनेस में क्या?" मैंने विस्तार से जानना चाहा।

"एक आन्दोलन चला रहा हूँ।" उसके आत्मविश्वास के सामने मैं ही डगमगा गया।

"यह कोई व्यवसाय हुआ?" साहसकर किसी प्रकार मैंने कह ही दिया।

"कोई फैक्टरी चलाता है तो व्यवसाय होता है और कोई आन्दोलन चलाता है, तो वह व्यवसाय नहीं होता?"

मैंने उसका तर्क स्वीकार कर लिया, "किस प्रकार का आन्दोलन चला रहे हैं आप?"

"विश्व-शान्ति का आन्दोलन।"

मैंने परेशान होकर उसे देखा : पगला तो नहीं गया रामलुभाया! पत्नी लड़ पड़े तो वह तो इससे शान्त होती नहीं; और यह विश्व-शान्ति का आन्दोलन चला रहा है।

उसे उसकी औकात याद दिलाने के लिए, मैं अनौपचारिक हो उठा, "उसके लिए क्या करते हो तुम?"

"हम प्रदर्शन करते हैं।"

"क्या नारे लगाते हो?"

"युद्धबाजों का नाश हो। एटमी हथियारों की होड़ बन्द करो।"

"कल किस दूतावास पर गये थे?"

"यह तो मैंने देखा नहीं।" वह बोला।

"आज कहाँ जा रहे हो?"

"मैंने पूछा नहीं।"

"यह तुम्हारी राजनीति है?"

"नहीं! व्यवसाय है।" उसने मुस्कराकर सिगरेट सुलगा ली, एक ग्राहक आता है और कहता है, "हमें प्रदर्शन करवाना है...।"

मैं चौंका : तो यह है आपका व्यवसाय!

"दूसरों के कहने पर प्रदर्शन करते हो?" मैंने उसे धमकाया।

"दूसरों के नहीं", उसने मेरी भूल सुधारी, "फिनांसर के कहने पर। हम ठेका लेते हैं। जितना जोरदार प्रदर्शन कोई चाहता है—उतने आदमी भेज देते हैं। उसी हिसाब से नारे लगाते हैं...।"

"नारे के बच्चे!" मैंने उसे डाँटा, "किसी मित्र देश के दूतावास पर प्रदर्शन किया, तो बन्द कर दिया जायेगा।"

"कच्ची गोलियाँ नहीं खेलते।" वह बोला, "हिंस्र प्रदर्शन नहीं करते हम! पत्थर

फेंकवाने और शीशे तुड़वाने का काम दूसरा ठेकेदार करता है।"

"अच्छा! ऐसे ठेकेदार भी हैं?" मैं हैरान होकर पूछा।

"ठेकेदार तो आग लगवानेवाले भी हैं।" उसने बताया, "उसमें पेमेंट तो अच्छी है, पर ऑर्डर कम मिलते हैं। मैं सोचता हूँ, ऐसा काम करो जिसमें ग्राहक अच्छा मिलता हो। अब यह विश्व-शान्ति का आन्दोलन ही लो," उसने मुझे देखा, "यह अच्छा ऑर्डर है। हम किसी का विरोध नहीं कर रहे। किसी को बदनाम नहीं कर रहे। हम तो शान्ति का प्रचार कर रहे हैं। चाहे जिस दूतावास पर करवा लो। पक्ष में करवा लो, विपक्ष में करवा लो। सड़क पर जुलूस निकलवा लो। मैदान में जलसा करवा लो। हमारा, नारों का एक ही सेट काम में आ जाता है। पोस्टर भी नये नहीं छपवाने पड़ते। इसकी बड़ी माँग है। आखिर शान्ति कौन नहीं चाहता।"

"सरकार-विरोधी प्रदर्शन भी करते है?" मैंने पूछा।

"अच्छी पेमेंट होने पर कर भी लेते हैं।" वह बोला, "पर मेरी कोशिश यही होती है कि सरकारी समर्थनवाले प्रदर्शनों का ज्यादा ऑर्डर लूँ।" उसने सिगरेट का धुआँ छोड़ा, "उसमें आदमी अधिक मिल जाते हैं। पेमेंट तो अच्छी है ही, साथ में सुविधाएँ भी अधिक हैं।"

"केवल राजनीतिक प्रदर्शन ही करते हो?"

वह हँसा, "यह सब तो हमारे राजनीतिक अनुभाग में होता है। सामाजिक अनुभाग के ऑर्डर अलग हैं। दहेज विरोधी प्रदर्शन। अन्तर्जातीय विवाह के समर्थन में प्रदर्शन। डॉक्टरों को नौकरी दिलवाने के लिए प्रदर्शन। वेतन बढ़वाने के लिए प्रदर्शन। महँगाई-विरोधी प्रदर्शन...।"

"बस-बस!" मैं उसकी सूची से घबराने लगा था।

"अरे यह क्या है", उसने बताया, "हमारा धार्मिक अनुभाग तो प्रभात-फेरियाँ करवाता है। धार्मिक समारोहों के लिए श्रोता जुटाता है।" उसने आँख मारी, "पिछले दिनों तो मैंने कई नगरों में दूरदर्शन केन्द्र खुलवाने के पक्ष में प्रदर्शन करने के लिए ठेके लिये हैं। टी.वी. उत्पादकों और उनके डीलरों ने अच्छी पेमेंट की है।"

मैं चकित दृष्टि से उसे देखता रहा।

"इधर कुछ पौधशालावालों से बातचीत चल रही है।" उसने बताया।

"वह किस सिलसिले में?" मैं कुछ समझ नहीं पाया।

"पेड़ लगाओ आन्दोलन चलाने का ठेका है। सरकार ने माँग मान ली तो पौधशालावालों के भी वारे-न्यारे हो जायेंगे।' उसने रुककर मुझे देखा और हँसा, "एक बड़ा मजेदार ठेका मिला है।"

"कैसा ठेका?"

"एक किरायेदार मकान खाली नहीं कर रहा। मालिक-मकान चाहता है कि उसे मुहल्ले में बदनाम कर दिया जाये।"

"तो तुम उसमें क्या करोगे?" मैंने पूछा।

"हम उसके घर पर उसकी फैक्टरी के मजदूरों का प्रदर्शन करवायेंगे; और पिछले छह महीनों का वेतन न मिलने की शिकायत करेंगे।"

"पर उसने वेतन तो दे दिया है न?"

"एकदम!"

"तो वे मजदूर झूठ बोलेंगे?" मैंने कहा, "और फिर उनकी अपनी यूनियन होगी! वे तुम्हारे कहने पर प्रदर्शन क्यों करेंगे?"

"बड़े भोले हो।" वह मुस्कराया, "अरे उसकी फैक्टरी के मजदूरों को लाने कौन जा रहा है। हम तो अपने आदमी भेजेंगे। उसके पड़ोसी फैक्टरी के मजदूरों को पहचानते हैं क्या! किसी को क्या पता कि हम कौन हैं। जब तक पुलिस को खबर हो, हम अपना डोरी-डंडा समेटकर चल देंगे।"

"तुम तो वैज्ञानिक हो रामलुभाया!" मैंने उसकी प्रशंसा की, "तुमने तो बहुत सारे नये आविष्कार कर डाले हैं।"

"नहीं!" उसने मेरी बात का प्रतिवाद किया, "मैं तो केवल एक व्यवसायी हूँ।" उसने बस की खिड़की से बाहर झाँका, "अच्छा! तुम अब चलो। लालकिला आ गया है। यहाँ से किसी और का एप्वाइंटमेंट है मेरे साथ।"

असभ्य

"अरे, तुम अपना घर होते हुए भी होस्टल में पड़े हो?" मैंने देखा वह अपने अन्तरंग कपड़ों में, चारपाई पर लेटा, अपने विद्यार्थी जीवन के ही समान पुस्तकों का ढेर लगाये, पढ़ रहा था।

"विवाहित हूँ न इसलिए।" उसने बताया।

"विवाहित होने पर ही तो गृहस्थी का सुख होता है; और तुम अनाथ-से यहाँ पड़े हो।"

"मुझे पढ़ना-लिखना होता है भाई।"

"हाँ! हाँ! बीच-बीच में पत्नी चाय-पानी पूछती रहेगी।" मैंने कहा, "समय पर भोजन मिलेगा। द्वार की घंटी बजे तो वह देख लेगी कि कौन आया है। फोन बजेगा तो बता देगी कि 'वे अभी पढ़ रहे हैं।' तभी तो चैन से पढ़-लिख पाओगे।"

"तुम पत्नी की बात कर रहे हो या प्राइवेट सेक्रेटरी की?" उसने भौचक हो मुझे देखा, "ऐसी पत्नी हिन्दी फिल्मों के बाहर कहीं मिलती हो, तो एक मुझे भी दिलवा दो।"

"लगता है तुम्हारा अपनी पत्नी से झगड़ा हो गया है।" मैं बोला, "चलो उठो। कुछ सभ्य बनो, तो मैं भाभी से तुम्हारा समझौता करवा दूँ।"

"अच्छी है यह सभ्यता भी।" वह बोला, "आदमी कमीज उतारकर किल्ली पर टाँग दे तो सभ्यता भी उसे छोड़कर किल्ली पर टँग जाती है।"

"अच्छा! बातें मत बनाओ।" मैंने कहा, "कहाँ टाँग रखी है सभ्यता! पहनो उसे। पत्नी ने न तो इतना रुष्ट रहना चाहिए, न उससे इस प्रकार डरना चाहिए।"

"मुझे तो तुम कमीज के ऊपर कोट भी पहना लोगे तो मैं सभ्य नहीं बन पाऊँगा।"

"क्यों?"

"क्योंकि मैं सभ्य लोगों का आचारण नहीं सीख पाऊँगा।"

"क्या मतलब?"

"अरे भाई! सभ्य आदमी वह होता है, जो अपना घर साफ कर कूड़ा पड़ोसी के घर फेंक दे। घर में कुत्ता पाले और मुँह अँधेरे उठकर पड़ोसियों के फाटक गन्दे करवा आये। नगर निगम के पानी की नली में छिपाकर बूस्टर पम्प लगाकर पानी

अपनी ओर मोड़ ले और पड़ोसियों को प्यासा मार दे।" उसने मेरी ओर देखा, "अब तुम बताओ कि ये सारे कीटाणु, जो मुझमें नहीं हैं, उन्हें कहाँ से अर्जित करूँ।"

"हूँ।" उसकी बात पूरी तरह मेरी समझ में आ गयी, "तुम्हारी स्थिति तो सचमुच बड़ी दयनीय है। वस्तुतः यह सारा दोष तुम्हारी शिक्षा-दीक्षा का है।"

"क्यों? मेरी शिक्षा-दीक्षा को क्या हुआ है?" उसने पहली बार डपटती हुई आँखों से मुझे देखा, "मैं सदा अच्छे अध्यापकों से पढ़ा हूँ। मेरे माता-पिता ने मुझे संस्कार दिये हैं।"

"तुम तो पागल हो," मैं बोला, "तुम पढ़े होगे, गाँव के उस मास्टर से, जिसने तुम्हें सिखाया होगा कि शिक्षा मनुष्य को भला आदमी बनाती है।"

"हाँ! तो इसमें क्या बुराई है?"

"बुराई-ही-बुराई।" मैंने बताया, "उसने यह तो तुम्हें सिखाया ही नहीं कि शिक्षा पैसे कमाने की कला का नाम है। असल में दोष उनका भी नहीं है। तब 'व्यावसायिक शिक्षा' का नारा किसी नेता ने नहीं दिया होगा। तब तक तो पुराने ढंग से चरित्र-निर्माण पर ही बल रहा होगा, तो तुम्हारा सत्यानाश तो होना ही था। अब तुम्हारी उम्र इतनी हो चुकी है कि तुम्हें किसी प्रकार के रिफ्रेशर कोर्स में नहीं डाला जा सकता।" मैंने निःश्वास छोड़ा, "अच्छा है कि तुम असभ्य ही बने रहो। कमीज किल्ली पर ही टँगी रहे और तुम अपना घर-परिवार छोड़कर होस्टल में लेटे किताबें चाटते रहो; और उन लड़कों को पढ़ाने के लिए लेक्चर तैयार करते रहो, जो कभी तुम्हारी क्लास में नहीं आयेंगे।"

संस्कृति और चालान

चलते-चलते अचानक मेरी गाड़ी के साथ भी वही हो गया, जो प्रायः सुधारवादी आन्दोलनों के साथ हो जाता है...अर्थात् गाड़ी खराब होकर बीच राह पर खड़ी हो गयी।

मैंने देखा कि मेरे आगे-पीछे, दायें-बायें बहुत-सी गाड़ियाँ शोर मचाती हुई धक्कम-पेल करती अपना-अपना मार्ग बनाने के प्रयत्न में खासी उलझ गयी थीं। चालकों की समझ में यह आ नहीं रहा था कि वे अपना मार्ग बनाने के प्रयत्न में दूसरों के मार्ग में खड़े थे।

ट्रैफिक कांस्टेबल मेरी ओर बढ़ा तो मुझे कुछ शान्ति मिली। अब, सब-कुछ ठीक हो जायेगा। वह मेरी गाड़ी एक ओर किनारे लगाने में मेरी मदद करेगा। बाधा दूर हो जायेगी और ट्रैफिक चल पड़ेगा।...पर उसने ऐसा कुछ नहीं किया। बोला, "तुम्हारा चालान होगा। तुम ट्रैफिक जाम किये खड़े हो।"

मुझे उसकी दुष्टता पर क्रोध आ गया। बोला, "अभी यहाँ कोई बारात आ जायेगी। वे सारी सड़क रोके खड़े घंटाभर नाचते रहेंगे, उनका तो चालान नहीं करोगे। मेरी गाड़ी खराब हो गयी है तो उसका चालान करोगे?"

"देखो, चालान उनका होता है, जो भले आदमी होते हैं। कानून मानते हैं और चालान से डरते हैं। अब तुम शराब पीकर दंगा करने लगोगे, तो तुम्हारा चालान कौन करेगा।"

मुझे वह सिपाही काफी जागरूक लगा। मैंने पूछा, "बारातवालों का तो सार्वजनिक रूप से ट्रैफिक रोकने के लिए चालान होना चाहिए। वह क्यों नहीं होता?"

"बेटी तो सबकी साँझी होती है।" वह बोला, "तुम चाहोगे कि हम अपनी संस्कृति त्यागकर बेटी के विवाह में सहयोग न करें?"

"क्या मतलब?"

"बारात लड़कीवालों के घर ही तो जा रही होती है।" उसने बताया, "यदि हम बारात को रोक लें, लड़के और उसके बाप को हवालात में बन्द कर दें—तो किसी की बेटी का विवाह रुक जायेगा। क्या ये देश की संस्कृति के विरुद्ध नहीं होगा?"

"पर ट्रैफिक?"

"ट्रैफिक गया भाड़ में।" वह बोला, "देश की संस्कृति को देखें या ट्रैफिक

को?"

"क्या देश की संस्कृति कहती है कि शराब पीकर सड़क पर नाचो?" मैं भी कुछ नाराज हुआ।

"नहीं। देश की संस्कृति तो केवल नाचने के लिए ही कहती है। सारे विश्व में सांस्कृतिक कार्यक्रम के नाम पर लोग नाचते ही तो हैं।" वह बोला, "अब, जब बिना पिये वे नाच नहीं सकते, तो क्या करें। उन्हें पीनी पड़ती है।"

"ओ हो! मेरा विरोध न उनके नाचने से है न पीने से," बोला, "मेरी आपत्ति तो यह है कि वे सड़क पर क्यों नाचते हैं? ट्रैफिक क्यों रोकते हैं।?"

"जनसंख्या बढ़ गयी है," वह बोला, "घर में नाचने को जगह नहीं है, इसलिए सड़क पर नाचते हैं। अब हम उन्हें इस सांस्कृतिक कार्यक्रम से भी रोक दें क्या?"

"नहीं। जो शराब पीकर सड़क पर नाचते हैं, उनका चालान मत करो; जो सड़क पर टेंट लगाकर ट्रैफिक रोकते हैं, उनका चालान मत करो। मेरा चालान करो, जिसकी गाड़ी संयोग से खराब हो गयी है।" मैं झल्लाकर बोला।

"तुम यह सिद्ध कर दो कि सड़क पर गाड़ी खराब होना भी संस्कृति का ही एक अंग है, तो हम तुम्हारा भी चालान नहीं करेंगे।" वह बोला, "अब और बहस मत करो, पर्ची थामो और जुर्माने के पैसे मेरे हवाले करो।"

मैं लाचार, और कर भी क्या सकता था।

किसका भय

"यह क्या कर रहे हैं महाराज?"

"मेरे घर में पूजा है न!"

"पूजा आपके घर में है; और बिजली का तार आप सड़क के खम्भे से खींच रहे हैं।?" मैंने उन्हें अच्छा नागरिक बनाना चाहा।

"सारी सड़क पर लाऊडस्पीकर लगाऊँगा। सारी रात जागरण होगा।" वे अत्यन्त प्रसन्न थे, "सबके कानों में प्रभु-नाम का अमृत टपकेगा। मेरे साथ-साथ मुहल्लेवाले भी पुण्य कमायेंगे।"

"आप अपने घर में पूजा का प्रबन्ध कर रहे हैं; यार सारे मुहल्ले की नींद हराम करने की तैयारी में है?" मैंने आपत्ति जतायी, "लाऊडस्पीकर लगाकर लोगों की सामान्य गतिविधि में विघ्न उपस्थित करना गैर-कानूनी भी है, समाज-विरोधी भी।"

"जब तक जागेंगे नहीं, ईश्वर-लाभ कैसे करेंगे?" उन्होंने पूछा, "कबीर साहब ने कहा है, 'दुखिया दास कबीर है, जागे और रोवे।'"

"जब उन्हें ईश्वर-लाभ करना होगा, वे जाग लेंगे। आप यह क्यों चाहते हैं कि सारा मुहल्ला आपकी पूजा से पीड़ित होकर जागे?" मैंने कुछ रोष से पूछा, "आप अपनी पूजा अपने घर तक ही सीमित नहीं रख सकते?"

"लो, भलाई का जमाना ही नहीं है।" वे बोले, "मैं सारे मुहल्ले को सुधारना चाहता हूँ जनाब।"

"सरकारी बिजली की चोरी करके?"

"हाँ।"

"मेरे कहने पर आपने अपने पाजामे का लटकता हुआ नाड़ा तक तो ठीक से खोंसना नहीं सीखा; और सारे मुहल्ले का सुधार आप जरूर करेंगे।" मैं अपना संयम खो रहा था।

"वह मेरा व्यक्तिगत मामला है।" वे बोले, "पाजामा मेरा है, नाड़ा भी मेरा है; खोंसूँ या लटकाऊँ—आपको क्या?"

"आपका लटकता हुआ नाड़ा मेरी आँखों में चुभता है।" मैं बोला, "वैसे तो धर्म भी व्यक्तिगत मामला है। उसे आप सार्वजनिक क्यों बना रहे हैं?"

"धर्म है तो व्यक्तिगत मामला ही।" वे मेरे निकट आकर धीरे से बोले, "पर यदि उसके नाम पर मैं सरकारी बिजली मुफ्त ले सकता हूँ; तो क्यों न लूँ।...धर्म के नाम पर बड़ी-बड़ी सरकारी जमीनें हड़पकर उन पर दुमंजिले-तिमंजिले मकान, ढेर सारी दुकानें और बाग-बगीचे बनवा सकता हूँ, तो क्यों न बनाऊँगा?"

"दुमंजिले-तिमंजिले मकान और दुकानों का क्या मतलब?" मैं भौचक होकर अपने मूल विषय से भटक गया, "सरकारी जमीन हड़पकर, उस पर तो पूजा-स्थल बनाया जाता है, भगवान् का घर।"

"हाँ।" वे हँसे, "एक-आध कोठरी तो भगवान् के नाम की भी छोड़नी ही पड़ती है। आखिर कोई ओट भी तो चाहिए। बाकी तो सब अपना-ही-अपना होता है। ठाठ से रहो, दुकानों को किराये पर चढ़ाओ और माल उड़ाओ।"

"सार्वजनिक हित में देश की भूमि अर्पित हो, तो हो, पर यह तो व्यक्तिगत स्वार्थ है।" मैं सचमुच अपने-आपको अज्ञानी महसूस करने लगा था, "सरकार उन्हें रोकती क्यों नहीं?"

"सैक्यूलर है न! इसलिए।" वे बोले।

"धार्मिक सरकार धर्म से डरे तो डरे, यह सैक्यूलर सरकार क्यों डरती है?"

"धर्म से कौन डरता है।" वे बोले, "धर्म के पाखंड से सब डरते हैं।"

"क्यों?"

"क्योंकि धर्म को तो राजगद्दी चाहिए नहीं।" उन्होंने बताया, "गद्दी छीनने का खतरा तो पाखंड से ही है न!"

अब तर्क व्यर्थ था। मैं उनसे डरकर अपने घर में घुस गया।

सुनना और देखना

"भाषा तो खराब और भ्रष्ट है ही; आपकी समाचार-वाचिकाएँ अनेक शब्दों का उच्चारण भी बहुत गलत करती हैं।" मैंने सामने बैठे दूरदर्शन के अधिकारी से कहा।

उन्होंने दृष्टि उठाकर मेरी ओर देखने का भी कष्ट नहीं किया। बोले, "राह चलते लोगों को हम अपनी निन्दा करने का अधिकार नहीं देते।"

"मैं निन्दा नहीं कर रहा।" मैंने अपने स्वर को मुलायम बनाया, (मुलायम से मेरा तात्पर्य मुलायम सिंह यादव कदापि नहीं है। पर यदि मैं इसके स्थान पर 'कोमल' शब्द का प्रयोग करता तो आपको भ्रम हो सकता था कि मैं कोमल बी. सिंह की चर्चा कर रहा हूँ) और बोला, "मैं तो मात्र समीक्षा कर रहा हूँ। उसका अधिकार मुझे है या नहीं?"

"नहीं।" वे कठोर मुद्रा में बैठे रहे, "अपने कार्यक्रमों की समीक्षा के लिए हम सदा उच्च-स्तरीय कमेटी की रिपोर्ट को ही महत्त्व देते हैं। और उस कमेटी ने कहा है कि हमारी भाषा में कहीं दोष नहीं है।" वे ताजा-ताजा खून पीकर सन्तुष्ट हुई जोंक के समान फूले हुए थे।

"आपकी कमेटी में कौन-कौन लोग हैं?" मैंने पूछा।

"बड़े-बड़े लोग हैं। तुम्हारे जैसा एक भी साधारण आदमी नहीं है।"

"बड़े-बड़े लोगों से आपका तात्पर्य धनी लोगों से है या उच्च अधिकारियों से?" मैं पूछे बिना नहीं रह पाया।

उन्होंने पहली बार दृष्टि उठाकर मुझे देखने का कष्ट किया, "आदमी न धन से बड़ा होता है, न ज्ञान से। आदमी बड़ा होता है आचरण से।"

"क्या मैं जान सकता हूँ कि आपकी कमेटी के बड़े-बड़े लोगों के आचरण में ऐसा क्या है, जो उनको बड़ा बना देता है?"

"वे तुम जैसा कोई घटिया काम नहीं करते। वे दूरदर्शन के स्थान पर केबल टी.वी. देखते हैं और दूरदर्शन की छोटी-मोटी त्रुटियों पर ध्यान नहीं देते। क्षमा बड़न को चाहिए..."

"यह जनतन्त्र है महाशय।" मैंने पैंतरा बदला, "दमित और दलित लोगों का युग है। किसी बड़े आदमी की बात आप सुनें या न सुनें; मेरी बात तो आपको सुननी ही पड़ेगी।"

मेरा बाण ठीक स्थान पर लगा था। वे कुछ अस्थिर हुए और बोले, "अच्छा

बताइये, किन शब्दों का गलत उच्चारण करती हैं हमारी समाचार-वाचिकाएँ?"

"आपकी एक वाचिका 'राष्ट्रपति' को 'राष्ट्रपाती', 'अमरीका' और 'अफ्रीका' को 'आमरीका' और 'आफ्रीका' कहती है। दूसरी 'प्रधानमन्त्री' और 'विधानसभा' को 'प्रदानमन्त्री' और 'विदानसभा' कहती है।..."

"उससे क्या फर्क पड़ता है?" उन्होंने मुझे टोक दिया, 'बात तो आपकी समझ में आ जाती है न?"

"मेरी समझ में कुछ नहीं आता।" मैंने कहा, "मैं तो बहुत दिनों तक यही समझता रहा कि 'राष्ट्रपाती' राष्ट्र के नाम किसी पत्र का नाम है। 'प्रदानमन्त्री' में मैं दान करनेवाला कोई मन्त्री समझता रहा। और 'विदानसभा' शब्द से बहुत से विधायकों को ही भ्रम हो गया है।"

"क्या भ्रम हो गया है?"

"वे समझते हैं कि उनका काम ही है, एक-दूसरे के टुकड़े-टुकड़े कर देना।"

"क्यों?"

"क्योंकि हिन्दी के शब्दकोश के अनुसार 'विदान' का अर्थ है—विभक्त करना, अथवा टुकड़े-टुकड़े करना।"

"ओह!" वे कुछ गम्भीर हुए, "तो विभिन्न विधानसभाओं में दंगा-फसाद हमारी समाचार-वाचिका के कारण ही हो रहा हैं।..." उन्होंने मेरी ओर देखा, "अच्छा! और भी कोई गलत उच्चारण करता है।?"

"आपकी एक वाचिका 'युवक' को 'युव्क', 'सदस्य' को 'सदस' और 'स्वास्थ्य' को 'स्वाथ्य' बोलती है। शायद उसके जबड़ों या दाढ़ों में दर्द रहता है, इसलिए उसका मुख नहीं खुलता। उससे 'प्रशिक्षण' बोला नहीं जाता, और 'छयासठ' को वह 'छाछठ' बोलती है।"

"ओह!" वे अत्यन्त पीड़ित दिखे; किन्तु सहसा उन्हें कोई पारसमणि मिल गयी। बोले, "आपकी यह शिकायत 'आकाशवाणी' से है या 'दूरदर्शन' से?"

"दूरदर्शन से!" मैंने कहा, "आकाशवाणीवाले तो प्रायः शुद्ध ही बोलते हैं।"

उनकी दृष्टि पुनः वक्र हो उठी, "आप इतना सुनते क्यों हैं? आप जानते नहीं कि दूरदर्शन देखने के लिए है। जिनकी आप त्रुटियाँ निकाल रहे हैं, वे सब 'दर्शनीय' हैं, बोलना और शुद्ध बोलना इत्यादि काम उनके हैं ही नहीं।" वे मेरी और इस मुद्रा में मुड़े, जैसे मुझे मार बैठेंगे, "अब यह मत कहियेगा कि ये वाचिकाएँ दर्शनीय भी नहीं रहीं, बीस वर्ष पहले रही हों, तो रही हों।"

"क्यों न कहूँ?" मैं पूछ ही बैठा, "जब कि सत्य यही है।"

"क्योंकि हम क्षत्रिय हैं। जो कर दिया, सो कर दिया। न भूल-सुधार करेंगे, न परिवर्तन स्वीकार करेंगे।" उन्होंने मुझे घूरकर देखा, "अब उठो और बाहर पाओ, अर्थात् गेट आउट। हमारी भाषा अनुवाद की भाषा है और यही रहेगी।"

उन्होंने अपनी गत्ते की तलवार से मेरी जिह्वा काट डाली थी।

मेरे मुहल्ले के फूल

मेरे मुहल्ले में फूल नहीं खिलते। नहीं। यह सत्य नहीं है। सत्य यह है कि मेरे मुहल्ले में खिलते हुए फूल भय से पीले पड़ जाते हैं।...बहुत दिनों तक मुझे अपने मुहल्ले में कोई खिला हुआ फूल दिखायी नहीं दिया था। उस दिन दिखायी दिया, तो मेरा ध्यान इस बात पर भी गया कि वह बेहद डरा और घबराया हुआ था।

"क्या बात है?" मैंने पूछा, "तुम हँसने और खिलखिलाने के स्थान पर भय से पीले क्यों पड़ गये हो?"

"तुम्हारे मुहल्ले में भगवान् के बहुत सारे भक्त हैं न, इसीलिए।"

"तुम भक्तों से डरते हो?"

"डरना ही पड़ता है।" वह धीमे स्वर में बोला, "इधर मेरे अधर मुस्कराये और उधर उनकी क्रूर अँगुलियों ने मुझे नोंच लिया। पूरी तरह खिलने भी नहीं देते।"

मैं जानता था कि प्रकृति झूठ नहीं बोलती; फिर भी मैंने के सत्य को परखना चाहा। एक रोज प्रातः कुछ जल्दी उठकर बाहर निकल आया। देखा कि पड़ोस में, ओझाजी के घर में लगी चमेली की बेल पर कोई झुका हुआ फूल चुन रहा है।

"क्या कर रहे हो?" मैंने पूछा।

वह पहले तो कुछ डरा, किन्तु फिर शोर हो गया, "पूजा के लिए फूल तोड़ रहा हूँ।"

"तुमने ओझाजी से अनुमति ली?"

"किस बात की अनुमति?"

"फूल तोड़ने की।"

उसने ढीठ होकर मेरी ओर देखा और फिर फूल तोड़ने लगा, "फूल भगवान् ने बनाये हैं। मैं उन्हीं की पूजा के लिए फूल तोड़ रहा हूँ। ओझाजी से किस बात की अनुमति लूँ?"

"वैसे तो तुम्हारा सिर भी भगवान् ने बनाया है।" मैंने कहा, "उसे तोड़ने के लिए मुझे किसी की अनुमति की आवश्यकता नहीं पड़ेगी।"

"क्या मतलब है तुम्हारा?" उसने घूरकर मुझे देखा, "तुम मुझे धमकी दे रहे हो?"

"नहीं।" मैं बोला, "मैं केवल यह बता रहा हूँ कि तुम जो कुछ कर रहे हो, उसका नाम चोरी है।"

"तुम मुझे चोर कह रहे हो?" उसने क्रुद्ध होकर पूछा।

"नहीं, मैं तुम्हें चोर नहीं कह रहा। केवल यह बता रहा हूँ कि जो कुछ तुम कर रहे हो, वह चोरी है।" उस पर मेरे कहने का उल्टा ही प्रभाव पड़ा। वह अब मुझे धमका रहा था, "भगवान् की पूजा के लिए फूल तोड़ना चोरी है? मुझे चोर कह रहे हो। पापी! पाखंडी! तुम इस धरती पर बोझ हो।"

मैं सहम गया। यह सब तो मैंने सोचा ही नहीं था। फिर भी मैंने साहस करके कहा, "यदि यह जमीन ओझाजी की है; उसमें पौधा ओझाजी ने रोपा है, सींचा है, उसे खाद ओझाजी या उनके माली ने दी है; तो उस पौधे पर लगे फूल ओझाजी की सम्पत्ति हैं। उनकी अनुमति के बिना उन फूलों को तोड़ना चोरी ही तो है।"

किन्तु मेरा तर्क उसे तनिक भी प्रभावित नहीं कर पाया। वह मुझे डाँटता हुआ बोला, "यह जमीन भगवान् की नहीं ओझाजी की है? इस पर जो पानी बरसा वह भगवान् ने यहीं, ओझाजी ने बरसाया था क्या? धरती के गर्भ में बीज की जिसने रक्षा की वह भगवान् नहीं, ओझाजी थे क्या? अब तुम बताओ, ये फूल भगवान् के नहीं तो किसके हैं?"

मैं अपने सारे तर्क भूल गया। मैं यह तो कह सकता था कि यह घर और यह प्लॉट, जिस पर यह मकान बना हुआ था, सरकारी कागजों में ओझाजी की सम्पत्ति है; किन्तु मैं यह कैसे कह सकता था कि धरती बनानेवाले और आकाश से जल की वर्षा करनेवाले तथा धरती के भीतर अंकुर की रक्षा करनेवाले भी ओझाजी ही थे। न तो मैं इतना नास्तिक हो सकता था; और न मेरा पड़ोसी-प्रेम इतना बड़ा झूठ बोलने का साहस दे पा रहा था।...और वह व्यक्ति था कि साहसी से दुस्साहसी होता जा रहा था।

"बताओ!" वह फिर बोला, "मैं चोर हूँ क्या?"

मैंने घबराकर सिर खुजलाया और कहा, "तुम्हें मैंने चोर नहीं कहा; किन्तु तुम यह बताओ कि तुम भगवान् हो क्या, जो भगवान् के फूल अपनी झोली में समेटे जा रहे हो। जिनके फूल हैं, उन्हें स्वयं लेने दो।"

वह भी मेरे ही समान भौचक रह गया, "मैं भगवान् का एक साधारण भक्त हूँ। भगवान् कैसे हो सकता हूँ। मैं तो केवल उनके फूल उन पर चढ़ा रहा हूँ।"

"अर्थात् भगवान् को धोखा दे रहे हो?"

"क्या मतलब?"

"उनकी ही चीज उन्हें उपहार में दे रहे हो, जैसे वह तुम्हारी सम्पत्ति हो।"

वह क्षणभर कुछ सोचता रहा और सहसा उसे कुछ याद आ गया। वह पहले के ही समान भड़ककर बोला, "याद रखो, तुमने मुझे चोर कहा है। एक शरीफ आदमी को चोर कहने का परिणाम जानते हो? मैं तुम्हें इसके लिए दंड भी दिलवा सकता हूँ।"

एक बार तो मैं सहम ही गया : क्या पता यह कौन है। हो सकता है कि यह कोई बड़ा सरकारी अधिकारी हो। कहीं पुलिस में ही न हो। किसी राजनीतिज्ञ का साला भी हो सकता है; और किसी बदमाश का मित्र भी...मैं व्यर्थ ही उसे छेड़ बैठा था। मुझे क्या पड़ी थी कि ओझाजी के फूलों की रक्षा के लिए उससे उलझ पड़ा। फूलों को तो वैसे भी मुरझाकर गिर ही जाना था...

उसने मुझे चुप देखा तो पराजित मानकर और धमकाया, “अब बोलते क्यों नहीं। मैं चोर हूँ क्या?”

पर अब तक मुझे भी ईश्वर की ओर से कुछ सद्प्रेरणा मिल चुकी थी। बोला, “नहीं, तुम चोर नहीं हो। तुम कुछ बड़ी चीज हो। भगवान् ने जो फूल ओझाजी की बाड़ी में खिलाये हैं; तुम उन्हें तोड़ने का दुस्साहस कर भगवान् की इच्छा का उल्लंघन भी कर रहे हो; और मुझसे लड़ भी रहे हो। इससे स्पष्ट है कि तुम चोर नहीं हो। तुम डाकू हो। तुम्हारे ही भय से मेरे मुहल्ले में फूल खिलने से डरते हैं।”

अहंकार का गुब्बारा

वे मेरे लेखन की प्रशंसा कर रही थीं और मुझे सराह रही थीं, "आप पुरुष हैं, इसलिए परम स्वतन्त्र हैं। जब जो चाहे कर सकते हैं।"

"आप नहीं कर सकतीं?" मैंने पूछा।

"नहीं भाई! हमारा तो परिवार है, समाज है।"

"पुरुष का परिवार नहीं होता है या वह समाज में नहीं रहता?"

"अब देखिये न!" वे बोलीं, "इन छुट्टियों में आपने अपना उपन्यास पूरा कर लिया और मुझे अपने पति के साथ हिल-स्टेशन जाना पड़ गया।"

"हाँ! आपके साथ बहुत मजबूरियाँ हैं।" सहसा ही मुझे ज्ञान-लाभ हो गया था, "अब छुट्टियों में हिल-स्टेशन तो जाना ही पड़ता है न!"

मेरा समर्थन पाकर वे प्रसन्न हो गयीं, "अब कोई लिखने के लिए, जीवन का सारा आनन्द छोड़ तो नहीं सकता न! पति का साथ है। फिर बच्चों के लिए मनोरंजन इत्यादि भी आवश्यक है। हम तो कुछ भी नहीं छोड़ सकते न!"

"बिल्कुल ठीक कह रही हैं आप।" उनका विरोध करने का साहस मुझमें नहीं था, "व्यक्ति अपने दायित्व निभा ले, अपनी इच्छाएँ-आकांक्षाएँ पूरी कर ले, अपने संगी-साथियों को सुखी कर ले। फिर समय मिले तो लिखे; यह थोड़ी कि उन सबकी उपेक्षा कर बैठा लिखता रहे।"

"और क्या!" वे प्रसन्न हो गयीं, "मेरा लिखना तो वैसे ही टलता जाता है, जैसे भगवान् का मिलना। मनुष्य सोचता ही रह जाता है कि गृहस्थी के दायित्व पूरे हों और वह भगवान् का भजन करे, किन्तु न दायित्व पूरे होते हैं, न ईश्वर-भजन का समय आता है और जीव के इस संसार से चले जाने का समय आ जाता है।"

"आपने तो बहुत गहरी बात कह दी।" मैंने कहा, "सचमुच भगवान् को प्राप्त करना हो तो व्यक्ति को संसार तो छोड़ना ही पड़ता है।"

वे हँस पड़ीं, "आप मजाक अच्छा कर लेते हैं। संसार ही छोड़ दिया तो फिर भगवान् को किसके लिए पाना है?" और सहसा वे गम्भीर हो गयीं, "अब देखिये न! उस दिन आपने यह गोष्ठी का निमन्त्रण भिजवाया था। उस समय मेरे पास एक व्यक्ति बंगाली साड़ियों का ढेर लेकर आया हुआ था। एक से एक खूबसूरत साड़ी थी। उनको देखते-देखते ही आपकी गोष्ठी का सारा समय निकल गया। मैंने सोचा कि गोष्ठियाँ तो फिर भी होती रहेंगी, पर ढाका और टंगाइल की साड़ियाँ बेचनेवाला सेल्समैन तो रोज नहीं आता न।"

"आप ठीक कहती हैं।" मैंने उन्हीं के तर्क को आगे बढ़ाया, "गोष्ठी में पढ़ी गयी रचनाओं को सुनकर आप उनका क्या करतीं। न वे आपके पहनने के काम आती हैं, न ओढ़ने के। आपके बताये बिना किसी को क्या पता चलता कि आपने साहित्यिक रचनाएँ सुन रखी हैं। पर बंगाली साड़ी पहनकर आप निकलेंगी तो दुनिया देखेगी। किसी को कुछ बताने की आवश्यकता ही नहीं है।"

"अब समाज को तो नहीं छोड़ सकती मैं।" उन्होंने अपना निर्णय दे दिया, "मेरी ननद अमरीका से आयी थी। प्रसाधन का जो सामान वह लायी थी, उसका मोह छोड़कर मैं आपके सेमिनार में चली आयी होती तो वह सारा सामान मेरी देवरानी ने हड़प लिया होता। फिर मैं कितनी भी अच्छी कहानी लिखती, उसको पढ़ने के लिए टी.वी. पर जाने लायक मेक-अप ही नहीं होता तो वह कहानी कभी किसी तक पहुँच पाती क्या? अब देखिये, साहित्य तो समाज के लिए है। समाज छोड़ दें तो साहित्य का क्या करें?"

"समाज से आपका तात्पर्य अपने किट्टी-ग्रुप से है क्या?" मैंने बहुत भीरु स्वर में पूछा।

"जी, आप ठीक समझे।" वे बोलीं, "किट्टी-ग्रुप छोड़ दूँ तो अपनी रचनाएँ किसे सुनाऊँ। जब हमारी किट्टी-पार्टी होती है, तो मुझमें ऐसी प्रेरणा जागती है कि दो-एक छोटी-मोटी कविताएँ मैं उसी दिन लिख डालती हूँ।"

उनकी यह प्रेरणा मेरे लिए सर्वथा नयी थी। वस्तुतः मैं कुछ चमत्कृत-सा हो गया था। बोला, "आप पार्टी के लिए कविताएँ लिखती हैं, अपनी आत्मोपलब्धि के लिए नहीं? क्या आपको ऐसा नहीं लगता कि बाहर की यह सारी भाग-दौड़ आपको अपने भीतर झाँकने का अवकाश ही नहीं देती और आप अपने-आप से विमुख होती जा रही हैं। आपको चाहिए कि आप अपने लेखन को साधना के रूप में ग्रहण करें। किसी समय यह भूल भी जायें कि आप नारी हैं। अपने-आपको केवल लेखक के रूप में देखें।"

मैंने अपनी ओर से, अपने अनुभव से उपलब्ध सहज सत्य उनको बिना मूल्य के ही सौंप दिया था। सोचा था कि वे चमत्कृत होकर मेरी प्रशंसा करेंगी, मेरी उदारता का बखान करेंगी, किन्तु बात कुछ और ही हो गयी। जाने क्यों सहसा ही उनका स्वाभिमान जाग उठा। रुष्ट होकर बोलीं, "आप मुझसे मेरा नारीत्व छीन लेना चाहते हैं। पुरुष तो मैं हूँ ही नहीं, नारीत्व भी नहीं रहा, तो मैं क्या हो जाऊँगी। वैसे मुझे पहले ही समझ लेना चाहिए था कि आप भी पुरुष हैं। नारी-विरोधी तो होंगे ही। मेरी ही मूर्खता थी कि आपके लेखन की प्रशंसा कर आपके अहंकार को गुब्बारे-सा फुला दिया। तभी तो आप मुझे उपदेश देने पर उतर आये।..."

उनकी तीखी वाणी से मेरे अहंकार का गुब्बाारा फूट गया और मुझे अपनी औकात समझ में आ गयी... जाने मैं क्यों भूल जाता हूँ कि कहाँ मुझे तर्क करना है, और कहाँ बस मुस्कराकर रह जाना है...

आत्मा की पवित्रता

रामलुभाया बहुत नाराज थे, "हमसे वोट भी लिये और हमारे घर के सामने ही सालों ने कूड़ाघर बनवा दिया, ताकि सारे मुहल्ले के लोग अपना कूड़ा यहाँ फेंकें, वह यहाँ पड़ा सड़ता रहे और हम बीमार पड़ते रहें।"

मन में आया कि कहूँ कि आस-पास के सारे फ्लैटों में कूड़ा-ही-कूड़ा तो है। मनुष्य तो उनमें एक भी दिखायी नहीं देता। उनकी बदबू भी तो सहन करनी ही पड़ती है और साथ-ही-साथ मुस्कराना भी पड़ता है।...किन्तु यह सब कहा नहीं मैंने।

"नहीं, रामलुभायाजी।" मैंने उन्हें समझाने का प्रयत्न किया, "कूड़ाघर इतना निकट नहीं है कि बदबू हमारे घर तक आये। यहाँ से कम-से-कम नौ गज दूर तो अवश्य ही है। हमें तो प्रसन्न होना चाहिए कि नगर निगम ने हमारी सुविधा का ध्यान रखा और कूड़ा-दान हमारे ही ब्लॉक में बनवाया।"

"वह इसलिए कि यदि जमीन आपके ब्लॉक की लेते और कूड़ाघर कहीं और बना देते, तो आप ही कहते कि हमारी जमीन भी ले ली और हमारा कूड़ा भी दूसरे ब्लॉक को दे दिया।"

"कहता तो कहता, आपको क्या?" उन्होंने मुझे डाँटा, "इस सड़े कूड़े की बदबू तो नहीं सहनी पड़ती है।"

"उससे हमें बहुत असुविधा होती।" मैंने पुनः समझाने का प्रयत्न किया, "उतनी दूर कूड़ा फेंकने कोई नहीं जाता। कितने आलसी हैं सब लोग, आप जानते ही हैं। दूसरों की आँख बचाकर, सब इधर-उधर फेंक देते और गली में पड़ा कूड़ा सड़ता रहता।"

"गली में पड़ा क्यों सड़ता रहता?" वे जोर से चिल्लाये, "दफ्तर जाते हुए, हम रास्ते में कहीं फेंक नहीं सकते थे? उन्हें कूड़ाघर बनाने की अक्ल नहीं है तो उसका दंड हम क्यों भुगतें?"

"आखिर किसी ब्लॉक में तो बनना ही था।" मैंने तर्क दिया, "दूसरे ब्लॉकवाले भी तो ऐसी ही आपत्ति कर सकते हैं।"

"हमें उससे क्या?" वे बोले, "हमें तो अपना ब्लॉक साफ-सुथरा चाहिए।"

"हाँ!" मैंने कहा, "अब मैं आपसे सहमत हूँ। सारा ब्लॉक साफ-सुथरा रहे, इसी

के लिए तो यह कूड़ाघर बनाया गया है; जैसे पूरा घर साफ रखने के लिए उसमें एक शौचालय बनाया जाता है। क्या आप शौच के लिए किसी और के घर जाना चाहेंगे?"

"उसका आग्रह असहनीय न हो, तो जरूर तुम्हारे ही घर जाना चाहूँगा।" वे गरज उठे, "बात कोई समझते नहीं हो और बोलते जाते हो। मुझे तो लगता है कि तुम्हारा मस्तिष्क भी कोई कूड़ाघर ही है, जो ऐसी बातें करते रहते हो।" उनकी वाणी कुछ मन्द हुई और दृष्टि प्रखर हो उठी, "और सुन लो! यदि तुमने मेरा विरोध किया या मेरे मामले में टाँग अड़ायी तो मुझसे बुरा कोई नहीं होगा। फिर न कहना कि पड़ोसी का धर्म नहीं निभाया।"

मैं हक्का-बक्का खड़ा रह गया : समझ ही नहीं पाया कि मुझसे किस प्रकार के विरोध की आशंका थी उन्हें और उनका वह कौन-सा मामला था, जिसमें टाँग अड़ाने के विरुद्ध उन्होंने मुझे चेतावनी दी थी।

अगले दिन प्रातः जब मैं सैर के बहाने कूड़ा फेंकने के लिए निकला तो देखकर हैरान रह गया कि रातभर में चमत्कार हो गया था। उस कूड़ाघर की किसी ने पूरी तरह सफाई कर दी थी। उस पर टीन की छत पड़ गयी थी और वह कूड़ाघर के स्थान पर पूजा-स्थल बन गया था। तीसरे फ्लैटवाले तिवारीजी के घर में ठहरा उनके गाँव का एक लड़का, पुजारी बनकर वहाँ बैठा हुआ था। उसने लाँगवाली पीली धोती बाँध रखी थी। फटी बनियान उतर गयी थी और यज्ञोपवीत प्रमुखता से दिखायी दे रहा था। मुझे देखते ही उसने हाँक लगायी, "आइये! आइये! बाबू साहब! चरणामृत लीजिये!"

मैं जैसे किसी सम्मोहनावस्था में उसके पास पहुँच गया, "यह क्या हो गया भाई?"

"बहुत दिनों से मैं बेकार था। तिवारीजी मेरी बेकारी से तंग आ गये थे। कोई छोटी-मोटी नौकरी भी नहीं मिल रही थी।" वह उल्लसित होकर हँसा, "अब बाबू रामलुभायाजी की कृपा से भगवान् की नौकरी मिल गयी।"

"अब क्या होगा?" मैं हत्प्रभ-सा खड़ा-का-खड़ा रह गया।

"होना क्या है।" उसका सुख छलका पड़ रहा था, "उन्होंने कहा है कि यदि किसी ने इसे नहीं तोड़ा तो पन्द्रह-बीस दिनों में आस-पास की जगह घेरकर दो कोठरी भी बनवा देंगे। एक में हम रहेंगे और दूसरी में भगवान् की पूजा और प्रसाद का सामान बिकेगा।..."

"पर..." मैंने कहना चाहा।

"पर क्या।" उसने मेरी बात काट दी, "मन्दिर का क्षेत्रफल बढ़ेगा तो आप लोगों को सुविधा हो जायेगी। हम भी अपना परिवार गाँव से बुला लेंगे। बस समझिये! आपका मुहल्ला परम पवित्र हो गया।"

"वह तो ठीक है।...पर इसका क्या करूँ?" मैंने उसे कूड़े की थैली दिखायी।

"अरे फेंक दीजिये कहीं। यह भी ससुरा कोई बहुत मूल्यवान पदार्थ है कि इसे सँभाल कर रखा जाये।" वह बोला, "बाबू रामलुभाया के फ्लैट के पिछवाड़े के नुक्कड़ में ही कूड़ा फेंकने की बहुत सुविधा है। हम भी सुबह झाड़-बुहारकर वहीं फेंक आये हैं।"

"पर उससे तो सारा मुहल्ला गन्दा हो जायेगा।" मैंने आपत्ति की।

"तो क्या हो गया?" वह बहुत निर्द्वन्द्व भाव से बोला, "मन साफ होना चाहिए। आत्मा पवित्र होनी चाहिए।"

उसकी बात से मेरा मन साफ नहीं हुआ। उसमें प्रश्नों के अनेक जस्ते टँग गये। समझ नहीं पाया कि रामलुभाया और तिवारी के इस सम्मिलित आयोजन से उनकी आत्मा पवित्र हुई थी या भगवान् की पवित्र सृष्टि के मलिन होने का श्रीगणेश हुआ था।

कुत्ता

रामलुभाया ने मेरे घर की घंटी बजायी और मेरे कुत्ते ने घर के भीतर से भौंकना शुरू कर दिया। मैंने उसकी ओर ध्यान नहीं दिया। उसे पाला ही इसलिए गया था कि वह भौंके। मैंने दरवाजा खोला तो रामलुभाया प्रसन्नतापूर्वक आगे बढ़कर मिलने के स्थान पर छिटककर पीछे हो गया।

"अरे आओ न!" मैंने कहा, "इस प्रकार भाग कहाँ रहे हो?"

"पहले कुत्ते को बाँधो।" वह बोला, "मुझे कुत्ते से बहुत डर लगता है।"

मुझे उसका यह आग्रह अच्छा नहीं लगा। मैं अपने घरेलू मामलों में बाहरी लोगों का हस्तक्षेप पसन्द नहीं करता। मैं अपने कुत्ते को बाँधूँ या खुला छोड़ूँ, इसका निर्णय करनेवाला रामलुभाया कौन होता है! कल को कहेगा कि अपने टी.वी. को मैं ड्राइंगरूम के स्थान पर रसोई में रखूँ—तो क्या मैं मान जाऊँगा? मैं ही उसे कहूँ कि वह अपनी पत्नी को किट्टी में जाने से रोके, तो क्या वह ऐसा कर पायेगा?

"डरते तुम हो और उसका दंड बेचारा कुत्ता भोगे—यह कहाँ का न्याय है?" मैं बोला, "निर्भय बनो और घर के भीतर आ जाओ। वह कुछ नहीं कहेगा।"

"तुम्हारे कहने से क्या होता है", वह बोला, "सारे कुत्तेवाले यही कहते हैं। पर वह काटेगा तो मुझे ही तकलीफ होगी! तुम्हारा क्या बिगड़ेगा?"

"जब मैं कह रहा हूँ कि नहीं काटेगा तो।" मैंने आग्रह किया, "उसने आज तक कभी किसी को नहीं काटा।"

"अरे, जानवर का क्या पता है!" रामलुभाया बिदककर और भी पीछे हट गया, "जाने कब उसका मन बदल जाये।"

"जानवर का तो पता होता है।" मैंने उसे विश्वास दिलाया, "आदमी का पता नहीं लगता कि कब किसको काट खायेगा।"

इस कहा-सुनी में मेरा ध्यान कुत्ते की ओर हट गया। मेरी असावधानी का लाभ उठाकर वह बाहर निकल आया और रामलुभाया की ओर आगे बढ़कर भौंका, "हैलो! हैलो!"

रामलुभाया कूदकर पीछे हट गया, "देखा! देखा! बाहर निकल आया न यह। भौंक भी रहा है। अब काट भी लेगा, तो क्या बड़ी बात हो जायेगी?" उसने भय से फटी आँखों से उसकी ओर देखा और अपना दाहिना हाथ पूरी दूरी तक फैलाकर

अपनी तर्जनी से उसी ओर संकेत दिया, "रोको इसे! मैं कहता हूँ रोको!"

मैंने आगे बढ़कर कुत्ते को उसके पट्टे से पकड़ लिया, "लो, पकड़ लिया!"

कुत्ते ने अपनी ओर तनी हुई रामलुभाया की अँगुली देखी तो भौंक, "यह क्या है? यह क्या है?"

मैं देख रहा था, वह पूर्णतः शान्त था। उसका मुँह खुला हुआ था, जीभ बाहर लटक रही थी, जैसे विश्राम की मुद्रा में हो। दुम हिल रही थी, जैसे रामलुभाया का स्वागत कर रहा हो।

पर रामलुभाया अपने भय के हाथों बुद्धिभ्रष्ट हो चुका था। पीछे की ओर हटता हुआ, पीले चेहरे को सूखे होंठों को अपनी जीभ से गीला करता हुआ बोला, "कुत्ता पाल लेते हो, तो उसे बाँधते क्यों नहीं? कुत्ता पालते ही क्यों हो, यदि तुम्हें उसे पालना नहीं आता?"

"अरे रामलुभाया! क्या हो गया?" मैंने शान्त वाणी से उसे समझाना चाहा, "पकड़ तो रखा है उसे। छोटा-सा तो कुत्ता है—खिलौने जैसा। उससे ही इतना डर रहे हो?"

"छोटा-सा है तो उससे क्या? है तो कुत्ता ही!" वह चिल्लाया, "पकड़ रखा है, पर भौंक तो रहा है न! कुत्ता पाल लेते हो और भौंकना भी बन्द नहीं करवा सकते। उलटे खुद भी कुत्ते के समान भौंकने लगते हो!"

मैं उसके व्यवहार से चकित रह गया। बोला, "जब मैं तुम्हारा भौंकना बन्द नहीं करवा सकता, तो इस नन्हे-से जन्तु से क्या कहूँ।"

"हाँ! अब तो यही कहोगे।" रामलुभाया ने पूरी तरह चिल्लाना आरम्भ कर दिया, "अपने शौक के लिए कुत्ता पाला है तो पालो। कौन मना करता है तुम्हें। पर उसे खुला छोड़ने का क्या मतलब है?"

उसका भौंकना अब और सहन नहीं हुआ। क्षुब्ध होकर मैं बोला, "जब तुम्हारे जैसा खतरनाक कटखन्ना जीव सड़क पर खुला घूम सकता है, तो यह निरीह प्राणी घर के भीतर क्यों खुला नहीं रह सकता?"

"कुत्ता पालते-पालते तुम भी कुत्ते ही हो गये हो।" रामलुभाया के मुख से झाग गिरने लगा था, "मुझे भय है कि अपने इस गधेपन में कहीं तुम स्वयं ही लोगों को काटने न लग जाओ।"

उसकी मुद्रा देख मैं डर गया। मुझे लगा, वह मुझे भी काट सकता है और मेरे कुत्ते को भी। कुत्ते को उससे बचाने के लिए मैंने घर के भीतर घुस, जल्दी से कपाट बन्द कर लिए।

अभिलाषा

वे मेरे पास आये और बोले, "मेरा बेटा परीक्षा में फेल हो गया है, कृपया उसे पास करा दीजिये।"

उन्होंने अत्यन्त शालीन भाव से इतने स्पष्ट शब्दों में सब-कुछ कहा था, किन्तु फिर भी मैं कुछ समझ नहीं पाया। उनका पुत्र जिस कक्षा में था, उसे मैं नहीं पढ़ाता था, इसलिए यह तो सम्भव ही नहीं था कि मेरे अध्यापन की शिकायत कर रहे हों। तो क्या वे मुझे ट्यूशन पढ़ाने का निमन्त्रण दे रहे थे?...

"पर मैं तो ट्यूशन पढ़ाता ही नहीं।" मैंने कहा।

"आपको ट्यूशन पढ़ाने को कौन कह रहा है।" वे उतने ही निर्द्वन्द्व भाव से बोले, "मैं तो कह रहा हूँ कि इसे पास करवा दीजिये।"

"ओह!" मैंने कुछ शान्ति का अनुभव किया, "इस बार वर्ष के आरम्भ से ही वह गम्भीरतापूर्वक पढ़े। मैं भी उसका ध्यान रखूँगा। अन्य अध्यापकों से भी कह दूँगा। इस बार भगवान् अवश्य इसे अच्छे अंकों से पास करेंगे।"

"भगवान् ने पास करवाना होता तो मैं मन्दिर में जाता।" वे बोले, "भगवान् तो कुछ अधिक माँगता भी नहीं। सवा रुपये के प्रसाद से ही प्रसन्न हो जाता है...और उस सवा रुपये में से भी एक रुपये का प्रसाद घर वापस आ जाता है।"

"तो?" मैं कुछ समझा नहीं।

"अब ये सारी बातें वस्तुतः भगवान् के हाथ में हैं नहीं।" उन्होंने अपना निर्णय दे दिया, "कह नहीं सकता कि भगवान् ने स्वेच्छा से यह सब मनुष्य को सौंप दिया है, या स्वयं मनुष्य ने ही उससे झपट लिया है।"

"जी?"

"अब देखिये न। लड़कों को पास-फेल करना आजकल परीक्षकों की इच्छा पर निर्भर है।" वे बोले, "कभी-कभी अंकों की तालिका बनानेवाले लिपिक पर निर्भर होता है।"

"तो?" मैं अब भी कुछ नहीं समझा।

"आप तो बहुत ही नासमझ लगते हैं।" वे कुछ डाँट-डपट की मुद्रा में आ गये थे, "जाने किस दुनिया में रहते हैं कि कुछ समझते ही नहीं।" उन्होंने रुककर अपने आस-पास देखा, "मैंने सुना है कि कुछ दे-दिलाकर या डरा-धमकाकर बच्चों को पास कराया जा सकता है। अध्यापक ऐसा कर सकते हैं, छात्र-संघ के नेता कर सकते

हैं, पुलिसवाले कर सकते हैं।"

मेरे चेहरे पर उड़ती हवाइयों को उन्होंने देख लिया था। बोले, "मेरे सामने अब आदर्शवाद मत बघारियेगा कि यह सब झूठ है, ऐसा होता ही नहीं है। मेरे पास निश्चित प्रमाण हैं कि सब-कुछ होता है।"

मैं ऐसे आदर्शवाद का कायल नहीं हूँ, जिसें तथ्यों को अनदेखा कर झूठ बोलना पड़े। इसलिए बोला, "आपके पास प्रमाण है तो होता होगा। मैं तो अज्ञानी हूँ : न यह कह सकता हूँ कि ऐसा होता है, न यह कह सकता हूँ कि ऐसा नहीं होता।"

"पर ऐसा होता है।" वे कड़ककर बोले, "आपको मानना पड़ेगा।"

"मान लेता हूँ साहब।" अब तक मैं आरम्भिक धक्के से उबर चुका था, "देखिये! आप भी जानते हैं कि बैंकों में डकैतियाँ होती हैं। होती हैं न?"

"जी।" वे बोले।

"किन्तु मुझे जब भी धन की आवश्यकता हुई, मैंने अपने एकाउंट में से चेक के माध्यम से पैसे निकलवाये। आज तक कभी भी बैंक लूटने की योजना नहीं बनायी।" मैं बोला, "मुझमें न वह साहस है, न वह कला। मैं जानता हूँ कि लूट का धन मुझे सुख नहीं दे सकता। आपने कभी कोई बैंक लूटा है?"

"आप मुझे डाकू समझते हैं क्या?" वे कुछ नाराज होते हुए दिखायी पड़े।

"नहीं। मैं आपको डाकू नहीं समझता।" मैं अब अपने अध्यापकीय हथकंडों पर आ गया था, "मैं आपके बेटे को डाकू बनने से बचाने का प्रयत्न कर रहा हूँ।"

"वॉट डू यू मीन?" इस बार उन्होंने अंग्रेजी में पूछा। पता नहीं घबरा गये थे या उनकी अफसरी जाग उठी थी।

"भगवान् न करे, पर यदि आज आपकी मृत्यु हो जाये तो आपकी जायदाद किसे मिलेगी?" मैंने कहा, "बुरा मत मानियेगा, बस विचार-विमर्श के लिए यह एक प्रश्नमात्र है।"

"नहीं! बुरा मानने की क्या बात है।" वे मुस्कराये, "भंगी के कोसने से साँड नहीं मरा करते।"

"आपने मेरे प्रश्न का उत्तर नहीं दिया।" मैंने साँड़ की बात का बुरा नहीं माना।

"निश्चित रूप से मेरे इसी पुत्र को।" वे मेरी मूर्खता पर मुस्करा रहे थे।

"तो क्या आप चाहेंगे कि आपकी जायदाद प्राप्त करने के लिए वह आपकी हत्या कर दे?"

उनका मुख लाल हो गया और हथेलियाँ मुट्ठियों के रूप में भिंच गयीं।

"अब यह मत कहियेगा कि ऐसा होता नहीं है।" मैं बोला, "पर क्या आप चाहेंगे कि आपका पुत्र ऐसा करे?"

'नहीं।" वे उठकर खड़े हो गये और अपने जबड़े भींचकर बोले, "किन्तु यह अवश्य चाहूँगा कि मैं अपने हाथों से तुम्हारा गला घोंट दूँ।"

दूरदृष्टि

डॉक्टर ने अच्छी तरह परीक्षण कर बताया कि मेरी पत्नी की दूर की दृष्टि एकदम ठीक थी; किन्तु निकट की दृष्टि कुछ कमजोर हो गयी थी। उसने मुझे सान्त्वना देने की भंगिमा में कहा कि इसमें चिन्तित होने कोई बात नहीं है। सामान्यतः चालीस पार करते-करते सारे ही लोगों की निकट की दृष्टि में कुछ दोष आ जाता है और उन सबको पढ़ने और सीने-पिरोने के लिए ऐनक लगानी पड़ती है।

पर मैं इस सूचना से तनिक भी चिन्तित नहीं था। मैं तो ज्ञान-लाभ के एक विचित्र आनन्द में मग्न था। डॉक्टर की इस सूचना ने मेरे जीवन की अनेक छोटी-बड़ी उलझनें सुलझा दी थीं, मेरी अनेक समस्याओं का समाधान हो गया था और अपने ही नहीं, अपने अनेक पड़ोसियों के दाम्पत्य जीवन का स्वरूप मेरे सामने स्पष्ट हो गया था।

अब मैं समझा कि मेरी पत्नी को मुझमें वे सारे गुण क्यों दिखायी नहीं देते थे जो मेरी पड़ोसिनों को दिखायी पड़ते थे—मैं उसके इतने निकट जो था।....मैं अपनी पत्नी अथवा अपनी किसी भी परिचित महिला पर पतिव्रता न होने का आरोप एकदम नहीं लगा रहा। ऐसा कुछ नहीं है। सारी भारतीय पत्नियाँ पूर्णतः पतिव्रता हैं, वे अपने पतियों से प्रेम भी बहुत करती हैं, किन्तु उन्हें यह अहसास लगातार बना रहता है कि उनके पति जरा बूद्धू हैं। आसपास के सारे परिचित पुरुषों में कोई-न-कोई गुण होता है। वे चतुर-चालाक होते हैं, किन्तु अपना पति पूरा भकुआ ही दिखायी पड़ता है। ऐसा क्यों होता है, इसका उत्तर तो आज ही आँखों के डॉक्टर की सूचना से मिला। अपना पति उनके निकट जो रहता है...।

मैंने अपने जीवन के अनेक वर्ष इसी उधेड़बुन में बिता दिये थे कि यदि मेरी पत्नी को मुझमें कोई गुण दिखायी नहीं देता, तो उसने मुझसे विवाह क्यों किया था? इस समस्या का समाधान भी आज ही मिला। तब उसकी उम्र चालीस से कम जो थी। तब तक उसकी निकट की दृष्टि ठीक-ठीक देख सकती थी। परिणामतः मैं जैसे-जैसे उसके निकट से निकटतर होता गया था, वैसे-वैसे प्रिय से प्रियतर होता गया था। दुर्घटना तो तब घंटी, जब वह चालीस पार कर गयी...

चालीस पार करते-करते स्त्रियों के चरित्र में दोष नहीं आता; दोष तो केवल निकट

की दृष्टि में आ जाता है। कल तक जो पति उन्हें बड़ा सजीला जवान दिखायी देता था, अब वह आलसी बुढ़ऊ दिखायी देने लगता है। उसकी वीरता झगड़ालूपन लगने लगती है, उसकी समझदारी उसके अहंकार में बदल जाती है, उसकी प्रबन्ध-पटुता घर में तानाशाही का नाम पाने लगती है। कल तक जिस पति से उन्हें मधुर शिकायत थी कि वह उनका इतना ख्याल रखते हैं कि स्वतन्त्र रूप से कुछ करने ही नहीं देते; चालीस पार करते-करते गली-मुहल्ले में चर्चा होने लगती है कि पतिदेव को उनकी कोई चिन्ता ही नहीं है।...और फिर सहसा पड़ोस के पुरुषों में अनेक गुण झलकने लगते हैं। अकस्मात् ही कुछ ऐसा हो जाता है कि सारे परिचित पुरुष सभ्य और शालीन दिखायी देने लगते हैं; बस अपना पति ही हर क्षण लड़ता-झगड़ता, खीझा और खौंखियाया-सा लगता है।...बात और कुछ नहीं, बात तो निकट-दृष्टि के...

सहसा मेरे ध्यान में यह बात आ रही है कि शायद यह बात पुरुषों पर भी लागू होती है। मेरे कॉलेज में जिन लोगों को कल तक कॉलेज के विद्यार्थी और उनका भविष्य दिखायी पड़ रहा था, अब उनके आस-पास सब-कुछ धुँधला-सा गया है और उन्हें आसफ अली रोड पर स्टॉक एक्सचेंज बहुत साफ-साफ दिखायी देने लगा है। कल तक जिन्हें अपने हाथों देश के भविष्य का निर्माण होता दिखायी दे रहा था, आज उन्हें सब गड्डमड्ड-सा लगने लगा है और दूर क्षितिज पर केवल अपना भविष्य दिखायी दे रहा है। कॉलेज का बिगड़ता परिवेश और कलंक-सा परीक्षाफल पढ़ने में उन्हें कठिनाई होने लगी है, किन्तु ऊँचे-ऊँचे पदों के सम्मुख अपना नामपट्ट लगा, उनसे स्पष्ट पढ़ा जा रहा है। किसी को चुनाव का टिकट दिख रहा है, किसी को अफसरी, किसी को शिष्टमंडल की सदस्यता, किसी को दूरदर्शन और आकाशवाणी दिख रहे हैं और किसी को विश्वविद्यालय अनुदान आयोग। किसी को अपना सम्पादक और प्रकाशक दिख रहा है, किसी को अपना अखबार और विज्ञापन ...पर कक्षा में बैठकर पढ़ने को आतुर विद्यार्थी किसी को दिखायी नहीं पड़ रहे।...क्या करें, अवस्था जो चालीस के ऊपर हो गयी है और निकट की दृष्टि...उनसे पूछा जाये कि कॉलेज के विषय में उन्होंने क्या सोचा है, तो धुँधली-सी आँखों से इधर-उधर ताकते हुए प्रश्न करते हैं, "कौन-सा कॉलेज? कुछ स्पष्ट दिखता नहीं।"

अपना जनतन्त्र भी अब चालीस पार कर चुका है। उसे भी यह तो दिखायी दे रहा है कि फिलिस्तीन और योगोस्लाविया में क्या होना चाहिए; किन्तु पंजाब, कश्मीर और असम में क्या होना चाहिए—यह दिखने की तो अब उम्र ही नहीं रही। वह श्रीलंका में तो एल.टी.टी.ई. से लड़ सकता है, किन्तु अपने देश के आतंकवादी उसकी दृष्टि में स्पष्ट नहीं है। उसके पास संसार की प्रत्येक समस्या का समाधान है, किन्तु अपने देश की न गरीबी सँभलती है, न जनसंख्या। दक्षिणी अफ्रीका में वह

रंग-भेद मिटाना चाहता है, किन्तु अपने देश में तरह-तरह के कमीशन और आयोग बनाकर नये-नये भेदभाव उत्पन्न ही नहीं करना चाहता, पुराने भेदभावों को दृढ़ करने में भी उसका पूरा विश्वास है। हजारों वर्षों के इतिहास में कब, कहाँ अत्याचार हुआ, यह उसे आज भी हाथ के कंगन के समान दिखायी दे रहा है, किन्तु उसकी अपनी नीतियों से कौन कहाँ झुलस रहा है—यह उसे दिखायी नहीं देता।

आँखों के डॉक्टर ने कहा है कि निकट-दृष्टि की ऐनक लगा लेनेमात्र से मेरी पत्नी को निकट की चीजें भी ठीक-ठीक दिखायी देने लगेंगी। वह पढ़ने और सीने-पिरोने लगेगी...पर यह कौन बतायेगा कि वह कौन-सी ऐनक है, जिसे लगाकर मेरे देश का जनतन्त्र स्वयं अपनी ही समस्याओं को ठीक-ठीक देख सकेगा।

राष्ट्र के प्रतिनिधि

रामलुभाया के घर का शोर सुनकर मेरा दिल दहल गया। मुझे लगा कि उनके घर में कुछ अनहोनी घट गयी है। पर जब तक कुछ मालूम न हो कि हुआ क्या है, आदमी संवेदना प्रकट करने भी कैसे जाये? हम किसी के घर यह सोचकर जायें कि उनके घर के कोई वृद्ध अपनी आयु पूरी कर भगवान् को प्यारे हो गये हैं और वहाँ जाकर पता चले कि उनका पालतू तोता स्वर्ग सिधार गया हैं...ऐसे अवसर पर संवेदना गले में अटकी-सी रह जाती है, न उगलते बनती है और न निगलते। उन वयोवृद्ध सज्जन को देखकर बुरा लगने लगता है कि वे ढीठ बने क्यों जी रहे हैं। यदि वे तोते के स्थान पर अपने प्राण दे देते, तो उनका क्या बिगड़ जाता।

मैंने अपनी पत्नी से कहा, "जरा नारी सम्पर्क-समिति की सेवाएँ प्राप्त कर पता लगाओ कि रामलुभाया के घर में क्या हो गया है।"

मेरी पत्नी उसी क्षण जाने कैसे करालिका हो उठी, "उनके घर में प्रलय मचा है और तुम अभी बेतार के तार ही खटखटा रहे हो। भागकर जाओ। देखो, क्या हुआ है। उन्हें हमारी सहायता की आवश्यकता हो सकती है।"

अब मेरे लिए और कोई उपाय नहीं था। मन में विभिन्न प्रकार की वीभत्स कल्पनाएँ लेकर मैं उनके घर की ओर चल पड़ा। सोचा, सम्भव है रामलुभाया बेहाल पड़े छटपटा रहे हों। हो सकता है कि समझाने पर भी वे स्वयं को सँभाल न पायें। क्यों न मैं अपने साथ कोई शान्तिकारक दवा ले जाऊँ? उन्हें उस स्थिति में छोड़कर आना और अपने घर में दवा खोजने में समय गँवाना व्यर्थ है...पर फिर मन ने धिक्कारा... वहाँ पीड़ा के नगाड़े बज रहे हैं, चीत्कार की दुंदुभी फूँकी जा रही है और तुम लौटकर घर आ जाओगे—दवा खोजने बहाने?...

मैं अपने मन के धिक्कार से इतना विचलित हुआ कि क्षणभर भी गँवाये बिना उनके फाटक पर जा पहुँचा। उनके घर के भीतर से चीत्कार की ध्वनियाँ उसी प्रकार एक-दूसरे से होड़ करती बाहर आ रही थीं, किन्तु रामलुभाया किसी तृप्त बैल की मुस्कान अपने चेहरे पर चिपकाये, फाटक से चमगादड़ सरीखे टँगे थे।

"क्या बात है रामलुभायाजी?" मैंने अपने चेहरे का शोक बहाल रखा...रामलुभाया नर-पुंगव है कि स्थित-प्रज्ञ व्यक्ति के समान सारा दुख झेलकर भी मुस्करा रहा है, किन्तु मैं तो संवेदना प्रकट करने आया हूँ, मुझे तो दुखी भी दिखायी पड़ना चाहिए।

"कुछ नहीं।" वह बोला, "बच्चे जरा एंजाय कर रहे हैं।"

मैं अवाक् रह गया : यदि वे ऐसे एंजाय करते हैं, तो पीड़ा किस प्रकार प्रकट करते होंगे?

"कुछ लड़कियाँ सहायता के लिए चिल्ला रही हैं।" मैंने कहा, "क्या भीतर उनके साथ कोई अत्याचार हो रहा है?"

"नहीं! नहीं!" रामलुभाया गम्भीर हो गया, "कोई अत्याचार नहीं हो रहा। बस, कुछ लड़के-लड़कियाँ एकत्रित हैं।"

"ये लड़के क्या बहुत उजड्ड हैं?" मैंने पूछा।

"अरे नहीं!" उसने बताया, "वे सब यूनिवर्सिटी के स्टूडेंट हैं। यू नो! क्रीम ऑफ सोसायटी।"

"क्या मिलकर पागल हो गये हैं?"

'अरे नहीं भाई!" रामलुभाया ने झल्लाकर कहा, "पार्टी है।"

"कौन-सी—गुंडा पार्टी?"

"नहीं!" वह बोला, "सब बेबी के मित्र हैं।"

"तुम बेबी को मना नहीं करते कि वह इतनी बुरी संगति में न रहे?"

"अरे नहीं! बेबी नाराज हो जायेगी।"

"तुम उसके बाप हो या वह तुम्हारी माँ है?" मैंने कुछ डपटकर पूछा, "नाराज तुम्हें होना चाहिए, या उसे?"

कहते हैं न कि केंचुआ भी दबने पर काटने का प्रयत्न करता है—कुछ वैसा ही रामलुभाया ने किया। उसने क्रुद्ध दृष्टि से मुझे देखा और आवाज को कठोर करने का प्रयत्न करता हुआ बोला, "तुम्हें मेरे घरेलू मामलों में हस्तक्षेप करने का अधिकार किसने दिया?"

जो व्यक्ति दफ्तर जाने के लिए अपनी पत्नी से बस का किराया प्राप्त करने के लिए रोज मुहल्लेवालों की पंचायत करता था, वह आज अपने घरेलू सम्बन्धों को गोपनीय बता रहा था। उसकी इस पाखंडपूर्ण वीरता पर मुझे क्रोध आ गया। बोला, "तुम्हारे घरेलू मामलों में हस्तक्षेप की कोई इच्छा नहीं है मेरी। मैं तो यह पूछने आया था कि तुम मुहल्लेवालों की शान्ति क्यों भंग कर रहे हो?"

"मैं अपने घर के भीतर कुछ भी करूँ, किसी को क्या अधिकार है कुछ कहने का?" उसने बिफरकर पूछा।

"घर के भीतर तुम जो भी लुच्चापन करना चाहो, करो।" मैंने स्थिर स्वर में कहा, "किन्तु जब तुम्हारे घर का यह भयावह शोर हमारे घरों में प्रदूषण फैलायेगा तो हमें उसे रोकने का पूरा अधिकार है।"

"है। पूरा अधिकार है।" उसने जैसे मुझे मुँह चिढ़ाया, "नयी पीढ़ी का विकास रोकने का प्रयत्न करके तो देखो, तुम्हें राष्ट्र कभी माफ नहीं करेगा।"

मैंने चकित दृष्टि से रामलुभाया को देखा : गीदड़ों के समान झुंड में हुआँ-हुआँ चिल्लाने को यह नयी पीढ़ी का विकास मान रहा था, तो नयी पीढ़ी का पतन क्या होगा?

"कौन माफ नहीं करेगा?" मैंने पूछा।

"राष्ट्र!" उसने छाती ठोंककर कहा।

"राष्ट्र माने कौन?"

"मेरी बेबी और उसके ये मित्र!" मैं चिन्ताग्रस्त हो गया। मैं तो अपने राष्ट्र के विकास को बहुत ध्यान से देख रहा था, किन्तु यह तो मुझे पता ही नहीं लगा कि मेरे राष्ट्र का स्वरूप इतना विकृत कब हो गया कि समाज की शान्ति पर अपने निर्लज्ज चीत्कारों को आरोपित करनेवाले, व्यक्ति-सुख के वीभत्स सिद्धान्तों की अफीम खानेवाले ये अविवेकी लोग राष्ट्र की नयी पीढ़ी के प्रतिनिधि हो गये हैं।

स्वतन्त्रता सेनानी

मैंने उसे ध्यान से देखा, बहुत ध्यान से। इतने ध्यान से कि उसे घूरना भी माना जा सकता है। यद्यपि यह भय मेरे मन में था कि वह किसी भी क्षण मुझे डाँट सकती है, 'तुम्हें लज्जा नहीं आती, इस उम्र में भी लड़कियों को घूरते हो।'...पर मैं बाध्य था कुछ अपने कर्त्तव्य से और कुछ अपने मन के गणित से। कुछ लोग इन बातों की चिन्ता नहीं करते हैं, बस, अपने काम से काम रखते हैं। पर मेरा तो काम ही यही था। लड़कियों को घूरना नहीं, आवेदन-पत्र पर लिखे तथ्यों की छानबीन करना।...और मैं वही कर रहा था। वैसे भी मेरा मन हिसाब-किताब किये बिना मानता ही नहीं...

उस दिन मैं रेलगाड़ी में था। रामलुभाया लगातार अपनी समझदारी के किस्से सुना-सुनाकर अनेक नये वैज्ञानिक सिद्धान्त प्रतिपादित करता जा रहा था। सबसे अन्त में उसने सारे सिद्धान्तों के सिरमौर के रूप में स्थापना की, "मैं यह मानता हूँ कि यदि विवाह के पश्चात् स्त्री, किसी के बच्चे को गोद ले ले, तो वह स्वयं भी शीघ्र माँ बन जाती है।"

मैंने अनुमान भिड़ाया : शायद रामलुभाया का साथी अभी निस्सन्तान था। तभी तो रामलुभाया उसे शीघ्र माता-पिता बनने के नुस्खे सुझा रहा था।

"तुमने अपने विवाह के बाद किसी का बच्चा गोद लिया था क्या?" उसके साथी ने पूछा।

"हा! लिया था न!" रामलुभाया ने बताया, "मैने अपने भाई का बच्चा गोद ले लिया था। तनिक भी देर नहीं लगायी। विवाह के अगले ही दिन बच्चा गोद ले लिया। तभी तो मेरी पत्नी वर्ष गुजरते-न गुजरते माँ बन गयी थी।"

रामलुभाया का साथी खिसियाकर चुप हो गया। रामलुभाया ने अपनी बात का प्रमाण दे दिया था।...किन्तु मेरा गणितज्ञ मन अपना जोड़-तोड़ भिड़ाने में लगा था।...रामलुभाया ने थोड़ी देर पहले ही तो बताया था कि अपने भाइयों में वह सबसे बड़ा था...

"आपके कितने बड़े भाई हैं?" मैंने पूछा।

"जी! मैं सबसे बड़ा हूँ।" रामलुभाया ने बताया।

"क्या आपका विवाह बहुत बड़ी उम्र में हुआ था?"

रामलुभाया चिढ़ गया, "क्यों? मैं कोई लूला-लँगड़ा हूँ, या अन्धा-काना हूँ, या आपको मैं किसी कंगले परिवार का लगता हूँ?" उसने अपनी कमीज के बटन खोल, गले में पड़ी सोने की जंजीर और अपने दोनों हाथों की अँगुलियों में पड़ी चारों-पाँचों अँगूठियाँ चमका दीं।

"नहीं! मेरा मतलब वह नहीं था।" मैंने माफी माँगते हुए-से स्वर में कहा, "मुझे यह पूछना चाहिए था कि आपके छोटे भाई का विवाह क्या आप से पहले हुआ था?"

"आपके खानदान में होता होगा ऐसा।" वह हत्थे से ही उखड़ गया, "हमारे यहाँ बड़े भाई के कुँवारे रहते, छोटे भाई का विवाह नहीं होता।"

मैं चकरा गया। विचित्र पहेली थी यह। अन्ततः कहना ही पड़ा, "विवाह आपका पहले हुआ। एक वर्ष के भीतर आपका पुत्र भी हो गया; तो फिर आपने अपने भाई का जो बच्चा गोद लिया था, वह आपके पुत्र से पहले कैसे पैदा हो गया? महाराज? कुछ गणित का भी ध्यान कीजिये, और कुछ प्रकृति के नियमों का भी...।"

आज फिर कुछ वैसी ही स्थिति मेरे सामने थी। यह लड़की, जो डिस्ट्रिक्ट मजिस्ट्रेट का सर्टिफिकेट लायी थी कि वह स्वतन्त्रता सेनानी है, अतः उसे उस वर्ग में पेंशन दी जाये—मुझे अट्ठारह-बीस वर्षों से अधिक की नहीं लग रही थी। और मेरा गणितज्ञ मन अपना सिर पीट रहा था...

शिष्टाचारवश मैं यह कहने का साहस भी नहीं कर पा रहा था कि वह झूठ बोल रही है। एक तो मेरे भीतर का पुरुष इस सुन्दर तरुणी का मन दुखाने को तैयार नहीं था। और दूसरे किसी स्वतन्त्रता सेनानी पर इस प्रकार के आरोप लगाना, राष्ट्रद्रोह था। जिन्होंने देश के लिए रक्त बहाया, अपनी जिन्दगी जेलों में काटी, वे पेंशन माँगने आयें, तो उनसे यह कहा जाये कि वे झूठ बोल रहे हैं?...और न ही मैं यह कह सकता था कि डिस्ट्रिक्ट मजिस्ट्रेट का सर्टिफिकेट झूठा है। वह एक उच्च और जिम्मेदार सरकारी अधिकारी था। वह कैसे झूठ बोल सकता है। जिस देश में संसद में मन्त्री झूठ बोले, और बदमाश से बदमाश सांसद यह न कह सके कि वह झूठ बोल रहा है, उस देश में मैं इतना साहस कैसे कर सकता था?...

"आपकी आयु उतनी लगती नहीं, जितनी होनी चाहिए।" मैंने कुछ संकुचित भाव से कहा। नारी से उसकी आयु की चर्चा वैसे ही नहीं की जाती और यह तो स्वतन्त्रता सेनानी भी थी।...और फिर मेरी अपनी यह आयु। वह किसी भी क्षण झपटकर कह सकती थी, "बाबा! मेरा नहीं तो अपनी सफेद दाढ़ी का तो ख्याल कर।"

किन्तु उसने यह सब नहीं कहा। वह मुझसे नाराज भी नहीं हुई। प्रसन्न-वदन आत्मविश्वस्त भाव से बोली, "प्रशंसा के लिए धन्यवाद! बहुत सारे लोग मुझे यही कम्प्लिमेंट देते हैं।"

"पर आपको कुछ अधिक उम्र की दिखना चाहिए।" मैंने कहा।

"बालों में चूना लगा दूँ?" उसने मुस्कराकर पूछा।

"नहीं! सरकार को चूना लगाओ।" मैंने कहा।

"मैं समझी नहीं।"

"मैं घटनाओं के काल-गणित और प्रकृति के नियमों की चर्चा कर रहा था।" मैंने बताया।

"मेरी आयु से गणित का क्या सम्बन्ध?"

"आपकी उम्र क्या है?"

"अठारह वर्ष।"

"भारत का स्वतन्त्रता-संग्राम कब समाप्त हुआ?"

"उन्नीस सौ सैंतालीस में!"

"अर्थात् आज से पैंतालीस वर्ष पहले।" मैं प्रसन्न हो गया, "तो आपने अपने जनम से सत्ताईस वर्ष पहले किस स्वतन्त्रता-संग्राम में भाग लिया?"

"अजीब धामड़ आदमी हैं आप!" वह बोली, "आपका विचार है कि मैं होनोलूलू को स्वतन्त्र कराने के लिए लड़ी थी?"

"नहीं!" मैंने आत्मविश्वास से उसकी ओर देखा, "मैं यह पूछ रहा था कि आपने उस स्वतन्त्रता-संग्राम में कैसे भाग लिया, जो आपके जन्म से पूर्व लड़ा जा चुका था?"

उसने आँखें फाड़कर मुझे देखा, "इतना भी नहीं जानते आप, और भारत सरकार की सेवा में है। नौकरी कर रहे हैं, तो पढ़े-लिखे भी होंगे। किसी विश्वविद्यालय से डिग्री भी ली होगी। यह सब क्या रिश्वत देकर किया था?"

स्थिति बिगड़ गयी थी। मैं उस पर आरोप लगाना चाह रहा था और वह मुझे लांछित कर रही थी।

"रिश्वत क्यों?"

"इतना भी नहीं जानते आप कि हमारा दर्शन जन्म-मरण के चक्र में विश्वास करता है, व्यक्ति के आवागन में।" उसने सहज दृष्टि से मेरी ओर देखा, "हम पुनः-पुनः जन्म लेते हैं। मैं अपने पिछले जन्म में भारत के स्वतन्त्रता-संग्राम में लड़ी थी।"

"ओह!" मेरी आँखें फट गयीं। मुझे लगा, वह अभी कह देगी कि वह पिछले जन्म में झाँसी की रानी लक्ष्मीबाई थी, तो मैं क्या कर लूँगा। मैं उसे झाँसी का राज्य तो दे नहीं सकता।...

"आप गलत जगह आ गयीं।" मैंने अन्त में दफ्तरी टोटका चलाया, "मैं तो केवल इसी जन्म की पेंशन की स्वीकृति दे सकता हूँ। जनम-जनमान्तरों की पेंशन की स्वीकृति का अधिकार तो बड़े साहब के पास है।" मैं कुछ सहज हुआ, "सम्भव है, वे आपको पहचान भी जायें। बहुत से पुराने स्वतन्त्रता-सेनानी उसके साथ विभिन्न जेलों में भी रहे हैं।"

"ठीक है।" वह मुड़ गयीं, "देख लूँगी तुमको।"

कुछ हत्यारों की चर्चा

पुरस्कार मिलने की सूचना मुझे बाद में मिली, पहले डॉक्टर साहब का फोन आ गया, "यह पुरस्कार अस्वीकार कर दो।"

"क्यों?" मैंने बहुत डरते-डरते पूछा।

"क्योंकि पुरस्कार स्वीकार करनेवाले से, पुरस्कार का तिरस्कार करनेवाला महान् होता है।" वे बोले, "तुम्हें महान् बनने का अवसर मिल रहा है। उसे व्यर्थ ही मत गँवाओ। महान् बन जाओ।"

"आपने अपने चेले-चाँटों और रिश्तेदारों को महान् क्यों नहीं बनाया?" मैंने पूछ ही लिया, "उन्हें तो आप पुरस्कार देते गये और वे हड़पते गये। न आप तनिक-से महान् बने, न उन्हें बनने दिया।"

"उन्होंने हत्यारों से पुरस्कार ग्रहण नहीं किये थे।" वे बोले, "तुम्हें जो लोग पुरस्कार दे रहे हैं, वे हत्यारे हैं। उन्होंने हमारे एक साथी की हत्या करायी है।"

मैं बहुत परेशान था। देश की पुरस्कार देनेवाली सारी समितियों पर डॉक्टर साहब का कब्जा था। यह बात अब तय थी कि वे जहाँ भी होंगे, वे मुझे पुरस्कार नहीं देंगे। अब एक ऐसी संस्था बनी थी, जिसने उन्हें अपनी चयन-समिति का अध्यक्ष नहीं बनाया था, तो उस पर वे अपनी इच्छा इस पद्धति से आरोपित कर रहे थे। अर्थात् जहाँ वे होंगे, पुरस्कार मुझे देंगे नहीं और जहाँ वे नहीं होंगे, वहाँ से मुझे वे पुरस्कार लेने नहीं देंगे...लगता था कि यह जीवन तो बिना पुरस्कार के ही कट जायेगा।

मैं इसी उधेड़बुन में बैठा था कि रामलुभाया आ गया। मैंने उसे डॉक्टर साहब के फोन के विषय में बताया।

"किसी हत्या और हत्यारों का पता लगाना, उसे पकड़ना और उस पर मुकदमा चलाना पुलिस का काम है, डॉक्टर साहब का नहीं।" रामलुभाया तमककर बोला, "पुलिस ने उस पर आरोप लगाया नहीं, किसी न्यायाधीश ने उसे अपराधी पाया नहीं और डॉक्टर साहब ने उसे फाँसी पर लटका दिया। इतने ही उनके पास प्रमाण हैं तो जायें उच्चतम न्यायालय में। लगायें उस पर आरोप, चलायें मुकदमा...।"

"मुझे उस सबसे क्या लेना-देना।" मैंने अत्यन्त भीरु स्वर में कहा, "मैं तो साहित्यकार हूँ। मुझे तो उनका कहना मानना पड़ेगा। आखिर वे साहित्य के चौधरी हैं। मैं उनकी इच्छा से बाहर कैसे रह सकता हूँ।"

"तुम्हें युधिष्ठिर बनने का शौक हो तो बनो।" वह बोला।

"क्या मतलब?"

"वह अन्त तक धृतराष्ट्र को प्रसन्न करने का प्रयत्न करता रहा, किन्तु धृतराष्ट्र को वह कभी दिखायी नहीं दिया।"

"पर यह पुरस्कार देनेवाले हत्यारे हैं।" मैंने कातर स्वर में कहा।

रामलुभाया को मेरी बात पसन्द नहीं आयी। तेजस्वी स्वर में बोला, "यदि ऐसी ही बात है तो यह बताओ कि जिन सरकारों के प्रतिनिधि के रूप में डॉक्टर साहब स्वयं पुरस्कार लेते रहे हैं और अपने आश्रितों में बाँटते रहे हैं, उनमें से कौन-सी सरकार ऐसी, जिसने हत्याएँ करवायी नहीं, या हत्याएँ की नहीं।"

मैं जानता था कि रामलुभाया ठीक कह रहा है...यह तो सम्भव ही नहीं है कि आप सरकार की कृपा का सुख भी पायें और उसके द्वारा की गयी हत्याओं का पाप भी स्वीकार न करें..."पर वह तो एक संस्था के रूप में हुआ न। व्यक्ति के रूप में... ।"

"व्यक्ति के रूप में तो डॉक्टर साहब स्वयं हत्यारे हैं।"

"क्या?" जैसे आकाश से गिर पड़ा।...इतना सभ्य, सुसंस्कृत और कोमल व्यक्ति हत्या कैसे कर सकता है?...नहीं। यह सत्य नहीं हो सकता।...

"किसकी हत्या की है उन्होंने?" मैंने पूछा, "तुम्हारे पास है कोई प्रमाण?"

"एक तो उन्होंने मेरी हत्या की है।" रामलुभाया बोला, "वे सहस्रमुख वासुकी के समान हैं, जिनका कोई-न-कोई एक मुख प्रत्येक साहित्यिक संस्था में मठाधीश बनकर बैठा है। उसने मुझे किसी प्रकाशन संस्थान में घुसने नहीं दिया। किसी पत्र-पत्रिका में छपने नहीं दिया। किसी गोष्ठी में बोलने नहीं दिया। आकाशवाणी और दूरदर्शन में तो प्रवेश ही उनकी कृपा से होता है। प्रत्येक द्वार पर उनका एक मुख खुला हुआ, अपनी जिह्वा लपलपा रहा है। अब बताओ, मैं लिखकर क्या करता। पिछले पन्द्रह वर्षों से मेरा लिखना बन्द हो गया।...किसने की मेरी हत्या?..."

मैं जब कुछ नहीं बोला तो रामलुभाया ही पुनः बोला, "और मैं अकेला ही नहीं हूँ। मेरे जैसे अनेक हैं।" और फिर जैसे उसे दौरा ही पड़ गया, "और तुम अपनी ओर देखा। क्या वे आज तक तुम्हारी हत्या नहीं करते आये हैं? कौन-सा वार उन्होंने तुम पर नहीं किया? तुम जीवित रहे तो अपनी जिजीविषा से या भगवान् की कृपा से। यदि उनके द्वार मारे गये साहित्यकारों की सूची बनायी जाये तो किसी भी आतंकवादी द्वारा की गयी हत्याओं से लम्बी सूची बनेगी। वे इनामी हत्यारे होंगे और उनके सिर पर कम-से-कम पचास लाख रुपयों का पुरस्कार होगा।"

मैं पूर्णतः आतंकित हो चुका था : साहित्य के क्षेत्र में इतना रक्तपात। मैंने कभी उस ओर ध्यान नहीं दिया था। मैं तो अपने शरीर के घावों को ही देखकर इतना अस्त-व्यस्त हो जाता था कि अनेक बार लिखने-लिखाने से ही वितृष्णा होने

लगती थी...किन्तु यहाँ तो...

"पर वे तो साहित्य की श्रेष्ठता बनायें रखने के लिए ऐसा करते हैं न।" स्वयं सहमत न होते हुए भी मैंने उनका पक्ष रखा, "वे तो साहित्य की सेवा कर रहे हैं।"

"साहित्य की सेवा कर रहे होते तो किसी एकान्त कोने में बैठे कागज और लेखनी लिये मग्न होते, इस प्रकार प्रत्येक मठ के अधीश्वर और प्रत्येक मंच के मंचेश्वर बनने की जोड़-तोड़ न कर रहे होते। श्रेष्ठ की उपेक्षा कर वे मात्र पाखंड को प्रतिष्ठित करने का प्रयत्न कर साहित्य की ही हत्या कर रहे हैं। अच्छा साहित्य सामने आने नहीं देंगे, घटिया साहित्य टिक नहीं पायेगा और अन्ततः यही माना जायेगा कि कोई महत्त्वपूर्ण चीज लिखी ही नहीं गयी। अपना वर्चस्व बनाये रखने के लिए वे एक पूरी पीढ़ी के लेखक को नष्ट करने पर तुले हैं। वे पूरी-की-पूरी पीढ़ी को समाप्त कर रहे हैं और स्वयं को मसीहा घोषित कर रहे हैं..."

मैं अवाक् खड़ा रामलुभाया का मुख देख रहा था : मैं तो यही मानता था कि साहित्यकार के पास न्याय, उदारता और प्रेम की ही पूँजी होती है; मैं क्या जानता था कि यहाँ भी लोग मार-काट और षड्यन्त्र-रचना करते हैं।...सोचा, कि अब डॉक्टर साहब का फोन आया, तो उनसे कहूँगा कि यदि उन्हें मार-काट और षड्यन्त्रों के मध्य ही रहना था तो वे सेना में गये होते अथवा राजनीति में आसन लगाते। वे साहित्य में क्या करने आ गये?

अधिकार का प्रश्न

"आपने हमारे विभाग में एक अयोग्य व्यक्ति की नियुक्ति कर दी है।" मैंने कुलपति से कहा। सोच रहा था, जाने कुलपति उस व्यक्ति की योग्यता सिद्ध करने के लिए उसका बखान करेंगे या अपनी भूल स्वीकार कर उसके सुधार के लिए कोई मार्ग खोजेंगे।

किन्तु कुलपति ने तो अपने लिए एक तीसरा ही मार्ग चुना। उन्होंने गर्व से अपनी आँखें विस्फारित कीं, पान-भीगे होंठ प्रयत्नपूर्वक भींचे और मुझे मेरी तुच्छता का अहसास कराते हुए बोले, "यदि हम अपनी मनमर्जी का एक आदमी भी नियुक्त नहीं कर सकते, तो फिर हम कुलपति काहे के?"

न केवल मैं समझ गया कि वे अपने कृत्य पर लज्जित नहीं हैं, यह भी समझ गया कि उनकी शैली में मैं उनसे तर्क भी नहीं कर पाऊँगा। मैं यह मानता था कि उन्हें कुलपति के अधिकार इसलिए दिये गये हैं कि वे अयोग्य व्यक्ति को किसी भी स्थिति में नियुक्त न होने दें; और वे यह समझते थे कि इस पद पर आसीन होकर उन्हें यह अधिकार मिल गया है कि वे योग्यता की चिन्ता ही न करें।

मुझे निरस्त कर, वे अन्य उपस्थित लोगों से इस शैली में वार्ता कर रहे थे, और कोई योद्धा अपने प्रमुख प्रतिद्वन्द्वी का आखेट कर, शेष लोगों को अपने करतब दिखाने लगता है...मेरे पास भी कहने के लिए कुछ नहीं था और न ही उसकी अधिकारोन्मत्त उद्घोषों को सुनने में कोई रुचि थी, इसलिए अपनी अधेड़-बुन में डूबता चला गया। जाने मेरी कल्पना ने क्या चमत्कार किया कि मेरे सामने की कुर्सी पर बैठे कुलपति किसी जादू से थाने के प्रभारी दारोगा बन गये। उनकी आँखें वैसी ही लाल सुर्ख थीं। उनके होंठ वैसे ही भिंचे हुए थे। मूँछें उसी प्रकार ऐंठी हुई थीं। बस, उनकी छींटवाली बुश्शर्ट के स्थान पर पुलिस की वर्दी आ डटी थी।

मुझे लगा कि वे मेरी ओर देखकर कह रहे हैं, "हम तुम्हारे मुहल्ले का एक घर भी न लूट सकें तो सारे इलाके के मालिक काहे के हुए।"

मेरी घिग्घी बँध गयी और मैं भयभीत स्वर में बोला, "सरकार, आपको इलाके का मालिक इसलिए बनाया गया है कि आप चोर-डाकुओं से हमारी रक्षा करें।"

"वह तो कर ही रहे हैं।" वे अपनी मूँछें मरोड़ते हुए बोले, "किसी चोर-डाकू की मजाल है कि हमारे इलाके में वारदात कर जाये। सबसे रक्षा करेंगे हम।"

"पर सरकार! आपसे हमारी रक्षा कौन करेगा?" मैंने पूछा।

"हमसे रक्षा की आवश्यकता ही क्या है!" वे अपनी भीषण मुस्कान के मध्य बोले, "हम तो मालिक हैं इलाके के।"

मैंने आँखें झपकीं और उससे जैसे दृश्य ही बदल गया। हमारे कुलपति 'नारी-निकेतन' के प्रबन्धक बन गये। उनके केश कुछ बड़े और तेल से चुपड़े हुए ही नहीं थे, शायद खिजाब से रँगे हुए भी थे। आँखों में सुरमा था और होंठों की कोरों से पान की पीक की रेखा ताजा पिये हुए खून के समान बह रही थी।

वे अत्यन्त लिजलिजी मुस्कान के साथ कह रहे थे, "हम एक भी युवती को भोग नहीं सकते तो फिर हम नारी-निकेतन के प्रबन्धक काहे के।"

"पर सरकार! आपको तो उनकी रक्षा के लिए रखा गया है।" मैंने घिघियाकर कहा, "यदि आप ही इन हरकतों पर उतर आये तो उनकी सुरक्षा का क्या होगा?"

"कोई साला उनकी ओर आँख उठाकर तो देखे।" उनकी आँखों में से एक हिंस्र भेड़िया झाँकने लगा, "खून पी जाऊँगा।"

मैंने अपनी भयावह कल्पनाओं से घबराकर अपनी आँखें बन्द कर लीं। पता नहीं मुझे क्या हो गया था। पर मेरे सामने बैठे कुलपति को न मेरी खुली आँखों से किसी प्रकार का संकोच था और न बन्द आँखों से किसी प्रकार का परहेज। वे तो वैसे ही बैठे अपने राक्षसी कृत्यों की चर्चा कर रहे थे, "हमें तो सरकार ने नियुक्त किया है। हम अपना और अपनी सरकार का हित देखेंगे या लड़कों और मास्टरों का। हम तो सरकार की आँख का इशारा देखेंगे और जिसकी आवश्यक हो, बलि दे देंगे।"

मेरी कल्पना ने फिर से अपनी माया फैलायी। मुझे लगा कि कुर्सी पर कुलपति नहीं, कोई भयंकर सर्पिणी बैठी है, जो अपनी विषैली जीभ लपलपाकर कह रही है, "अपने बच्चों को ही खा न पायी, तो फिर मैं माँ काहे की। बच्चे मेरे हैं। मैंने उन्हें जन्म दिया है। मैं ही न खाऊँगी तो फिर उन्हें कौन खायेगा?"

मैंने सर्पिणी से तर्क नहीं किया : सोचा, साँप तो साँप ही होता है।...और तभी कुलपति ने पैंतरा बदला। वे खादी का कुर्ता-पाजामा पहनकर राजनेता बन गये। उन्होंने अपनी टोपी सीधी की और बोले, "हम अपना देश भी नहीं डुबो सकते तो फिर हम नेता काहे के।"

मैं घबराकर उठा और उनके कमरे से बाहर निकल आया। मुझे लग रहा था कि मैं कुलपति से चर्चा करके नहीं, अपने देश का एक्स-रे देखकर आया था।

मतदाताओं का आयात

मैं घबराया हुआ उनके पास पहुँचा और बोला, "आपको मालूम है, एक बड़ी संख्या में बांगलादेशी लोग अनधिकृत रूप से भारत में घुस आये हैं और जगह-जगह बस गये हैं?"

उनकी शान्ति तनिक भी खंडित नहीं हुई। पहले के ही समान अंगूर के गुच्छे से अंगूर तोड़-तोड़कर वैसे ही खाते रहे, जैसे खिलौने का बन्दर बोतल से गिलास में ढाल-ढालकर पीता रहता है। बोले, "मुझे नहीं मालूम।"

"क्यों, क्या आप अखबार नहीं पढ़ते?"

"एक तो पढ़ता ही नहीं, दूसरे पढ़ भी लूँ तो उसका विश्वास नहीं करता।"

"क्यों?"

"क्योंकि अखबारवाले झूठी खबरें छापते हैं।" उन्होंने बड़ी अदा से अपनी गर्दन मोड़कर मेरी ओर देखा, "अखबारवाले तो मेरे विषय में भी छापते रहते हैं कि मैं भ्रष्ट आदमी हूँ, मेरे बेटे गुंडागर्दी करते हैं, हमारा परिवार देशद्रोही है, इत्यादि-इत्यादि...तुम चाहते हो कि मैं इन सबका विश्वास कर लूँ?"

"सत्य को क्यों स्वीकार नहीं करेंगे आप?"

"अखबारी सत्य, सत्य नहीं होता, जैसे मन्त्री का वचन, वचन नहीं होता।" वे अपने विषय में अत्यन्त स्पष्ट थे।

"अच्छा! तो आपकी पुलिस, आपको कोई सूचना नहीं देती?" मैं धृष्ट बनकर बोला।

"पुलिस बेचारी क्या करे?" वे बोले, "हमारे देश में तो जैसे यह प्रचलन ही नहीं है कि कोई आकर बता दे कि मैं बांगलादेश से बिना पासपोर्ट और वीजा के आया हूँ। और किसी के माथे पर तो लिखा नहीं है कि वह बांगलादेशी है। ऐसे में क्या तो पुलिस जानेगी और क्या वह मुझे बतायेगी।"

"हाँ! यह दोष तो बांगलादेशियों में है कि वे लोग भारत में आकर पुलिस में यह रपट तो दर्ज कराते ही नहीं हैं कि वे लोग बांगलादेश से आये हैं।" मैंने स्वीकार किया, "किन्तु नेताजी! आखिर दूसरे देशों की पुलिस भी तो ऐसी बातों का पता लगाती ही होगी। वे लोग ये कैसे कर लेते हैं?"

"होंगे भाई। उनके भी अपने तरीके।" वे बोले, "अब अपने भेद तो कोई किसी

को बताता नहीं। यदि हमारी पुलिस पता लगा भी लेती होगी, तो अपने हित की इस सूचना का उपयोग वह अपने लाभ के लिए करेगी—हमें क्यों बतायेगी?"

नेताजी की यह बात कुछ अधिक गहरी थी। मेरी समझ में नहीं आयी। मैंने पूछ ही लिया, "भला यह सूचना पुलिस के हित की क्यों है?"

इस बार नेताजी का मुख आश्चर्य से खुल गया, "कैसे बौड़म हो तुम। इतना भी नहीं जानते?"

"नहीं।" मैंने पूरी ईमानदारी से स्वीकार कर लिया।

"अरे, पुलिस को पता चल जाये कि कोई विदेशी नागरिक अवैध रूप से हमारे देश में कहीं रह रहा है, तो वह उसे धमकाकर उससे अपने लिए पैसा वसूलेगी, या हमें सूचना देने आयेगी?" उन्होंने मेरी ओर देखा, "सोचो, उससे इस इलाके के अफसरों की आय कितनी बढ़ जायेगी।..."

मेरे मुख से एक भी शब्द नहीं निकला। मैं फटी-फटी आँखों से उन्हें देखता रहा।

"इतने लोग आ बसेंगे, तो उनमें चोर-उचक्के भी होंगे, जेबकतरे भी होंगे, कोई अवैध शराब का धन्धा भी करेगा, कोई चकला भी चलायेगा," नेताजी ने मेरी ओर देखा, "पुलिस हमें सूचना देकर अपने इस टकसाल को बन्द क्यों करवायेगी? दिमाग खराब है क्या उसका?"

"पर देश का क्या होगा?" मैंने झल्लाकर पूछा।

"क्या होना है?" वे बोले, "हमारा देश कोई मलयद्वीप तो है नहीं, कि करोड़-दो करोड़ लोगों का बोझ न सह सके।"

मेरा ध्यान उनकी इन बातों की ओर नहीं था। मैं खीझकर बोला, "यदि कोई आपको सूचना नहीं देता, तो मैं दे रहा हूँ। जाइये, स्वयं जाकर देख आइये, यमुना के तट पर कितने बांगलादेशी आ बसे हैं।"

"अरे वाह रे कोलम्बस!" वे मन्द-मन्द मुस्कराये, "तुम समझते हो कि तुमसे पहले वहाँ कोई गया ही नहीं। हम स्वयं जाकर देख आये हैं।"

"तो फिर आप उन्हें यहाँ से निकालते क्यों नहीं?" मैं आक्रोश में अपनी सुध-बुध खो बैठा था।

"क्यों निकालें? अपना वोट बैंक देश से बाहर निकाल दें और दूसरी पार्टियों से चुनाव हार जायें?" वे मुस्कराये, "तुम तो हमारे अच्छे हितैषी हो!"

"आपको पता भी है कि आपके वोटों के चक्कर में देश की जनसंख्या कितनी बढ़ गयी है?" मैंने उन्हें डाँटने का प्रयत्न किया।

"जनसंख्या नहीं बढ़ी है, हमारे वोट बढ़े हैं।" वे मन-ही-मन किसी मधुर रस का पान कर रहे थे।

"किन्तु वे विदेशी हैं, वे वोट नहीं दे सकते।" मैं बोला।

"हमने उनके राशन-कार्ड भी बना दिये हैं और मतदाताओं की सूची में उनके नाम भी लिखवा दिये हैं।" वे हँसे, "रहें वे बांगलादेशी, पर वोट तो हमें ही देंगे।"

"यदि आपको मतदाताओं की इतनी ही भूख है, तो अपने देश में करोड़ों रुपये परिवार नियोजन पर क्यों खर्च कर रहे हैं। बढ़ने दीजिये यहाँ की जनसंख्या और लीजिये जितने मतदाता आपको चाहिए।" मैं जैसे हत्थे से उखड़ गया था।

"क्यों? हम मूर्ख हैं क्या?" उन्होंने वितृष्णा से मुँह बिचकाया, "भारतीय नागरिकों की संख्या बढ़ेगी तो वे अपनी मनमानी करेंगे, जिसको चाहेंगे वोट देंगे और हमें सदा गद्दी से उतारने की धमकी देंगे।" उन्होंने जैसे अपना आक्रोश संयत किया, "हमने तो सोचा है कि हम अन्य पड़ोसी देशों से भी अपने मतदाताओं को आयात करेंगे। उन्हें बुलायेंगे, बसायेंगे, उन्हें धमकायेंगे और उनसे वोट लेंगे।"

"और भारत की जनसंख्या?"

"उसके लिए तो परिवार-नियोजन का पालन करना ही परम धर्म है।" वे पूर्णतः आश्वस्त होकर पान चबा रहे थे।

जनता हमसे प्यार करे

उन्हें इतना घबराया हुआ मैंने कभी नहीं देखा था। इसलिए मेरा परेशान होना भी स्वाभाविक ही था।

"क्या हुआ?" मैंने पूछा।

"हिन्दुओं के सारे देवी-देवताओं और अवतारों को एक राजनीतिक दल ने हथिया लिया है।" वे बोले, "वह दल उनका मनमाना उपयोग कर रहा है और बेचारे हिन्दुओं को पता भी नहीं कि उनके भगवान् के साथ क्या बीत रही है।"

उनके उत्तर से मैं कुछ ज्यादा ही उलझ गया था। इसलिए छानबीन आगे बढ़ानी पड़ी। पूछा, "आप हिन्दुओं के लिए परेशान हैं?"

उन्होंने तमककर मेरी ओर देखा, "मैं क्यों होने लगा हिन्दुओं के लिए परेशान। मैं कोई साम्प्रदायिक हूँ!"

"तो क्या आप भगवान् के लिए चिन्तित हैं?"

"मैं भगवान् का अस्तित्व ही स्वीकार नहीं करता, तो उसके लिए चिन्तित क्यों होने लगा!"

यह तो मुझे वैसे ही समझ लेना चाहिए था, पर जाने क्यों उनकी घबराहट से मैं भी अकबका गया था। अपनी परेशानी मिटाने के लिए उन्हें सान्त्वना देने के अन्दाज में बोला, "छोड़िये इन हिन्दुओं के भगवान् को। मुसलमानों का भगवान् तो सुरक्षित है न?"

"मुसलमनों का भगवान् नहीं होता," उन्होंने मुझे डपट दिया, "मुसलमानों का खुदा होता है।"

"तो खुदा तो सुरक्षित है न?"

"कहाँ?" वे पूर्णतः हताश थे, "उस पर भी कुछ राजनीतिक दलों और नेताओं ने कब्जा जमा रखा है।"

"आप इस बात से भी चिन्तित हैं?"

"नहीं! खुदा का हमने ठेका नहीं ले रखा है।"

"पर आप इस बात से चिन्तित क्यों नहीं हैं?"

"हमारी नीति है कि हम अल्पसंख्यकों के विषय में कुछ नहीं कहते। उससे व्यक्ति साम्प्रदायिक घोषित हो जाता है।"

"ओह!" मैं बोला, "आप अल्पसंख्यकों को कोई गुमराह कर रहा हो तो?"

"क्या करें। मजबूरी है। धर्मनिरपेक्षता बड़ी कठोर साधना है।"

"चलिये छोड़िये। आप तो यह बताइये कि आपने ऐसा ही कोई प्रयत्न क्यों नहीं किया?" मैंने शुद्ध जिज्ञासु के रूप में पूछा, "आपकी पार्टी के कभी यह क्यों नहीं सोचा कि उसे भी भगवान् के किसी एक रूप पर अपना कब्जा जमा लेना चाहिए—अवैध कब्जा ही सही। यदि आपने ऐसा किया होता, तो आज आप भी उसका मनमाना उपयोग कर रहे होते।"

"हमारी पार्टी ने तो यह बहुत पहले ही सोच लिया था।" वे मुस्कराये, "हमने तो भगवान् के किसी एक रूप की बात ही क्या, सारे देवी-देवताओं समेत समग्र भगवान् पर कब्जा कर लिया था।"

"फिर?"

"हमने उसकी पूजा नहीं की," उनके स्वर में गर्व की इंकार थी, "उसे बाँधकर, अपनी पार्टी के दफ्तर की एक अँधेरी कोठरी में डाल दिया।"

"तो वहाँ से वह छूट कैसे गया?"

"छूटा तो नहीं था।"

"तो छुड़ा लिया गया होगा।"

"नहीं। कोई छुड़ाकर भी नहीं ले गया था।" उन्होंने बताया, "हमने जिसे बाँधा था, वह तो हमारे ही पास रहा।"

"तो क्या परेशानी है। अब आप उसका मनमाना प्रयोग कीजिये।"

"नहीं कर सकते न!"

"क्यों?"

"अरे, उसके हाथ-पैर तो हमने ऐसे बाँधे थे, मुख पर कसकर ऐसी पट्टी बाँधी थी कि वह चूँ भी न कर सके।" वे बोले।

"फिर?"

"फिर क्या! बेचारे का दम घुट गया।" उसने निःश्वास छोड़ा, "बेचारा मर गया।"

"अरे, तो फिर इन लोगों के पास कौन-सा भगवान् है? कहीं यह कोई बहुरूपिया तो तो नहीं?" मैंने पूछा।

"भगवान् जाने कौन है यह।" वे झल्ला गये।

"आप भी 'भगवान जाने' कहते हैं?"

"कह दिया तो क्या हो गया? भगवान् तुम्हारे बाप का है?" वे रुष्ट होकर बोले, "स्वयं तो मरे हुए को जीवित कर लिया और हमें उसका नाम भी नहीं लेने देते।"

"अरे हाँ! आपने तो उसे मार ही दिया था और अब भी यदि वह आपके हाथ

लग जाये, तो आप उसे मार ही डालेंगे। तो फिर क्यों परेशान होते हैं उसके लिए?" मैंने कहा, "होने दीजिये उसका मनमाना प्रयोग...अर्थात् दुरुपयोग!"

"मैं भगवान् के लिए चिन्तित नहीं हूँ।" वे बोले, "मैं तो इस देश के लिए चिन्तित हूँ।"

"अच्छा! आप इस देश के लिए चिन्तित हैं।" मैंने कुछ आश्चर्य से पूछा, "पर आप इस देश के लिए क्यों चिन्तित हैं?"

'यह देश मेरा है। मैं इससे प्यार करता हूँ।" उन्होंने रहस्योद्घाटन किया।

मैं कुछ चकित भी हुआ और कुछ परेशान भी। आज तक तो उनके व्यवहार से मुझे ऐसा कभी लगा ही नहीं था।

"देश माने क्या?" मैंने पूछा, 'आपको यहाँ की संस्कृति से प्यार है?"

"नहीं! इस बुर्जुवा संस्कृति से हमें क्यों प्यार होगा!" उनके स्वर में घृणा भी थी और अहंकार भी, "हमारी तो अपनी संस्कृति है।"

"देश से अलग संस्कृति।...अच्छा, खैर होगी...तो आपको इस देश की मिट्टी से प्यार है?"

'वैसे तो हम राष्ट्रवाद के विरोधी हैं, पर फिर भी जहाँ-जहाँ हमारी पार्टी का शासन होता है, वहाँ की मिट्टी से हमें प्यार हो ही जाता है।"

उनका यह शासकीय प्रेम मेरी समझ में नहीं आया। इसलिए पूछ बैठा, "इस मिट्टी की रक्षा के लिए, आपने कभी अपना रक्त बहाया है?"

"नहीं! हमने अपने शासन की रक्षा के लिए दूसरों का रक्त बताया है।" वे अपने चिन्तन में पूर्णतः स्पष्ट थे।

"मैं यह पूछ रहा था, आपने इस धरती की रक्षा के लिए कभी अपना रक्त बहाया है?"

"नहीं! रक्त-क्रान्ति का कभी अवसर ही नहीं आया।" वे मुस्कराये, "अभी तक हम इसका रक्त निचोड़ने का ही प्रयत्न करते रहे हैं।"

"तो फिर आपको इस देश की किस चीज से प्यार है?" मैंने पूछा, "इसके इतिहास से? दर्शन से? चिन्तन से? धर्म से? कलाओं से? नदियों से? पहाड़ों से? मन्दिरों से? महलों से? मकबरों से?..."

"इन सबसे हमें क्या लेना-देना।" वे बोले, "ये सब सामन्ती भी हैं और साम्प्रदायिक भी। या तो ये सब धर्म की देन हैं। जो साम्प्रदायिक हैं, या राजाओं और बादशाहों की जो सामन्ती हैं। इस देश की जनता का तो इसमें कुछ है ही नहीं।"

मैं उनके तर्क को समझने में अक्षम होता जा रहा था। अतः हथियार डाल दिये, "हम तो मानते हैं कि यह सब-कुछ हमारी जनता का ही है, तभी तो जनता इनसे प्यार करती है।" मैंने उनको देखा, "आप जनता से प्यार करते हैं; और जनता की

इन प्रिय चीजों को प्यार नहीं करते?"

"देखिये!" उनके स्वर में तेज लहराया, "इन चीजों से हमें कुछ लेना-देना नहीं है। हम जनता की मूर्खताओं के लिए जिम्मेदार नहीं हैं। हम जनता से प्यार करते हैं; और चाहते हैं कि जनता अपनी इन चीजों से प्यार करना छोड़ दे।"

"तो फिर किससे प्यार करे?" मैं चकित खड़ा रह गया।

"हमसे।" वे बोले, "हमसे प्यार करे। हमें वोट दे। हम जीते तो जनता को इम्पोर्टेड चीजों से मालामाल कर देंगे—विदेशी चिन्तन, विदेशी कला, विदेशी विज्ञान। ऐसा बदलकर रख देंगे उसे कि न कोई उसे पहचान पायेगा, न इस देश को।" उन्होंने निःश्वास छोड़ा, "पर कोई कुछ समझे, तब न!...वास्तविक प्रेम को तो इस युग में कोई पहचानता ही नहीं है।"

नेता के लक्षण

रामलुभाया ने अत्यन्त प्रसन्नता से भैयाजी को सूचना दी कि मुहल्ले में एक मकान-मालिक और किरायेदार का झगड़ा हो गया है।

"तो मैं क्या करूँ?" भैयाजी कुछ उखड़े हुए लग रहे थे।

"अरे, उनमें समझौता करवाइये। शान्ति स्थापित कीजिये। समाज का भला कीजिये। यश पाइये और इस क्षेत्र में अपने वोट पक्के कीजिये।" रामलुभाया ने सुझाया।

"तुम तो बस मुहल्ले के चौधरी ही बने रहना चाहते हो।" भैयाजी ने कुछ रुष्ट होकर कहा, "उसके आगे बढ़ने की सोचते ही नहीं।"

"उससे आगे कैसे बढ़ा जा सकता है?" रामलुभाया को अपने सामने किसी प्रमोशन-स्कीम का आभास होने लगा था।

"शान्ति स्थापित करने से वोट नहीं मिलते। वोट मिलते हैं दंगा करवाने से।" भैयाजी की रुचि कुछ जाग चली थी, "अच्छा, मकान-मालिक और किरायेदार में एक हिन्दू और एक मुसलमान है क्या?"

"नहीं!" रामलुभाया ने बताया, "दोनों हिन्दू हैं और झगड़ा भी ऐसा कोई गम्भीर नहीं है।"

"भैयाजी का चेहरा अतर गया, "दोनों हिन्दू हैं, उनमें से एक जैन, बौद्ध, सिख या ईसाई भी नहीं है?"

"नहीं!" रामलुभाया बोला, "दोनों पूरी तरह से हिन्दू हैं।"

"अरे तो क्या उनमें से एक आर्यसमाजी और एक सनातन-धर्मी भी नहीं है?"

"नहीं!" रामलुभाया बोला, "पर उससे क्या फर्क पड़ता है?"

"फर्क क्यों नहीं पड़ता।" भैयाजी झल्लाकर बोले, "इससे शहर में साम्प्रदायिक दंगा होने की कोई सम्भावना ही नहीं है। राष्ट्रीय नेता बनने के लिए बड़े पैमाने पर दंगे करवाने की क्षमता होनी चाहिए।"

"पर भैयाजी!" रामलुभाया ने चिन्तित स्वर में कहा, "यदि शहर में साम्प्रदायिक दंगा हुआ तो आपके अपने धर्म के लोग ही अधिक मरेंगे।"

"तो क्या होगा!" भैयाजी निर्द्वन्द्व भाव से बोले, "अपने सैनिकों की मृत्यु के

"तो क्या होगा!" भैयाजी निर्द्वन्द्व भाव से बोले, "अपने सैनिकों की मृत्यु व

भय से सेनापति युद्ध करना छोड़ दे?"

"ओह!"

"देखो भाई! पहले राजा होते थे, सेनाएँ होती थीं। जो जितने अधिक शत्रुओं को मारता था, वह उतना ही बड़ा विजेता होता था। अब वह सब नहीं है। जनता है और नेता हैं। जो नेता, जितनी बड़ी संख्या में जनता को मरवाता है, वह उतना ही बड़ा नेता बन जाता है। वह कहता है, 'देखो भाइयो! हमारे साथियों को मारा जा रहा है। तुम सब मेरी शरण में आओ। मैं तुम्हारी रक्षा करूँगा।' बस, जनता उसकी शरण में आ जाती है, और वह नेता बन जाता है।"

"हाँ! बलिदान करने पर ही तो कोई बड़ी उपलब्धि होती है।" रामलुभाया भी सहमत हो गया।

"अच्छा सुनो!" भैयाजी में फिर से थोड़ा उत्साह जागा था, "उन दोनों में एक ब्राह्मण और एक अनुसूचित जातिवाला है क्या?"

"नहीं।"

"एक सवर्ण और एक..."

"नहीं।"

"दोनों की जाति भी भिन्न नहीं है?"

"नहीं! दोनों ठाकुर हैं।"

"ओह! जाति को लेकर भी दंगा नहीं हो सकता। नहीं तो वही चक्कर चला देते।" भैयाजी निराशा के सागर में डूब गये, "अच्छा! दोनों अलग-अलग प्रदेश के हैं क्या?"

"नहीं! दोनों उत्तर प्रदेश के हैं और वाराणसी के ही रहनेवाले हैं।"

"सत्यानाश!" भैयाजी बोले, "यह भी नहीं कि एक गाँव का हो और एक शहर का, कि किसान-विसान का कोई चक्कर चले। अच्छा ऐसा करते हैं," भैयाजी ने रामलुभाया की ओर देखा, "मकान-मालिकों की ज्यादती की दुहाई देकर मकान-मालिकों और किरायेदारों को भिड़ा देते हैं।"

"पर पिटा तो मकान-मालिक ही है।" रामलुभाया बोला, "किरायेदार ने किराया भी नहीं दिया और मकान-मालिक को जूता भी दे मारा।"

"अच्छा-अच्छा!" भैयाजी प्रसन्न होकर बोले, "किरायेदार के अत्याचारों का बावेला मचाकर मालिक-मकानों को उकसाते हैं।"

"भैयाजी! कौन मूर्ख मकान-मालिक बैठे-बिठाये अपने शरीफ किरायेदार को मारकर अपना मकान भी खाली करवायेगा और फौजदारी में भी फँसेगा?"

"तुम तो एकदम ही मूर्ख हो रामलुभाया!" भैयाजी झल्लाकर बोले, "व्यक्तिगत झगड़ों को समुदायों के झगड़ों में नहीं बदल सकते तो नेता क्या खाक बनोगे तुम?"

समाचार

प्रतिनिधि द्वारा लाये गये समाचार पर एक दृष्टि डाल सम्पादक ने उसे घूरा, "यह समाचार है?"

"जी, एक स्त्री को उसके ससुर ने जिन्दा जला दिया है।" प्रतिनिधि ने करुण स्वर में कहा।

"तो उससे किसी को क्या कष्ट होगा।" सम्पादक ने उसे घूरा, 'जिसकी बेटी मरी है वह रोयेगा, जिसकी पत्नी मरी है वह रोयेगा। लोगों के लिए इस समाचार का क्या महत्त्व?"

प्रतिनिधि ने अकबकाकर सम्पादक की ओर देखा! क्या सम्पादक महोदय की संवेदनशीलता पूरी तरह नष्ट हो चुकी है? एक जीवित इंसान को किसी अत्याचारी ने जलाकर मार डाला और वे पूछ रहे हैं कि यह समाचार कैसे बनेगा। समाचार और क्या होता है?

सम्पादक ने प्रतिनिधि की ओर देखा, "देखो समाचार वह होता है, जिसको पढ़कर देश में खलबली मच जाये। लोगों को रात-रातभर नींद न आये। कई-कई शहरों में एक साथ दंगा हो उठे।" वह क्षणभर रुका, "और तुम ऐसी खबर लाये हो जिससे किसी मच्छर के कान पर भी जूँ नहीं रेंगेगी। ऐसी खबरों के लिए कम्पनी तुमको वेतन नहीं देती।"

प्रतिनिधि नें वह कागज उठा लिया और जैसे अपने-आपसे बोला, "मैंने तो हमीदा बेगम का अन्तिम बयान भी रिकॉर्ड कर लिया था।"

सम्पादक के चेहरे पर सहसा कुछ चमक आयी, "क्या नाम लिया तुमने?"

"जी, हमीदा बेगम।"

"अर्थात् महिला मुसलमान थी?" सम्पादक ने पूछा।

'जी।" प्रतिनिधि धीरे से बोला, "उसका ससुर भी मुसलमान है।"

"उसे तो होना ही है।" सम्पादक बहुत प्रसन्न दिखायी पड़ रहा था, "तुम ऐसा करो। समाचार यही रहने दो; किन्तु इसका जो शीर्षक तुमने दिया है न कि 'एक युवती को उसके ससुर ने जीवित जला डाला।' इसे बदलकर इसका शीर्षक रखो 'एक मुस्लिम युवती जीवित जला दी गयी'।"

प्रनिनिधि ने कुछ चौंककर सम्पादक की ओर देखा, "पर इससे क्या होगा?

समाचार तो वही रहेगा। हाँ! मात्र शीर्षक पढ़नेवालों को गलतफहमी होने की आशंका अवश्य है।"

किन्तु सम्पादक आत्ममग्न था। उल्लसित स्वर में बोला, "मुसलमानों में मृतक को भी नहीं जलाते और यहाँ एक जीवित युवती जला दी गयी। कौन देखता है किसने जलायी और क्यों जलायी। लोग शीर्षक देखेंगे तो धड़ाधड़ अखबार खरीदेंगे। हो सकता है कि कुछ लोग बिना पूरी खबर पढ़े ही दंगा करने पर उतारू हो जायें, सोचो अखबार की बिक्री कितनी बढ़ जायेगी...।"

"पर सर! यह तो देश के हित में नहीं।" प्रतिनिधि धीरे से बोला।

सम्पादक ने उसे घूरा, "तुम्हें वेतन भारत माता से मिलता है या अखबारों से? जिससे वेतन मिलता है, उसी का हित साधो और बाकी सब भूल जाओ।"

यू-स्पेशल के लक्षण

वह लड़का बड़े उल्लसित मन से पहली बार कॉलेज जा रहा था। बस-स्टॉप पर रामलुभाया से उसने पूछा, "अंकल! कौन-सी बस यू-स्पेशल है?"

रामलुभाया ने अपनी अँगुली से एक बस की ओर संकेत कर दिया।

"पर इसमें तो बहुत भीड़ है।" लड़के ने कहा, "लगता है कि तीन बसों की सवारियाँ एक ही बस में जा रही हैं। ये लोग इस प्रकार क्यों जा रहे हैं?"

"क्योंकि इन लोगों को अपने कॉलेजों और विभागों में जाकर पढ़ना है।" रामलुभाया ने बताया, "अच्छा! तुम उस बस में चले जाओ। वह भी यू-स्पेशल है।"

"कौन-सी बस?" लड़के ने उधर देखा, "वह जिसकी सीढ़ियों पर लड़के-लड़कियाँ बैठे अपने कपड़े गन्दे कर रहे हैं?"

"हाँ! वही!"

"वे बस के पायदान पर क्यों बैठे हैं?" लड़के ने बड़े भोलेपन से पूछा, "क्या बस के भीतर जगह नहीं है?"

"बस तो खाली है।" रामलुभाया ने बताया, "पर उन्हें रोमांस भी तो करना है। यह उन लोगों को ट्रेडमार्क है।"

"यू-स्पेशल के और क्या-क्या लक्षण होते हैं अंकल?" लड़के ने इस बार नचिकेता की-सी जिज्ञासा प्रकट की।

"जिस बस के बाहर छिपकलियों के समान लड़के लटके हों और राह चलते लोगों पर फब्तियाँ कसते हों, वह भी यू-स्पेशल होती है," रामलुभाया ने बताया, "जो बस बीच राह पे खड़ी हो जाये और लड़के सारी सवारियों से चन्दा वसूल कर मन्दिर में चढ़ाने के लिए प्रसाद खरीदने लगें, वह भी यू-स्पेशल होती है।...जो बस मन्दिर के सामने रुककर पूजा के नाम पर लोगों को कॉलेज पहुँचने में देर कराये, वह भी यू-स्पेशल होती है।"

"पर वे लोग ऐसा क्यों करते हैं?" लड़के ने पूछा, "उन्हें पढ़ना नहीं है क्या?"

"पढ़ना तो है।" रामलुभाया हँसा, "पर वे कहते हैं कि उन्हें भगवान को भी तो मुँह दिखाना है।"

"वे समझते हैं कि भगवान् उनका मुँह देखना चाहेगा?" लड़के ने अत्यन्त मासूमियत से पूछा।

"ऐसी बातें करोगे, तो तुम पिटोगे वत्स!" रामलुभाया मुस्कराया, "उन्हें ऐसा-वैसा कुछ कह मत देना।"

"अच्छा!" लड़का मान गया, "और क्या लक्षण होते हैं यू-स्पेशल के?"

"जो बस कंडक्टर-ड्राइवर की इच्छा से नहीं चलती, लड़कों के कहने पर चलती है और लड़कों के कहने पर रुकती है, मार्ग में रुककर छात्र-नेताओं के उनके घर से चलने की प्रतीक्षा करती है; कभी-कभी बाहरी लोगों को उतारने के नाम पर रुककर, कुछ दंगा-फसाद करवाती है; और कॉलेज के गेट पर साधारण छात्रों को उतारकर, छात्र-नेताओं के लिए मनोरंजन-स्पेशल बनकर, उनकी इच्छा से किसी भी ओर चल देती है—वह भी यू-स्पेशल होती है।" रामलुभाया अचानक रुका, "चलता हूँ वत्स! मेरी बस आ गयी है। शेष लक्षण फिर कभी बताऊँगा।"

और वह सिर पर पाँव रखकर भाग गया।

अपनी-अपनी समझ

उस दिन एक भी चोरी नहीं हुई। कैसे होती। चोर जो हड़ताल पर थे। पिछले कुछ दिनों से वे काफी रुष्ट थे। पुलिस और सरकार से उनकी तनातनी चल रही थी। फिर भी किसी प्रकार निर्वाह हो जाता था। पूरा न सही, पर कोटे के एक अंशभर चोरियाँ वे करते जा रहे थे; और पुलिस तथा प्रशासन की रोटी चल रही थी। कुछ पकड़ लिये जाते थे। कुछ छोड़ दिये जाते थे। किन्तु चोरों को यह बात एकदम पसन्द नहीं आ रही थी। पुलिस हर कदम पर समझौते का उल्लंघन कर रही थी। समझोते के अनुसार जिसकी ओर आँख भी नहीं उठानी चाहिए थी, उसे ही पकड़कर बन्द कर दिया गया था और जिसे बन्द करना था उससे आधी रिश्वत लेकर ही उसे छोड़ दिया गया था। चोरों ने कई चेतावनियाँ दी थीं, किन्तु लगता था कि पुलिस बहरी हो गयी है; अथवा उसे अपने हित-अनहित का होश नहीं था। पता नहीं कभी-कभी पुलिस को कैसा उन्माद हो जाता है कि वह भूल ही जाती है कि चोर ही उसके अन्नदाता हैं। इस मद को तोड़ने का जब और कोई माध्यम नहीं रह गया, अपने अहंकार में अपने वित्त-बिसात को भूलकर पुलिसवाले मनमानी करने लगे, तो चोरों ने एक बार फिर से सन्धि-वार्ता का प्रस्ताव रखा। चोरों का धैर्य सचमुच सराहनीय था। इतना धैर्य तो शायद भारत सरकार के अतिरिक्त और कहीं नहीं होगा। पुलिस का मद जाने कैसा था कि उसने मौके की नजाकत को समझा ही नहीं और सन्धि-वार्ता से साफ इनकार कर दिया।

पता नहीं हमारी पुलिस समाचारपत्र नहीं पढ़ती अथवा आकाशवाणी, दूरदर्शन के समाचार नहीं सुनती। उसे यह पता ही नहीं है कि संसार में सन्धि-वार्ता से इनकार करने का अधिकार किसी को नहीं है। संयुक्त राष्ट्रसंघ को भी नहीं। सन्धि करें या न करें; किन्तु सन्धि-वार्ता तो करनी ही पड़ती है। मित्र हो, शत्रु हो या उदासीन हो—आप उसका सन्धि-वार्ता का अधिकार नहीं छीन सकते। हम जानते हैं कि पाकिस्तान की सरकार हमारी शत्रु है। वह आघात करने का कोई अवसर हाथ से जाने नहीं देती; किन्तु फिर भी हम उससे सन्धि-वार्ता तो करते ही हैं। हम जानते हैं कि कश्मीर हमारा है फिर भी उसके विषय में सन्धि-वार्ता से इनकार नहीं करते। आतंकवादी सन्धि में विश्वास नहीं करते; पर हम उनसे भी सन्धि-वार्ता करते ही रहते हैं। उनके साथ तो 'जीयो और जीने दो' की नीति पर चलते हैं। तुम हजरतबल

परिसर छोड़ दो, हम तुम्हें छोड़ देंगे। कई बार तो उनसे ऐसी शिखर-वार्ताएँ भी हुई हैं कि जिनमें कुछ इस प्रकार की सन्धि हुई है कि तुम बन्दूक से गोली छोड़ो और हम संविधान को गोली मार देंगे। पर हमारी पुलिस की तो चाल ही कुछ निराली है। कुछ समझती-बूझती तो नहीं। बस, अपने बल के उन्माद में चोरों से सन्धि-वार्ता करने से इनकार कर बैठती है। अब जब चोरों को उनका जनतान्त्रिक अधिकार नहीं मिला तो उन्हें अन्य जनतान्त्रिक माध्यमों से अपने अधिकार तो प्राप्त करने ही थे। और ऐसा ही एक जनतान्त्रिक माध्यम हड़ताल भी है।

तो हड़ताल हो गयी। रात में एक भी चोरी नहीं हुई। जनता चैन से सोयी। अगले दिन थाने में एक भी फरियादी नहीं आया। दारोगा बड़े असमंजस में थे। क्या करें, न कोई फरियादी आया, न कोई चोर। न किसी ने रिश्वत दी। न कोई भेंट-उपहार लाया। तब दारोगा की समझ में आया कि पुलिसवालों ने चोरों से सन्धि-वार्ता न कर अपने पैर पर ही कुल्हाड़ी नहीं मारी, अपने पेट पर लात भी मार ली है। ऐसे कैसे चल सकता है। आय कितनी कम हो जायेगी। महँगाई का मुकाबला कैसे किया जायेगा और ऊपर की आमदनी बन्द हो गयी तो सामाजिक प्रतिष्ठा क्या रह जायेगी। कोई साला इस नौकरी को दो टके में नहीं पूछेगा। चोरों का क्या है, उनका तो स्वतन्त्र व्यवसाय है। जब चाहेंगे हाथ मार लेंगे। पुलिसवालों की तो बँधी आय है। रोज कुआँ खोदते हैं, रोज पीते हैं। हफ्ताभर चोरियाँ न हुईं तो हाहाकार मच जायेगा।

दारोगाजी कमिश्नर साहब के पास पहुँचे। अफसर हैं तो क्या हुआ, हैं तो कल के लड़के ही। नादानी कर रहे हैं। समझते ही नहीं कि किधर जा रहे हैं। देखते नहीं कि मन्त्री और आई.ए.एस. अफसर भी डाकुओं और तस्करों से बनाकर चलते हैं। पहले तो मन्त्री ही डाके मारते थे। अब डाकू भी मन्त्रणा करने लगे हैं। पुलिस-अधिकारी डाकुओं को सलामी ही नहीं देते, उनके अंगरक्षकों के रूप में तैनात किये जाते हैं। ऐसे में कमिश्नर साहब चोरों से सन्धि-वार्ता करने से इनकार कैसे कर सकते हैं। कहीं पुलिस से निराश होकर तस्करों और डाकुओं की तरह चोरों ने भी मन्त्रियों, सांसदों और विधायकों से समझौता कर लिया तो पुलिसवाले टापते रह जायेंगे। सारा माल ऊपर पहुँचना शुरू हो जायेगा। हो सकता है कि चोरों को पुलिस अफसरों पर निगरानी करने के लिए विजिलेंस-अधिकारी बना दिया जाये। पुलिस अधिकारियों की नियुक्तियाँ और स्थानान्तरण चोरों के संगठन के मनोनुकूल होने लगे। तब क्या कर लेंगे कमिश्नर साहब।

कमिश्नर को सैल्यूट मारकर दारोगाजी बोले, "सरकार, है तो छोटे मुँह बड़ी बात; पर कर आप नादानी ही रहे हैं। मेरा तो कहना है कि चोरों के सन्धि-वार्ता ही नहीं—सन्धि कर ली जाये। मिल-बाँट खाना सीखिये सरकार। अब अकड़ का जमाना नहीं है। यह कोई वह जमाना तो है नहीं कि पुलिस चोरों को धमका सके।

अब तो सरकार! राज ही मौसेरे भाइयों का है।"

कमिश्नर साहब ने दारोगाजी का उपदेश बड़े धैर्य से सुना और बोले, "ऐसा नहीं है दारोगाजी! कि मैं जमाने का हाल नहीं समझता; पर आप जानते हैं कि सन्धि-वार्ता के लिए प्रस्तावित माँगें क्या हैं?"

"क्या हैं?" दारोगाजी ने अचकचाकर पूछा।

"वे कुछ अधिक सुविधाजनक परिस्थितियों में काम करना चाहते हैं। वे चाहते हैं कि दिन में पुलिस के जवान अपनी वर्दी पहनकर उनकी रक्षा करें और रात को अपनी वर्दी उन्हें देकर सो रहें, ताकि वे लोग सुविधा से पुलिसवालों के घर चोरियाँ कर सकें।"

"तो इसमें अनुचित क्या है सरकार!" दारोगाजी ने समझाने की मुद्रा में पूछा, "चोर तो उसी के घर जायेगा न, जहाँ माल होगा। हम उन्हें रोकेंगे तो वे भूखे मर जायेंगे सरकार! और आप समझते हैं कि उनकी भूख से हमारे पेट की अँतड़ियाँ भी चटख जायेंगी।"

कमिश्नर ने कुछ झुँझलाकर दारोगा की ओर देखा और डपटते हुए बोले, "पहले अगली माँगें भी सुन लीजिये। वे चाहते हैं कि गृह-मन्त्रालय में एक चोर-अनुभाग की स्थापना भी की जाये, जो हर थाने में दारोगा की कार्य-प्रणाली पर नजर रखने के लिए एक चोर-प्रतिनिधि की नियुक्ति करे। पुलिसवाले जब किसी वारदात की छानबीन करें तो प्रतिनिधि से अनुमति लें और अपनी रिपोर्ट उसके सामने प्रस्तुत करें। यदि वह सहमत हो तो ही किसी चोर को बन्दी बनायें। उन्होंने साफ चेतावनी दी है कि रजिस्टर्ड चोर-मंडल के किसी सदस्य को गिरफ्तार करने की अनुमति वे कभी नहीं देंगे।" कमिश्नर साहब ने दारोगाजी की ओर देखा।

दारोगाजी शान्त मुद्रा में बोले, "अब आप क्या कर सकते हैं सरकार। जनतन्त्र का जमाना है। प्रशासन के हर कार्य में हर वर्ग का प्रतिनिधि तो होगा ही। अभी बेचारे सत्याग्रह कर रहे हैं। कल को उखड़ गये तो अपने कोटे और आरक्षण की माँग करेंगे। वोटों की राजनीति है। सरकार ने यदि हर जिले में एक पुलिस कमिश्नर के रूप में किसी मान्यता-प्राप्त चोर की नियुक्ति का सिद्धान्त स्वीकार कर लिया तो हम-आप कहीं के नहीं हरेंगे। इससे तो अच्छा है कि आप ही उनसे वार्ता करके कोई समझौता कर लें; अन्यथा यह पेटी-टोपी का रौब जाता रहेगा और उनको सलामी देते नजर आयेंगे। आज तो खास-खास सरकारी समारोहों पर ही यह कर्म करना पड़ता है। कल को यह दैनन्दिन का काम हो जायेगा।"

कमिश्नर साहब को पहली बार अपनी राजनीतिक समझ पर शंका हुई और उनकी समझ में आ गया कि दारोगाजी चाहे कम पढ़े-लिखे हों किन्तु उनकी राजनीतिक समझ अत्यन्त खरी है।

मेरे घर के सामने का पेड़

मेरे घर के बाहर सड़क के किनारे अर्जुन का एक वृक्ष दिल्ली विकास प्राधिकरण ने लगवाया था। उन्हें उसका जो लाभ होना था, हो गया। उसे रोपने का ठेके में जितने पैसे वे खा सकते थे, खा चुके थे। अब जब तक यह वृक्ष रहेगा, उनकी कमाई नहीं होगी। उनकी रुचि इसी में है कि यह वृक्ष नष्ट हो अब नया पेड़ लगे और उनकी कमाई हो। किन्तु मेरी रुचि इसमें है कि यह वृक्ष फूले-फले और उसकी छाया मेरे घर को मिले।...पर मैं देख रहा हूँ कि वह फूल-फल नहीं रहा। उस पर चार पत्ते आते हैं तो कोई गाय-भैंस उन्हें नोंच लेती है और वह फिर नंगा और कंगाल हो जाता है।

मैंने प्राधिकरण के माली को पकड़ा, "भाई! इसकी रक्षा करो।"

"रक्षा करनेवाला तो भगवान् है।" उसने आकाश को ताका।

'वह तो कर ही रहा है। पर तुम भी तो इसके चारों ओर कोई बाड़ लगाओ।"

"क्या लगाऊँ?" उसने चकित दृष्टि से मुझे देखा, जैसे मैंने कोई जहालत की बात कर दी हो।

"कोई जंगला, कोई घेरा।"

वह फिर भी नहीं समझा।

"अरे यार! जिसे तुम्हारे साहब ट्री-गार्ड कहते हैं, वह लगाओ।"

"तो ऐसा बोलो।" वह हँसा, "तब से पता नहीं क्या फारसी बोलते जा रहे थे।"

मैंने भाषा पर बहस नहीं की। सीधे मतलब पर आया।

"तो कब लगा रहे हो ट्री-गार्ड?"

"जब आप आदेश करें।"

"मैं तो आदेश कर ही रहा हूँ।" मैं बोला।

"ऐसे थोड़ी ओदश होता है।" वह कनखियों में मुस्कराया, "आदेश का मतलब है..." उसने अपनी अँगुलियों से सिक्का खनकने जैसे मुद्रा बनायी।

'ओह! क्या बाजार से खरीद कर लाओगे?" मैंने पूछा।

"नहीं। लाऊँगा तो अपने गोदाम से ही।" वह हँसा, "पर इशू करने का बीस रुपया साहब का, दस रुपया क्लर्क का, पाँच रुपया चौकीदार का और मेरा...।"

मैंने मन-ही-मन हिसाब लगाकर पूछा, "पचास रुपये दे दूँ?"

माली के चेहरे पर प्रसन्नता प्रकट हुई।

मैंने रुपये दे दिये और कुछ साहस कर बोला, "पर यह वृक्ष दिल्ली विकास प्राधिकरण का है।"

"उसी का रहेगा।" वह बोला।

"मेरा मतलब है, इसकी रक्षा का जिम्मा तुम्हारा है, मेरा नहीं।"

मैंने समझा था कि मेरी बात सुनकर वह पानी-पानी हो जायेगा; किन्तु वह तो जमकर बर्फ हो गया—ठंडा और कठोर, "यही तो मैं कह रहा हूँ, वृक्ष हमारा है। जियेगा तो हमारा, मरेगा तो हमारा। उसकी रक्षा का जिम्मा हमारा है, तुम्हारा नहीं। फिर तुम क्यों टाँग अड़ा रहे हो बीच में?"

मैं समझ गया कि मैं टाँग अड़ाने का जुर्माना दे रहा था।

माली बड़ा ईमानदार निकला। उसने रुपये लेकर काम कर दिया। नहीं तो आजकल तो लोग रिश्वत भी खा जाते हैं और काम भी नहीं करते। वैसे मुझे अधिक भय नहीं था। किसी मन्त्री को रिश्वत दी होती, तो वह किसी क्षण भी बदल जाता और नये मन्त्री को फिर से रिश्वत देनी पड़ती। मैंने रिश्वत माली को दी थी, और माली सरकार का स्थायी कर्मचारी होता है। खैर... वृक्ष के चारों ओर लोहे का घेरा लग गया। गाय और भैंसों से सुरक्षित होकर, वह फूलने-फलने लगा। अगली वर्षा ऋतु तक वह कुछ जवान हो गया। शाखाएँ निकल आयीं, पत्ते झूमने लगा। आसपास चरनेवाले पशु उसे हसरत की नजर से देखते और सिर झुकाकर निकल जाते, जैसे किसी अफसर के सामने योजना का धन तो हो किन्तु वह उसे खा न सके।

मैं उसे देखता और मगन रहता। अब वह सचमुच वृक्ष बन गया था। मैं जब उसकी ओर से निश्चिन्त होने की बात सोच ही रहा था कि देखा कुछ लोग सुबह उसके पत्ते नोंच रहे हैं।

मैंने पूछा, "क्यों तोड़ रहे हो?"

उन्होंने उत्तर नहीं दिया। पलटकर मुझसे पूछा, "तुम पूछनेवाले कौन होते हो? पेड़ तुम्हारे बाप का है?"

"पेड़ तो दिल्ली विकास प्राधिकरण का है।" मैं बोला, "किन्तु मेरे घर के सामने है। इसकी रक्षा मैं नहीं करूँगा तो कौन करेगा?"

"तुम्हारी छत पर जो आसमान है, उसकी रक्षा भी तुम करते हो क्या?" उन्होंने पूछा, "तुम्हारे घर के सामने यह सड़क है, यह भी तुम्हारी जायदाद है क्या?"

मैं समझ गया, मामला तर्क से नहीं सुलझेगा। बड़ी भावुक अपील की, "बेचारे वृक्ष की हत्या क्यों करते हो। उसने तुम्हारा क्या बिगाड़ा। वह तो थके-हारे लोगों को छाया देता है और तुम उसके पत्ते नोंच रहे हो!"

"हाँ! अब ठीक है।" वे बोले, "वह लोगों को छाया देता है, इसलिए उसे पवित्र जानकर हम उसके पत्तों को पुष्पों के समान भगवान् की पूजा में रखते हैं। उसके

सत्कर्मों की इससे अच्छा फल और क्या हो सकता है कि वह भगवान् की पूजा के काम आ रहा है।"

मैं क्या कहता, मामला भगवान् तक जा पहुँचा था। चुप रह जाना पड़ा।

दोपहर के समय कुछ लोग कुल्हाड़ी लेकर उसकी शाखाएँ काट रहे थे। उनसे भी चर्चा की। पता चला कि किसी विशेष प्रकार के हवन के लिए उन्हें अर्जुन के वृक्ष की लकड़ियाँ चाहिए थीं और किसी दवा के लिए उसकी कोमल टहनियों की आवश्यकता थी। मैं न उन्हें धर्म-कर्म से रोक सकता था, न दवा-दारू से। वे मेरे सामने, मेरे संरक्षण में पले, मेरे अर्जुन वृक्ष को काटते रहे और मेरा मन छलनी होता रहा, जैसे अपने देश को लुटते देख, आज हर नागरिक का मन हो रहा है।

सन्ध्या समय देखा, कुछ लोग उसके तने को छील रहे थे। पूछा, "भाई, क्या कर रहे हो?"

बोले, "वैद्य जी ने कहा है कि अर्जुन वृक्ष की छाल उबालकर पियो। रोग-मुक्त हो जाओगे।"

मेरे मुख से एक शब्द नहीं निकला और उन्होंने मेरे सामने अर्जुन की छाल क्या छीली, खाल ही नोंच ली।

रात को रामलुभाया ने भेंट हुई। मैंने अपना कष्ट उसे बताया तो उसने मुझे डाँट दिया, "क्या आवश्यकता है तुम्हें चिन्ता करने की। वह साला अपने कर्मों का फल भोग रहा है।"

"क्या मतलब?"

"मतलब यह कि यह पिछले जन्म में राजनेता रहा होगा। इसने इस देश के टुकड़े-टुकड़े किये, उसकी हड्डियाँ चबायीं। रक्त पिया। देश को कभी पनपने नहीं दिया। अब वही इसके साथ हो रहा है। यह तनिक भी पनपेगा तो इसकी पत्तियाँ नोंच ली जायेंगी, टहनी फूटेगी तो उसे काट लिया जायेगा। कुछ भी होगा, तो छाल छीली जायेगी। इसके घाव कभी भरने नहीं दिये जायेगा...।"

मुझे मालूम नहीं है कि इस वृक्ष का भूतकाल कैसा था, किन्तु सफल राजनेताओं का भविष्य मुझे दिखायी पड़ रहा था।

काटना और भौंकना

रात आठ बजे फोन खराब हो गया। पता नहीं वे लोग उसे खराब मानेंगे भी या नहीं। अनहदनाद के समान उसमें एक घंटी बज रही थी। तकनीकी ढंग से वह खराब नहीं था, क्योंकि उसमें शब्द था। व्यावहारिक दृष्टि से वह खराब था, क्योंकि उसके माध्यम से न सन्देश आ सकता था, न सन्देश जा सकता था। फोन गूँगा-बहरा हो गया था, किन्तु मृत नहीं था। गूँगा और बहरा मनुष्य, जीवित भी होता है और मनुष्य भी, तो फिर फोन के विरुद्ध ही यह पक्षपात क्यों?

प्रातः आठ बजे फोन अपने-आप ठीक हो गया। हृदय की निर्लज्ज धड़कन के समान सदा बजनेवाली उसकी घंटियाँ बन्द हो गयीं। रूठी पत्नी के स्वतः मायके से लौट आने के समान, उसमें डायल-टोन लौट आयी थी। मैं टेलीफोन-विभाग की दक्षता पर मुग्ध हो उठा। चमत्कार है : शिकायत बाद में दर्ज होती है, फोन पहले ठीक हो जाता है। ऐसे उदाहरण तो विभावना अलंकार में ही पाये जाते हैं।

किन्तु रात आठ बजे वह फिर खराब हुआ और प्रातः आठ बजे फिर ठीक हो गया। मैं समझ गया कि टेलीफोन को भी मेलरिया जैसा कोई मियादी बुखार हो गया है, जो अपने समय से चढ़ता और अपने समय से ही उतर जाता है। पर डॉक्टर को तो बुलाना ही पड़ता है। इसलिए शिकायत दर्ज कराने के लिए नम्बर घुमाया।

"कम्प्लेंट्स।"

"मेरा फोन खराब है।"

"आप किस नम्बर से बोल रहे हैं?"

"अपने ही फोन से।"

"तो फोन खराब कैसे है?" उधर से डाँट पड़ी।

"अभी तो ठीक है। रात आठ बजे खराब हो जायेगा।"

"आप ज्योतिषी हैं क्या। जब फोन खराब हो जाये, तभी शिकायत कीजियेगा।"

अब शिकायत करना व्यर्थ था। आजकल तो फैशन ही है, शिकायत सुनो मत और डाँट दो।

मैं गली के नुक्कड़ पर लगे डिब्बे की ओर गया। उसे टेलफोन विभागवाले 'पिलर' कहते हैं 'डिब्बा' कहते शर्म आती है न! वहाँ एक सज्जन मिल गये। उन्होंने

मेरी व्यथा-कथा ऐसे सुनी, जैसे माँ बच्चे से दस बार सुनी हुई कविता फिर से सुनती है। अन्त में मुस्कराकर बोले, "आज रात को आपको यह शिकायत नहीं होगी।"

मैं ऊपर से आश्वस्त दिखा और भीतर से डर गया। मेरी गाड़ी का फ्यूज उड़ जाता था। एक मिस्त्री ने कहा, "आपको अब यह शिकायत नहीं होगी।" अगली बार फ्यूज नहीं उड़ा, आग ही लग गयी। इसलिए इस वाक्य से बहुत डरता हूँ मैं।

उस टेलीफोन अधिकारी ने सचमुच मुझे याद रखा। अगले दिन प्रातः उनका फोन आया, "कोहली साहब! फोन ठीक हो गया।"

"नहीं! रात भी रूठ गया था।"

"ठीक तो हो जाना चाहिए, मैंने जूनियर इंजीनियर से कह दिया था।"

मेरा साहस नहीं हुआ कि कहूँ कि अब इस देश में शब्द का कोई महत्त्व नहीं है। कह देने-भर से कुछ नहीं होता। कहने के साथ कुछ देना भी होता है, हमारे पूर्वज बहुत पहले इस बात को समझ गये थे, इसलिए दान जैसे पुण्य-कर्म के साथ भी उन्होंने 'दक्षिणा' जोड़ दी थी। मैं धीरे से गुनगुना-सा दिया, "पर ठीक हुआ नहीं।"

"अच्छा! मैं देखता हूँ।"

उन्होंने मेरे फोन को शनि-दृष्टि से देखा। फोन बेचारा सारी मोह-माया छोड़कर पूर्णतः मौन हो गया। अब वह 'काल' को जीतकर अकाल हो गया। न उस पर दिन चढ़े का प्रभाव होता था, न साँझ ढले का।

अगली बार टेलीफोन-पिलर पर जो सज्जन मिले, वे बोले, "लाइन में कोई खराबी नहीं है...।"

मैं डर गया। कहीं वे यह तो नहीं कहेंगे कि खराबी मेरे दिमाग में है...। किन्तु उन्होंने ऐसा कुछ नहीं कहा। वीर शहीदों के समान अपने विभाग की नैतिक जिम्मेदारी स्वीकार की। दस-बीस गालियाँ अपने अफसरों को दीं, जैसे प्रशस्ति गा रहे हों। कहा, "खराबी एक्सचेंज में है। आप वहाँ रिपोर्ट करें।"

उस दिन से मेरी दिनचर्या बदल गयी। मैं प्रातः उठकर मन्दिर न जाकर टेलीफोन के किसी कर्मचारी-अधिकारी की खोज में निकला। वे भी 'तथास्तु' की मुद्रा में कहते, 'देखेंगे।' मैं जूनियर इंजीनियर, एस.डी.ओ., सुपरवाइजर इत्यादि की सीढ़ियाँ चढ़ता हुआ क्रमशः चीफ जनरल मैनेजर तक पहुँचा। सबने देखा, पर पता नहीं किसको देखा। फोन ठीक नहीं हुआ।

दूसरे प्रहर में मैं एक तीर्थ-यात्री की-सी श्रद्धा ले, नुक्कड़ पर काम करते टेलीफोन-कर्मचारियों के दर्शन करने जाया करता था। धीरे-धीरे उन सबसे मेरी मित्रता हो गयी। वे मुझे शरणागत पर कृपा करने लगे। बजाय रिश्वत माँगने के, नाम पूछने लगे। इतनी शराफत उनमें थी कि मुझ मरे को और न मार सके।...पर फोन ठीक नहीं हुआ।

इस सहानुभूति एवं जनसम्पर्क के शुभ परिणामस्वरूप, जूनियर इंजीनियर महोदय इक्कीस दिन के निजी अनुसन्धान के आधार पर यह सूचना लाये कि फोन खराब नहीं है, कटा हुआ है।

"क्यों?" मैंने पूछा।

"यह तो अब उन्हीं से पूछा।" वे बोले, 'शायद आपने पिछला कोई बिल नहीं दिया।"

टेलीफोन-विभाग ने ऐसी कोई सूचना मुझे नहीं दी थी, न मेरे बैंकवालों ने बताया था। मैंने अपने कागज देखें एक चेक ऐसा था, जो चेक-बुक से तो गया था, पर पास-बुक से उसका पैसा नहीं गया था। यही चेक सम्मानपूर्वक लौटकर मुझे अपमानित कर गया था और इक्कीस दिन से मेरा खून पी रहा था। कायदे से तो चेक मेरे पास लौटना चाहिए था, पर कायदे से काम करना अब अपने देश का कायदा ही नहीं रहा।

अगले दिन मैं वित्त अधिकारी के दफ्तर में पहुँचा। उसके चपरासी ने मुझे यह कहकर लौटा दिया कि साहब का मिलने का समय समाप्त हो चुका है। मेरी समझ में नहीं आया कि भारत सरकार अपने अधिकारियों को मिलने का इतना थोड़ा समय क्यों देती है, जो सुबह होने के पहले ही खर्च हो जाता है। शायद शेष समय 'मिलने' के लिए नहीं 'मीटिंग' के लिए है।

"पर मेरा मिलना आवश्यक है", मैंने कुतर्क किया, "मेरा फोन बहुत दिनों से खराब है।"

"यहाँ ऐसा कोई व्यक्ति झाँकता भी नहीं, जिसका फोन ठीक हो।" वह परम ज्ञानी के समान बोला।

चपरासी की अकाट्य दलीलों से कटकर मैं घर लौट आया। अगले दिन दफ्तर खुलने से पहले वहाँ पहुँचा और साहब के साथ उनका ब्रीफकेस बनकर अन्दर घुस गया।

उन्होंने पुष्टि कर दी कि मेरा एक चेक लौट आया था।

"मुझे बताया तो होता।" मैंने पीड़ित स्वर में कहा, "इक्कीस दिन की जासूसी के बाद यह पता चला कि फोन खराब नहीं, कटा हुआ है।"

उन्हें मुझसे तनिक भी सहानुभूति नहीं हुई। डाँटकर बोले, "आप बैंक नहीं जाते या आपके पास पास-बुक नहीं है। इसमें झाँककर देखिये।"

यह तो अपने गरेबान में झाँककर देखने से भी अधिक गम्भीर परामर्श था।

"पर आप मुझे बताते तो कि चेक डिस-ऑनर हुआ है।"

"चेक डिस-ऑनर होता ही क्यों?" उन्होंने मुझे डपट दिया।

"आप चेक लौटायें तो बताऊँ कि क्यों डिस-ऑनर हुआ।" मैं कुछ धृष्ट होकर बोला।

"इतना शौक है तो तीस हजारी जाइये। निकलवा सकें तो अपना चेक निकलवाइये और देख लीजिये।" वे बोले।

"मेरी बात समझने की कोशिश कीजिये।" मैं बोला, "पिछला चेक जब तक लौट कर मेरे पास न आये, मैं दोबारा पैसे जमा नहीं करा सकता।"

"अपने पैसे अपने पास रखिये।" उन्होंने घृणा से नाक सिकोड़कर कहा, "सरकार आपके पैसों पर तो चल नहीं रही!"

"काटने से पहले एक फोन तो कर देते।" मैं बोला, "कुत्ता भी काटने से पहले भौंकता है।"

"हम भी भौंकते हैं।" वे बोले, "फोन किया था, आपका फोन व्यस्त था।"

मुझे मानना पड़ा, भूल मेरी थी। मुझे फोन व्यस्त नहीं रखना चाहिए था। फोन तो इसलिए होता है कि उससे एक्सचेंजवाले हमें धमका सकें। हम मूर्खों के समान अपने काम से इधर-उधर फोन करते रहते हैं।

"आप दोबारा कोशिश करते..."

"हमें और कोई काम नहीं है, या आप ही हमारे एकमात्र उपभोक्ता हैं?" मैं एक पराजित युद्ध लड़ रहा था। डाँटने का अधिकार उनको था। काटने का अधिकार उनको था। मैं तो बस हाथ ही जोड़ सकता था।

मैं खिसिया गया, "महीनेभर से फोन काम नहीं कर रहा, फिर भी उसका किराया देना होगा?"

"किराया भी और सौ रुपये जुर्माना भी।" वे बैल के समान मुस्करा रहे थे, "यह स्वीकार न हो तो यह नम्बर कटा ही समझिये। जाते-जाते नये कनेक्शन का फार्म भर जाइये। सम्भव है, आपके किसी पोते के जीवन-काल में बारी आ जाये।"

इतनी लम्बी योजना मुझे पसन्द नहीं आयी, इसलिए पैसे जमा कराने के विचार से, 'नकद-जमा' की खिड़की पर लगी लम्बी कतार में सबसे पीछे खड़ा हो गया।

मध्य में खड़ी माया

टेलीफोन खराब हो जाने की पीड़ा, टेलीफोन न होने की पीड़ा से कहीं अधिक होती है, जैसे पत्नी के रूठकर मायके जा बैठने की पीड़ा, पत्नी न होने की पीड़ा से अधिक कष्टकर होती है। पीड़ा में आदमी दुस्साहसी भी हो जाता है। कुछ भी कह या कर बैठता है। प्रमाण हैं तुलसीदास :

अति आरत, अति स्वारथी, अति दीन-दुखारी!
इनको बिलगु न मानिए, बोलहिं न बिचारी॥

तो टेलीफोन की खराबी की बहुतायत से विक्षिप्त होकर, मैं अपना सन्तुलन खो बैठा। अपनी हैसियत और औकात भूलकर दुस्साहसी हो गया और बिना सोचे-समझे चीफ जनरल मैनेजर को फोन कर बैठा। उनकी निजी सहायिका ने फोन उठाया और मेरे दुस्साहस पर हैरान होती हुई बोली, "आप इतनी कौन-सी बड़ी तोपे हैं कि आपका फोन खराब होगा, तो आप सीधे जनरल मैनेजर को ही फोन करेंगे, जैसे वे प्रधान महाप्रबन्धक न हों, आपके लाइनमैन हों।"

मैं क्रोध में था, इसलिए बोला, "इस समय तो मैं ऐसे मूड में हूँ कि मन्त्री और प्रधानमन्त्री को भी फोन कर सकता हूँ।"

वह हँस पड़ी। बोली, "आप भूलते हैं कि बड़े अधिकारियों और सामान्यजन के मध्य एक सत्तासम्पन्न सुन्दरी नारी होती है, जो सामान्यजन को मन्त्री अथवा अधिकारी तक पहुँचने नहीं देती, जैसे इस समय आपके और प्रधान महाप्रबन्धक के मध्य मैं खड़ी हूँ। आप मन्त्री से बात नहीं कर सकेंगे, इसलिए सीढ़ियाँ चढ़ने के स्थान पर सीढ़ियाँ उतरना सीखिये। आप अपने क्षेत्र के महाप्रबन्धक को फोन कर अपनी व्यथा-कथा सुनायें और अपने फोन का शोक समाचार दें।"

मेरा उन्माद कुछ सन्तुलित हुआ और मैं उसकी बात समझ गया। मैं कई घंटे महाप्रबन्धक को फोन करता रहा। फोन की घंटी मन्दिरों में बजनेवाले घंटों के समान बजती रही; किन्तु उसे सुननेवाला कोई नहीं था। भगवान् के ही समान, महाप्रबन्धक महामौन साधे रहे।

मैं एक सीढ़ी और नीचे उतरा। सहायक महाप्रबन्धक को फोन किया। भगवान् का चमत्कार देखिये। वे दफ्तर में अपनी मेज पर ही मिल गये और और उन्होंने स्वयं फोन उठा भी लिया। मुझसे बात की और बोले कि फोन उसी दिन ठीक हो

जायेगा।

मैं गद्गद हो उठा और शाम तक उनकी आरती गाता रहा। पर फोन न ठीक होना था, न हुआ।

अगले तीन दिन मैं उन्हें दफ्तर में फोन करता रहा, जैसे भगवान् राम तीन दिनों तक सागर से पथ माँगते रहे थे। उनके फोन की घंटी बजती रही, पर किसी ने चोंगा उठाया ही नहीं। उनकी निजी सहायिका ने भी नहीं। जैसे दफ्तर का दफ्तर छुट्टी पर चला गया हो।

मैं समझ गया कि यह अधिकारी भी दफ्तर में आता ही नहीं। घर बैठा वेतन लेता है। इसलिए उसके घर फोन करने की ठानी।...किन्तु मन में भय था कि घर से यही उत्तर न मिले कि साहब घर पर नहीं हैं। सोचता रहा और संकुचित होता रहा। बहुत संकुचित हो लिया तो सोचा कि संचार-विभाग को तो कोई संकोच होता ही नहीं, यह सारा संकोच मेरे ही भाग में क्यों है! अन्ततः रात को दस बजे फोन किया। दस बजे इसलिए कि उसके पहले वे घर पहुँचेंगे नहीं, और उसके बाद वे सो जायेंगे।...

उधर से एक महिला स्वर ने 'हैलो' कहा, तो मैंने अधिकारी के नाम से पूछा, "वे हैं?"

"जी!" वे बोलीं, "आप कौन?"

"मैं नरेन्द्र कोहली!"

"जी वे तो दफ्तर से नहीं लौटे।" उन्होंने बताया।

मन में आया कि पूछूँ, 'उनकी निजी सहायिका इतनी आकर्षक है कि वे रात के दस-दस बजे तक घर नहीं लौटते?' ऐसा विनोद मैं अक्सर कर लेता हूँ, पर सोचा वे मेरे स्वभाव से परिचित तो हैं नहीं। कहीं मेरे प्रश्न को गम्भीरता से ले बैठीं, तो उनका तो घर ही टूट जायेगा।...उन्होंने फोन रखा नहीं था, मेरे मुँह पर दे मारा था, इसलिए न विनोद हो सका, न गम्भीर चर्चा।

दोबारा फोन नहीं किया, यही सोचता रह गया कि आखिर हमारे टेलीफोन-विभाग के ये अधिकारी कहाँ रहते हैं? दफ्तर में वे होते नहीं। होते तो फोन अवश्य उठाते! रात को दस-दस बजे तक घर लौटते नहीं।...तो क्या मेरा सन्देह ठीक है कि वे अपनी पत्नी से छिपाकर, कहीं और अपनी गृहस्थी बसाये हुए होते हैं; या केवल मुझ जैसे एक सामान्य जन और सहायक महाप्रबन्धक के मध्य खड़ी एक सत्तासम्पन्न नारी है, जो मेरी फरियाद उन तक पहुँचने नहीं दे रही, जैसे आत्मा और परमात्मा के मध्य माया होती है, जो उनका मिलन नहीं होने देती?...

प्रतिशोध

हम लोग महिलाओं के एक सम्मेलन में गये थे। वहाँ अनेक युग-प्रवर्तक और क्रान्तिकारी भाषण हुए थे। नेताजी अपनी नेतागीरी में फूले-फूले हवा में तैर रहे थे। अनेक सुन्दरी महिलाओं ने उनके भाषण और विचारों की प्रशंसा की थी। किसी मजदूर अथवा किसान सभा में भाषण कर उन्हें इतना आनन्द कभी नहीं मिला था। पार्टी के किसी अधिवेशन में, किसी सुन्दरी ने उनसे इस प्रकार हाथ नहीं मिलाया था। वे अपने सुख के मद में बहुत हल्के हो आये थे। बोले, "पुरुषों ने स्त्रियों को हजारों वर्षों तक पीड़ित किया है। उसका प्रायश्चित अब सारे पुरुषों को करना होगा।"

"कैसे?" मैं भी उनके इन उन्मुक्त उद्धारों से बहुत प्रभावित हुआ था।

"कम-से-कम तीन सौ वर्षों तक पुरुषों को अच्छी तरह कूटा-पीटा जाये। उनका दमन और शोषण किया जाये। उनकी सम्पत्ति और नौकरी उनसे छीन ली जाये। मतदान का उनका अधिकार लौटा लिया जाये। तब उनको बुद्धि आयेगी कि अत्याचार करने का परिणाम क्या होता है।"

मैं देख रहा था कि वे एक युग पुरुष की मुद्रा में आज रात ही समाज में क्रान्ति कर डालने की योजना बना रहे थे। क्रान्ति की सम्भावना मुझे भी बहुत आकर्षक लगती है। मैं भी प्रसन्न मन से घर आया था।

संसार का तो मुझे पता नहीं, किन्तु मेरे घर में उसी रात क्रान्ति हो गयी।

मेरी पत्नी ने साड़ी बदलकर जींस पहन ली। और हाथ में हॉकी उठाकर मेरे सामने आ खड़ी हुई। उसकी यह छवि मुझे भा गयी, किन्तु मैं समझ नहीं पाया कि वह क्या करने जा रही है। पता मुझे तब लगा, जब उसने मुझे एक हॉकी रसीद कर दी।

"यह क्या कर रही हो?" मैंने पूछा।

"तुम्हारे पूर्वजों ने अपनी पत्नियों को बहुत पीटा था। उसका प्रायश्चित करवा रही हूँ, तुमसे!"

नेताजी की योजना मुझ पर लागू हो रही थी। क्रान्ति का सूत्रपात मेरे ही घर से हो रहा था। और मैं वह प्रथम पुरुष था, जो इस महान् क्रान्ति का साक्षात्कार कर रहा था।

"मेरे पड़दादा ने यदि मेरी पड़दादी को पीटा था, तो तुम्हें क्या? पड़दादी मेरी थी, प्रतिशोध मैं लूँगा," मैंने कहा।

"तुम्हारे झाँसे में आनेवाली नहीं मैं", वह बोली, "स्त्री का प्रतिशोध तो स्त्री ही लेगी।"

उसने मुझे एक और हॉकी मार दी।

"तुम्हारे पड़दादा ने भी तुम्हारी पड़दादी को पीटा होगा।" मैंने कहा, "चलो, उसका भी प्रतिशोध ले आते हैं।"

"वह कैसे?" उसका हाथ रुक गया। निश्चित रूप से कहीं अधिक पीड़ा उसे अपनी पड़दादी पर हुए अत्याचार से हुई, उसका प्रतिशोध लेना भी आवश्यक था।

"न्यायपूर्वक तो तुम्हारे पड़दादा को उनकी उसी छड़ी से पीटा जाना चाहिए, जिससे वे तुम्हारी पड़दादी को पीटते थे।"

"हाँ!" वह सहमत हो गयी, "किन्तु मेरे पड़दादा का तो देहान्त हो चुका है।"

"कोई बात नहीं," मैंने कहा, "वह छड़ी तो अभी है न?"

"हाँ! पिताजी ने उसे बहुत सँभालकर रखा है। वे उसे अपने वंश की अमूल्य धरोहर मानते हैं।"

"तो चलो! उसी छड़ी से पीटते हैं।"

"किसको? पड़दादाजी तो हैं नहीं!"

"उनके पुत्र को! तुम्हारे दादा को।"

"उनका भी देहान्त हो चुका है," वह बोली।

"तो चलो, उनके पुत्र को पीटते हैं—तुम्हारे पिता को।"

वह चौंकी। उसने क्रुद्ध दृष्टि से मेरी ओर देखा, "तुम मेरे पिता को पीटोगे? तुम्हारी हड्डियाँ न तोड़ दूँगी।"

"मैं तुम्हारे पिता को क्यों पीटूंगा," मैंने अत्यन्त आदरपूर्वक कहा, "वे मेरे ससुर हैं। मैं तो केवल यह कह रहा था कि तुम्हारे पड़दादा ने भी तुम्हारी पड़दादी पर बहुत अत्याचार किये थे। उनका प्रतिशोध बहुत आवश्यक है।"

लगा, उसके कान मेरे स्वर के लिए और उसका मस्तिष्क मेरे तर्क के लिए पूर्णतः बन्द हो चुके थे। बोली, "मेरे पिता को पीटोगे तुम?"

"नहीं, तुम स्वयं पीट लेना," मैंने कहा, "इतिहास का प्रतिशोध ही तो लेना है, कोई ले ले।"

"कोई क्यों?" वह बोली, "प्रतिशोध का लक्ष्य तो तभी पूरा होता है, यदि पीड़ित व्यक्ति अपने हाथों से पीड़क को पीटे।"

"तो मेरी पड़दादी के स्थान पर तुम क्यों पीट रही थीं मुझे?"

सहसा मेरी पत्नी की आँखों में एक चमक आयी। मैं समझ गया कि उसे कोई नयी बात सूझी। बोली, "मैं सोचती हूँ कि यह ऐतिहासिक क्रान्ति नेताजी के घर में ही क्यों जन्म न ले?"

"क्या मतलब?"

"वहीं चलते हैं। उनसे ही इस ऐतिहासिक प्रतिशोध को आरम्भ करते हैं।"

मैं तो हूँ ही जन्म का पिछलग्गू। जो चाहे अपनी योजना में सम्मिलित कर ले। बिना कुछ सोचे-समझे, उसके साथ चल पड़ा।

नेताजी के घर एक महिला डेलिगेशन आया हुआ था, जो नेताजी का उनके क्रान्तिकारी एवं नारी समर्थक विचारों के लिए अभिनन्दन कर रहा था। नेताजी के कंठ में अनेक हार सुशोभित थे, और हाथों में एक गुलदस्ता था। पान की पीक से रँगे उनके लाल दाँत चमक रहे थे।

मेरी पत्नी ने वे मालाएँ पकड़ीं, और बिना आगा-पीछा सोचे, झूल गयी।

"यह क्या?" नेताजी की सुख-निद्रा भंग हो गयी।

"ऐतिहासिक प्रतिशोध!" मेरी पत्नी ने 'इंकलाब जिन्दाबाद' की भंगिमा में कहा, "आपके पड़दादा ने अपनी पत्नी को बहुत पीटा था। उसके लिए हम आपको दंडित करने आये हैं।"

"क्या प्रमाण है तुम्हारे पास कि मेरे पड़दादा ने अपनी पत्नी को पीटा था?" नेताजी ने महिला डेलिगेशन की उपस्थिति में मेरी पत्नी को हिंस्र दृष्टि से घूरा, "तुमने हमारे परिवार का इतिहास लिखा है क्या?"

"तो आपके पास ही क्या प्रमाण है कि मेरे पति के पड़दादा ने अपनी पत्नी को पीटा था?" मेरी पत्नी ने पूछा।

"ऐसा एक इतिहासकार ने लिखा है," नेताजी बोले, "सारे झगड़े इतिहासकारों के ही तो खड़े किये हुए हैं।"

"क्या मेरे परिवार के विषय में लिखा है?"

"नहीं। सामान्य परिवारों के विषय में लिखा है।"

"तो आपका परिवार उसमें क्यों नहीं आता?" मेरी पत्नी ने पूछा।

"नहीं। नेताओं के परिवार, सामान्यजन के परिवार जैसे नहीं होते," नेताजी बोले, "मेरे पड़दादा ने अपनी पत्नी को कभी नहीं पीटा था। उन्होंने उसे गोली मार दी थी।"

"ओह! आप एक हत्यारे की सन्तान हैं?" महिला डेलिगेशन की अध्यक्षा ने नेताजी को घूरा, "उस अपराध का प्रायश्चित्त हुआ क्या?"

"कौन करवाता प्रायश्चित्त? मेरे पड़दादा बड़े आदमी थे।"

"तो हम आपको गोली मारकर ऐतिहासिक प्रतिशोध ले लेती हैं," अध्यक्षा ने अपने पर्स में सचमुच पिस्तौल निकाल ली थी।

"आप कानून को अपने हाथ में नहीं ले सकतीं," नेताजी बुरी तरह डर गये थे।

"मैं ले सकती हूँ," अध्यक्षा बोली, "मैं वकील हूँ। मैं कानून को अपने हाथ में रखती हूँ। कभी दायें में, कभी बायें में।"

"यदि आप वकील हैं, तो जानती ही होंगी कि एक व्यक्ति के अपराध का दंड किसी दूसरे को नहीं दिया जा सकता," नेताजी बोले।

"पिता की मृत्यु के पश्चात् उसकी सम्पत्ति उसके पुत्र को मिलती है या नहीं?" वकीलनी ने पूछा।

"मिलती है।"

"पिता का अनचुकाया उधार पुत्र की सम्पत्ति में से चुकाया जाता है या नहीं?"

"चुकाया जाता है," नेताजी बोले।

"तो हम उधार ही तो चुकता कर रही हैं", वकीलनी बोली, "जब समाज में क्रान्ति होती है, तो रक्तपात तो होता ही है।"

"बचाओ! बचाओ!" नेताजी जोर से चिल्लाये, "ये लोग मुझे मार डालेंगे।"

शायद उनका विचार था कि उनको नौकर-चाकर उनकी रक्षा के लिए दौड़ेंगे, किन्तु कोई भी नहीं आया। यहाँ तक कि उनकी पत्नी तथा बेटे ने भी बाहर निकलकर वकीलनी की पिस्तौल का सामना करने का साहस नहीं दिखाया। हाँ! उनकी नवयुवती बहू अवश्य बाहर निकल आयी।

अपने ससुर पर वकीलनी की तनी पिस्तौल देखकर वह हक्की-बक्की खड़ी रह गयी, "यह क्या कर रही हैं आप?"

"इनके पड़दादा ने अपनी पत्नी की हत्या की थी। हम उस हत्या का ऐतिहासिक प्रतिशोध ले रही हैं," वकीलनी बोली, "पुरुषों को उनके पूर्वजों की करतूतों का प्रायश्चित्त करना ही होगा।" बहू झपटकर आगे बढ़ी और उसने वकीलनी के हाथ से पिस्तौल छीन ली।

"क्या कर रही हो?" वकीलनी चिल्लायी, "मत भूलो कि तुम एक स्त्री हो। तुम्हें नारी-आन्दोलन का साथ देना चाहिए। पुरुष से ऐतिहासिक प्रतिशोध लेने में हमारी सहायता करनी चाहिए।"

"मैं वही करने जा रही हूँ," बहू बोली, "हत्या इस परिवार में हुई है। मैं इस वंश की नारियों की सबसे जवान प्रतिनिधि हूँ। मैं अपने हाथों यह प्रतिशोध लूँगी।"

"ठीक है। तुम ही गोली चलाओ," वकीलनी प्रसन्न होकर बोली, "हमें अपराधी को दंडित करने से मतलब है। जल्लाद धर्म कोई भी निभाये।"

"बहू," नेताजी पूरा दम लगाकर चिल्लाये, "इन दुष्ट हत्यारिणियों की बातों में आकर तुम मेरी हत्या करोगी? पिता सरीखे अपने ससुर की?"

"नहीं! मैं आपकी हत्या नहीं करूँगी," बहू बोली, "मैं इस वंश के अन्तिम प्रतिनिधि को दंडित करूँगी ताकि यह हत्यारा वंश ही समाप्त हो जाये। मैं आपके पुत्र की हत्या करूँगी।"

इस वाक्य को सुनकर नेताजी की पत्नी झपटकर बाहर निकल आयी, जैसे बहू

का अन्तिम वाक्य उसके लिए मंच पर प्रकट होने का कोई संकेत हो।

"तू मेरे पुत्र को क्यों मारेगी हत्यारिणी? मारना ही है, तो जा अपने पिता को मार। अपने भाई को मार। वे भी तो पुरुष हैं," नेता की पत्नी क्रोध में बोली।

"उनको मारने को क्या लाभ?" बहू बोली, "उनकी मृत्यु के पश्चात् उनकी सम्पत्ति मुझे नहीं मिलेगी।"

"तू समझती है कि मेरे बेटे की हत्या करके सम्पत्ति तुझे मिल जायेगी?" नेता-पत्नी बोली, "अभी मैं जीवित बैठी हूँ।"

"इसलिए तो ससुरजी को नहीं मार रही।" बहू बोली, "उनकी मृत्यु के पश्चात् उनकी सम्पत्ति तो तुम्हारी हो जायेगी। मुझे तो तभी कुछ मिलेगा, जब मेरे पति की मृत्यु होगी।"

इस बार नेता-पत्नी की आँखें चमकीं? "इससे तो अच्छा है कि तू अपने ससुर की ही हत्या कर दे।"

"बहुत चतुर बनती हो सासूजी," बहू बोली, "तुम्हारे पति की हत्या के अपराध में मैं तो फाँसी चढ़ जाऊँ, और सारी सम्पत्ति तुम सँभाल लो।"

"तो तू क्या चाहती है चुड़ैल, कि मेरे पुत्र को मारकर तू रानी बनी मेरी छाती पर मूँग दलती रहे," नेता-पत्नी ने आगे बढ़कर उसके हाथ से पिस्तौल छीन ली।

सहसा वकीलनी जैसे जाग उठी, "अरे वाह! तुम लोग तो अपने-अपने पति को मारकर अपनी सम्पत्ति की स्वामिनी बनी राज करो, और मेरी पिस्तौल से गोली मार, मुझे फँसा दो। मैं इतनी मूर्ख नहीं हूँ।" उसने अपनी पिस्तौल वापस छीन ली, "इस पिस्तौल से अगर किसी को मारना ही है, तो मेरा अपना पति मरेगा, जिसका कोई लाभ तो होगा।"

नेताजी की ओर से पिस्तौल की नली हटी, तो उनकी जान में जान आयी। उनका मस्तिष्क कुछ काम करने लगा। बोले, "अपने देश में यही तो एक दोष है। लोग बड़े-बड़े सिद्धान्तों को अपने ऊपर, और अपने घर के ऊपर लागू करने लगते हैं। एक बार भी नहीं सोचते कि हाथी का हौदा चींटी पर नहीं लादा जाता। मैंने जब ऐतिहासिक प्रतिशोध की बात की थी, तो उसका अर्थ यह तो नहीं था कि तुम लोग देशों, राष्ट्रों और जातियों के महत्त्वपूर्ण मुद्दों को भूल, उठकर अपने ही पति की हत्या पर उतारू हो जाओ।"

"तब फिर क्या मतलब था आपका?" वकीलनी ने पूछा, "हम अपने पति से प्रतिशोध न लें, अपने पड़ोसी से लें? अपने पड़ोसी की हत्या करें?"

"राम-राम, कैसी बातें करती हैं आप। अहिंसा में विश्वास करनेवाले हम लोग। हमारा हिंसा से क्या सम्बन्ध?" नेताजी बोले, "मेरा तात्पर्य तो इतना ही था कि हम उन लोगों से प्रतिशोध लें, जिन लोगों ने हम पर भूतकाल में कभी अत्याचार किये हों।"

"जैसे?" मेरी पत्नी ने पूछा।

"हम ईरान से अपना कोहिनूर हीरा और तख्ते ताऊस वापस माँगें, जो नादिरशाह हमसे छीनकर ले गया था। अफगानिस्तान से वह सारा धन लौटाने को कहें, तो महमूद गजनवी ने लूटा था," नेताजी बोले, "ईस्ट इंडिया कम्पनी से हम वह धन माँगें, जो उन्होंने यहाँ से अपने देश भेजा था।"

"नेताजी," मैं बोला, "ईस्ट इंडिया कम्पनी तो अब है नहीं। उनसे प्रतिशोध लेने का क्या यह अच्छा तरीका नहीं कि अब हम विदेशी कम्पनियों को अपने देश में घुसने ही न दें?"

"फिर मूर्खतावाली बात," वे बोले, "यह कोई प्रतिशोध लेने का ढंग है? यह तो पार्टी की नीति का विरोध है। मुझे अपनी पार्टी नहीं छोड़ना है भाई। तुम्हारा क्या है, तुम तो कहोगे कि अंग्रेजों से प्रतिशोध लेना है, तो हम इंग्लैंड पर आक्रमण कर दें।"

"नहीं, मैं कदापि नहीं कहूँगा। मैं तो केवल इतना कहूँगा कि हम उनके द्वारा लादी गयी भाषा को हटाकर अपनी भाषा में काम करें। अंग्रेजों के नामोंवाली सड़कों और इमारतों के नाम बदल दें। अंग्रेजों की मूर्तियाँ हटा दें...उनके अत्याचारों के जो चिह्न वर्तमान हैं, उन्हें हटा दें।"

"मूर्ख हो तुम," वे बोले, "यह कोई प्रतिशोध हुआ। प्रतिशोध तो यह होता है कि यहाँ अंग्रेजी चलती रहे और हम इंग्लैंड पर हिन्दी लाद दें। इतनी लाद दें कि बोझ से उनकी कमर टूट जाये। यहाँ सड़कों के नाम अंग्रेजी के नामों पर रहें और हम विलायत के नामों को हिन्दी में बदल दें।"

"जैसे?" मैंने पूछा।

"जैसे उनकी टेम्स नदी को हम 'तमसा' करें। लंकाशायर को हम केवल लंका कहें। बकिंघम पैलेस को राजप्रासाद कहें। उनकी क्वीन को रानी कहें, सोचो कितना तड़पेंगे वे! कितना पछतायेंगे!" वे अपनी प्रतिभा पर मुग्ध थे।

"अर्थात् इतिहास के नाम पर व्यर्थ की समस्याओं के जमघट लगाते चलें, किन्तु अपनी छाती पर धरे शोषण और अपमान के उपकरणों को कुछ न करें।"

"जो है, उससे लड़ना निरर्थक है," नेताजी बोले, "जो नहीं है, उससे लड़ने में कोई हानि नहीं। लड़ाई होनी महत्त्वपूर्ण नहीं है।" महत्त्वपूर्ण यह है कि लड़ाई का नाटक चलता रहे। लगता रहे कि लड़ाई हो रही है। आज की समस्याओं को भावी पीढ़ी के नाम छोड़ जाओ। यदि हमने ही सारी समस्याएँ सुलझा दीं, तो बेचारी हमारी भाव पीढ़ी क्या करेगी?"

नेताजी ने पटाक्षेप किया और अपने घर में घुस गये।

□□

इश्क एक शहर का